JN261251

漂流記録と漂流体験

倉地克直

思文閣出版

口絵１　「漂流人口書其外品〻之写」
（岡山藩留方本／畳紙）

口絵２　「漂流人一件」
（岡山藩江戸留守居本／袋）

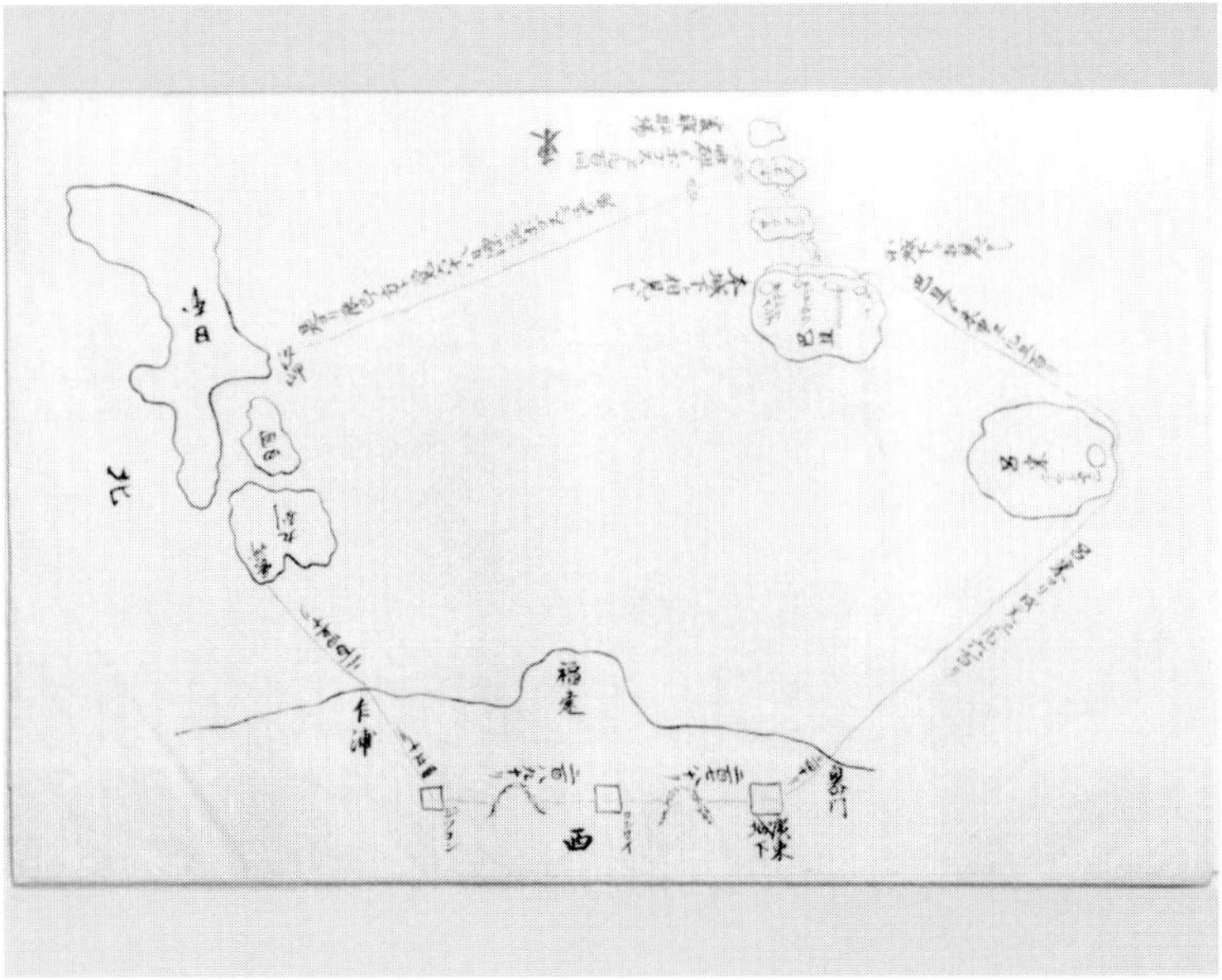

口絵 3　漂流経路を示す絵図(「巴旦呂宋唐国様子書追加」)

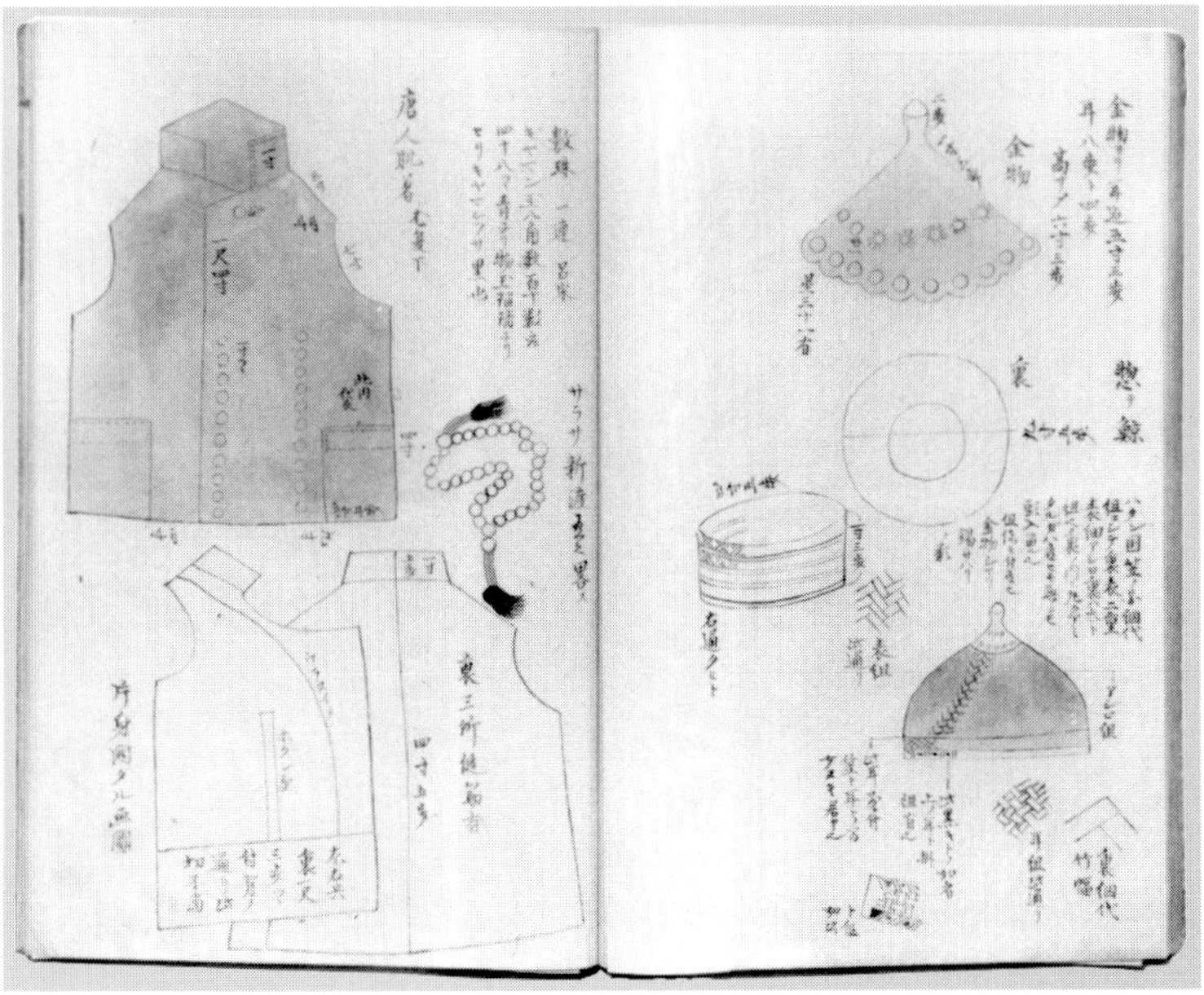

口絵 4　異国品物の図(「津田村勝之助漂流記」)

目　次

第二部　史料篇

図版一覧

漂流記録と漂流体験

モンテーニュ『エセー』「人食い人種について」

私が使っていた男は単純で粗野な男だったが、これは真実の証言をするのに持って来いの条件である。なぜなら学のある人間というものは、なるほどかれより注意深くて、より多くのことを指摘するけれど、それに注釈をつける。そして自分の解釈を持ち出して、それを人に説得するために少し「話」をねじ曲げずにはいられない。決してありのままを述べずに、それを曲げる。そして自分がそこに見た顔を被せる。……だから必要なのはこの上なく忠実な男であり、あまりに単純なので自分でものを組み立てたり、捏造したものを本当らしく見せたりする才覚もなく、どんな偏見にも与しなかったような男なのだ。私の男はそうした男だった。おまけにかれはこの航海で知り合った何人もの水夫や商人に何度となく会わせてくれた。だから私は地球地誌学者が言っていることを聞かなくても、この情報で満足しているのである。

ところで話をもとに戻すと、私が聞いたところによれば、誰もが自分の習慣にないことを野蛮と呼ぶことを別にすれば、あの国には野蛮で野生的なものは何ひとつないと私は思う。

（保苅瑞穂『モンテーニュ私記　よく生き、よく死ぬために』、筑摩書房、二〇〇三年、三七〜三八頁）

はじめに

いわゆる「海禁」政策[1]をとっていた江戸幕府は、列島上の人々が海外へ渡航することを禁止し、海外情報についても厳しく管理する体制をとっていた。こうした時代に、人々が異国の地を踏むという体験をしたのは、漂流がほとんど唯一の機会であった。この時代の船は帆走する木造船であったから、たとえ近海でも、暴風雨に巻き込まれると、しばしば遭難した。遭難した乗組員の多くは帰らぬ人となったが、なかには幸運にも異国に漂着したり外国船に救助されたりして、苦難の末に無事帰国した者もあった。江戸時代も中期となり、商品流通の発展にともなって海上交通が発達すると、漂流事件が激増した。

幕府は、帰国した漂流民を犯罪人と同じように扱い、厳しく取り調べた。漂流が不可抗力のものであったことが明らかになり、故郷へ帰ることが許された後も、彼らの言動は制限され、死亡した時には幕府へ報告することが義務付けられていた。ロシアから帰国した大黒屋光太夫は、江戸小石川の幕府薬園で終生過ごすことになった(2]

しかし、当時の人々にとって漂流はまたとない体験であったから、多くの人々が漂流民の話しを聞きたがった。彼らの貴重な体験談は、聞く人の胸を高鳴らせ、話しを聞いた人のなかからは、それを記録するものも出た。こうした記録は、ひそかに、また時には大っぴらに写され、伝えられた。そうした記録によって、現代の私たちも江戸時代の漂流体験を知ることができるのである。

漂流についての歴史研究は、海外交渉史や海上交通史の一部として行われることが多かった。[3]そこでは、漂流民の人物像に関心が集まり、彼らの体験や知識が「鎖国」下に近代化を準備したものとして注目された(4)。代表的なものとしては、亀井高孝の『大黒屋光太夫』(5)をはじめ、中浜万次郎(6)やジョセフ彦（彦蔵）(7)など有名な漂流民についての研究がある。春名徹の『世界を見てしまった男たち』(8)は、「海禁」の時代に世界を体験した男たちの姿を生き生きと描いた。また、海洋学や気象学の立場から漂流記録が注目されることも多かった(9)。

こうした従来の研究に対して、最近の研究は二つの側面で新しい展開を示している。

一つは、漂流民の取り扱いに関する制度史的な研究である。特に江戸時代に正式の外交関係が持たれていた朝鮮との間で、漂流民を相互に保護・送還する体制が確立していたことが、荒野泰典によって意義付けられた(10)。次いで池内敏は、日本に漂着した朝鮮人の取り扱いを詳細に究明するとともに、日朝双方の漂流事件の全体像を明らかにしようとしている(11)。また、中国を中心とした東アジアでの漂流民送還体制については、春名徹が一連の仕事で明らかにしている(12)。

二つは、漂流民の異国や異人に対する意識についての研究である。この点では、小林茂文が厖大な漂流記を分析して、異国と接触するなかで漂流民が国家意識を先鋭にしていくとの指摘を行っている(13)。また、生田美智子は、大黒屋光太夫のロシア体験を分析するなかで、身体感覚のレベルでの異文化接触やコミュニケーションのあり方について興味深い分析をしている(14)。先に触れた池内敏は、朝鮮人と直接に交渉することによって生じた日本人の意識の変化を丁寧に跡づけ、それらが定型化した蔑視観に一括りできないことを強調した(15)。池内はまた、実際に起きた朝鮮人殺害事件とその文芸化を比較しながら、民衆の朝鮮認識の「ゆらぎ」についても指摘している(16)。

このように最近の漂流研究は目覚ましい成果をあげているのだが、漂流研究が持つ根本的な問題も自覚されるようになっている。それは、漂流記録の歴史史料としての問題性である。つまり、一般に漂流記録は、帰国後に漂流民から話しを聞いた取り調べの役人や聴衆が記したもので、それがどこまで漂流体験の「真実」を明らかにするものなのか、また、漂流民の意識をどこまで正しく反映しているか、はなはだおぼつかないのである。しかも、漂流記録の作られ方によって、その問題性の性格や程度もかなり異なることが予想される。先の小林茂文の研究も、彼自身漂流史料の問題性について的確に指摘しながら、研究が網羅的であるだけに、個々の分析においては丁寧な配慮に欠けるうらみがある。

かつて春名は、「一つの経験から、さまざまな記録上の変種《ヴァリエーション》が生れて来る面白さ」を指摘し、その差異は、記録者が「審問」する「役人」なのか、「外国事情の聴取に熱心な学者」なのか、「気のおけない故郷の人々」であるのかによるとした(17)。こうした春名による記録の分類を、小林茂文は漂流口書・編纂物漂流記・炉辺談話型漂流記と呼んだのだが(18)、特定の漂流事件を対象にこれらの諸記録を比較検討する作業は、まだ緒に就いたばかりである。中浜万次郎や大黒屋光太夫については、諸種の史料を収集した史料集が刊行されるようになったが(19)、多くの一般の漂流事件においては、多種の記録が複数存在することすらまれである。現代の歴史学では史料論の発展が著しいが、漂流研究においても、漂流記録の史料論を確立することが急がれているといえるだろう。

以上、漂流研究をめぐって述べてきたことは、実は一九九〇年代以降の歴史学界全体の動向と深く関わっている。

二〇世紀末の一九九〇年代、それまでの「冷戦」体制によって隠されていた現代社会の諸矛盾が一挙に顕在化した。「冷戦」体制の終結が人々に解放感を与えることにならず、かえって閉塞感をもたらすことになったのは、それが現代社会の行き詰まりの結果であったからである。

現代社会は、産業革命と市民革命という二つの大きな革命によって始まった近代社会の延長上に発展した。この近代社会は、生産力・個人主義・民主主義・ナショナリズムを社会の構成原理とするものであったが、一九八〇年代には、そのそれぞれが抱える矛盾が誰の目にも明らかになり、ポスト・モダニズムやポスト・コロニアリズムの議論が盛んになっていた。九〇年代には、そうした状況が全面的に展開することになったのである。[20] しかし、他方では、そうした危機が深まるなかで、民族的アイデンティティーを鼓吹したり、自民族の優越性を強調したりする排外主義的な傾向が、世界各地で、また日本国内においても強まった。

こうした状況に対して、日本の歴史学界では、すでに八〇年代から網野善彦が積極的な発言を開始していた。[21] 網野の主張は、日本人を単一民族とし、日本列島を均質なものとして描く歴史像を厳しく批判するとともに、「日本」や「日本人」を主語として語られてきた歴史像の組み替えを迫るものであった。[22] さらに九〇年代には、「国民国家」やナショナリティーを無自覚に前提とする歴史認識・歴史叙述に対する批判が強まった。[23] また、いわゆる南京事件や従軍慰安婦問題などをめぐって、日本人の歴史意識が鋭く問われた。[24]

以上のような状況を踏まえて、最近の歴史学界では、自らの所属する集団における自己認識や他者認識を点検する作業が活発になっている。こうした自他認識に関わる事柄は、従来の歴史学では、対外関係史のなかの対外意識といった部門史の一分野を構成するにすぎなかったが、現在では全体史に直接関わるものと認識されているといっても過言ではない。「境界」についての研究も、自他認識に関わる問題として注目されている。[25]

日本列島上に展開した前近代社会における自他認識の問題は、七〇年代の国家史研究において対外的契機が重視されるにともなって「華夷秩序」や「華夷意識」の問題として注目されるようになり、[26] この流れは八〇年代になって東アジア世界のなかで日本列島の歴史を捉える研究に受け継がれた。[27] ただし、同じく前近代社会といっても、「境界」が比較的開放的かつ流動的であった中世[28]と、「海禁」政策により海外交流が規制されていた近世[29]とでは、その自他認識も大きく異なっている。

この問題は、社会集団における「交流」と「成熟」といったより一般的なテーマとしても考察しうるが、歴史学においては、近代日本人の東アジアに対する蔑視観との関連で論じられることが多い。とりわけ近世は直接近代につながるだけに、その社会のうちに蔑視観の源流を探ろうとする問題意識が強かった[30]。しかも、こうした研究は、主に知識人を対象に、書物を通じて得られた知識を検討することにとどまりがちであった。これに対して、近年では、祭礼行列を素材に民衆の対外観を分析する試みや[31]、外国や外国人と直接に接触することによって生まれる自他認識への関心が高まっている[32]。後者の仕事の中心が、漂流民や漂流体験に関するものである。

このように、漂流民や漂流体験に対する関心は、国民国家の問い直しや日本人の自他認識の再検討といった全体史の大きな流れのなかに位置付けられるのである。

もう一つ、一九九〇年代には、「史料と史実」という歴史学にとって古くて新しい根本問題が鋭く問い直されるという状況があった。この問題も、ホロコーストや南京事件・従軍慰安婦問題といった「戦争の記憶」をめぐって先鋭化したため、極めて政治的な背景を持ったものであったが、他方、歴史学に携わる者に方法的反省を迫るものでもあった[33]。そこでは、対象となる「史料」そのものの作為性と、「史料」を操作して「史実」を構成する「主体」の作為性という、二重の作為性が問われた[34]。後者の「主体」の問題は今は措くとしても[35]、前者の「史料」の問題は、証言や記憶の客観性・真実性に関わるものであり、漂流記録の問題性に直接つながるものであった。

とりわけ、様々な史料に記された「事実」を比較しながら、実際に起こった出来事の一義性や多義的側面を丁寧に復元する作業を通じて、記憶の形成と伝承といった事柄を歴史学的に明らかにすることが求められているだろう。いわば「記憶の史料学」とでもいったものが求められているのであり、漂流記録の史料論はそうした試みの一つのケース・スタディーとなるだろう。

本書は、文政一三年（天保元＝一八三〇）に起きた備前岡山の神力丸がバターン諸島へ漂着した事件を取り上げる。(36) 第一部は研究篇で、第一章では、多種類の漂流記録を比較検討することによって、漂流史料についての一つの試論を示したい。次いで第二章では、多種類の漂流記録を使って漂流体験を再現し、とりわけ漂流民の異国での交流や異国認識について検討する。第二部は史料篇で、神力丸漂流事件についての典型的な記録を翻刻して示し、今後の研究に資することにしたい。

(1) 「海禁」政策は、自国民の海外渡航を禁止し、他国船の来航と交易を特定地に限定することなどを柱とした外交政策で、中国で伝統的なものであった。江戸時代の徳川幕府もこの政策を採用していた。詳しくは、荒野泰典『近世日本と東アジア』(東京大学出版会、一九八八年)。

(2) 亀井高孝『大黒屋光太夫』(吉川弘文館、一九六四年)。ただし、最近の山下恒夫『大黒屋光太夫』(岩波書店、二〇〇四年)では、光太夫の江戸生活が比較的自由だったことを強調し、幕府のロシア認識にも一定の影響を与えたことを評価している。

(3) 海事史研究者である石井謙治も『和船』Ⅰ(法政大学出版局、一九九五年)に「海難」の項を設けて漂流について言及している。

(4) 箭内健次・沼田次郎編『海外交渉史の視点2 近世』(日本書籍、一九七六年)、二一六～二一九頁。

(5) 前掲註(2)亀井著書。

(6) 中浜明『中浜万次郎の生涯』(冨山房、一九七〇年)。

(7) 近盛晴嘉『ジョセフ＝ヒコ』(吉川弘文館、一九六三年)。

(8) 春名徹『世界を見てしまった男たち』(改訂増補版、筑摩書房、一九八八年)。

(9) 気象史研究者の荒川秀俊も漂流記録に取り組み、『異国漂流記集』(吉川弘文館、一九六二年)などを刊行した。

(10) 前掲註(1)荒野著書。

(11) 池内敏『近世日本と朝鮮漂流民』(臨川書店、一九九八年)。

(12) 春名徹「近世東アジアにおける漂流民送還体制の形成」(『調布日本文化』四、一九九四年)、同「近世東アジアにおける漂流民送還体制の展開」(『調布日本文化』五、一九九五年)、同「漂流民送還制度の形成について」(『海事史研究』五二、一九九五年)。

(13) 小林茂文『ニッポン人異国漂流記』(小学館、二〇〇〇年)。
(14) 生田美智子『大黒屋光太夫の接吻』(平凡社、一九九七年)。
(15) 前掲註(11)池内著書。
(16) 池内敏『「唐人殺し」の世界　近世民衆の朝鮮認識』(臨川書店、一九九九年)。
(17) 前掲註(8)春名著書、三九四頁。
(18) 前掲註(13)小林著書、三五四頁。
(19) 山下恒夫編『大黒屋光太夫史料集』全四巻(日本評論社、二〇〇三年)。川澄哲夫編『増補改訂版・中浜万次郎集成』(小学館、二〇〇一年)。
(20) こうした状況の概略については、倉地克直『性と身体の近世史』(東京大学出版会、一九九八年)の「序章」でも述べた。ただし、最近では近代社会のとらえ方自体に大きなモデルチェンジが必要だと思うようになっている。後日を期したい。
(21) 網野善彦の最初のまとまった発言は、『東と西の語る日本の歴史』(そしえて、一九八二年)だろうか。
(22) 九〇年代の網野の仕事は、『日本論の視座』(小学館、一九九〇年)に始まり、『日本の歴史00「日本」とは何か』(講談社、二〇〇〇年)にいたる。その間、日本通史として『日本社会の歴史』上・中・下(岩波書店、一九九七年)が世に問われた。
(23) 「国民国家」論の代表的な論者である西川長夫は、一九九二年に『国境の越え方』(筑摩書房)を刊行した。現在は増補版が平凡社から刊行されている(二〇〇一年刊)。
(24) 例えば、笠原十九司『南京事件と日本人』(柏書房、二〇〇二年)など。
(25) 村井章介「中世日本の国際意識について」(『歴史学研究・大会別冊特集』、一九八二年、のち同『アジアのなかの中世日本』所収、校倉書房、一九八八年)が先駆的であり、最近では、ブルース＝バートン『日本の「境界」前近代の国家・民族・文化』(青木書店、二〇〇〇年)がある。
(26) 古代史では、石母田正の『日本の古代国家』(岩波書店、一九七一年)が画期的であり、近世史では、朝尾直弘が「鎖国制の成立」(『講座日本史4　幕藩制社会』、東京大学出版会、一九七〇年)で「日本型華夷意識」について論じた。
(27) 荒野泰典・石井正敏・村井章介編『アジアのなかの日本史』全六巻(東京大学出版会、一九九二〜九三年)が研究の集約を行うとともに、その後の出発点にもなった。
(28) 『中世倭人伝』(岩波書店、一九九三年)をはじめとした村井章介の一連の仕事が重要である。

(29)　前掲註(1)荒野著書。
(30)　矢沢康裕「『江戸時代』における日本人の朝鮮観について」(『朝鮮史研究会論文集』朝鮮史研究会、一九六九年)が先駆的な仕事である。
(31)　『朝日百科日本歴史別冊17　行列と見世物』(朝日新聞社、一九九四年)に代表される黒田日出男とロナルド＝トビの仕事や、京都祇園祭などを取り上げた塚本明「神功皇后伝説と近世日本の朝鮮観」(『史林』七九―六、一九九六年)などに注目したい。
(32)　漂流民以外では、幕末の「開国」以降のことになるが、遣米欧使節の異文化体験が注目されている。この点では、『日本思想大系66　西洋見聞集』(岩波書店、一九八四年)、および田中彰『岩倉使節団の歴史的研究』(岩波書店、二〇〇二年)などによられたい。
(33)　この間の経過と問題点については、岩崎稔「歴史学にとっての記憶と忘却の問題系」(歴史学研究会編『現代歴史学の成果と課題　一九八〇―二〇〇〇年　I　歴史学における方法的転回』青木書店、二〇〇二年)に概観されている。
(34)　上野千鶴子『ナショナリズムとジェンダー』(青土社、一九九八年)は、「社会構築主義」の立場から現代の歴史家や歴史学のあり方を批判した。
(35)　高橋哲哉『記憶のエチカ――戦争・哲学・アウシュヴィッツ』(岩波書店、一九九五年)、上村忠男『歴史的理性の批判のために』(岩波書店、二〇〇二年)などに学びたい。
(36)　最近発表された臼井洋輔『バタン漂流記――神力丸巴丹漂流記を追って』(叢文社、二〇〇一年)は、現在のバターン諸島での生活と漂流記の記述とを比較しながら、主に民俗誌的な関心から漂流事件を追体験しようとした労作である。また、前掲註(13)小林著書でも神力丸漂流事件に各所で触れており、ほかにもっぱらこの事件を扱った研究として、定兼学「漂流難民のみた東アジア」(『地方史研究』二三三、一九九一年)がある。

第一部　研究篇

第一章　神力丸漂流記録の研究

一　神力丸漂流事件の概略

岡山藩の江戸廻米などを積んだ神力丸（岡山広瀬町多賀屋金十郎船一七〇〇石積）[1]は、文政一三年（一八三〇、一二月に天保元年となる）八月一二日岡山川口を出船した。乗組員は、次の一九人であった。

上乗	岡山藩船手	楫取	宇治甚介
同		同	片山栄蔵
沖船頭	備前国邑久郡尻海村		五左衛門
水主		同村	石五郎
同		同村	仁三郎
同		同村	弥右衛門
同		同村	弥吉
同		同村	栄松

同　　　　同村　　千代松
同　　　　同村　　文吉
同　　　　同村　　弥市
同　　　　同村　　乙吉
同　　　　同村　　由松
同　同　国児嶋郡田井村　　才次郎
同　同　国御野郡福嶋村　　利八
同　讃岐国寒川郡津田山北平畑村　　勝之助
同　安芸国御調郡因島椋ノ浦　　伊勢次郎
同　長門国豊浦郡下関田ノ首村　　惣吉
同　能登国羽咋郡塵浜村　　清兵衛

神力丸は、いったん尻海浦に立ち寄り、ここで七日程滞留した後、八月二〇日江戸に向けて出帆した。しかし、八月二八日に紀州由良浦を出た頃から天候が悪化、翌二九日に紀伊半島潮岬で暴風雨に巻き込まれ、沖合に流されてしまった。嵐のなかで楫と帆柱を失った神力丸は、二カ月余りも太平洋上を漂流することになる。一一月七日島影を見付け、この島に船を寄せようとしたが、岸の手前で岩礁に当たって神力丸は破砕、乗組員たちは海に投げ出されてしまった。この時、船頭の五左衛門と水主の弥市・乙吉・由松・惣吉の合わせて五人が溺死した。

残る一四人は、島に泳ぎ着いて助かった。この島は、フィリピンのルソン島の北に連なるバターン諸島の一つで、イブオス島という無人島であったと考えられている。(2) 翌日隣のサブタング島から現地民が現れ、一四人は無事保護された。その後、この地方の中心である「サルトリメンゴ」(サン・バルトロメ)に移され、地方官の取り調べを受けた。翌天保二年（一八三一）一月、ルソン島のマニラに移され、次いで五月に澳門《マカオ》、七月に広東に送られた。その後は主に川船で中国国内を移動し、一〇月二一日乍浦《さほ》に着く。乍浦からは中国の商船によって長崎に送られ、長崎奉行所での吟味を受けた後、天保三年の七月から八月にかけてそれぞれの生国へ無事帰郷した。
神力丸漂流事件の詳しい経過については、第二章で改めて述べる。なお、のちに触れる「巴旦呂宋唐国様子書追加」に漂流経路を示す図が付されている（口絵3）。

二　岡山藩の公式記録

漂流民が帰国した後に作られる漂流記録は、その性格から大きく二つに分類することができる。一つは、長崎奉行所や各藩で作られる公式記録であり、もう一つは、これらとは別に民間で私的に作られる記録類である。前者には、公式記録がひそかに筆写されて民間に流布したものを含むが、何といっても基本となるのは、藩が保存し伝来した正式の記録である。神力丸漂流事件の場合、まずは岡山藩の記録ということになるが、幸いなことに岡山藩政史料のうちからそれを発見することができた。まずこれから検討してみよう。

1　公式記録の作成過程

岡山藩政史料は、現在、池田家文庫として岡山大学附属図書館に所蔵されている。このうちに三点の関係史料を確認した。いずれも畳紙もしくは袋で一括された一件史料で、以下便宜的に［Ⅰ］［Ⅱ］［Ⅲ］と表記する。

［Ⅰ］「漂流人口書其外品〻之写」　九冊
［Ⅱ］「漂流人一件」　八冊
［Ⅲ］「漂流人口書」　六冊

表1に、それぞれの史料群に含まれる各冊子の表題と分類番号を書き上げ、相互関係を矢印で示した。(3)

岡山藩留方本

［Ⅰ］は、畳紙に「留方」と上書きされており、各冊子の表紙にも「御留方」と記されている。また、畳紙には朱筆で「記第八号　ホノ四　共九冊」と記した貼紙がある（口絵1）。これは、池田家での旧棚分類を記したもので、藩政時代に史料が所蔵されていた部署を示している。具体的には、この史料が岡山藩留方の「ホ帙」に入れられていたことを表している。(4)留方は、「留帳」や「奉公書」など藩の重要書類を作成・保存管理する部署で、学校（藩校）内に置かれていた。留方は、記録作成のために藩庁で作られたさまざまな文書を収集するとともに、藩政執行の最高機関である評定所にも列座した。(5)つまり、［Ⅰ］の史料は、事件後に国元の留方が作成した藩としての公式記録と考えられるのである。

［Ⅰ］の畳紙の中央には、「漂流人口書其外品〻之写　八冊」と記した題簽が貼られている。これに後筆で、「漂流人」の右横に「天保三年辰」と書き加えられ、さらに「八」の右下に「九」と訂正されている。また、畳紙の内側には八冊分の目録を記した貼紙がある。これらから、本来この畳紙で一括されていた史料は八冊で、その内容は表1の［Ⅰ］の①S6―97〜⑧S6―104であったことが分かる。そして、のちに⑨S6―105が加えられて九冊になったのである。⑨S6―105の表紙には、朱筆で「外ニ口書ホ品〻八冊此帙ニ入／別ニ帙入」と記した貼紙があり、このことを裏付ける（写真1）。のちに詳しく述べるように、最初の八冊は長崎奉行所が作成した文書の写しおよび長崎奉行所へ岡山藩役人が提出した請書であるのに対して、⑨S6―105は岡山藩での対応を記したものであり、もともと性格の異なるものであった。なお、⑨S6―105が一件史料に加えられた時期は、⑨S6―105の最後の記事が天保八年（一八三七）二月であることから、それ以降のことと思われる。

表1　池田家文庫の神力丸漂流史料

［Ⅰ］「漂流人口書其外品々之写」九冊		［Ⅱ］「漂流人一件」八冊		［Ⅲ］「漂流人口書」六冊
① S6―97 於長崎御役所被仰渡御請印帳	→	① S6―112 御請証文請取書写	→	① L5―66 御請証文請取書
② S6―98 漂流人持戻并貰物之品改帳	→	② S6―107 漂流人持戻并貰物之品改帳	→	② L5―69 漂流人持戻并貰物品改帳
③ S6―99 卯壱番船同三番船日本人連渡ニ付吟味仕候口書和解	→	③ S6―110 卯壱番船同三番船日本人連渡候付吟味仕候口書和解	→	③ L5―68 卯壱番船同三番船日本人連渡候ニ付吟味仕口書和解
④ S6―100 漂流人口書	→	④ S6―113 漂流人口書	→	④ L5―65 漂流人口書
⑤ S6―101 漂流人口書之内御付紙ヲ以御尋之次第船主相糺候和解	→	⑤ S6―111 漂流人口書之内御付紙を以御尋之次第船主方相糺候和解	→	⑤ L5―67 漂流人口書之内御付紙ヲ以御尋之次第船主方相糺候和解
⑥ S6―102 巴旦国呂宋国唐国澳門広東様子書	→	⑥ S6―108 漂流人口上聞書	→	⑥ L5―70 漂流人口上聞書
⑦ S6―103 巴旦呂宋唐国様子書追加	→	⑦ S6―106 巴旦呂宋唐国様子書追加		
⑧ S6―104 巴旦国詞	→（⑥ S6―108へ）			
⑨ S6―105 去寅八月漂流之大廻広瀬町多賀屋金十郎船之上乗并水主ホ唐船ゟ長崎表江送来候一件	⋯→	⑧ S6―109 唐船ゟ長崎表江送来候漂流人一件之写		

岡山藩江戸留守居本

これに対して、［Ⅱ］は、「天保三壬辰年八月　漂流人一件　八冊」と上書きした袋に一括して入れられている（口絵2）。この袋にも「記第八号　ホノ五　袋入共八冊」と朱書した貼紙があり、この史料も留方の「ホ帙」に保管されていたものであることが分かる。ただし、［Ⅰ］の各史料とは違って、［Ⅱ］の各冊子の表紙に「御留方」の書き入れはなく、留方で作られたことを示す証拠はない。

各冊子の内容を比較してみると、［Ⅰ］の①S6―97～⑧S6―104は、［Ⅱ］の①S6―112～⑦S6―106とほとんど同じ内容で、文字や表記方法にわずかな違いがあるだけである。ただ、［Ⅰ］の⑥S6―102と⑧S6―104が、［Ⅱ］では一冊に合わせて記されて⑥S6―108とされたために、［Ⅱ］の方が一冊少なくなっている（表1参照）。

［Ⅰ］と［Ⅱ］の史料群の最も大きな違いは、［Ⅰ］の⑨S6―105と［Ⅱ］の⑧S6―109（写真2）との違いである。両者の内容の比較を、表2にまとめた。結論を先にいえば、［Ⅰ］が国元での留帳、［Ⅱ］が江戸での留帳である。そのことを、以下具体的に見てみよう。なお、［Ⅰ］の⑨S6―105は、本書第二部に「一　岡山藩留方「留帳」」として全文を翻刻している。

表2を見ていただきたい。神力丸の漂流民が長崎に送り届けられたことを幕府が岡山藩に最初に知らせたのが、［Ⅱ］⑧の(a)である。当時長崎奉行は二人制で、長崎と江戸とでそれぞれが一年交替で勤めた。この時は、長崎が大草能登守（高好）、江戸が牧野長門守（成文）であった。このうち牧野から岡山藩の江戸留守居に御達しがあったのである。この達書を江戸留守居が国元に知らせたのが、［Ⅰ］⑨の(B)である。(C)はそれに添えられた江戸留守居の用状。

国元では牧野の達書に基づいて、漂流民の身元を確認した。その結果を記したものが［Ⅰ］⑨の(D)で、これが江戸に送られて留守居から牧野に提出されたのが［Ⅱ］⑧の(b)である。ついで、牧野から漂流民引き渡しについての指示があった。これが［Ⅱ］⑧の(c)、それを江戸留守居が国元に知らせたのが［Ⅰ］⑨の(E)である。

　これをうけて、郡目付の原田勝作と船手水主引廻の松本惣八郎が漂流民引き受けの使者として長崎へ派遣されることになった。その一連の経過を示すものが、［Ⅰ］⑨の(F)(G)(H)(I)である。原田・松本らの一行は、六月一九日に岡山を出船、同月二八日に小倉に着船、そののち陸路を通って七月六日に長崎に到着した。早速長崎奉行所用人との交渉を行い、九日には長崎奉行大草能登守への使者を勤めた。この時の口上書が、［Ⅰ］⑨の(J)である。また、この日に漂流民一一人の身柄を引き渡され、その時［Ⅰ］⑨の(O)(P)(Q)の書き付けを渡された。翌一〇日世話になった懸り役人などへ挨拶に出向き、謝礼を手渡した。その目録が［Ⅰ］⑨の(N)である。

　七月一三日長崎を出発、二〇日に小倉に着き、そこからは藩の船に乗り、七月晦日に無事帰国した。以上の経過を報告したのが［Ⅰ］⑨の(L)「首尾書上」で、(M)〜(Q)の五通とともに、原田・松本の両人から郡代・船奉行に提出された。翌八月朔日、郡代・船奉行が漂流民の水主九人を帰村させることについて伺いを提出した。それが、［Ⅰ］⑨の(R)である。これら一連の(J)および(L)〜(R)の書き付け類は、国元の仕置家老である池田主税・池田出雲の用状とともに、江戸に送られた。これが［Ⅱ］⑧の(d)で、(i)〜(ix)の九通が書き付けられている。(i)が国元仕置家老

写真１　岡山藩留方本「留帳」（表紙）

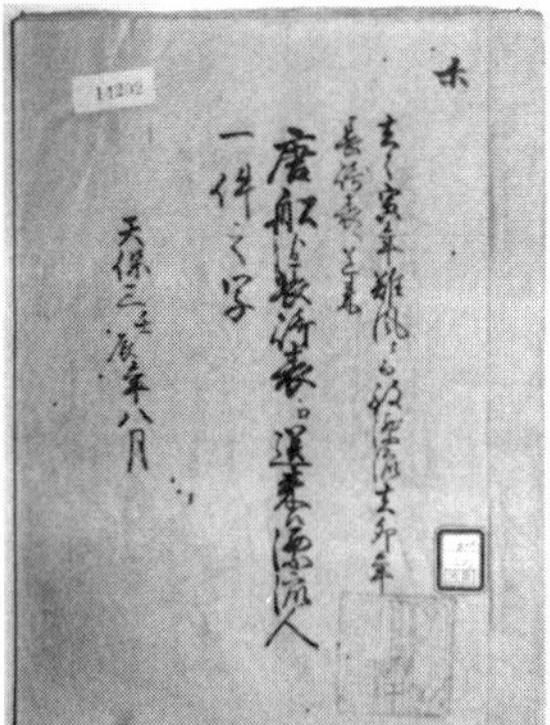

写真２　岡山藩江戸留守居本「留帳」（表紙）

の用状で、(ii)〜(ix)が［Ⅰ］⑨の(J)および(L)〜(R)に対応していることは、表2に矢印で示した通りである。

その後の国元での漂流民の扱いについて記したものが、［Ⅰ］⑨の(S)〜(U)である。(S)は、楫取二人の給扶持と格式を以前の通りとするもの、(T)は、漂流民水主の「他所船働」を禁止すべきかどうかという伺い、最後の(U)は、漂流民水主のうち石五郎と才次郎が死亡したことを天保八年（一八三七）に幕府へ届けた時の記事である。他方、［Ⅱ］⑧の(e)(f)は江戸での処置を記す。(e)は、長崎で引き取った漂流民が無事帰国したことを幕府に報告したもの。牧野が大草と交替するために長崎へ出発した後であったので、受け持ちの勘定奉行の土方出雲守（勝政）に届けた。(f)は、牧野の屋敷へ世話になった礼に使者を送った時の口上と礼物の目録である。

以上の比較検討から明らかなように、［Ⅰ］⑨と［Ⅱ］⑧とは国元と江戸との遣り取りを示す部分は共通し、［Ⅰ］⑨が国元でのさまざまな措置を記すのに対して、［Ⅱ］⑧は江戸での幕府役人との交渉を記し、国元での措置をまったく記さないという違いがある。こうした点から、［Ⅰ］⑨S6―105は国元で作られた留帳であり、［Ⅱ］⑧S6―109は江戸留守居が作成した留帳である、と考えたのである。

ところで、［Ⅱ］の袋には「御国江持参候様被仰付候」という貼紙がある（口絵2）。その意味するところは、［Ⅱ］の史料全体がもともとは江戸留守居の手許で利用されていたが、のちに国元からの指示で岡山に持参されたということであろう。そして、その後［Ⅰ］の史料とともに藩の留方の管理下に置かれたと考えられるのであり、そのため先に述べたように「記第八号　ホノ五」という旧棚記号が貼られていたのである。

こうしたことから、［Ⅰ］は留方本、［Ⅱ］は江戸留守居本、と規定することができる。

長崎奉行所史料の入手

さて、次に問題となるのは、［Ⅰ］と［Ⅱ］とに共通する史料の性格である。

表2　池田家文庫の神力丸漂流史料［Ⅰ］［Ⅱ］所収「留帳」の比較

［Ⅰ］⑨S6―105去寅八月漂流之大廻広瀬町多賀屋金十郎
船之上乗并水主ホ唐船ゟ長崎表江送来候一件

(A)船奉行下濃弥五左衛門伺書（天保二年十一月）
(B)江戸留守居用状（天保三年二月六日）
(C)江戸留守居用状（天保三年二月六日）
(D)船奉行下濃弥五左衛門返答書（天保三年二月）
(E)江戸留守居用状（天保三年五月廿一日）
(F)郡代・船奉行達書（天保三年六月九日）
(G)郡代・船奉行口上書（天保三年六月）
(H)（郡代・船奉行）達書（天保三年六月十二日）
(I)原田勝作・松本惣八郎覚書（天保三年六月）
(J)大草能登守宛口上書（天保三年六月十三日）
(K)（土倉四郎兵衛）留書（天保三年七月十二日）
(L)原田勝作・松本惣八郎首尾書上（天保三年七月晦日）
(M)原田勝作・松本惣八郎届書（天保三年七月晦日）
(N)目録（天保三年七月晦日）
(O)長崎奉行所達書（天保三年七月）
(P)所持銭書上（長崎奉行所、天保三年七月）
(Q)溺死人書上（長崎奉行所、天保三年七月）
(R)郡代・船奉行届書（天保三年八月朔日）
(S)（郡代・船奉行）留書（天保三年八月六日）
(T)船手水主引廻役伺書（天保三年八月）
(U)江戸留守居用状（天保八年二月十三日）

［Ⅱ］⑧S6―109唐船ゟ長崎表江送来候漂流人一件之写

(a)天保三年二月六日長崎御奉行牧野長門守殿ゟ漂流人
御達之写
(b)当辰三月長崎御奉行牧野長門守殿へ被指出候写
(c)五月廿一日長崎御奉行牧野長門守殿ゟ御留守居御呼
出ニ而左之通御達有之
(d)八月二日出之御飛脚同十一日江戸到着其節御用手へ
申来候紙面并諸手ゟ指出候書取ホ之写
(i)池田主税・池田出雲用状（天保三年八月二日）
(ii)原田勝作・松本惣八郎首尾書上（天保三年七月晦日）
(iii)溺死人書上（長崎奉行所、天保三年七月）
(iv)所持銭書上（長崎奉行所、天保三年七月）
(v)長崎奉行所達書（天保三年七月）
(vi)大草能登守宛口上書
(vii)原田勝作・松本惣八郎届書（天保三年七月晦日）
(viii)目録（天保三年七月晦日）
(ix)郡代・船奉行届書（天保三年八月朔日）
(e)江戸留守居届書（勘定奉行宛、天保三年八月廿一日）
(f)牧野長門守へ使者書上（天保三年九月廿七日）

このうち、［Ⅰ］①S6―97（［Ⅱ］①S6―112）は、長崎で漂流民を引き渡された時に岡山藩の原田勝作・松本惣八郎が長崎奉行に提出した請書である。そして、残る［Ⅰ］の②S6―98～⑧S6―104（［Ⅱ］②S6―107～⑦S6―106）の七冊（［Ⅱ］は六冊）は、これも結論を先にいえば、長崎奉行所で作られた史料であった。以下、具体的に説明する。

これらの史料の中心となるのは、［Ⅰ］④S6―100（［Ⅱ］④S6―113）の「漂流人口書」である。これは、長崎奉行所での取り調べの結果作られた調書で、最終的なものと思われる。［Ⅰ］⑤S6―101（［Ⅱ］⑤S6―111）は、［Ⅰ］④「漂流人口書」で不明な箇所に付けられた一〇九枚の付紙に対して、中国船の船主に尋ねたもの。もとは中国文であったものを唐通詞が日本文に訳している。［Ⅰ］の⑥S6―102と⑦S6―103（［Ⅱ］⑥S6―108の前半部と⑦S6―106）とは、漂流中の見聞を漂流民が話したもので、箇条書きになっている。④「漂流人口書」との関係は明示されていないが、長崎奉行所での取り調べ過程で集められた情報に基づいて作成されたものであることは間違いなく、④「漂流人口書」に組み込まれなかった事柄を別に列挙したものと考えられる。［Ⅰ］⑧S6―104（［Ⅱ］⑥S6―108の後半部）は、漂着したバターン諸島での言葉を採集したもので、日常的な事物の名など三〇〇語以上が書き上げられている。［Ⅰ］②S6―98（［Ⅱ］②S6―107）は、漂流民たちが持ち戻った身の回り品や異国で貰った品物を書き上げたもの。これら二冊も、取り調べの過程で作成されたものと思われる。［Ⅰ］③S6―99（［Ⅱ］③S6―110）は、漂流民を長崎に連れ渡った二艘の中国船の船主などに送還の経過を問い糺したもの。これも中国文を唐通詞が日本文に訳した。

それでは、長崎奉行所で作成されたこれらの史料は、どのようにして岡山藩の手に渡ったのだろうか。その秘密は、［Ⅰ］⑨S6―105の「留帳」に書き留められた一通の文書に記されていた。表2でいえば、［Ⅰ］⑨のⓃがそれである。これは、岡山藩の使者が世話になった長崎奉行所の役人に送った礼物の「目録」であり、公用人斎藤為右衛門への金子一五〇〇疋をはじめ、二五人への礼金が書き上げられているのだが、この中で、唐通事附筆者小頭瀬川八大夫と同漂流人懸り鈴木夘六・貞方平四郎・芦塚五郎八の四人に「南鐐五片ツヽ」を贈っている。そして、この項の但し書きに「右者近来口書取扱候義堅御指留ニ相成居候を、極内〻を以写取呉并唐人答書和解書ホ写取、格外相働候ニ付、別段差遣」とあるのである。つまり、近年は長崎奉行所での取り調べ書類の閲覧が禁止となり、取り扱いが厳重になっていたにもかかわらず、四人の者たちが「極内〻」に写し取ってくれ、あわせて中国人船主の返答書の日本語訳文も写し取ってくれた。彼らには、別に「金子百疋ツヽ」が渡されており、この「南鐐五片ツヽ」は正規の仕事以外に特別に働いてくれたために別に贈った、というのである。本来ならば門外不出であるべき取り調べ書類が、こうして岡山藩の手に渡ったのであった。

以上の検討を踏まえて、岡山藩における公式記録の作成過程を整理しておこう。

漂流民引き取りのために長崎へ派遣された役人によって長崎奉行所で作成された取り調べ書類が入手され、これを国元の留方が清書して保管した。また、これらの副本が作られ、こちらは江戸留守居の手許に保管された。のちに、国元では、長崎奉行所の取り調べ書類に国元での措置を記した留帳を加えて一件史料とした。これが[Ⅰ]の留方本で、岡山藩の公式記録と呼べるものである。他方、江戸では、長崎奉行所の取り調べ書類（副本）に江戸での幕府との対応を記した留帳を加えて一件史料が作られた。これが[Ⅱ]の江戸留守居本で、江戸藩邸に備えられていたが、のちに国元へ送り返され、以後、[Ⅰ]と同じく留方に保管され伝来した。

2　公式記録の写本による流布

池田家文庫の写本

池田家文庫に残されているもう一組の記録[Ⅲ]は、[Ⅰ][Ⅱ]とは性格がかなり異なる。[Ⅲ]は「漂流人口書六冊」と上書きした袋に一括して入れられている。袋などに池田家の旧棚分類記号を示す貼紙がないから、廃藩時に藩庫にあったものではない。代わりに、「新　一七一」という記号・番号が記されたラベルが貼られている。このラベルは、明治以降の池田家家史編纂事業の過程で貼られたものと考えられる。つまり、この[Ⅲ]は明治以降に家臣の家から新たに収集されたものだと推定されるのである。

再度、表1を見ていただきたい。[Ⅲ]六冊の内容は、長崎奉行所で作成された書類の写しのみで、[Ⅰ]や[Ⅱ]のように岡山藩側の対応を示す留帳（[Ⅰ]⑨や［Ⅱ］⑧）を含まない。また、[Ⅲ]⑥L5―70が[Ⅱ]⑥S6―108と同じであること（[Ⅰ]では⑥S6―102と⑧S6―104の二冊に分かれている）、および[Ⅲ]①L5―66「御請証文請取書」が、[Ⅰ]の①S6―97ではなく[Ⅱ]の①S6―112とほぼ同じ表題であることから、[Ⅲ]は[Ⅱ]の系統から写されたものであると考えられる。ただし、[Ⅲ]には[Ⅱ]の⑦S6―106（[Ⅰ]では⑦S6―103）が欠けているが、その理由は不明である。[Ⅲ]の袋の上書きにある「六冊」と実際に現存する冊数は一致するから、のちに欠本が生じたとは考えられず、当初から無かったものと思われる。

以上から、[Ⅲ]は藩の公式記録を家臣が私的に写したもので、その際[Ⅱ]の江戸留守居本もしくはその系統の写本が底本とされたと推定できる。

留方や江戸留守居のもとに保管された藩政記録がどのように閲覧されたか明らかではないが、家臣なら誰でも閲覧できたという訳ではないだろう。加えて、神力丸の関係史料は長崎奉行所から「極内〻」に入手したものであったから、当然その取り扱いは厳重に行うよう指示されていたはずである。にもかかわらず、このように家臣によって筆写されていたのである。しかも、その数はこの一組にとどまらない。

榎氏旧蔵本と竹村氏旧蔵本

従来から神力丸漂流事件の史料としてよく利用されてきたものの一つに、昭和六年（一九三一）に刊行された

『吉備群書集成』第五輯所収の「漂流記」がある。これは、同書の「解題」によれば、岡山県立図書館所蔵の榎氏旧蔵本を底本としたものであった。戦前に岡山県立図書館が所蔵していた史料は、現在、岡山県総合文化センター郷土資料室が管理している（同センターは、二〇〇四年九月に新岡山県立図書館に改組された。詳しくは「あとがき」によられたい）。「解題」には上下二巻からなる写本とあるが、この榎氏旧蔵本は同所に現存しない。昭和二四年（一九四九）に移管された時の史料の台帳にも見当たらないとのことであるから、[7]それ以前に所在不明になっていたものと思われる。[6]

『吉備群書集成』が掲げる目録は、次の通りである。

一、漂流人御糺并請取渡前後御届
二、卯一番船同三番船日本人連渡候付吟味仕候口書和解
三、卯一番船同三番船日本人連渡候付指出候書付和解
四、漂流人口書
五、漂流人口書の内御附紙を以御尋の次第船主方相糺候和解
六、漂流人口上聞書
七、漂流人持戻并貰物の品改帳
八、巴旦呂宋唐国様子書追加

これを、池田家文庫の公式記録（表1参照）と比較してみると、一は[Ⅱ]①の「御請証文請取書写」に[Ⅱ]⑧の江戸留守居の留帳の一部を加えたものである。国元での対応の記録は含まれていない。また、二と三は、[Ⅱ]③の「卯壱番船同三番船日本人連渡候付吟味仕候口書和解」と同じ。そして、四から八までは、順に[Ⅱ]の④、⑤、⑥、②、⑦にそれぞれ対応している。ここでも、六の「漂流人口上聞書」が[Ⅱ]系統と同じ名称と内容になって

いる。つまり、この榎氏旧蔵本は全体として池田家文庫の江戸留守居本系統の写本と考えられるのである。

所在不明の榎氏旧蔵本の代わりという訳ではないだろうが、現在岡山県総合文化センターには上中下の三冊に製本され「漂流記」と題された別の写本が所蔵されている(8)。体裁は、縦二四・〇×横一六・二センチ、仮綴本であったものにのちに表紙を付けて三冊に製本したもので、「漂流記」という標題は製本後の表紙題簽に記されたものである。岡山県立図書館の館印に記入された受入年月日は「大正一五年一〇月一二日」である。各冊には、「竹村蔵書」「竹村勝礼之印」という押印があり、この三冊本は竹村氏旧蔵本であったことが分かる。

念のために、各冊の標題を書き上げる。

〈上〉

一　漂流人口書

〈中〉

一　漂流人口書之内御付紙ヲ以御尋之次第船主方相糺候和解

一　漂流人口上聞書

一　漂流人持戻并貰物之品改帳

〈下〉

一　漂流人御糺并請取渡前後御届

一　卯壱番船同参番船日本人連渡候ニ付吟味仕候口書和解

一　卯壱番船同参番船日本人連渡候ニ付指上候書付和解

このうち〈上〉の冒頭には「目録」があり、〈上〉・〈中〉の内容にあたる四項目を掲げている。しかし他方、〈下〉の巻頭には「山脇敬李」なる人物の序言風の文章があり、もとは〈下〉が最初に置かれるべきものではなかったかと思われる。しかも、〈下〉〈上〉〈中〉の順に並べ替えてみると、史料の標題と順序が『吉備群書集成』所収の榎氏旧蔵本「漂流記」と一致する。また、同書によれば、榎氏旧蔵本にも「山脇敬李」の署名はないものの同一の序文が冒頭にあったようだ。つまり、竹村氏旧蔵本は、三冊本に製本した時の順序付けに錯誤があったと思われ、基本的に『吉備群書集成』が底本とした榎氏旧蔵本と同一系統の写本だと考えられるのである。なお、両者の違いは、竹村氏旧蔵本が「巴旦呂宋唐国様子書追加」を含まないことである。池田家文庫の[Ⅲ]の写本も「様子書追加」を含まないから、この点では竹村家旧蔵本はそれに近い。

竹村氏旧蔵本の〈下〉に付された「山脇敬李」の文章は次の通りである。(9)

備前国より江都へ廻米千七百石積船神力丸難風に逢、外国へ漂流し、年を経て楫取水主拾四人無恙帰国せし数条、上下弐巻にわかつ、上の巻は御紀一件請取渡前後御届の事ニして、強て秘すへきニあらされとも、他藩の一覧も無益ならん、備藩の外他見を免さゝるへきものか、見る人其心あれかしと爾云

これによれば、「山脇敬李」が作成した「漂流記」の原写本は上下二巻本であることが分かり、また、竹村氏旧蔵本では〈下〉となっている「漂流人御紀并請取渡前後御届」は本来「上の巻」であったことも確認できる。以上も踏まえると、二巻本である榎氏旧蔵本の方が原写本に近い形を保っていると考えられる。しかも、竹村氏旧蔵本は榎氏旧蔵本には含まれている「様子書追加」を欠いているから、この点からも榎氏旧蔵本の方が江戸留守居本の原本により近いものと考えられる。

さらに両書の違う点は、付録の地図への朱筆の書き入れである。竹村氏旧蔵本でいえば、〈下〉の巻末に「敬李私曰、世上流布之万国之図ヲ以、漂流之方角・国〻凡之里数記之」と注記した地図が付されている。(10)『吉備群書集成』に掲載された地図を見る限り、榎氏旧蔵本には朝鮮・琉球をはじめ中国の各地に書き入れがあったと考えられるのに対して、竹村氏旧蔵本では広東・呂宋《ルソン》・ハタンに朱書きがあるのみである。竹村氏旧蔵本を筆写した人

の手が及ばなかったのだろうか（榎氏旧蔵本の地図を第二章二6に図3として掲載している）。

先に掲げた三冊本の標題および「山脇敬李」の文章から見て、この「漂流記」が岡山藩の記録をもとに作成されたものであることは間違いないだろう。「強て秘すへきニあらされとも、他藩の一覧も無益ならん」と、慎重な取り扱いが求められているのは、「漂流人御糺幷請取渡前後御届」に岡山藩と長崎奉行役所との遣り取りが含まれているためだろう。しかし、こうした配慮にもかかわらず、岡山藩の記録は家臣たちによっていくつもの写本が作られ、流布した。

なお、竹村氏旧蔵本に見える「山脇敬李」は、「山脇敬孝」の誤記と思われる。このことは、のちに改めて述べる。

各地に残る江戸留守居本系統の写本

ほかに岡山県総合文化センター郷土資料室に現存するものとしては、「漂流人口書」「漂流人口書之内御付紙を以御尋之次第船主方相糺候和解」「漂流人口上聞書」「卯壱番船同三番船日本人連渡候付吟味仕候口書和解」という四冊がある。(11) これらは、いずれも縦二七・九×横二〇・二センチという体裁で、もとは仮綴本であったものに同一の表紙を付けて製本している。本文墨付は順に、四六丁、一五丁、二三丁、八丁。内容は、これまで見てきた岡山藩の公式記録と同様、長崎奉行所で作成された文書の写本の一部で、「漂流人口上聞書」という名称から、これも[Ⅱ]の江戸留守居本系統の写本であると考えられる。該当するのは、順に[Ⅱ]の④、⑤、⑥、③である。もともと榎氏旧蔵本・竹村氏旧蔵本「漂流記」のような全体にわたる一組の写本の端本とも考えられるが、筆写の経過を示す書き込みや蔵書印などもなく、詳細は不明である。なお、岡山県立図書館に受け入れられたのは「昭和九年六月一九日」であるから、『吉備群書集成』が底本としたものではあり得ない。

東北大学附属図書館狩野文庫にある「巴坦島漂流記」一冊[12]も、岡山藩江戸留守居本系統の写本である。縦二三・八×横一六・六センチ、もと仮綴本であったものを、現在では表紙を付けて和装本とされている。本文墨付六六丁。二カ所に中扉があり、「漂流記　上」「漂流記　下」という表題が記されていることから、もとは二冊本であったものを一冊に合綴したものであることが分かる。内容は、竹村氏旧蔵本・榎氏旧蔵本と同じで、江戸留守居本系統の写本であることに間違いはない。記載された順に、［Ⅱ］の④、⑥、②、⑤、①と⑧の一部、③、にそれぞれ対応している。⑦の「巴旦呂宋唐国様子書追加」を欠くから、竹村氏旧蔵本に近い系統の写本と考えられる。竹村氏旧蔵本・榎氏旧蔵本と同じ地図も付けられているが、地名や里数が書き込まれていない箇所もあり、未完成である。この点も、竹村氏旧蔵本に近い。巻末に筆写の経緯を示す書き込みが二カ所ある。初めのものは「天保十三庚寅年／岡山御家来石川藤五郎方ゟ内〻ニて借写／石川国登志」とあり、次の丁に「右壱冊ハ岡山御家来石川藤五郎方ゟ借写／天保十三庚寅秋／川上義孝認」とある。さらに裏表紙の見返しには「石川鎮五郎」という書き込みもある。これらからすると、石川藤五郎→石川国登志→川上義孝と筆写されたものが、石川鎮五郎の手に渡ったのではないかと推定される。最初に筆写されたのは事件から一〇年後の天保一三年（一八四二）、筆写したのはやはり岡山藩の家臣であった。

ところで、この「巴坦島漂流記」にも途中に竹村氏旧蔵本と同じ序文が写されているのだが、その署名は「山脇敬孝」となっている。また、付録の地図に付けられた説明文にも「敬孝曰」とある。竹村氏旧蔵本では「山脇敬李」とあったものが、ここでは「山脇敬孝」となっているのである。該当する人物としては、江戸留守居本を筆写しているのだから、まず岡山藩の家臣が考えられる。池田家文庫の「奉公書」類をみてみると、山脇家は明治の廃藩まで続いた家が三家あり、「山脇巍奉公書」に「山脇定吉（兵作）敬孝」が見つかった[13]。

「山脇敬孝」は、初め定吉、のちに兵作と改名した。明和五年（一七六八）の生まれ。一九歳の天明六年（一七八六）、六〇俵四人扶持で御側児小姓に召し出されている。寛政元年（一七八九）父兵左衛門の家督知行二五〇石を相続し、膳奉行、徒頭、楽屋奉行、書方などを経て、文化四年（一八〇七）から文政九年（一八二六）まで二〇年間、江戸留守居を勤めている。天保九年（一八三八）病気のため家督を養子猪孝太に譲って隠居、天保一二年七四歳で病死している。神力丸の漂流民たちが帰国した天保三年当時は、大小姓頭であった。長年にわたって江戸留守居を勤めていたこと、および、留守居をやめた後も藩主参勤の御供でたびたび江戸と国元との間を往復していたことから、江戸留守居本に触れる機会は十分にあったと思われる。榎氏旧蔵本や竹村氏旧蔵本を含め、これら同系統の写本のもととなった原写本の筆者は、この「山脇敬孝」と考えて間違いないだろう。

国立国会図書館所蔵『漂流記叢書』には、神力丸関係の史料が二組含まれている。そのうちの一つである「漂流人口書」[14]は、縦二五・二×横一七・一センチ、もとは仮綴本であったものに新たに表紙が付けられ和装本となっている。本文墨付五七丁。表紙には、「漂流人口書／漂流人口書之内御付紙を以御尋之次第船主相糺候和解／漂流人持戻幷貰物之品改帳」とある。内容は岡山藩の公式記録と同じであり、［Ⅱ］の江戸留守居本でいえば④、⑤、②にあたる。裏表紙には「備藩山田氏蔵書」と書き込みがある。岡山藩の家臣が筆写した写本と考えて間違いないが、原本が留方本か江戸留守居本かは判断できない。

もう一つは、「備前神力丸漂流一件」と題する二冊本[15]。縦二七・三×横一九・四センチ、表紙題箋に「備前神力丸漂流一件　二冊之内」とあり、本文墨付は四五丁と八丁である。一冊目の内題に「漂流人口書　共弐冊」とあり、次のような目次が記されている。

一漂流人口書始末之事

一卯壱番船同三番船日本人連渡候ニ付吟味仕候口書和解

一漂流人持戻り幷貰物之品改之事

一長崎於御役所被仰渡御請印形之事
一漂流人口書之内御付紙ヲ以御尋之次第船主方相糺候和解
　右一ヨリ五迄ノ五冊ハ長崎御役所ゟ請取帰リ申分

このうち最初から四つの部分が一冊目に、最後の一つが二冊目に収められている。内容は岡山藩の公式記録と同一であり、「長崎御役所ゟ請取帰リ申分」という注記が示すように、岡山藩庫の史料を写したものと考えて間違いない。[Ⅱ]の江戸留守居本でいえば、順に④、③、②、①、⑤に該当する。ただし、依拠した原本が留方本であったか江戸留守居本であったか、この場合も判断を下し難い。四つ目の「長崎於御役所被仰渡御請印形之事」という名称は留方本に近いが、最初の「漂流人口書始末之事」という名称は留方本に馴染まないからである。やはり判断を保留しておきたい。また、四つ目の内容は江戸留守居本の①のみで、⑧の「留帳」の一部を含んでいないから、江戸留守居本の写本だとしても、榎氏旧蔵本や竹村氏旧蔵本とは別の系統のものと考えられる。

留方本系統の写本

これまで見た写本類のうち原本の系統が明確なものは、いずれも[Ⅱ]江戸留守居本系統であったが、[Ⅰ]留方本の写本も一組確認できた。岡山藩家臣の奥山家に伝わるもので、臼井洋輔によって紹介されている[16]。岡山県瀬戸内市の邑久町史編纂室にある写真帳で確認したところ、表紙には「漂流記」とあり、現在は一冊本の体裁となっている。内容は八つの部分に分かれており、いずれの部分も改丁したうえで「八冊之内」と注記して表題を記した中扉がある。また、その分け方は留方本と同じであり、各部分の表題も基本的に留方本と同じである。以上から奥山家の「漂流記」は、岡山藩の留方本の写本であると確認できる。ただし、奥山家本には、留方本にある「留帳」([Ⅰ]⑨S6―105)は含まれていない。つまり、奥山家本が筆写されたのは、留方本に「留帳」が含まれていない状態の時であり、「留帳」が一括されたのが天保八年（一八三七）二月以降と推定されるから、それよりも前ということになる。奥山家本が筆写された経緯については、のちにも触れるだろう。

岡山藩史料を筆写した家臣たち

以上、岡山藩の公式記録の写本として確認できたものは、留方本系統一組、江戸留守居本系統六組、いずれとも判断できないもの二組、である。最後の二組も、どちらかといえば、江戸留守居本系統と考えた方がよさそうなので、のちに掲げる表5では江戸留守居本系統として表示している。ともあれ、このように写本が幾種類も確認されることから、留方や江戸留守居のもとにあった記録が家臣によって借覧され、その情報が藩内にかなり流布していたと想像される。念のために、これまで見てきた写本類に関わっていた人物について、岡山藩の「奉公書」で検索してみた。

江戸留守居本を最初に筆写したと思われる山脇敬孝については先に触れた。二〇年程江戸留守居を勤めた中堅家臣である。

次に榎氏であるが、『改訂増補・池田家文庫マイクロ版史料目録・藩士』1～4（丸善、一九九三年）では「榎養雲」「榎草玄」の二家が確認できる。この二家は最初の三代を共通にする同族で、いずれも医師であった。「榎養雲」家[17]は、正徳四年（一七一四）に榎友干が針医として切米六〇俵・五人扶持で召し出され、のちに側医になっている。天保年間の当主は、榎友閑。「榎草玄」家[18]は、宝永二年（一七〇五）に榎草玄が新知二〇〇石で御匙役として召し出され、その後代々側医を勤めている。天保年間の当主は、榎宗節。医師は、近世社会では代表的な知識人であり、漂流事件や異国事情に関心を持つ人物としてふさわしい。榎氏旧蔵本が、この二家のいずれかの人物によって筆写された可能性は十分考えられるが、これ以上は手掛かりがない。

竹村家は、廃藩まで続いた家が二家ある。いずれにも「竹村勝礼」は見えないが、そのうちの「竹村小平太」の家には「勝重」「勝徳」など「勝」を通字とする人物がおり、「竹村勝礼」と関係がありそうである。「竹村小平太」家[19]は、先祖の竹村喜左衛門が犬山時代に「勝入様」(池田信輝)に仕えたという譜代の家で、高三〇〇石、物頭。天保年間の当主は小平太勝徳で、弘化二年(一八四五)に近習・槍奉行・留方兼帯を命じられており、この時期に記録との接点が十分に考えられる。竹村氏旧蔵本は、この「竹村小平太」の家に伝わったものである可能性が高い。

石川家は、幕末まで続いた家が五家あるが、「石川藤五郎」や関係しそうな人物は残念ながら見当たらない。「川上義孝」についても、「河上」家が四家あるが、該当しそうな人物はやはり見当たらない。また、山田家は二一家があり、いまのところこれ以上絞り込む手掛かりがない。

最後に奥山家は、「奥山富八郎」家[20]がそれである。先祖は宇喜多直家に仕え、邑久郡長沼村(現岡山市)に住んだが、のちに岡山に出たという。天和元年(一六八一)に奥山関左衛門が切米一五俵・二人扶持の御加子として召し出され、以後代々船手に勤めている。天保年間の当主の富八郎は、三〇俵・三人扶持の大船頭で、「金銀積登御用」「御登米海上御締御用」などを勤めている。神力丸の漂流事件は他人事ではなかった。奥山家の写本は、天保八年(一八三七)二月以前に作成された考えられる八冊本の[I]留方本(全九冊のうち「留帳」を除く)であるから、それを入手したのは当時船手に勤めていたこの奥山富八郎と考えてよいだろう。

三　幕府関係の記録

長崎奉行所で作成された史料が岡山藩に流れていたことは、先に見たとおりであるが、そもそも幕府関係の史料はどのように伝わったのだろうか。

1 『通航一覧続輯』所収史料について

江戸時代に編纂された外交史料集としては、『通航一覧』が知られている。この書は、嘉永三年（一八五〇）幕府の命によって林家を中心に昌平坂学問所で編纂されたもので、永禄九年（一五六六）から文政八年（一八二五）までの外交関係史料が収められている。完成したのは嘉永六年一二月頃で、幕府に献上されたが、時あたかもペリーの来航と重なったため、ただちに続編の編纂が始まった。これが『通航一覧続輯』で、草稿は安政三年（一八五六）一一月頃に完成したといわれており、安政元年までの史料が収録されている。(21)

『通航一覧続輯』巻八二巴旦国部一・巻八三巴旦国部二は、すべてが神力丸漂流関係史料で占められている。巻八二は、長崎奉行所での漂流人取り調べ書類である。最初に、漂流の経過を簡潔にまとめた文章がある。これは、「漂流人口書」などをもとに書かれたものと思われるが、岡山藩関係の記録類のなかには同一の文書はない。長崎奉行所の周辺で作られた可能性は高いが、長崎奉行所で作られたものかどうかは即断できない。その次に、「卯壱番船同三番船日本人連渡候ニ付吟味仕候口書和解」「卯壱番船同三番船日本人連渡候ニ付差上候書付和解」「漂流人宇治甚介初拾四人之者申口」の三点を掲げる。このうち前二者の「和解」は、岡山藩の公式記録に含まれていたもの（［Ⅰ］③S6—99・［Ⅱ］③S6—110）と同じである。三つ目の「申口」は、「漂流人口書」（［Ⅰ］④S6—100・［Ⅱ］④S6—113）と「漂流人口書之内御付紙ヲ以御尋之次第船主相糺候和解」（［Ⅰ］⑤S6—101・［Ⅱ］⑤S6—111）とを混ぜ合わせて一本としたものである。こうした操作が筆写の際に行われたものか、それとも筆写以前からこの形態であったかは分からない。後者だとすれば、これらの史料は岡山藩とは別のルートで流出したものと考えたほうがいいだろう。

『通航一覧続輯』巻八二が掲げる引用書目は、「巴旦国漂流記」「海表異聞」である。このうち、「巴旦国漂流記」

という標題の史料は『国書総目録』では神戸大学附属図書館が所蔵する写本一冊が知られるのみである。しかし、同書は、後に触れるように『通航一覧続輯』とはまったく異なる内容である。いまのところ、『通航一覧続輯』の引く「巴旦国漂流記」という史料は不明とせざるをえない。また、「海表異聞」は同志社大学附属図書館に徹桑士人の編になる七九冊本が所蔵されているが、その中に神力丸漂流関係史料は含まれていない。[22]残念ながら、『通航一覧続輯』巻八二所収史料についての探索は、ここで終わる。長崎奉行所で作成された史料を岡山藩とは別のルートから収集・利用した可能性がある、と指摘するにとどめたい。

『通航一覧続輯』巻八三は、初めに「長崎志続編」から簡潔な経過記事を引用する。「長崎志」は、長崎奉行の下で作られた記録であり、『通航一覧続輯』では戸川家所蔵のものがよく利用されている。[23]続いて、岡山藩の対応を記した史料が掲げられる。その内容は、『吉備群書集成』所収「漂流記」（榎氏旧蔵本）の「漂流人御糺并請取渡前後御届」とほぼ同文で、途中に「漂流人持戻并貰物の品改帳」が挿入されている。これは、岡山藩政史料でいえば、［Ⅱ］江戸留守居本の①および⑧の一部と②にあたる。江戸留守居本系統の写本の情報に間違いない。これらの引用書目は、「隅阪奇筆」と「海表異聞」となっている。「海表異聞」については先に述べた。「隅阪奇筆」という標題の書物は、『国書総目録』には見当たらない。よって、巻八三についても、これ以上の探索はいまのところできない。岡山藩の江戸留守居の下から幕府関係者に情報が流れた可能性を推定するにとどまる。

2　『異国漂流奇譚集』所収史料について

『吉備群書集成』所収の「漂流記」と並んで従来からよく利用されてきたものに、石井研堂編『異国漂流奇譚集』[24]所収の「神力丸馬丹漂流口書」がある。この底本について山下恒夫は、石井研堂旧蔵の「異国へ漂流噺書写」か「岡山人漂流記」のいずれかと推定しているが、残念ながら両書とも散佚してしまったという。[25]もともと『異国漂流奇譚集』は、「記録としての価値を損すること無く、且つ一種の読み物たらしめんことを望みて、校定編次せり」というものであり、「神力丸馬丹漂流口書」についても「本書原文は、最も冗漫なれば、刪正する所多く、且つ候文体を書き下しに改めたり」と注記されているように、研堂によって原文にかなり手が入れられていることが予想される。そのため利用は慎重でなければならない。

「神力丸馬丹漂流口書」は、長崎に送り返された一四人の身上調書と漂流人口書とからなっている。このうち前者は、岡山藩関係の文書には見られないもので、長崎奉行所で作成されたものと思われる。また後者は、岡山藩にもたらされた「漂流人口書」（[I]④S6―100など）と基本的に同一の内容であるが、総じて記述がやや詳細である。しかも、こちらには「極内、認む可からず」と朱書されたキリスト教関係の記事が三カ所含まれていることが注目される。また、末尾にキリシタンに勧誘されたことがあるかないかを含めた四カ条にわたる再応吟味の様子が書かれていることも注目される。これらは、いずれも岡山藩関係の「漂流人口書」には現れないことから、岡山藩にもたらされた口書が長崎奉行所としての最終的な正式の口書であるのに対して、石井研堂が依拠した原本は取り調べ段階の口書ではなかったかと思われる。研堂も同じ意見だったようで、「官庫の秘冊、過ちて民間に出でしものか」と注している。[26]

以上のことを確認するために、削除された三カ所のうち最初の事例を取り上げよう。神力丸はバターン諸島のうち「ボゴス」島に漂着、現地の住民に救助された漂流民たちはバターン本島の「サルトリメンゴ」という町に送られた。この町に住む「ドンルカスウクウ」という頭役の家を訪問した時のことである。この頭役はスペイン人の地方官と思われ、漂流の経過についていろいろ質問している。そこに日本製の鉄碇が置いてあった。それについて尋ねると、先にこの地に漂着した「ナンブトクヘ」（南部徳兵衛）[27]の持ち物であったという。そうこうしているうちに、召使いが酒を持って来て勧める、という場面である。両書の該当部分を表3に示した。上段[A]が

表3　「漂流人口書」と『異国漂流奇譚集』所収史料の比較（1）

［A］

下人与相見へ候者、瓶ニ入候酒与相見へ持出、椰子ヲ割候盃躰之物差出、給候様致仕形候ニ付、給候處、酸く辛キ味にて酔出、肴ハ飛魚似寄候乾魚ヲ炙、素焼之鉢ニ盛、差出、給申候、

夫より、右頭役先ニ立、役人躰之もの五、六人立出、私共ヲ海辺ニ連参候處、長サ拾壱尋程之船弐艘、所ゝ損候ヲ繋有之、

［B］

其内、下人瓶に入れ候酒を持ち出し、椰子を割り候盃を持そへすゝめ候間、汲みて飲み候處、酢く辛き味にて、酒の様に酔ひ申候、肴は日本鳶魚の通りの乾魚を焼き、素焼の鉢に入れ呉れ候に付、手にてむしり給べ候處、味も鳶魚の通りに御座候、其上私共銘々に刻たばこを壱包みづゝ呉れ申候

「それより上官の者、私どもを連れ、前の處へ連れ参り候處、押入の様にいたし、少し高く仏壇これ有り、硝子の障子を明け、右上官殊の外有り難き体に拝いたし、私共へ向き、夫を指さし、此国にては天道様だと申す様子にて拝いたし候様に申候間、立寄り見候處、何とも性は知れざる銅にて拵へ候、高壱尺程の人物にて、日本の磔の形に、手足を釘付けにいたし、鑓にて突通し候像なり、他は、女の子を抱き候像なり、磔はサンダマルヤ、女はサンダクロヲジと申す趣にて、見馴れざる仏具様のもの色々餝りこれ有り候、罪人を拝し候は怪敷事と存じ、拝し申さず候處、猶又仏壇の内より、小さき懸物を出し、同所へ懸け候て、右のもの是又殊の外有りがたき体に拝いたし候上、私共へ、是を大切に拝む、日本にては如何と尋ね候体に聞候に付、能く見候處、日本の清正公様の御影尤、衣冠装束の御影なり上にひげ題目認めこれ有り、日本の紙表具の古き掛ものに付、一同有り難く拝し、日本にても神と拝み奉る旨仕形いたし候處、合点いたし候様子にて候」

それより、右の者先に立ち、役人五、六人参り、私共を連れ海辺に参り候處、長さ拾壱尋斗りの船弐艘繋ぎこれ有り候、一向遣ひ申さずと相見え、所々損じもこれ有り候

岡山藩の「漂流人口書」、下段の[B]が『異国漂流奇譚集』の「神力丸馬丹漂流口書」である。

一見して明らかなように、前後の記述は表現を含めて極めてよく似ており、[B]から「　」の部分を削除して[A]が作られたと推定できるだろう。[B]の「　」の内容は、地方官にキリスト像への礼拝を勧められた時の様子である。神力丸の漂流民たちは礼拝を断り、改めて地方官が差し出した清正公の御影を拝している。清正公の御影は先の鉄碇と同様、「ナンブトクヘ」が残していったものだろう。「ひげ題目」が書かれているから、日蓮宗で信仰されたものと思われ[28]、日蓮宗寺院の檀家であった楫取の宇治甚介や片山栄蔵にとっては思い当たるものであったのだろう[29]。キリスト像を拝していないのだから問題はないのだが、無用な誤解や混乱を避けるためには、こうした記述は削除したほうが賢明だと長崎奉行所の役人たちも判断したのだろう。その結果、「　」の部分が最終的な取り調べ記録から削除されたに違いない。それが、「極内、認む可からず」という朱書の意味するところだろう。

それでは最終的な正式の口書から削除された「　」の内容は、どこへ行ったのだろうか。岡山藩が入手した記録類でいえば、「巴旦国呂宋国唐国澳門広東様子書」([I]⑥S6―102)と「巴旦呂宋唐国様子書追加」([I]⑦S6―103)とにそれを見付けることができる。念のために抜き書きしておこう。

一大将居申所江参、及見候処、神前ニ長ケ壱尺五、六寸斗有之男雛之様成木像を磔ニ致し有之、然ル処大人ハ素ゟ小児ニ至迄、じゆずヲ首ニかけ、右木像ヲ第一ニ信心致し候趣、呂宋国も同様之事ニ候

一同国(巴旦国)加藤清正之画像を祭り居申候

つまり、最終的な口書が作成される過程で、取り調べ段階の口書にあったキリスト教に関わる部分が削除され、それが「様子書」および「様子書追加」の方に回されたと考えられる。先に「様子書」および「様子書追加」は「長崎奉行所での取り調べ過程で集められた情報に基づいて作成されたもので(中略)「漂流人口書」に組み込ま

れなかった事柄を別に列挙したもの」かと述べたが、それは以上のようなことからも確認されるだろう。

ともあれ、『異国漂流奇譚集』の「神力丸馬丹漂流口書」の原本は長崎奉行所で取り調べ段階で作られた書類で、それが流出して写本として民間に流布していたのである。

3　その他の長崎奉行所関係の記録

取り調べ段階で作られた口書以外にも、長崎奉行所から流出したのではないかと思われる記録がある。国立国会図書館所蔵の「相馬祭記　岡山漂流人記(30)」という写本で、縦二二・七×横一六・八センチの和装本である。標題のような二つの記録を合綴したもので、後半が神力丸関係である。該当部分の本文墨付は一三丁。内題には、「岡山漂流人マカヲゟ持越書付四通并広東ゟ持越路筋地名里数書付壱通之写并和解之写」とある。内容は、漂流民が持ち帰った中国文の書き付けを掲げ、次にそれぞれに「唐通事年番」の「和解」が付けられている。いうまでもなく、この「和解」は帰国後長崎で付けられたものである。念のために、趣旨をそれぞれ書き上げておく。

(i)西洋理事官唩嚟哆諭　年月日欠
　八カ条について問い糺し、逐一明日までに返答するように命じたもの。
(ii)督理澳境事務西洋理事官唩嚟哆諭　道光辛卯年（一八三一）五月一二日
　機を見て本国へ送り帰す、との申し渡し。
(iii)督理澳境事務西洋理事官唩嚟哆諭　辛卯年五月一八日
　先日提出された返答書は意味不明であるので、改めて提出せよ、との申し渡し。
(iv)督理澳門事西洋理事官唩嚟哆諭　道光一一年六月二九日
　帰国を申し付け、「恩義忘却致すまじき」旨、申し渡し。

（ｖ）広東省城より乍浦分府まで路筋　道光一一年八月

道筋・里数ならびに護送官人名。

第二章で詳しく述べるが、漂流民たちは（ｉ）～（ⅳ）の中国文の意味がよく理解できなかった。そのためマカオの役人は、その書き付けを帰国後日本の役人に見せるように命じた。持ち帰ったのは片山栄蔵と思われるが、それを長崎奉行所の役人に提出した。このことは、次の項で触れる。奉行所では「和解」を作成して原文とともに記録した。その書類が流出したのである。山下恒夫も、「おそらく、漂民が携帯したその中国文の諭旨は、極秘扱いをうけ、長崎奉行所が没収したに相違ない。しかるに、のち日本語訳を付したこの極秘文書が、外部へ漏洩。写本に転写されて、現在に残ったものと推定される」と述べている。[31]

取り調べ段階の漂流人の口書だけでなく、マカオ役人の書き付けなどの極秘書類までもが流出していたというのは驚きである。長崎奉行所の文書管理が杜撰であったということもあろうが、それ以上に、情報を得ようとする当時の人々の関心の高さを評価したい。

もう一つ長崎奉行所との関連が想定される記録に、長崎市立博物館所蔵の「破旦漂流聞書」がある。[32]縦二三・八×横一七・一センチの和装本で、本文墨付一二丁。内題、表紙題簽名とも同じである。「金井俊行献納」の朱書があり、「長崎県長崎区役所印」の朱印がある。長崎区は長崎市の前身で、明治一一年（一八七八）から二二年まで存在した。

この記録の内容は、二つの部分からなっている。前半は、漂流の経過を簡潔に記した後、天保三年（一八三二）七月一〇日に岡山藩役人に引き渡され、同月晦日に岡山に帰り着くまでを記している。経過部分の文章の調子は『通航一覧続輯』巻八二の冒頭にあるものに近いが、別のものである。後半は公式記録の「巴旦国呂宋国唐国澳門広東様子書」（岡山藩留方本でいえば［Ｉ］⑥）と同一で、全体で三カ条の脱落がある。前半部分で岡山帰着にまで触れるところから考えれば、岡山藩の記録との関係や岡山地域での作成も想定できるが、最初の経過部分の記述は「漂流人口書」はもとよりほかの岡山地域の記録にも似通ったものがない。伝来の状況からすれば、長崎奉行所から流出した資料をもとに長崎地域で作成されたのではないかと考えたいが、いかがであろうか。なお、この記録の末尾には「天保五午年四月借請写之／幾久屋藤兵衛」とある。漂流人帰国後二年足らずで作成されたものだが、「幾久屋藤兵衛」がどこの住人なのか、残念ながら不明である。

四　岡山地域の民間記録

公式記録の中心は、長崎奉行所で作成された書類であった。岡山藩の記録も、これらを中心に構成されていた。他方、それらとは別に民間で私的に作られた記録類が多数残されている。この民間記録には、漂流民自身が書いた「手書」と、彼らの談話を聞いた第三者が筆記した「聞書」とがある。ただし、「手書」として確認されたものは一種類のみで、大多数は「聞書」である。神力丸の乗組員は、岡山藩だけでなく金沢藩・高松藩・広島藩にも及んだから、各地に記録が残されることになった。そこで、以下地域ごとにそれを見ていきたい。まずは、神力丸と最も関係の深い岡山地域を取り上げる。

1　片山栄蔵関係および岡山城下町での記録

片山栄蔵手書「漂流日記」

現在唯一確認されている「手書」は、神力丸に上乗として乗り組んでいた岡山藩の楫取片山栄蔵が書いた「漂流日記」である。第二部に「二　片山栄蔵「漂流日記」」として翻刻・収録した

片山栄蔵「漂流日記」は、岡山大学附属図書館所蔵池田家文庫のうちにあり、和書の部、二六地理、E見聞記・

漂流記、に分類されている。[33] 体裁は、縦二七・三×横一九・三センチ、本文墨付四〇丁の仮綴本である。表紙には「馬旦国母後須嶋　漂流日記　全」「上乗　宇治甚介・片山栄蔵」と記されているが、内題には「漂流日記　片山栄蔵手書」とあり、片山栄蔵自身が書いたものと判断される（写真3）。ただし、原本か写本かは不明。本文の最後には「天保三年壬辰九月」という年紀があり、同年七月晦日に岡山へ帰着した後、しばらくして書かれたものと考えられる。藩政史料には分類されず、旧藩時代の所属を示す旧棚分類記号を記した朱筆貼紙もないことから、藩から命じられたり、藩に提出されたりしたものではなく、自らの心覚えとして私的に書かれたものだろう。それがのちに池田家文庫に含まれることになった理由は、残念ながら不明である。

片山栄蔵は、岡山藩に徒足軽格・五石二人扶持で召し抱えられた楫取で、宇治甚介とともに藩の廻米輸送のため上乗として神力丸に乗り込んでいた。天保二年（一八三一）に四七歳、御野郡浜野村居住であった。彼と宇治甚介とは、帰国後諸方に招かれて漂流体験を語ったと『池田家履歴略記』にある。[34] そうした際に、この「手書」が利用されたことだろう。

内容は、文政一三年（一八三〇）七月に江戸廻米御用を仰せ付けられたことから、天保三年八月七日に以前通り給扶持を与えられることになるまでの出来事を、日次に記したものである。公式の記録と違って、栄蔵自身の感じ方を知ることが出来る点で貴重な記録である。

ところで、神力丸の漂流史料については、その豊かな記録性が従来から注目されていた。[35] その記録性の高さはいかにして確保されたのだろうか。それを示唆する手掛かりが、「漂流日記」にある。マカオでの次のような記事である。

（六月廿日）役所より三枚の書付認メ，是は先年より漂流人度々送るといへとも返答無、次第書遣ス也、日本朝廷へ差出せと也、栄蔵持帰り長崎御役所江差出候處、御取上に相成、栄蔵自分日記も御役所前ニ而焼捨に

相成、よつて此冊ハあとにてゆめのことく覚へたる事荒増書記而己

これより、栄蔵自身が漂流中に日記を書いていたこと、および、それが長崎奉行所の役人によって取り上げられ焼き捨てられたことが知られる。ただし、それが焼き捨てられたのは、栄蔵らがそれに基づいて供述し、最終的な調書が作成された後のことであっただろう。漂流中の日記を取り上げ焼き捨てるという行為は、海外情報の独占という幕府の建前を守るための措置であったと考えられる。いずれにしても、神力丸漂流関係史料の記録性の高さを保証したのは、片山栄蔵が漂流中に書き続けた日記であった、と考えて間違いないだろう。

なお、マカオの役人から渡された「三枚の書付」というのは、先に述べた四通の「督理澳境事務西洋理事官唛嚟哆諭」のことであろう。枚数や日付が異なるが、前後の状況からみて間違いないと思われる。栄蔵の日記によれば、この書き付けも焼き捨てられたようだが、そうだとしても、それも当然写しが作られた後のことであっただろう。

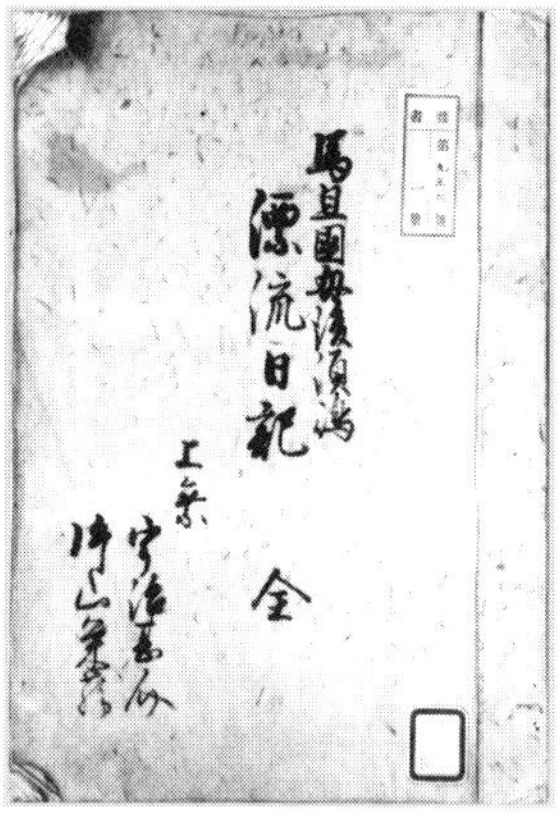

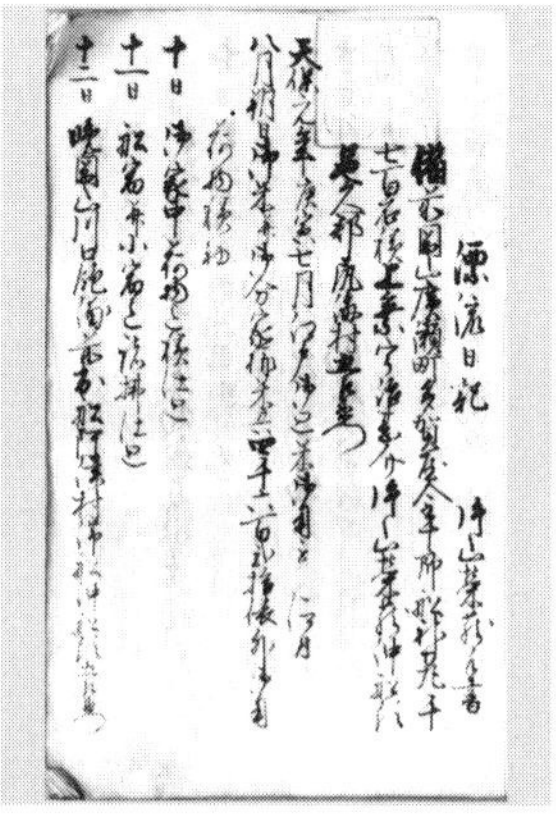

写真３　「漂流日記」の表紙（上）と冒頭部（下）

片山栄蔵関係および岡山城下町での「聞書」

片山栄蔵は、帰国後諸所に招かれて漂流体験を語った。当然、それを聞いた人々によって「聞書」が作られた。その一つが、神戸大学附属図書館所蔵住田文庫の「巴旦国漂流記」である。[36] 体裁は、縦二四・二×横一七・〇センチの和装本で、本文墨付八六丁。表紙題箋に「巴旦国漂流記」とあり、内扉標題も同一である。本書には、巻頭と巻末に「岡山上之町袋屋」の印があり、本文末尾には、

御船手小頭　片山栄蔵　直記録

丸亀町田中屋林太郎殿ゟ下拙方江借受写取申候

于時天保十五年甲辰二月中旬写之　　備陽岡府住　袋屋芳蔵

とある。これらから、本書が、岡山城下丸亀町の田中屋林太郎が持っていたものを上之町の袋屋芳蔵が借り受けて写したものであることが分かる。田中屋林太郎は片山栄蔵から直接話しを聞いたかどうか、聞いたとしたらそれはいつか、といったことはよく分からないが、袋屋芳蔵はこの書を天保一五年（弘化元年＝一八四四）二月中旬に写した。漂流民たちが帰国してから一二年後のことである。神力丸の漂流体験が岡山城下町の商人の間で関心をよび、あちこちで写本が作られていたのである。なお、本書のなかほど五〇丁目に「上之巻終」という書き込みがあり、原本は二冊本であったと思われる。

「聞書」としての本書の雰囲気を知ってもらうために、一部を引用してみよう。場面は、先にも見た、バターン本島「サルトリメンゴ」の頭役の家で取り調べを受けた際のひとこまである。

此サルトリメンコにて、肥後熊本本明寺ゟ出せる清正公の尊像の上に南無妙法蓮花経の七字の題目を書たる一幅を取出し、我ホニ示して云、日本にも是を尊崇するかといふ、答て云様、皆〻厚く信仰をなせり、尤利益盛んなるよしのべけれハ、うなづきけり、いと不思議成事なりと片山氏語られし

清正公の御影を見せられた時の情景は、ほかの記録とほとんど変わらないが、その書き振りや、最後の「いと不思儀成事なりと片山氏語られし」といった表現は、いかにも片山栄蔵の話しを聞いたままに書いたという雰囲気である。

本書には、途中の各所に二字下げにして注記したような箇所があり、それらは「片山云」とか「片山氏の云」などの語で始まることが多い。この点については後に第二章二10でも触れるが、話しの途中で聴き手から出された質問に片山栄蔵が答えた内容がこのような形で記されたのだろう。それもあって、本書の内容は極めて詳しい。「手書」が淡々とした書き振りであるのに対して、「聞書」での栄蔵は実に饒舌な印象を受ける。

談話の場では、このように聴き手と話し手との間で遣り取りが繰り返され、勢い内容がふくらんだり詳しくなったりする。時には、聴き手の知識が話し手の語りのなかに取り込まれたり、聴き手の興味関心に応えるように誇張されたりすることもあるだろう。先の引用でいえば、清正公の御影が「肥後熊本本明寺」が発行したものであるということは、本書のみにあることである。バターン本島で見た時に、日蓮宗の檀徒である栄蔵は清正公の御影であることは分かったが、どこで発行されたものかは知らなかったし、帰国後も知らなかったのだろうか。だから、自分の「手書」にもそのことは書き込まなかった。多分、岡山城下の商人たちに漂流体験を語った時に初めてそれを知らされたか、または、話を聞いた人が勝手にそのことを付け加えたのではないだろうか。「本明寺」は本妙寺が正しい。加藤清正が父の菩提を弔うために建てたもので、のちに清正の廟所近くに移転され、清正公信仰の中心となった[37]。そうしたことを岡山の商人たちはよく知っていたのだろう。この「聞書」に「本明寺」が現れるのは、こうした事情によると考える。

このほか、岡山城下で作られた「聞書」と思われるものがいくつかある。

岡山県総合文化センター郷土資料室所蔵の「備前国漂流人一件[38]」は、縦二七・七×横二〇・一センチの和装本で、本文墨付三七丁。裏表紙に「天保五甲午五月調之　船着町釼屋」という書き込みがあり、城下町の商人によって写されたものであることが分かる。内容は、漂流人の談話を物語風に綴ったものである。経過を記した部分の最後は、長崎で国元からの迎えの役人の到着を楽しみに待っているという記述で終わっており、いかにも長崎奉行所での「口書」という体裁をとっている。しかし、本文の記述内容は、公式記録の「漂流人口書」ともほかの長崎奉行所関係の記録とも関連性の薄いものである。次いで一つ書きをして岡山への帰国の経過を記し、末尾を「弥以漂流人無滞国元へ帰り、則漂流人ニ唐の事を尋見るに、何も角も此書写しの通りの事也、此口上ハ写申たる人の言葉なり」と結んでいる。ここでも「口書」の内容を漂流人本人からの聞き取りによって確かめたという体裁をとっているのだが、実際には本書の内容の全体が漂流人の談話に基づく「聞書」と考えられる。そして、城下町という場所からすると、断定はできないが、談話者は片山栄蔵の可能性が高い。ただし、正式の「口書」や栄蔵の「手書」、およびほかの栄蔵関係「聞書」には見られないエピソードがあったり、のちに触れる尻海の「聞書」に近い点が見られることなどからすれば、宇治甚介やほかの乗組員からの聞き取りも加味されているかもしれない。なお、本書の特徴は神力丸の漂着先全体を「唐」世界として描く点にあるのだが、そのことは第二章二6で改めて触れるだろう。

九州大学文学部九州文化史研究所所蔵の「漂流人直物語聞書」[39]も、岡山城下町で作られた「聞書」である。縦二四・七×横一六・八センチの仮綴本で墨付五四丁、後に厚紙の表紙が付けられた。末尾に次のようにある。

一此本ハ岡山上之町玉屋文七郎ゟ借り請、隣家作兵衛と申者天保六未閏七月下旬之頃写候ヲ借り、嘉永七年寅二月下旬写取申候

長利村　小山槌五郎

已後ハ何方様江御覧ニ入候とも早々御返し可被下候、以上

この「聞書」を作ったのは岡山城下上之町の玉屋文七郎という町人であった。文七郎が漂流人から話しを聞いたのは、彼らが帰国した天保三年八月からそれほど経っていない時だったろう。長利村は上道郡の村で、城下から一里半ほどしか離れていない（現岡山市）。この村で、作兵衛↓小山槌五郎と写し継がれた。さらに、この史料の裏表紙にあたるところには、「黒田瀧次／北本屋」とあるから、小山から黒田の手へと渡ったのだろう。

書かれたエピソードには先の二書と共通するものもあるが、基本的に別系統の「聞書」と思われる。漂流先を全体として「唐」世界とする点は、「船着町劔屋」の「聞書」と同じである。

岡山市立図書館所蔵の「激浪轟破漂流人始末」(40)は、縦二四・〇×横一六・五センチの仮綴本で、墨付は表紙とも三二丁。内題は「漂流人始末之事」とあり、末尾に「天保四癸巳年二月上旬　山形杢治写之」とある。これも岡山での「聞書」と思われるが、詳細は不明。「山形杢治」の名を念のために岡山藩の「奉公書」で探してみたが、関係しそうな人物は見つからなかった。

同じ岡山市立図書館所蔵の「備前岡山神力丸漂流本人之口書」(41)も、岡山での「聞書」と思われる。縦二三・八×横一六・三センチの仮綴本で、墨付は表紙とも五五丁。表紙は破損していて表題の下部が欠けているが、内題は「備前漂流人一件本人之口書」とある。「口書」にあたる部分の末尾に、「異国ニ居申内、段〻弥敷咄しも御座候へ共、こと〳〵くは日記ヲ失ひ相わすれ申候、あら〳〵御咄し申上候」とある。漂流中に日記を付けていたことが確認できるのは片山栄蔵だから、この「聞書」の話し手も片山栄蔵である可能性が高い。

この「聞書」には、「口書」部分の後ろに「波丹国の言葉」が書き上げられ、それに「右ハ波丹国之言語当国御役人御聞書之書物之内有之ウツシ」と注記されている。つまり、筆者は岡山藩の公式記録の「巴旦国詞」（池田家文庫の[I]留方本でいえば⑧にあたる）を閲覧して、この部分を写したと考えられるのである。さらにその後ろには、「長崎表通事人書上」と「御請取証文請取書」とが写し取られており、これらも藩の公式記録を閲覧して写されたものと思われる（これらは［I］留方本でいえば③と①にあたる）。

さらに続けて、「右漂流人拾四人之者共持戻り之品〻并異国ヨリ貰物ホ品〻有之候得共、数多故略ス」と記した後、「右貰物之内御船手奥山氏宅ニおゐて見および候品左之通り」と注記して、「唐人之笠」以下一六品を書き上げている。この記事は実に興味深い。「御船手奥山氏」というのは、先に見た岡山藩の留方本を筆写した奥山富八郎に間違いないだろう。その彼が、漂流民が持ち帰った貰物を船手の職務として管理していたのである。このように、彼は神力丸漂流事件に直接関わっていたのであり、藩の公式記録である留方本に接する機会は十分にあったに違いない。藩の記録の写本は、ほとんどが江戸留守居本系統であったのに、奥山家のものだけが留方本であった理由は、こうしたことによるのだろう。とすれば、この「本人之口書」の筆者が閲覧したのは、藩の公式記録そのものではなく、先に見た奥山家本の写本だと考えていいだろう。

いずれにしても、この「聞書」の作者は藩の船手役人と懇意な人物で、藩の記録を写本によって閲覧するとともに、片山栄蔵からも直接に話を聞いて、この書物を作ったのである。廻船問屋のような藩の船手と関係の深い城下町町人が想定できそうだ。この史料は、藩の「口書」を参考にして民間の「聞書」が作られる例があることを示すものとして、注目されるだろう。

岡山の実録本

「口書」も「聞書」も、基本的には漂流民の話しを聞き取る形で書かれているが、民間で作られた書物のうちには、作者が第三者として事件の経過を述べる形をとるものがある。それらも「口書」や「聞書」を参考にして書かれており、実際には「聞書」などと区別がつきにくいものである。しかし、形式的に漂流民の談話にとらわれないだけ、作者の想像や作為が入りやすいものである。神力丸関係でも一種類だけ、そうした例を確認できた。

岡山市立図書館所蔵の「備前難船記」(42)がそれである。縦二四・五×横一六・四センチの仮綴本で、墨付は本文一五丁、表紙はない。上部と下部に少し欠損がある。第二部に「七　実録本「備前難船記」」として翻刻した。冒頭部は次のようである。

爰に備前之国千石積之大船有りし、其船頭を五左衛門といふ、其外水主十八人乗りして江戸登り之節、難風にて天竺ともいへる所迄吹流されしか、然れとも、日本神国之徳を以て四ヶ年立して二タ度備前之国へ戻る、誠に不思義之次第、左れ□委敷知らす、文政十二丑年八月之事なり

引用した部分だけでも、一七〇〇石積みが「千石積」、漂流先がバタンでなく「天竺」、遭難した年が文政一三年でなく「文政十二年」、そのため漂流期間が三年でなく「四ヶ年」となっているなど、実際とは違っている。本文を読んでいても、船名が神力丸でなく「宝寿丸」、能登の清兵衛が「加州の水主勇八」となっているなど、事実と異なる表記が多い。情報を隠すためにわざと名前などを違えていると勘ぐりたくなるほどである。こうしたフィクショナルな感じが、実録本の特徴ともいえる。

また、この本の最後には後日談のような形で、次のようなことが書かれている。

扨又、爰に十五人之者とも、呉国にてもらいし品々ハ、長崎御番所にて御取上けなされしか、其中に手拭壱筋つゝ残し下されし有り、此手拭といふハ麻とも絹とも知れす、水に入ても、上へに有りしても替る事なく、是弥敷品なりと言ゝ伝へけるとなり

ここでも帰国した人数が一四人でなく「十五人」となっており、長崎奉行所でいったん取り上げられた貰い物も、実際にはあとで返されているのに、取り上げられたままのように記すなど、不正確な点が目に付くが、とにかく「不思義之次第」を伝えようとする意図が顕著にうかがえるだろう。このように実録本は、何よりも漂流体験を珍談奇談として描く傾向が強いものなのである。

ほかの記録には見えず「備前難船記」にのみ現れる記事には、次のようなものがある。

●海上を漂流中、「猫とも猿とも似たる物数百疋」が船の両方に取り付き、「きう〳〵」と鳴き、「其恐ろしさたとへる事なし」。船頭の五左衛門が金毘羅大権現を祈ると、いつしか消えた。

●ゴボ（公式記録の「口書」では「ボヽス」）に漂着するとき、急いでこの嶋に上ろうとした三人の水主が、船の下にしかれて死亡した。船頭の五左衛門は、船底に落ちて死亡した。

●ゴボ嶋で最初に出会った現地民は、「丈け六尺余も有るらん」「真黒成男」で、「誠に大きな目玉」をしていた。手には、「鉄棒」を持っていた。

●現地民は漂着船に入り込み、船中にあった物を残らず取り上げ、積み取った（次にあげる別の写本では、その後現地民が「鉄棒」で船を「みちんにたゝきくたきける」とある）。

●フシンテイに泊まった時、番人が「夜中にハ釼を抜持、寝間へ来りして、寝て居る上へを切払ふ事三度なり」。これは一種のまじないか、それとも恐怖感の表現か。

●長崎への渡海の湊は、「フサンカイ」（朝鮮の釜山海とでもいうのだろうか）というところであった。

「備前難船記」の内容を全体としてみると、海上漂流中およびバターン諸島については記述が多いが、それ以降はいたって簡単になる。珍談奇談となる話題に乏しかったのだろう。

同じ岡山市立図書館が所蔵する「文政二丑年八月備前国尻海村五左衛門難舟記」(43)も、「備前難船記」とほとんど同一内容の実録本である。縦二三・二×横一五・六センチの仮綴本で、墨付は表紙とも一四丁。表紙に「屋樹玄冬堂」とある。「備前難船記」と比べてみると、最初の一丁分が欠損している。

岡山県総合文化センター所蔵の「備前難船記」(44)も、岡山市立図書館本とほぼ同じ内容の実録本である。縦二四・〇×横一五・九センチの仮綴本で、墨付は表紙とも二〇丁。岡山市立図書館本に比べて、表現が詳しくなっているというか、むしろくどくなっているという感じ。能登の清兵衛を「加州水主勇八」と記すのは同じだが、岡山市立図書館本には名前の見えない讃岐の勝之助を、「讃州水主権八」と実際とは違うように書いている。岡山市立図書館本の末尾にある不思議な手拭いの話しは、載っていない。

2　尻海関係の「聞書」

神力丸の乗組員は、沖船頭の五左衛門が尻海村の者であったため、尻海出身の水主が最も多い。そのため、尻海にいくつかの記録が残された。尻海村は、現在では、岡山県瀬戸内市邑久町尻海である。

一つは、「東備尻海浦漂船一件」と題するもの。もと尻海在住の伊勢博治家に伝えられたもので、『玉津の古伝』に翻刻されている。(45) 末尾に「歳嘉永四辛亥ノ歳後十月吉日書之／此本は早書に御座候、誠に作は釘おれに御座候」とあり、漂流民が帰国してから一九年後にあたる嘉永四年（一八五一）に写されたものであることが分かる。尻海の水主で無事帰国した者は七人おり、特定の個人でなく彼らの幾人かからの「聞書」と考えられる。神力丸を「尻海村多賀屋金十郎持船」とする点が、いかにも尻海の「聞書」らしい。

岡山県総合文化センター所蔵の「備前邑久郡尻海浦漂船」(46) は、伊勢家本と同一の内容である。縦二三・八×横一六・七センチ、本文墨付五八丁の和装本で、内題は「東備邑久郡尻海浦漂船一件」とある。末尾には、「備前尻海船漂流話説　終／嘉永三年戌ノ二月吉日写之／上道郡吉田村川本五兵衛」とある。また内扉にも「上道郡吉田村五兵衛」という書き込みがある。伊勢家本より二年ほど早い写本であり、吉田村は西国街道の南で吉井川近くの村である（現岡山市）。岡山藩領内への広がりを感じさせる史料である。

岡山市立図書館所蔵の「東備尻海浦漂一件」(47) も、伊勢家本と同じ内容の写本である。縦二四・〇×横一六・二センチの仮綴本で、墨付は表紙とも五六丁。末尾一丁分が欠損している。裏表紙に「明治十二年卯三月廿九日／

小野田理太郎写之」とある。

尻海出身の水主たちの旦那寺は、邑久郡庄田村の真言宗庄田山朝日寺であった。この朝日寺に「南海談」という史料が伝えられている。(48) 縦二四・一×横一七・一センチの和装本で、墨付は本文六三丁。表紙題箋に「神明□□南海談」とある。尻海の水主たちからの「聞書」であることは間違いなく、筆者は伝来から見て朝日寺に関係のある僧侶かと思われる。間に「波丹ノ図」(写真4)と「道筋ノ国ノ図」(写真5)があったり、「波丹の言葉」が二〇三語ほど書き上げられていたりと、充実した内容である。伊勢家の「東備尻海浦漂船一件」と同じような記述があることから、尻海の水主によって共通の話題が地域に広まった様子を読み取ることができる。ただし、尻海の「聞書」でありながら、沖船頭五左衛門の名を「平太夫」と記したり、神力丸を「千八百石積」としたりするのは、やや理解に苦しむ。

「漂流人南海談」という謄写版刷りで伝えられる史料がある。(49) 内容は朝日寺本の「南海談」とほとんど同じだが、相互にそれぞれ欠落する箇所があり、同一本の別系統の写本と思われる。原本の末尾に次のようにある。

右記録は今般帰国の漂流人の内尻海浦の者八人述る處、同地河野会通押紦し実録を竹稿して所蔵ありしを、一見し速席に写し得んため、文繁きを省き附録を除き、只要用専らに略し写すのみ

于時天保六未季夏

尻海村出身の水主で無事帰国したのは七人だから、「八人」とあるのは誤り。彼らから「河野会通」なる人物が直接話しを聞いて「実録」を作成した。朝日寺本の「南海談」もこの「河野会通」本を筆写したものである可能性は高い。「漂流人南海談」の方は、「河野会通」が所持していた「実録」を借り、一部改変して写したものであるという。時に天保六年(一八三五)、漂流民たちが帰国して三年後のことである。「漂流人南海談」には天保一〇年の「鏡湖生」による跋文があり、この書物が「東備山田村」の「今田秾濤」の蔵書であったことが知られる。

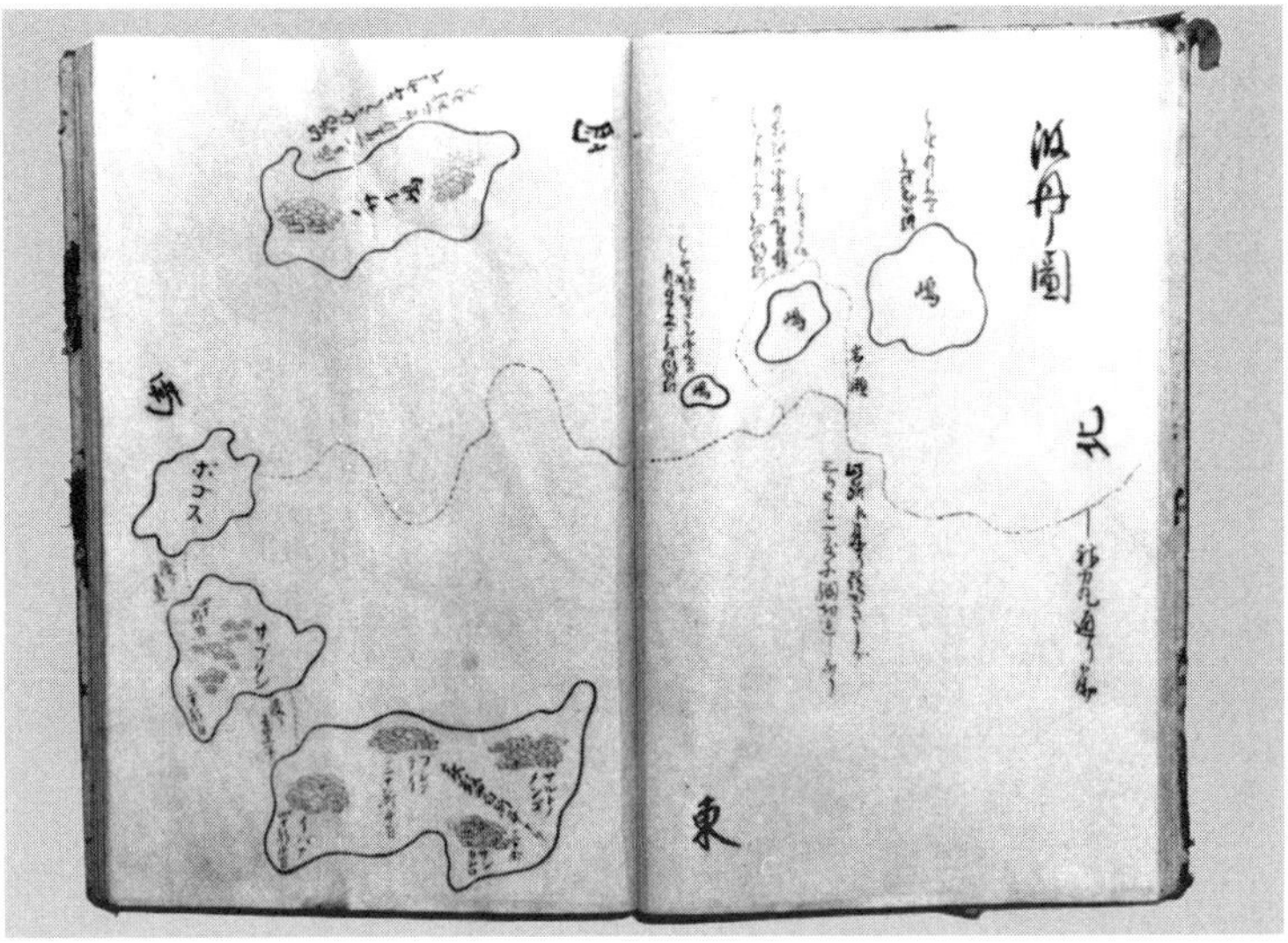

写真４　波丹ノ図（「南海談」）

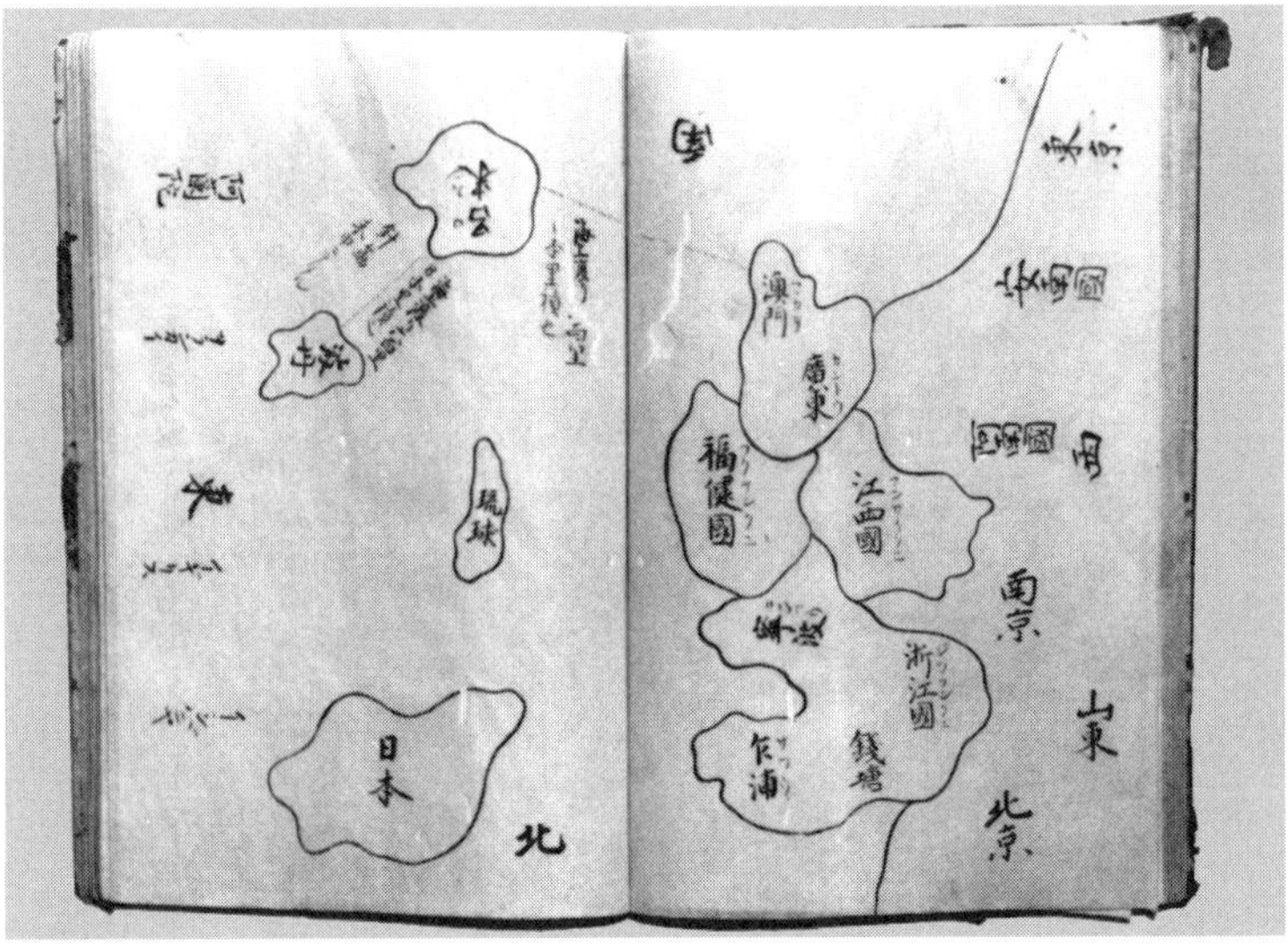

写真５　道筋ノ国ノ図（同上）

「東備山田村」は、邑久郡上山田村・下山田村・山田庄村のいずれか（現瀬戸内市邑久町）。「河野会通」の本を写したのは、この「今田秜濤」なのだろう。謄写版刷りにあたって底本とされたのは、「時実黙水」が持っていた写本で、これは「時実黙水」が昭和四年（一九二九）五月に「邑久郡長浜村西浦小正富信正氏」に伝来するものを借用して写したものだという。「今田秜濤」から「小正富信正」までの伝来の経緯は分からない。

以上、尻海の「聞書」としては二種類のものが確認できた。そのうちでは、どちらかといえば「南海談」の方に個性的な記述が多い。

3　福嶋村利八の「聞書」

岡山藩領内の乗組員のうち尻海村以外の者は、児島郡田井村の才次郎と御野郡福嶋村の利八の二人である。このうち福嶋村利八の「聞書」が二種類確認された。

守屋坦度筆記「巴旦漂流記」

一つは、倉敷市乙島の守屋家文書に残されていた「巴旦漂流記」である。(50) 守屋家は、代々備中国浅口郡乙嶋村の庄屋を勤めた家である。史料の体裁は、縦二三・六×横一七・〇センチ、表紙・裏表紙の付いた和装仮綴本で、本文墨付三二丁。表紙に「巴旦漂流記」と表題があり、裏表紙には「玉嶋　守屋」と記されている。もとは、乙嶋村守屋家の分家である玉嶋村守屋家のものであったのだろう。第二部に「三　利八「巴旦漂流記」」として翻刻した。

本書の巻末には筆者による次のような識語があり、本書の成立事情を知ることができる。

右者、天保三壬辰九月廿三日、右漂流人之内福嶋村利八来て、拙宅ニ逗留致し、物語の荒増を聞て書記すなり、尚数あれとも悉くハ記さず、此客七、八日も此近在に遊ひたれハ、所〻に物語の筆記調たるへし、此帖に洩たるハ他の記とてらし合て察し知るべし

天保三壬辰冬十月初十日

守屋坦度記之

福嶋村利八は、当時二六歳。生き残った漂流民の中では二番目に若い。神力丸の漂流民たちが岡山に帰り着いたのは天保三年（一八三二）の七月晦日で、利八たちは八月三日には帰宅が許されている。利八が守屋家に逗留した九月二三日は、それから二カ月も経っていない。漂流民帰還の噂を聞いた人が、何らかの伝手を頼って早速利八を呼んだのだろう。玉嶋村・乙嶋村あたりは、全国的な交通・交易に関わりの深い土地柄だから、異国情報に関心のある人が多く住んでいたに違いない。利八はこの地に七、八日も滞在し、家々で歓待されたようだ。今でいえば、スターのようにもてはやされている利八の姿が眼に浮かぶ。

それにしても、帰国から二カ月も経たないうちに備中にまで出掛けて、漂流体験を語っているというのは意外である。なぜなら、長崎奉行所では漂流民を帰国させるにあたって彼らの藩外居住を禁止したし、これをうけた岡山藩では水主たちの他所船稼ぎも禁止していたからである。たとえ短期間とはいえ、玉嶋村・乙嶋村あたりは他国他領である。利八のこの滞在は、当然村役人ひいては藩の許可を得ていたものと思われ、それがどのような名目によるものであったか気になるが、残念ながら不明である。

また、本書の裏表紙見返しには「此本御読後、早く御返し可被成候、又がし必御無用」という書き込みがある。これより、本書の扱いには慎重が期されたことがうかがえる。そもそも幕府が漂流民の藩外居住を禁止したのは、漂流民の動向を監視するとともに、異国情報の拡散を極力防ぐためであった。しかし、そうした規制がほとんど意味をなさなかったことは、利八の行動がよく示している。ただし、幕府のそうした態度の影響もあって、民間にも異国情報はある程度秘匿すべきであるという意識が存在していただろう。また貸し禁止の書き込みはそのこ

とを示していると考えられるが、しかしそれが幕府や藩に比べてずっと微弱なものであったことは、多数の写本の存在が示しているところである。

「巴旦漂流記」の内容は、岡山を出船してから二年後に帰国するまでの体験を、時系列に沿って書き記したものである。ところどころに「利八に問に」という形で聞き書きらしい体裁をとっており、文中に二行分けで書き込まれた注記や二字下げで書かれた注記も、談話の途中で聴き手と利八とが遣り取りした問答に基づくものである。先に見た片山栄蔵の「聞書」である「巴旦国漂流記」と同じ形式である。ほかの記録と比べて基本的な事実に違いはほとんどなく、エピソードも共通するものが多い。ただし、公式記録である「漂流人口書」や片山栄蔵の手記である「漂流日記」と比較した場合、利八の「聞書」としての特徴もいくつか指摘できる。一つの例として、マカオの遊所の記述を取り上げて、諸書の性格について検討してみよう。

まず、長崎奉行所での最終的な公式記録である「漂流人口書」[A]と取り調べ段階の「口書」(『異国漂流奇譚集』所収「神力丸馬丹漂流口書」)[B]とを比べてみよう。該当箇所を表4に示した。

[B]に基づいて[A]をつくる際に、文章を整理するとともに、「郭」についての記載だけが削除されたことは明らかである(傍線は著者)。では、この記載がどこへ行ったかというと、「巴旦呂宋唐国様子書追加」に次のような箇条がある。

一同国《(澳門)》広東都而河筋遊船数〻繫有之候、遊女常〻此船に住居仕候由

一呂宋其外国〻ニ売女多く御座候、都而日本ゟハ至而深切ニアシライ申候

最終的な「口書」を作る際に、忌避すべき内容を「様子書」の方に回すというやり方は、先にキリスト教関係の記事で確認したところであるが、キリスト教関係以外でもそうした配慮が働いた事項のあったことが分かる。逆にいえば、「様子書」や「様子書追加」に記された事項には、長崎奉行所による何らかの配慮が働いている可能

性があるということである。また、引用の二条目の「都而日本ゟハ至而深切ニアシライ申候」という書き方は、伝聞の形をとっていないから、漂流民たちが現地の遊女と直接触れた体験に基づくように読める。

片山栄蔵の「漂流日記」には、これに直接対応した記事はないが、別に、「女の舟を追スを見る、又舟遊女も見及ふ」という記載がある。ただし、栄蔵自身が遊女と遊んだかどうかは、手記からは分からない。

これらに対して、利八の「巴旦漂流記」では、本文で「又遊女屋多し、安売女ハ多くハ船なり」とあり、加えて、二字下げの注記の部分で、「金銀を持て何にかせんと、此所ニて遊女を買、度〻青楼へ登りて遊女と交り、皆遣ひはたしたり」と述べ、以下に遊女や遊女屋の様子を具体的に語っている。利八の話しはいささか「武勇伝」めいていて、誇張もあると思われるが、彼が遊女と遊んだことは間違いないだろう。そして、彼以外にも登楼した者はいたはずであり、それが「様子書追加」の記述に反映されたものと思われる。

「巴旦漂流記」に現れた遊女の記事は、談話者である利八の個性や、私的な談話の記録であるという「聞書」の性格によるものといってよいだろう。そして、遊所や遊女との交遊といった内容の記事は、漂流民の中心や公式の記録に近づくほど希薄になっていくといえるだろう。こうした検討を積み重ねることによって、諸記録の性格

表4　「漂流人口書」と『異国漂流奇譚集』所収史料の比較(2)

[A]	[B]
町並ニ門構之家も有之、一躰繁花ニ相見へ、端物・小間物・米・魚・野菜・瀬戸物・酒ホ商ひ店所〻ニ有之、浜辺ニハ大小之船・漁船、其外二本柱之白木造之船多く、呂宋船与相見へ	軒並の町家にて、其内には門構の家も相見へ、繁花に相見へ、町家には、反物類、小間物、其外、米、野菜、魚類、焼物類、酒等商ひ候、廓数多これ有り、浜辺には大小船多く繋り、漁船と相見へ候百石積位の船も数多くこれ有り、大体帆柱二本立にて、白木造りの船多く、ロソンの船と相見へ

がそれぞれに明らかになっていくと考えている。

この守屋坦度の「聞書」をさらに筆写したと思われる写本が、西尾市立図書館所蔵岩瀬文庫にある。[51] 縦二三・○×横一六・三センチの和装本で、本文墨付六二丁。表紙題箋に「巴旦漂流記／墨夷漂流記／墨夷送来漂人口書」とあり、三冊の漂流記を写して一冊としたものである。本紙には、柱に「読書室蔵」と刷り込みのある専用箋が使われている。

各漂流記の末尾には、筆写された年月日と筆者名が記されている。年代は前から順に「嘉永四年丑(ママ)九月念三日」「嘉永六年八月四日」「嘉永六年癸丑九月念五」となっており、筆者はいずれも「榕室山本錫夫」である。この人物については、今のところ審らかではないが、筆写された漂流記が備前・讃岐・土佐のものであることから、四国地方の瀬戸内海に面する地域の住人ではないかと思われる。

この冊子のうち「巴旦漂流記」の部分は墨付三三丁。末尾の識語に、次のようにある。

右ハ、天保壬辰九月二十三日、右漂流人ノ内福島屋利八来テ、逗留ノ物語ノ荒増ヲキ、テ書記ス、尚数アレ共、悉クハ記サス、此客七、八日モ此近在遊タレハ、所々ニテノ物語ノマ、筆記シタル也、此帖洩タルハ他ノ記トテラシ合シテ察シシルヘシ

天保三壬辰冬十月初十日　　山陽玉島桂善堂坦度記

この文章は、若干の語句の違いはあるものの、先に引用した守屋家文書の「巴旦漂流記」とほとんど同一であり、本書が守屋家のものを原本とする写本であることが確認できる。本文も、平仮名を片仮名に改めていたり、言い回しを変えているところも少しはあるが、基本的に忠実に筆写されている。守屋家でも「巴旦漂流記」の取り扱いに注意していたことは先にも触れたが、やはり人々の好奇心を抑えることは出来なかったようだ。

山名氏筆記「巴旦漂流記」

玉嶋あたりに七、八日ほど滞在した利八は、守屋家だけでなく、あちこちの家に招かれて漂流体験を語った。それらの家でも「聞書」が作られた可能性があることは、先の守屋坦度の識語からも察せられるところであるが、実際、そうした「聞書」が一種類確認できた。山名氏筆記「巴旦漂流記」がそれで、今のところ二冊の写本を見つけた。

そのうち一冊は、東北大学附属図書館に所蔵されている「巴旦漂流記」である。[52] 縦二三・八×横一六・六センチの和装本で、本文墨付三九丁。表紙題箋に「巴旦漂流記」とあり、内題も同じである。

末尾の識語は、次のようになっている。

右者、天保三壬辰年九月廿二日、漂客の内福嶋村利八来て滞留し、面話之趣荒増を聞て山名氏書記せられたり、猶本文に洩たる事共数〻あれとも、委く記すにいとまあらす、他日を待て補ハン、云〻

天保四巳年九月　青木氏識

同十一子年七月上旬写　上野十之助

これから、本書は、「山名氏」によって筆記された「聞書」を、「青木氏」→「上野十之助」と写し継がれたものであることが分かる。

加えて注目すべきは、利八が山名氏などの前で漂流体験を語ったのは、守屋家での談話のまさしく前日にあたる九月二二日のことだということである。玉嶋滞留中、連日あちこちの家に招かれて漂流体験を語る利八の姿を想像しても、あながち間違いとはいえないだろう。

もう一冊は、京都府立総合資料館所蔵のものである。[53] 縦二三・九×横一六・二センチの和装本で、本文墨付六五丁。表紙題箋は「巴旦漂流実録　上下」となっている。内題も同じであるが、内容は上の巻、中の巻、下の巻、に分かれていて、上の巻の最後に表紙を付けた貼り跡があるから、もとは二冊であったものを、のちに一冊に仕立て直したものだろう。「名古家文庫」の印と「川越南町戸田／書林麻藤」の朱印があり、「寄贈／(明治)四三年四月七日／岡崎桂一郎」の書き込みがある。

念のために、末尾の識語を記しておこう。

右者、天保三壬辰年九月廿二日、漂客之内福嶋村来て山名氏江滞留して、面語之趣あらましを聞て、山名氏書記、当本洩し事数〻あれと、悉く記に遑あらす、他日を待て補んと云爾

ここから、同じく山名氏筆記の「聞書」であることは確認できるが、その後の筆写の経緯については審らかでない。内容は、先の東北大学本とほぼ同一である。

ところで、山名氏が筆記した「巴旦漂流記」の本文を守屋坦度の「聞書」と読みくらべてみると、あまり違わないというか、ほとんど同じなのがひどく気になる。一般に「聞書」は、場の雰囲気や聞き手・書き手の関心によって内容が異なると考えられるからである。例えば、次のようである。場面は、バターン島の教会らしき建物と日曜日の礼拝の様子などについて述べる箇所である（傍線は著者）。

○守屋坦度筆記「巴旦漂流記」（守屋家本）

此地に寺の如き家ありて、表十間奥行四十間斗もあるべし、此家に木像あり、此地の老若男女小児迄集り拝をなす日あり、夫より各頭分の宅へ集り、女ハ弐尺四方程の手拭を角取りて二つニ折、頭上にかふり出る也、男女小児に至迄定法の様成事申付る事と見へたり、身持あしきものハ厳敷叱り、かづらの杖にて打たゝく、夫ゟ銘〻の宅へ帰り、其日ハ休ミ、ヒナラヤンを呑、ぶた抔料理し、家族打寄りて祝ふ趣也

○山名氏筆記「巴旦漂流記」（東北大学本）

此地に寺の如き家ありて、此地の老若小児迄集り拝をなす日も有、夫ゟ各頭分の宅へ集り、女ハ二尺四方程

の手ぬぐひを角を取て二ツニ折、頭上ニ冠り出るなり、男女小児に至る迄定法之様成事申付る事とミえたり、身持あしきものハ厳しく叱り、葛の杖ニ而打たゝく、夫ゟ銘〻の宅へ帰り、其日ハ休ミ、酒を呑、豚など料理し、家族打寄て祝ふ趣なり

両者の差異は、用字の違いを除けば、傍線を付けた三カ所だけである。このうち最初の建物の大きさや木像（多分キリスト像）について記した部分は山名氏筆記の別の写本（京都府立総合資料館本）にはあり、守屋垣度筆記の方の「ヒナラヤン」には右側に「酒也」との注記があるから、結局、違いは「男女」の二字の脱落のみとなる。この程度は、同一の原本の別の写本といってもいいほどの違いである。

両者の識語の文章から、速記録のようなものをお互いに参照仕合いながら、それぞれの記録を作っていったとも考えられるが、それにしてもこれほど似ているのは解せない。この場合は、談話の内容とは別に記録＝「聞書」が存在していた、つまり実際の談話の内容と記録との間には距離があると考えたほうがいいかもしれない。記録として作成される場合に、ある種の画一化が働くということも念頭に置いておく必要があるだろう。

五　讃岐関係の記録

神力丸には他国出身の水主が四人乗り組んでいた。そのうち長門国下関出身の惣吉は「ボゴス」島に漂着した時に溺死し、残りの三人が帰国した。彼ら三人のうち、ここではまず讃岐高松藩領津田浦の勝之助に関する史料を取り上げる。

勝之助関係の史料についてはすでに溝淵和幸の報告があり(54)、七点の史料の存在が知られていたが、それらを含めて現在のところ一三点の存在が確認できた。この数の多さは、讃岐地方における神力丸漂流事件に対する関心の高さを示しているだろう。これら一三点の史料は、高松藩での取り調べに基づいて作られた「口書」と、民間

で作られた「聞書」とに分けられる。以下それぞれについて述べる。

1　勝之助の「口書」

高松藩の公式記録としての「口書」原本は、今のところ確認できていない。次の一〇点がその写本である。

(1)「津田村勝之助漂流記」（鎌田共済会郷土博物館所蔵）
(2)「異国漂流一件」（松平頼武資料／香川県歴史博物館所蔵）
(3)「讃州寒川郡津田村漂流人勝之助口上書」（鎌田共済会郷土博物館所蔵）
(4)「異国漂流人讃州高松寒川郡津田村北山平畑百姓久八倅勝之助口書控」（讃岐国阿野郡北青梅村渡邊家文書／瀬戸内海歴史民俗資料館所蔵）
(5)「異国漂流口書一件」（鎌田共済会郷土博物館所蔵）
(6)「讃州寒川郡津田村漂流人勝之助口書一件」（東京大学史料編纂所所蔵）
(7)「寒川郡津田村北山平畑百姓久八倅勝之助漂流記」（多度津町個人蔵）
(8)「異国漂流実記」（丸亀市個人蔵）
(9)「天保三辰年八月、津田浦人勝之助備前岡山金十郎船神力丸江被相雇、去ル寅八月紀州汐之御崎ニ而逢難風、阿蘭陀国之内万丹江漂着致候処、此度長崎表ゟ御船ニ而連戻相尋候一件」（高松市個人蔵）
(10)「南国奇話」（『海表叢書』第三巻所収）

木村黙老自筆本「津田村勝之助漂流記」

(1)「津田村勝之助漂流記」は、「木村蔵書」の印があり、高松藩家老木村黙老の自筆本といわれるものである。

默老は木村与惣右衛門通明と言い、高松藩九代藩主頼恕のもとで文政六年（一八二三）から嘉永五年（一八五二）まで家老職を勤めている。神力丸漂流事件が起きた時にも家老職にあったわけで、彼の写本は藩の「口書」に最も近いものと考えられ、信頼しうるものである。縦二七・〇×横一八・九センチの和装本で、本文墨付四五丁。内容は、「異国漂流人寒川郡津田村北山平畑百姓久八倅勝之助口書写」と「津田村勝之助噺之覚并唐山人書付之写」とからなる。このうち前者が高松藩の取り調べによって作成された「口書」にあたるもので、いわゆる「口書」部分に続いて「此度持戻候品〻之覚」と「ハタン国呂宋国唐国ニおゐて貰物品々覚」があり、末尾に「松平讃岐守家中　山田三九郎」の奥書がある。この前半部分が一般に「口書」として流布したものである。これに対して後者は、性格が今一つ不明瞭である。初めに漂流の経過を簡単に記した部分があり、次いで広東から乍浦までの旅程と護送官人名を記した部分が続き、最後に「備前漂流人唐土ヨリ取帰リ品并詩文等写」がくる。最後の「詩文等写」には、「済陽居士」と「嵩陽居士」とが扇面に記した詩書二編、「学呀子」の「贈日本国客人来澳門詩二首」などがあり、いずれもほかの記録には見られないものである。

この写本で興味深いのは、勝之助が異国から持ち帰った品物（剃刀・折りたたみナイフ・シャム烟草入・靴・網代組みの笠・ルソンの数珠・唐人肌着・女着花色羅紗・櫛など）および異国船（波丹国船・広東猪呂児船）が図示されていることである。品物の図の一部は、口絵4および写真6に掲げた。図はいずれも詳細で、部分的に彩色され、寸法や細かな説明を記したものもある。これらの図は、取り調べの必要に基づくというよりは、まさしく博物学的な興味に基づくものであり、役人的な関心というよりは文人でもあった木村默老の関心を示すように思われる。

なお、本写本の前半の「口書写」の部分と図の一部が、溝淵によって翻刻されている。[55]

⑵「異国漂流一件」は、木村默老の随筆集である『続聞まゝの記』に収録されているもので、⑴のうち「勝之助口書写」の部分を転載したもの。默老は、滝沢馬琴とも親交のあった文人で、画才もあった。随筆集『聞まゝ

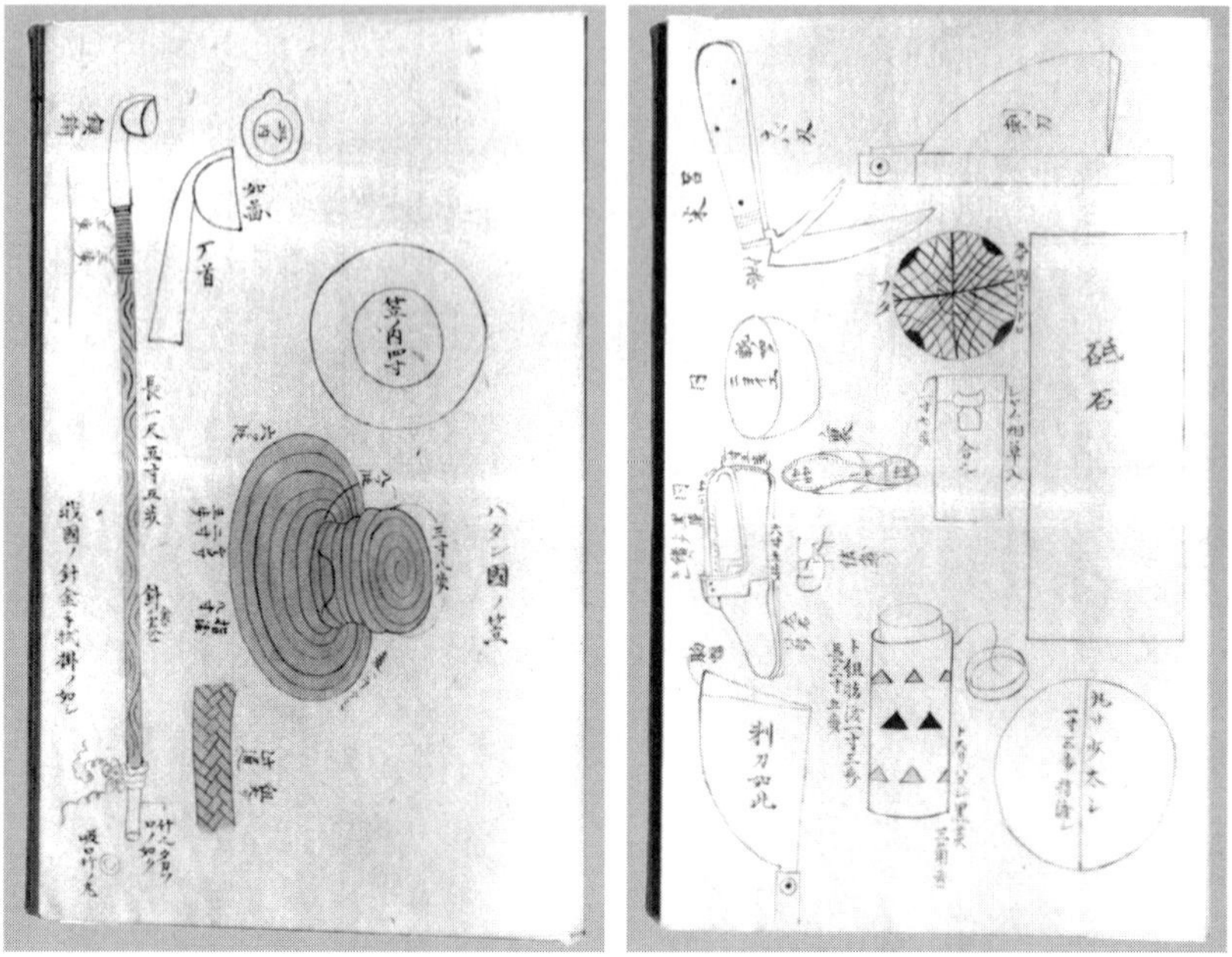

写真6　異国品物の図(「津田村勝之助漂流記」右＝38丁オ、左＝41丁オ)

の記』は正・続合わせて一〇〇巻におよぶ大著で、地元讃岐はもとより全国にわたる話題が集められているという。「異国漂流一件」を含めたその一部が、『読み下し聞くままの記百七話』として刊行されている(56)。

各地に残る勝之助「口書」の写本

(3)「讃州寒川郡津田村漂流人勝之助口上書」は、縦二八・一×横二〇・〇センチの仮綴本で、墨付は表紙とも一四丁。「荻田元広蔵書」の印があり、表紙見返しに「荻田海信」という書き込みがある。内題は「讃刕寒川郡津田村漂流人勝之助口上書一件」とあり、末尾に「天保四年巳七月廿七日写し置」と記されている。事件の翌年の写本である。内容は、(1)の「勝之助口書写」とほぼ同一であるが、「此度持戻候品々之覚」以下がない。

(4)「異国漂流人讃州高松寒川郡津田村北山平畑百姓久八倅勝之助口書控」は、阿野郡北青梅

村（現坂出市）の豪農渡邊家に伝えられたものである。文政〜嘉永期（一八一八〜一八五四）の当主であった五百之助（名は詔）は、禄一〇〇石で高松藩に召し抱えられ、与力として堀家半助に属していた[57]。本書末尾に「弘化三年丙午初冬念二／在于藻城第六街山崎氏写焉／渡邊敏所蔵」とある。事件の一四年後にあたる弘化三年（一八四六）に山崎氏が写したものを、渡邊敏が譲り受けたと思われるが、両人についてはいまのところ不詳である。「藻城」は、玉藻城とも呼ばれた高松城のこと。城下町や家臣の間での筆写を示す史料である。内容は⑶と同じく、⑴の「勝之助口書写」とほぼ同一で、「此度持戻候品ゝ之覚」以下を欠く。

⑸「異国漂流口書一件」は、縦二四・五×横一七・一センチの仮綴本で、墨付は表紙とも一六丁。「一字松亭」の印があり、末尾に「嘉永七甲寅夏書於養竹山房幹松亭製」と記されている。嘉永七年（安政元年＝一八五四）は、事件から二二年後、ペリーが浦賀に来航した翌年にあたる。写者の「幹松亭」は不詳。内容は、⑶⑷に同じ。

⑹「讃州寒川郡津田村漂流人勝之助口書一件[58]」は、縦二四・〇×横一六・七センチの和装本で、本文墨付二〇丁。表紙題簽に「讃州寒川郡津田村漂流人勝之助口書一件」とあり、内扉の内題も同じ。また、内扉には「三水文庫」という印があり、表紙見返しの受入印によれば「昭和四年四月二七日」に「購入」したものであることが分かる。内容は、⑶⑷⑸と同じく高松藩の「口書」の写本であり、「此度持戻候品ゝ之覚」以下を欠く点も同じである。ただし、筆写に際して依拠した本には、最初から三丁目の上半分ほどが虫損で失われており、そのことも忠実に表現されている。また、六丁目が欠損していたことについても「此間壱枚程不相見」と注記されている。

この写本で興味深いのは、筆写の経緯である。内扉の裏に次のような書き込みがある。

天保十四癸卯年二條初在番於　御城内、京都日暮シ通丸太町用達町人一文字屋清吉方ゟ借之、九月中旬写之也

東都江戸牛籠通寺町末組屋敷正恒写之

幕臣の平井正恒が、初めて二條城在番を勤めていた天保一四年（一八四三）九月に、出入りの用達商人一文字屋清吉から借り受けて写したものだというのである。一文字屋がどのようにして高松藩の「口書」に触れたかは残念ながら不明だが、京都の商人の間にも漂流記録が広がっていたことは興味深い。商人・町人たちが漂流体験や海外情報に関心を持ち、漂流記録の伝播に大きな役割を果たしていたことは、岡山や玉嶋の場合として先にも見た通りであるが、京都など三都の商人の場合は全国規模で情報収集が行われたことを示唆する例といえるだろう。加えて、それが江戸の幕臣に伝えられているのは、さらに驚きである。地域や身分を越えて漂流情報が広がる様子を確認できるだろう。

(7)(8)(9)は、いずれも個人蔵で、著者は未見である。溝淵の紹介によれば、「口書」部分のみを写したものと思われる。[59]讃岐地域での漂流体験への関心の広がりを示すものだろう。

(10)「南国奇話」は、新村出編『海表叢書』第三巻[60]に所収されている。内容は、高松藩の「口書」に同じであるが、翻刻にあたって依拠した底本についての情報は、残念ながら記されていない。

なお、このほかに『国書総目録』によれば「寒川郡津田村百姓漂流記」と題する写本が、九州大学文学部九州文化史研究所に所蔵されていることになっている。「津田村勝之助噺の覚」「漂流事略」とともに『漂流記集』（一冊）に含まれているという。しかし、現在所在不明とのことで[61]、詳しいことは分からない。『九州文化史研究所所蔵古文書目録一[62]』によれば、内容は「讃岐国寒川郡（今の大川郡）津田村百姓久助倅勝之助呂宋え漂着の口上書」となっており、やはり高松藩の「口書」系統の写本であったと思われる。

木村黙老が入手した長崎奉行所関係史料

以上一〇点の史料を見る限り、民間に流布したのは、高松藩が作成した「口書」部分のみであったと思われる。これに対して、(1)木村黙老自筆本の後半部である「津田村勝之助噺之覚并唐山人書付之写」は、ほかの讃岐関係の写本にはまったく現れず、その特異さが際立っている。すでに触れたその内容のうち、広東から乍浦までの旅程と護送官人名を書き上げた部分は、先に本章三3で紹介した「相馬祭記　岡山漂流人記」の「(v)広東省城より乍浦分府まで路筋」と同じである。これは長崎奉行所から直接流出した情報であった。中国の官人から贈られた「詩文等写」も長崎奉行所から直接流出した可能性の高いものであろう。勝之助を引き取りに出張した高松藩の役人が長崎で入手して持ち帰ったと考えられなくもないが、ほかの讃岐関係の写本に見えないことから、その可能性は低いだろう。「詩文等写」なども、藩にとってはあまり役立つ情報とは思えないが、文人であった黙老にとっては興味深いものであっただろう。江戸家老を勤めたこともある黙老は、江戸に独自の人脈をもっていたから、それを通じて長崎奉行所関係の史料を独自に入手したのではないだろうか。ここでも長崎奉行所関係の史料の流出が想定できるのだが、いずれにしても、(1)木村黙老自筆本は、地元高松藩と幕府関係の双方の情報からなる興味深い記録だといえる。

2　勝之助の「聞書」

高松藩の取り調べによるのではなく、私的に勝之助から直接話しを聞き、これを書き留めた「聞書」には、次の三つがある。

(11)「漂流記聞」（鎌田共済会郷土博物館所蔵）

(12)「異国物語」（岡山県総合文化センター所蔵）

⒀「天保三辰年八月讃州津田浦勝之助与申者備前岡山金十郎持船神力丸ニ被相雇、去文政一三寅八月紀州汐之御崎ニ而逢難風、阿蘭陀国之内波丹国与申處江漂着仕候所、彼地ゟ送来候ニ付国〻ゟ長崎迄役人罷越連帰相尋候一件口書之写」（龍谷大学図書館）

このうち⑾「漂流記聞」は、縦二六・七×横一九・〇センチの仮綴本で、墨付は表紙とも一七丁。内題も同じ。本文の末尾に、「同（天保三年）冬十一月五日家兄之宅ニ来リテ一夜物語ノ端シ〻〻、聞シマ、記シ置キヌ」とあり、「漆原元延後改元禎」の署名がある。上乗の片山栄蔵や福嶋村の利八が各地に招かれて体験談を語ったことは前に述べたが、勝之助も帰郷後各地に招かれて体験談を語ったものと思われる。この「聞書」が作られたのは、勝之助が帰国して四カ月後のことである。帰国早々から彼の漂流への関心が地元で高まっていたものと思われる。この史料の特徴の一つは、「パタン国ヨリ渡海之船ノ図」「マネラヨリ渡海之船ノ図」を掲げることである。この図は、⑴木村黙老自筆本「津田村勝之助漂流記」に図示された「波丹国船」「広東猪呂児船」と同じものであるが、略画で、表現はかなり稚拙である。他方、⑴では「阿蘭陀の詞」として五〇語余りを掲げるのに対して、本書には一五〇語余りが記されており、単語だけでなく挨拶や簡単な文章も含んでいることが注目される。こうした言葉を覚えてこそ現地の人々との交流も可能だったのであり、そのことの意味は、第二章二2で詳しく述べるだろう。この書は、第二部に「四　勝之助「漂流記聞」」として翻刻した。

⑿「異国物語」(63)は、縦二三・七×横一六・七センチの和装本で、本文墨付四八丁。本文の初めに「備前国岡山船呉国へ吹流され、舟頭帰国物語之事」とあり、「長崎御奉行所へ奉申上候呉国物語」として長崎奉行所での取り調べの「口書」のような体裁をとっているが、内容は、岡山藩に伝えられた長崎奉行所の「漂流人口書」とはまったく異なるものである。また末尾には「右船頭船乗り家業之者拾弐人之内／讃州津田浦山玽山北山住／船乗り勝之助ゟ伝之／天保五年午三月／森嘉左衛門ゟ伝之」とある。これによれば、本書の内容は、事件の翌々年の天保

五年三月に勝之助が語った内容を森嘉左衛門が書き記したものと考えられる。森嘉左衛門については、今のところ不明。先の識語と少し離れてやや小書きで「勢州山田住」とあるのは、この写本の筆者か所有者の居所を示しているだろう。いずれにしても、情報伝達の予想以上の広がりを示す書き込みである。なお、本書にも「バダン国之言葉」「マネラ国の言葉」「阿蘭陀国の言葉」が書き上げられているが、語数も少ない上に、発音がほかと異なるものもある。二年後の談話であるために、記憶が曖昧になっているのだろうか。この書も第二部に「五　勝之助「異国物語」」として翻刻した。

⒀の「一件口書之写」[64]は、縦二八・八×横二〇・三センチの和装本で、墨付は表紙とも一一丁。口書のような体裁をとっているが、⑴木村黙老自筆本などの「勝之助口書写」とは内容がまったく異なり、「聞書」と考えるのが妥当だろう。神力丸乗組員の名前も、「口書」とは違っている。また末尾には、「呂宋国」逗留中に習った「阿蘭陀人言葉」として一から一〇までの数詞を含めて九五の語句を書き上げているが、その項目は「口書」ともほかの「聞書」とも異なっている。

この史料の特異な点は、中国国内の通行について記述する際に「唐人」から借り受けたと称する「送り状」なるものを写しているのだが、これが先にあげた「相馬祭記　岡山漂流人記」に見られた道筋・里数ならびに護送官人名（同史料の内訳でいえば(v)にあたる）と同じものだということである。この書き付けが長崎奉行所から流出した史料である可能性が高いこと、および高松藩家老木村黙老自筆本の後半部にそれが引用されていることは、先にも触れた。しかし、この情報はほかの讃岐地域の「口書」の写本類には現れない。とすると、この「聞書」の作者は木村黙老から直接に、または彼の自筆本から情報を得たのだろうか。それとも、木村黙老とは別のルートで入手したのだろうか。いずれにしても、情報が多様に錯綜しながら伝播している様子が感じられる。

なお、勝之助「口書」の写本類のうち、個人蔵のため筆者未見とした⑼高松市個人蔵の史料は、題名が⒀龍谷大学本と酷似しており、ひょっとすると同じ系統の「聞書」であるかもしれない。

このほか、『国書総目録』によれば、「津田村勝之助噺之覚」と題する写本が九州大学文学部九州文化史研究所所蔵『漂流記集』（一冊）に含まれていることになっている。しかし、先に触れたように、この史料は現在所在不明である。[65]『九州文化史研究所所蔵古文書目録一』[66]によれば、内容は「讃岐国寒川郡（今の大川郡）津田村百姓久助倅勝之助呂宋え漂流の噺の聞書」だという。(1)木村黙老目筆本の後半部と題名が同じあり、高松藩の「口書」の写本ではなく、民間で作られた「聞書」ではないかと思われる。

3　勝之助関係史料の特徴

勝之助関係の史料には、「口書」類と「聞書」類とを問わず共通している点がいくつかある。例えば、漂流した神力丸を、「岡山岩田町多賀屋金十郎」（傍線は著者）の持ち船で、「千八百石積」のところに岡山藩の江戸廻米「千七百石」を積み込んでいたとすることである。正しくは、神力丸は「広瀬町多賀屋金十郎」の持ち船で、航海中（実は遭難中）に「岩田町金屋兵介」に売却された。また神力丸は一般に「千七百石積」とされている。勝之助関係史料ではこれらの点での混乱が共通してみられ、それは勝之助自身の誤った認識を反映したものと思われる。こうしたことは、他国出身の勝之助が乗組員の中心から遠いところにいるというその位置によるだろう。

その点で最も注目されるのは、勝之助が漂着した「ハタン国」や「マネラ国」を「阿蘭陀之属国」とし、マカオで入れられた屋敷も「阿蘭陀屋敷」と述べていることである。そのため勝之助が覚え伝えた現地語も「阿蘭陀の詞」とされる。上乗の片山栄蔵や利八などが「バタン」も「ルソン」も「イスパニヤ」の属国であると明確に認識していたのに対して、勝之助が広東以南を一様に「阿蘭陀」世界として表現するのは、単なる彼の無知によるのだろうか。それとも何か作為があるのだろうか。

そうした眼で読んでみると、勝之助関係の史料にはキリスト教についての見聞を臭わせる記述がほとんどないことに気付く。禁教のキリスト教国であるスペイン領ではなく、日本への通交が許されているオランダの属領に漂着したことにすることによって、キリスト教に接触したのではないかという疑惑を免れようとしたという可能性も否定できない。長崎奉行所の取り調べにおいても、キリスト教関係の記述を出来る限り忌避しようとする意識が働いていたことは先にも述べたが、まして藩の場合には、事を荒立てずに曖昧なままに処理しようとする役人側の強い意識が働いたとしても不思議はない。こうした役人の意図と勝之助の知識の曖昧さとが交錯するところに生まれた作為とするのが妥当な見方であろうか。

勝之助関係史料の地理認識は極めて興味深いものなので、後に第二章二6において改めて検討する。いずれにしても、勝之助関係の史料は、聞き手や書き手と話者（漂流民）とがもたれ合いながら漂流「体験」を作っていく様子を示す恰好の例といえそうである。

六　能登関係の記録

1　金沢藩の清兵衛「口書」

無事帰国した他国出身の水主の残り二人は、安芸国御調郡因島椋ノ浦出身の伊勢次郎と能登国羽咋郡塵浜村出身の清兵衛である。このうち伊勢次郎については今のところ史料が見付かっていないが、能登国の清兵衛については五点の史料が確認された。

二系統の「口書」写本

一つは、国立国会図書館に所蔵されている「能州羽咋郡塵浜村清兵衛異国漂流口書写」である。(67)縦二三・九×横一七・九センチ、もとは仮綴本であったが、現在は裏打ち補修され、表紙が付けられて和装本となっている。本文墨付二〇丁。

二つは、荒川秀俊編『異国漂流記集』(68)に収録されたもので、表題は同じく「能州羽咋郡塵浜村清兵衛異国漂流口書写」である。荒川氏が個人で収集されたもので、同書に巻頭部分の写真が掲載されている。国会図書館本と比較してみると、細かな字句に若干の相違があるものの、まったく同文といってよいものである。

三つは、石川県図書館協会編(中田邦造纂訂)『加能漂流譚』(69)に「塵浜村清兵衛バタンへ漂着の次第口書」として掲載されているものである。同書の解説によれば、これは松本三都正氏所蔵の「能州塵浜村清兵衛漂流口書」によったという。適宜一つ書きを設けるなどして読み易くされているが、前二書と同文といってよい。

以上の三点は、表題および本文からして、同一本に基づく写本と考えられ、仮に「清兵衛口書写」と総称する。

四つは、『加能漂流譚』に金沢市立図書館所蔵「塵浜漂流記」としてその存在が示されていたもので、現在、金沢市立玉川図書館に稼堂文庫の一冊として所蔵されている「異国物語」がこれにあたると思われる。(70)縦二三・八×横一八・〇センチの和装本で、本文墨付は三一丁、表紙題簽ならびに内題とも「異国物語」とある。稼堂文庫は、同目録「はしがき」によれば、金沢市在住の漢学者で愛書家であった黒本植(稼堂)翁が所蔵していた珍書を寄贈されたもので、同書には「昭和四年(一九二九)一月二一日」の金沢市立図書館の受入印がある。この「異国物語」には次のような識語がある。

右は旧卜室鳩巣翁か書かれしを一軸にし、柴山といふ人の秘蔵せるを、一日友人池部君之紹介ニて借来り、写取りし也、午後の十一時より写出して、午前之四時に至り書了る、四十八才になりて、いかはかりの根気

やある、ためさんとて謄写にかゝりし也、明治三十八年乙巳春正月五日の暁洩す　雪庵

これにより、本書が柴山という人が秘蔵していたものを雪庵なる人が借り受けて筆写したものであることが分かる。ただし、原本を室鳩巣の著とするのは誤りだろう。室鳩巣は近世中期の儒者で、寛文一二年（一六七二）から正徳元年（一七一一）まで金沢藩に仕えており、神力丸の漂流事件が起きた文政一三年（一八三〇）とは時代が合わないからである。「柴山」および「雪庵」については、今のところ不明。これだけの分量を五時間で写し切ったとすれば、雪庵の根気は確かに凄いが、そのためか、曖昧なくずし字や誤写・誤字と思われるものも若干見受けられる。また、全文にわたって朱筆で読点や誤字・脱字の補訂が行われているが、これも雪庵自身が加えたものだろうか。

三冊の「清兵衛口書写」と「異国物語」とを比べてみると、ほとんど同文であることから、これらが同一の原本に基づく写本であることは明らかである。ただし、両者には相互に欠落している部分がいくつかあるので、どちらかが他方を写したという関係にはない。のちに述べる両者の相違からすると、別系統の写本と考えた方がよさそうである。しかし、両者が同一の原本に基づくことは間違いない。この原本は、両者の前書に「今度御呼返被下、今日御召出、難船之始末、且彼土（地）之様子、審（委細）ニ申上候様被仰渡、奉畏候」[71]とあることから、長崎から帰国した清兵衛が金沢藩の役人によって取り調べられた際の「口書」であると考えられる。讃岐の勝之助の場合にも、帰国後に高松藩によって取り調べが行われ、その時作られた「口書」が民間に広く流布したことは先に述べた。金沢藩の清兵衛の場合もまったく同様であったのである。

「清兵衛口書写」と「異国物語」との相違点はどうであろうか。細々とした字句や表現などの違いを除くと、大きな点は次の二つである。

一つは、漂流中の一〇月二三日の大時化の時の出来事として、「清兵衛口書写」が「イソヘサマと相唱候鰐弐ツ

舟ニ付居候」ことを述べ、それへの祈願の様子や、その加護によって時化もおさまり、魚が釣れるようになったことなどを二丁余にわたって記しているのに対して、「異国物語」ではこの部分が欠けていることである。船に付き添う「鰐《ふか》」のことは、片山栄蔵の「漂流日記」や利八の「巴旦漂流記」にも見え、事実と思われるが、具体的な祈願の様子は「清兵衛口書写」が最も詳しい。「異国物語」になぜこの部分が欠けているのかは不明であるが、筆写した人の海民の民俗に対する関心の低さによるのかもしれない。

二つは、「異国物語」では末尾に清兵衛が海外の各地で貰った品々および持ち帰った品々を一丁半にわたって列挙しているのに対して、「清兵衛口書写」ではこの部分が欠けていることである。幕府や藩の取り調べにおいて、こうした品物の検査が行われ、その調書が作られるのは一般的なことだから、この部分も金沢藩の本来の「口書」には存在したものだろう。また、こうした部分が筆写が繰り返される過程で脱落しやすいのは、讃岐勝之助の場合などほかの漂流記録でも見られたところである。

清兵衛「口書」の特徴

清兵衛の「口書」が他の乗組員の記録と最も異なるのは、「ボゴス」島に漂着した直後の様子である。長崎奉行所で作成された「漂流人口書」をはじめ、ほかの史料に共通した経過は、次の通りである。

○（一一月七日）「ボゴス」島に漂着した漂流民たちは、手分けして島内を見回ったが、人家もなく、その夜は野宿した。

○翌日（八日）現地民六人が小舟三艘に乗って現れた。言葉はまったく通じず、身振りで空腹であることを示すと、ゆでた芋をくれた。

○彼らの小舟に漂流民が一緒に乗るのは無理だと思われたので、もっと大きな船で来るように頼むと、その日は引き上げていった。この夜も野宿。

○次の日（九日）、やや大きな船四艘に一〇人ほどが乗って再びやって来た。一艘に三、四人ずつ別れて乗り、彼らの住む島へ渡された。

これが、清兵衛の「口書」では、次のようになっている。

●（一一月七日）上陸したものの、老人たちは打ち倒れて動かず、そのうち二、三人ずつ離れ離れになった。清兵衛は才次郎・勝之助と一緒に島内を尋ね廻ったが、人家はなかった。

●この島にいたのは三日間であるが、三日の内に小高いところから海を見ていると、向こうの大きな島の方から牛のようなものが泳いで来るのが見えた。浜へ下りて見ると、丸木船があった。必ず人が来ているだろうと思って山の方へ一四、五丁ほど入ると、打掛小屋があり、異躰の男が七人いた。

●彼らが鑓を取り出して突き懸けて来たので、手を合わせて詫言をいったが、言葉はまったく通じない。手真似で漂流の始末を伝えると、つくね芋をくれた。

●山中に疲れ臥している残りの一一人の者を連れて来てくれるように頼むと、初め六人、次いで三人を連れて来たが、石兵衛と仁三郎の二人は見付からなかった。日も暮れたので、その夜はそこで休んだ。

●翌朝、向こうの大きな島から船三艘に三、四〇人が乗り組んでやって来た。中に一人色白の役人躰の男がおり、大勢を指揮して残りの二人も探し当ててくれた。この日には、漂流民のうち一一人だけを先に連れ渡し、残る三人は翌日向こうの島に渡された。

以上明らかなように、清兵衛の経過報告はほかの記録と異なる部分が多い。清兵衛が勝之助と一緒に行動していたことは、勝之助側の史料でも確かめられる。しかし、その後のことは勝之助側の記録にはまったく出てこない。この部分についての清兵衛の描写は孤立しており、清兵衛に「記憶」違いがある可能性が高い。

加えて、次のような事情も考えなければならない。無人島に漂着した漂流民たちが最初に現地民に出会う場面というものは、漂流体験の中で最も印象深く、聞く側にとっても最も興味深い場面の一つである。ということは、聞く側の「期待」に応えようと誇張や作為が行われ易い場面でもあるということである。特に、これまで見たこともない「異人」との出会いに、激しい恐怖心を感じたという描写は、ほかの漂流事件の記録でもよく見られるもので、このことは第二章二1で改めて触れる。清兵衛の場合にはそれが昂じて、ほかの記録にはない特異な「物語」として語られたのではないだろうか。

もちろん清兵衛「口書」が特に「誤り」や「誇張」が多いというわけではない。ほかにはない貴重な情報も少なくない。ここで言いたかったことは、漂流記録の中には、「語り」の場で新たに創作される漂流「体験」もあるということである。清兵衛「口書」はそれを示す一つの例である。

2 「口書」に基づく「聞書」

国立国会図書館所蔵『漂流記叢書』にも、能登の清兵衛関係の「漂流記」という史料がある。(72) 縦二二・九×横一六・七センチの和装本で、本文墨付二五丁、表紙題箋に「漂流記　単」とある。本文は、先に述べた清兵衛「口書」と同じであるが、「清兵衛口書写」および「異国物語」との相違点についていえば、「いそべさま」の記述については「清兵衛口書写」に同じであり、「貰申品々」「持帰申品々」については「異国物語」に同じとなっている。つまり、両系統の写本が欠いている部分の両方を含んでいるのだから、この「漂流記」が金沢藩で作られた「口書」の原本により近い写本だと考えられるのである。ただし、ほかの写本と較べた場合、省略されたと思われる箇所もいくつかある。それらの多くは、この写本の筆者の書き落としと思われるが、厳密には、それらがもともと「口書」原本にあった部分なのか、筆写の過程で付け加えられた部分なのかは分からない。

また、この写本の本文冒頭には「天保三年八月廿六日　能州羽喰郡塵浜村清兵衛申上候口書　当年廿七歳」とあり、末尾には「御郡御奉行所　羽喰郡邑知組塵浜村　清兵衛　判」とある。ここから、清兵衛が藩役人によって取り調べられた日付が天保三年八月二六日であり、担当役人は郡奉行であったことも分かる。

さらに興味深いのは、この「漂流記」には一〇枚の付紙が付けられていることである。この付紙の性格を明らかにするために、最初の付紙の文章を書き抜いてみよう。大洋を漂流中の九月一七日ころの記述のあたりに付けられているものである。

此時分ハ連日暴風斜雨ニて、雨水取不申、人〻綿入を取出し雨水を取り候へ共、綿ニてハ水取兼候ニ付、袷或ハ手拭之類ニて水を取申候由、〇又、碇をおろし候へ共、舟馳候事甚早ク候故、碇ハ只浮木之如く水上ニ浮、一向埒明不申候事

以下書入之分、清兵衛之話也

つまり、この一〇枚の付紙は、清兵衛から直接話を聞いて補ったものだと考えられるのである[73]。聞き手はこの「漂流記」を筆写した人物と考えていいだろう。彼は何らかの伝手を通じて藩の「口書」を入手して写しを作った。そして、それに基づきながら清兵衛の話を聞き、その内容を付箋に記して補い、この史料を作ったと考えられるのである。この作者の人物像について手掛かりがないのは何とももどかしいが、多分、民間の人であったろう。

いずれにしても、この「漂流記」は藩の「口書」と民間の「聞書」とが合体した珍しい例といえる。藩の記録である「口書」を参考にしながら民間で「聞書」が作られるというのは、十分に考えられることで、似たようなことが岡山でもあったことは先に触れた。これも、漂流記録の性格や作られ方を考えるうえで、興味深い事例といえる。以上から、この記録は一応「聞書」として分類する。なお第二部に「六　清兵衛「漂流記」」として翻刻した。

七　漂流記録の史料学

1　漂流記録の分類

これまで紹介したように、神力丸漂流事件については多数の記録が残されていることが分かった。それらを整理してみると、次のように分類できる。

幕府や藩の公式記録

行政的な意味を持った公式記録と呼びうるものは、幕府や藩が漂流民を取り調べた際に作られる調書で、これらは一般に「口書」といわれる。ここでもそれらを「口書」類と総称することにしよう。

このうち、幕府の記録では、役人の取り調べに対して主に答えたのは、漂流民の中で中心的・指導的な立場にあった船頭や上乗であった。神力丸の場合でいえば、船頭の五左衛門は漂着時に死亡しているから、上乗の宇治甚介・片山栄蔵がそれにあたるだろう。彼らは岡山藩の船手に属する下級家臣であり、ある程度の識字能力や行政的知識を持っていたと思われる。また、記録の作成にあたってはほかの漂流民の取り調べで得られた情報も補足的に利用されたと思われるから、漂流記録としては、最も基本的なものといってよいだろう。

これに対して、藩での取り調べでは個々の漂流民が返答する形になるため、漂流民の個人的な体験や意見が反映されやすい。特に神力丸の場合は、他藩出身の讃岐の勝之助や能登の清兵衛の「口書」にそうした特徴がよく現れている。

公式記録である「口書」類の場合、ほかに、漂流民が持ち帰った品物の書き上げ、漂流民を送還した中国船の船主の取り調べ書、異国で渡された書き付けの写し、など関係記録が付けられている場合もある。神力丸の場合は、さらに、漂流民を国元に引き取るまでの経過やその後の処置などを記した留帳を合わせて、一件記録が作成されている。しかし、この一件記録に岡山藩独自の「口書」はなぜか含まれていない。長崎奉行所が作成した「口書」を入手したことで事足れりとして、藩独自のものは作成されなかったのだろうか。

なお、長崎奉行所では、取り調べの過程で暫定的な「口書」が作られたり、漂流民や中国人船主などから集めた情報を記した多種多様な書き付けが残されたりした。これらの記録は漂流事件ごとに異なっており、世に出ることもまれだったから、全体像をつかむことは難しい。そのような中で神力丸の場合は、長崎奉行所関係史料が多数見つかっている稀有な例といえるだろう。

漂流民自身が著した記録

民間で作られた私的な記録には、漂流民自身が著したものと、漂流民から話しを聞いた第三者が著したものの二種類がある。ただし、漂流民自身が記録を残すことは極めてまれである。神力丸の場合は、幸いなことに上乗の片山栄蔵が著した「手書」が残っている。彼は漂流中も日記を付けていた。それは長崎奉行所で取りあげられたようであるが、記憶はしっかりと定着していたと思われ、十分に信頼できるものである。漂流民自身が著した記録を「**手書**」と総称することにするが、神力丸漂流事件の場合、この種の記録が今後発見される可能性は極めて少ない。

第三者が著した記録

民間で作られた記録の大部分は、漂流民の話を聞いた第三者が著したものである。これを「**聞書**」と総称する。

「聞書」類は、著者の立場によって性格も内容も区々である。

まず、お抱えの学者が幕府や藩の命令で作成したものがある。こうした記録は公式記録に近いものではあるが、あくまでも学者の関心に基づいて書かれており、行政的な性格を持ったものではない。その意味で、基本的に民間記録に分類すべきものである。典型的な例は、大黒屋光太夫のロシア漂流体験を桂川甫周が記録した『北槎聞略』である。この書は、単なる漂流記録にとどまるものではなく、「十八世紀末のロシアに関する一種の百科事典的な学術書[74]」と評価されるようなものである。つまり学者の「聞書」は、体系的で学術的な内容を持つものであり、その点で史料的価値も高い。アリューシャン列島に漂流した仙台藩の津太夫らからの聞き取りに基づく大槻玄沢の『環海異聞』も、こうした例である。神力丸については、残念ながらこうした種類の「聞書」はない。しいていえば、木村黙老自筆本「津田村勝之助漂流記」にそうした要素が垣間見えた。

帰国した漂流民は一種の有名人となり、領内各地に招かれて漂流体験を語った。その聞き書きを綴った「聞書」が多く残されている。聞き手・書き手になったのは、中央・地方の商人や豪農たち、または医師や僧侶など在地の知識人たちであった。彼らこそが漂流記録の広範な需要層であった。こうした「聞書」類は誇張や誤解も多く、史料的な正確さにはやや欠けるが、聞き手や書き手の関心の在り所を知るにはよい史料である。特に「聞書」には聞き手の質問に漂流民が答えた部分があり、そうした箇所に聞き手たちの関心の在り所がうかがえる。「口書」を下敷きにしながら、それに漂流人からの聞き書きを加えたものも、「聞書」の一種と考えていいだろう。いずれにしても、「聞書」は、聞き手・書き手によって種類も内容も多様であり、今後も新しい史料が発見される可能性が高いものである。

民間で作られた記録には、「口書」や「聞書」をもとに制作された**「実録本」**とでもいうべきものがある。こうしたものは、漂流民自身が語る形ではなく、第三者が漂流の経過を客観的に語るという形式をとっており、物語化にともなって荒唐無稽な話しが書かれることも多い。ただし、いわゆる「聞書」の場合にも聞き手・書き手の知識や感想が一方的に盛り込まれることもあって、両者の区別は結構難しい。そもそも、江戸時代には幕府が漂流記の刊行を禁止していたから、刊行された漂流記はほとんどない。現在知られている刊本は数冊で、それらも非公認の地下出版物であったと考えられている[75]。ほとんどの漂流記録は写本の形で流布したから、実録物語に展開することができず、「聞書」との境目が明確にならなかったのではないかと思われる。今後研究が進めば、一定の基準に基づいて実録物語という分類を明確に立てられるようになるかもしれないが、いまのところ、はっきりと実録物といえるものは、それほど多くない。神力丸事件でも、一種類がそれと分類できるにとどまる。

「はじめに」で触れたように、春名徹の指摘をうけた小林茂文によって、漂流記は漂流口書・編纂物漂流記・炉辺談話型漂流記の三つに分類されている[76]。漂流口書は、本書の分類では「口書」にあたる。編纂物漂流記は学者が著した学術的な記録であり、炉辺談話型漂流記は民間の好事家が聞き書きしたものである。確かに両者は内容・形式とも異なるものであるが、第三者が著した非行政的な記録という点では共通しており、本書では一括して「聞書」と分類した。このほか、先の分類にないものとして、漂流民自身が著した「手書」という分類を立てた。さらに、「聞書」よりも創作性の強いものとして「実録本」という分類を立てた。これは、炉辺談話型漂流記の変種と考えてもいい。

このように、本書での分類は、春名や小林の指摘を受け継いで、記録の作成者の立場によって大きく分類したものである。そして、この四つの大分類の下に、談話者や作成者などの別によって、さらにいくつかの小分類を設けることができる。以上を踏まえて、本章で検討した神力丸漂流事件関係のすべての記録を表5に分類・整理して掲げた。総数は、五〇点である。

表5　神力丸漂流史料一覧

［Ⅰ］「口書」……幕府・藩による取り調べ記録

Ⅰ—A　長崎奉行所(幕府)による記録

A—1　「神力丸馬丹漂流口書」(石井研堂編『異国漂流奇譚集』→原本所在不明)

A—2　「岡山漂流人マカヲゟ持越書付四通等和解之写」(「相馬祭記　岡山漂流人記」、国立国会図書館所蔵)

A—3　「破旦漂流聞書」(長崎市立博物館所蔵)

Ⅰ—B　岡山藩作成記録

B—1　【留方本】「漂流人口書其外品〻之写」九冊(岡山大学附属図書館所蔵)

○写本　「漂流記」(奥山家文書、『岡山県立博物館研究報告』19所収)

B—2　【江戸留守居本】「漂流人一件」八冊(岡山大学附属図書館所蔵)

○写本　「漂流人口書」六冊(岡山大学附属図書館所蔵)

「漂流記」二冊(榎氏旧蔵本、『吉備群書集成』第五巻所収→原本所在不明)

「漂流記」三冊(竹村氏旧蔵本、岡山県総合文化センター所蔵)

「漂流記」四冊(端本、岡山県総合文化センター所蔵)

「海表異聞」等(『通航一覧続輯』第三巻所収)

「巴坦島漂流記」(石川藤五郎写、東北大学附属図書館所蔵)

「漂流人口書」(『漂流記叢書』63、国立国会図書館所蔵)

「備前神力丸漂流一件」(『漂流記叢書』64、国立国会図書館所蔵)

Ⅰ—C　高松藩作成調書

○写本　「津田村勝之助漂流記」(木村黙老自筆、鎌田共済会郷土博物館所蔵、『瀬戸内海歴史民俗資料館年報』1978年所収)

「異国漂流一件」(木村黙老『続聞ままの記』追加之巻所収)

「讃州寒川郡津田村漂流人勝之助口上書」(荻田海信写、鎌田共済会郷土博物館所蔵)

「異国漂流人讃州高松寒川郡津田村百姓久八倅勝之助口書控」(山崎氏写、渡邊家文書、瀬戸内海歴史民俗資料館所蔵)

「異国漂流口書一件」(幹松亭製、鎌田共済会郷土博物館所蔵)

「讃州寒川郡津田村漂流人勝之助口書一件」(東京大学史料編纂所所蔵)

「寒川郡津田村北山平畑百姓久八倅勝之助漂流記」(個人蔵)

「異国漂流実記」(個人蔵)

「津田浦人勝之助此度長崎表ゟ御船ニ而連戻相尋候一件」(個人蔵)

「南国奇話」(新村出編『海表叢書』第三巻所収)

Ⅰ—D　金沢藩作成調書

○写本　「異国物語」(雪庵写、稼堂文庫・金沢市立玉川図書館所蔵)

「能州羽咋郡塵浜村清兵衛異国漂流口書写」(国立国会図書館所蔵)

「能州羽咋郡塵浜村清兵衛異国漂流口書写」(荒川秀俊編『異国

漂流記集』所収） 「能州塵浜村清兵衛漂流口書」（石川県図書館協会編『加能漂流譚』所収）
［Ⅱ］「手書」……漂流民自身による手記
○片山栄蔵「漂流日記」（岡山大学附属図書館所蔵）
［Ⅲ］「聞書」……民間の第三者による記録
Ⅲ－A　岡山関係 A－1　岡山城下・片山栄蔵聞書 「備前国漂流人一件」（舟着町釼屋、岡山県総合文化センター所蔵） 「巴旦国漂流記」（上之町袋屋芳蔵、住田文庫・神戸大学附属図書館所蔵） 「漂流人直物語聞書」（九州大学文学部九州文化史研究所所蔵） 「備前岡山神力丸漂流本人之口書」（岡山市立図書館所蔵） 「激浪轟破漂流人始末」（山形杢治写、岡山市立図書館所蔵） A－2　備中玉嶋・福嶋村利八聞書 「巴旦漂流記」（守屋坦度筆記、守屋家文書） 「巴旦漂流記」（守屋坦度筆記、山本錫夫写、西尾市岩瀬文庫所蔵） 「巴旦漂流記」（山名氏筆記、東北大学附属図書館所蔵） 「巴旦国漂流実録」（山名氏筆記、京都府立総合資料館所蔵） A－3　尻海関係「東備尻海浦漂船一件」（伊勢家文書、『玉津の古伝』所収） 「備前邑久郡尻海浦漂船」（岡山県総合文化センター所蔵） 「東備尻海浦漂一件」（小野田理太郎写、岡山市立図書館所蔵） 「南海談」（朝日寺文書） 「漂流人南海談」（河野会通筆記、今田秈濤写、岡山市立図書館所蔵） Ⅲ－B　讃岐関係　「漂流記聞」（漆原元延筆、鎌田共済会郷土博物館所蔵） 「異国物語」（森嘉左衛門筆、岡山県総合文化センター所蔵） 「讃州津田浦勝之助長崎迄役人罷越連帰相尋候一件口書之写」（龍谷大学図書館所蔵） Ⅲ－C　能登関係　「漂流記」（『漂流記叢書』31、国立国会図書館所蔵）
［Ⅳ］実録本……聞書や記録をもとにした物語風のもの
「備前難船記」（岡山市立図書館所蔵） 「文政二丑年八月備前国尻海村五左衛門難舟記」（岡山市立図書館所蔵） 「備前難船記」（岡山県総合文化センター所蔵）

2　記憶の作られ方

一つの漂流事件についても、漂流記録によって語られる漂流体験はさまざまである。それらから漂流体験の「真実」を探り出すことは、時に実に困難な作業と感じられることがある。しかし、歴史学の立場としてはその壁をなんとか越える努力をしてみたい。そのためには、体験と記憶の関係を記録が作られる過程に則して解きほぐしていかなければならない。神力丸漂流史料に則して、少しそれを試みてみよう。

一次的体験

一つの漂流事件においても、乗組員によってその体験は一様ではない。体験に差違が生まれる要因としては、次の二つが考えられる。

一つは、乗組員の船内での位置である。一般に乗組員は、船頭・上乗・水主に分けられる。異国で現地の役人と交渉したり、その取り調べに応じたのは、主に船頭や上乗であった。彼らの得た情報や観察は、ほかの一般の水主とは当然異なっていたはずである。また、水主たちも一様な集団ではなかった。水主集団の中心を占めるのは、船頭と同じ村の出身者たちである。その多くは、船頭とともに何度も同じ船で航海しており、気心の知れた仲間であった。彼らは、情報や観察を船頭と共有することが多かったと思われる。神力丸でいえば、一六人の水主のうち、船頭の五左衛門と同じ尻海村出身の者が一〇人いた。船頭の五左衛門は途中で溺死するが、その後も彼らが水主集団の中心的な位置を占めただろう。これに対してほかの水主たちは、たとえ同じ国の出身者であっても他国出身の水主と同様に船内では周縁的な位置にあったと思われる。彼らの持つ情報は、中心部にいた人々に比べて少なく不正確であったかもしれないが、逆にその行動や観察には自由さがあったとも考えられる。また、水主集団の中では若者の方に相対的に周縁性が強く、行動や観察に自由さが認められる。もう一つは、乗組員個人の性格である。沈着冷静であるかどうか、観察力が鋭いかどうか、好奇心が強いかどうか、行動力があるかどうか、などなどによって当然その体験に違いが出来てくるはずである。特に漂流先の現地の人々との交流には大きな差が生まれると考えられる。また、一般に若者の方が柔軟に現地社会に溶け込んだといわれている。

こうした一次的な体験がすべての記憶の基礎となったことはいうまでもない。しかし、この一次的体験がそのまま記録されることは極めてまれである。漂流中に書き継がれた日記などがそれにあたり、神力丸の片山栄蔵が漂流中に日記を付けていたことは分かったが、残念なことに、それは長崎奉行所で取り上げられ燃やされてしまった。片山栄蔵の「手書」はそれに近いが、あくまでも帰国後の回想録である。つまり、直接的な記憶ではなく、時間を経て反芻された記憶である。しかし、それでも一次的体験に最も近い個人的な記憶と位置付けられるだろう。

共通記憶の形成

一次的体験に基づく記憶は、個人的なものである。この個人的な記憶が、取り調べの過程で共通のものとなっていく。つまり、取り調べに際して、漂流民が相互に記憶を確かめ合うことによって共通の記憶を持つようになる。また、取り調べ者との遣り取りの中で、個人的な記憶を修正し共通の記憶に近づくということもあるだろう。こうして漂流民全体に共通記憶が形成される。もちろん個人の記憶がすべて共通記憶に取って代わられるわけではないし、共通記憶にどの程度取り込まれるかは個人差があるだろう。

共通記憶の形成は、すでに異国で現地の役人に取り調べられる過程で始まっていたが、系統的に行われたのは長崎奉行所での取り調べの過程である。そして、その結果作られた共通記憶を記録したものが、長崎奉行所の「口書」である。もちろん、取り調べの中心とされたのは上乗たちであるから、共通記憶の中核となったのは彼らの個人的な記憶であるが、取り調べの過程を通じて共有された記憶という意味では、この「口書」に記された漂流体験は、漂流民の個人的な体験の最大公約数といえるだろう。そのため、基礎史料としてある程度信頼を置くことができるが、個性的な面白味に欠けることは否めない。

また、この共通記憶は、取り調べの場で形成されるものであるから、当然、取り調べ者の誘導や示唆に基づく部分を含んでいる。加えて、それが記録される時には意図的な削除が行われるなど記録者の作為が働いている。「口書」の語る共通体験はそうした過程を経たものであることに留意する必要があるだろう。「口書」から外された情報は、神力丸関係史料でいえば、「口書」とは別に「様子書」や「様子書追加」が作られ、そこに盛り込まれた。それらも、共通記憶の一部として扱いうるものである。

なお、先に触れた片山栄蔵の「手書」を一次的記憶の記録と言い得ないのは、こうした共通記憶の形成を経た後に反芻された記憶に基づくものだからである。

個人的記憶の根強さ

国元に帰った漂流民は藩によって改めて取り調べを受けた。この時には個々の漂流民自身が再び主役になるから、個人的な体験や記憶が改めて呼び出されることになる。もちろんこれらも共通記憶の形成を経た後のものであるから、一次的体験の記憶そのものではない。しかし、その個人的な体験の記憶は根強く残っていて、これらの「口書」に個性的な色合いを与えている。国元まで帰り着いたという安心感も彼らの口を滑らかにしただろう。共通記憶にはない精彩を持つものも多い。また、藩の取り調べ者の知識や配慮を反映して、長崎奉行所の「口書」

とは異なる情報や観察も引き出されている。

場によって作られる記憶

取り調べから解放され居村に帰った漂流民は、各地に招かれて漂流体験を語った。とにかく漂流は稀有な体験であったから、どんな珍しい話しが聞かれるかと聞き手は興味津々で集まった。こうした語りの場は、取り調べの場が堅苦しく権力的であったのに比べて、自由で興奮した雰囲気に包まれていた。熱い視線を浴びて場の中央に座らされた漂流民は、武勇伝でも語るかのような高揚した気分にあったに違いない。話しが佳境になれば、聞き手の期待に応えようとして誇張や脱線も起こりがちである。そうした中で語られた物語が記憶として定着することもあっただろう。また、こうした場では聞き手からさまざまな質問が発せられ、それに応えるために忘れていた記憶が呼び覚まされたり、時には記憶の谷間を埋める記憶が創作されたりする事もあっただろう。漂流民自身の体験や見聞というよりは、聞き手の側の知識の反映と考えた方がよいような言説も記録されたりする。聞き手の知識や意見を受け容れて、それがあたかも漂流民自身の体験や意識のように語られ、記録されることもあるだろう。こうした傾向は、炉辺談話型漂流記と呼ばれるような「聞書」に顕著に認められるものである。そうした「聞書」に現れた漂流体験は、まさに語り手と聞き手との共作による記憶とでもいうべきものだろう。しかし、その生き生きとした世界は捨てがたいものであり、共作された記憶であることを十分承知して読み解くならば、「聞書」も漂流体験の「真実」を探る魅力的な史料となるだろう。

以上のように、個々の記録は記憶が作られていくそれぞれの段階を反映したものなのである。だから、記憶の作られ方と記録との関係に配慮しつつ、さまざまな漂流記録を比較しながら読み解くことによって、私たちは少しでも漂流体験の「真実」に近づくことが出来ると考えている。

本章で示した漂流記録の史料学は、神力丸漂流史料に基づく限られたものであるが、今後ほかの漂流事件や漂流記録の分析が進むことによって、漂流記録の史料学がさらに精緻になることを期待したい。

（1）後述するように、神力丸は航海中に岡山岩田町金屋兵介に売却された。そのため長崎奉行所での取り調べに混乱が生じたことが岡山藩公式記録のうち留方本の「留帳」から分かる。ただし、公式記録では出帆前の「広瀬町多賀屋金十郎船」で統一されているので、本書でもそれにしたがう。

（2）漂流記録では、「ボ、ス島」「ボゴス島」などと記されており、これを山下恒夫はイブオス島かと注している（山下恒夫編『石井研堂これくしょん江戸漂流記総集』第四巻、日本評論社、一九九二年、一四八頁）。以下、本書での現地名の同定は、基本的に同書による。

（3）池田家文庫の史料の分類番号は、『池田家文庫総目録』（岡山大学附属図書館、一九七〇年）による。

（4）『改訂増補・池田家文庫マイクロ版史料目録・総記』（丸善、一九九二年）に掲げられる「池田家旧棚記号分類表」による（八〜九頁）。同表によれば、「記第八号ホ帙」の内容は、「塩鶴頂戴留、他所ニ係ル出来事変事又ハ家士変事ノ類」となっている。こうした点については、中野美智子「岡山藩政史料の存在形態と文書管理」（『吉備地方文化研究』第五号、一九九三年）が詳しい。

（5）留方については、前掲註(4)中野論文に詳しい。

（6）『吉備群書集成』一〇輯一〇冊は、一九三一年（昭和六）に吉備群書集成刊行会によって刊行され、復刻版が作陽書房によって一九七八年（昭和五三）に刊行された。なお、同書については、中野美智子『岡山の古文献』（日本文教出版、一九八八年）に詳しい。

（7）一九九七年に著者が調査した時、当時岡山県総合文化センター郷土資料室に勤務しておられた三棹章弘氏の御教示による。

（8）岡山県総合文化センター郷土資料室での請求番号は、KW二九九―八である。

（9）この文章は『吉備群書集成』にも載せられているが、「山脇敬李」の名は記されていない。もともと榎氏旧蔵本にも署名がなかったかどうか、今は確かめようがない。

（10）榎氏旧蔵本による『吉備群書集成』所収「漂流記」には、この注記は見えない。なお、この地図は岡山藩の記録である留方本にも江戸留守居本にもないから、筆写の過程で、「山脇敬李」が付したものと考えてよいだろう。
(11) 請求番号は、本文での記載順に、ＫＷ二九九―七、ＫＷ二九九―六、ＫＷ二九九―五、ＫＷ二〇四―一七である。
(12) 東北大学附属図書館所蔵狩野文庫の一冊で、請求番号は第三門八二五九である。
(13) 「山脇巍奉公書」Ｄ三―二六八五。
(14) 『漂流記叢書』はもと上野図書館に所蔵されていたもので、九七冊からなる。「漂流人口書」は、第六三である。
(15) 『漂流記叢書』第六四。
(16) 臼井洋輔「漂流人口書（巴旦漂流記）」（『岡山県立博物館研究報告』19、一九九九年）。
(17) 「榎養雲奉公書」Ｄ三―四六四。
(18) 「榎草玄奉公書」Ｄ三―四六五。
(19) 「竹村小平太奉公書」Ｄ三―一四七〇。
(20) 「奥山富八郎奉公書」Ｄ三―六八三。
(21) 箭内健次「解題」『通航一覧続輯』第五（清文堂出版、一九七三年）。
(22) 「海表異聞」は、同志社大学附属図書館のホームページのデジタルアーカイブで全文が閲覧できる。それに付けられた岩崎奈緒子「解題」によれば、現存の七九冊本の編集以前には東南アジア関係の記録も収録予定であったが、結局収録が見送られたとして、その記録の目録も掲げる。しかし、そこにも神力丸関係史料はない。『通航一覧続輯』の編者は、七九冊本とは別系統の「海表異聞」を参照したのだろうか。
(23) 『柳営補任』によれば、戸川家で長崎奉行を勤めたのは戸川播磨守安清のみで、任期は天保七年（一八三六）七月～同一三年二月である。
(24) 石井研堂編『異国漂流奇譚集』（福永書店、一九二七年）。なお、ここでの同書からの引用は二頁および三二〇頁。
(25) 前掲註(2)山下編著の山下恒夫「解題」による（五六八頁）。
(26) 前掲註(24)石井編著、三二〇頁。前掲註(25)山下「解題」も同じ意見である（五六九頁）。
(27) 文政一一年（一八二八）にバターン諸島に漂着した南部八戸の廻船融勢丸の沖船頭徳次郎のこと。融勢丸の漂流事件については、前掲註(2)山下編著に「融勢丸唐流帰国記」が収められている。
(28) 加藤清正自身が熱烈な日蓮宗の信者であった。
(29) 宇治甚介は「日蓮宗備前国上道郡平井村平井山妙広寺」の、片山栄蔵は「日蓮宗備前国御野郡浜野村感善山妙法寺」の、それぞれ旦那であった（[Ⅰ]⑨S6―105）。

(30)請求番号は、一八九―二一Bである。
(31)前掲註(25)山下「解題」、五六九頁。
(32)請求番号は、二九〇―二〇である。なお、同館には同書を筆写したもう一冊の「破旦漂流聞書」があり（請求番号二九〇―二一）、同館の「資料目録」では「市史編修部写」と注記されている。
(33)『池田家文庫総目録』の分類番号は、P二九―二八である。
(34)『池田家履歴略記』下巻（日本文教出版、一九六三年）に、「甚助栄蔵は岡山へ帰り、今後所々へ招かれて漂流中の始末共物語りしける」とある（一三四七頁）。
(35)前掲註(25)山下「付記」、一二四頁。
(36)分類番号は、五B―四〇である。神戸大学附属図書館の「解説」によれば、住田文庫は、住田正一氏旧蔵の書籍約六五〇〇点からなり、海事・地誌を主とする古記録・古版本が多いという。
(37)『熊本県の地名』（平凡社、一九八五年）、五一三頁。
(38)請求番号は、KW二九九―四である。
(39)九州大学文学部九州文化史研究所所蔵長沼文庫、請求番号三三八。
(40)分類番号は、〇九二・九九・Yである。なお、岡山市立図書館の史料については、邑久町史編纂委員の山下洋氏の御教示による。
(41)分類番号は、〇九二・九九・Bである。
(42)分類番号は、〇九二・九九・Bである。
(43)分類番号は、〇九二・九九・Bである。
(44)請求番号は、KW二一〇―一九である。
(45)玉津幼稚園・小学校父母と先生の会／玉津コミュニティ推進協議会、一九七六年。尻海関係の史料については、邑久町史編纂室の村上岳氏のお世話になった。
(46)請求番号は、KW二〇四―一八である。
(47)分類番号は、〇九二・九九・Tである。
(48)朝日寺文書一六〇。邑久町史編纂室の整理による。
(49)岡山市立図書館に所蔵されているものによった。分類番号、〇九二・九九・B。B五判、本文三二頁。
(50)守屋家文書および「巴旦漂流記」については、倉地克直「漂流体験への関心――守屋家文書「巴旦漂流記」について

（51）岩瀬文庫の分類番号で、三七―一四八である。
――」（『倉敷の歴史』第九号、一九九九年）によられたい。
（52）請求番号は、丙C―二―二―一一である。
（53）請求番号は、和九五五―二九である。
（54）溝淵和幸「讃岐津田浦勝之助漂流一件」（『瀬戸内海歴史民俗資料館年報』一九七八年）。讃岐関係の史料については、香川県立文書館の山本秀夫氏のお世話になった。
（55）前掲註（54）溝淵論文。
（56）『読み下し聞くままの記百七話』（高松市図書館、一九九三年）。
（57）『讃岐国阿野郡北青梅村渡邊家文書目録』（瀬戸内海歴史民俗資料館、一九七六年）、八六頁。
（58）請求番号は、維新史料引継本―一ほ―一四一九である。
（59）前掲註（54）溝淵論文、五六頁。
（60）更正閣書店、一九二八年。復刻版は、成山堂書店、一九八五年。
（61）二〇〇三年三月一〇日の著者の訪問調査による。
（62）九州大学文学部九州文化史研究所、一九五六年。長沼文庫、請求番号二五六、一七頁。
（63）岡山県総合文化センターの請求番号は、ＫＷ二九九―三である。「昭和八年二月一日」に岡山県立図書館に受け入れられている。
（64）請求番号は、〇二二―四五三―一である。
（65）前掲註（61）に同じ。
（66）前掲註（62）に同じ。
（67）請求番号は、八六三―六一である。
（68）吉川弘文館、一九六二年。
（69）石川県図書館協会、一九三八年。
（70）分類番号は、〇九一・〇―一五八である。
（71）引用は「異国物語」によるが、「清兵衛口書写」の方の表記を傍らに括弧を付けて示した。これから、両者の相違がどの程度のものか分かるだろう。
（72）『漂流記叢書』第三一。

(73) ただし、そのうちの一枚には「辰日」とか「蘭山日」とかいう形で知人への問い合わせか書物からの引用と思われる部分もある。

(74) 『北槎聞略』(岩波書店、一九九〇年)加藤九祚「解説」、四七五頁。

(75) 石川栄吉『日本人のオセアニア発見』(平凡社、一九九二年)、六頁。

(76) 春名徹『世界を見てしまった男たち』(改訂増補版、筑摩書房、一九八八年)、三九四頁、および小林茂文『ニッポン人異国漂流記』(小学館、二〇〇〇年)、三五四頁。

第二章　神力丸漂流事件の研究

本章では、史料の性格分析をふまえて、神力丸漂流事件の復元に迫ってみよう。主に依拠した史料や引用した史料は、先の表5にあげたものであるが、念のため次に列挙しておく。また、これらの史料からの引用については、①〜⑨の番号で示した。

①長崎奉行所の記録1（正式の「口書」「様子書」「様子書追加」など）……「漂流人口書其外品〻之写」（池田家文庫、岡山藩一件記録・留方本）
②長崎奉行所の記録2……「岡山漂流人マカオゟ持越書付四通等和解之写」（「相馬祭記　岡山漂流人記」）
③片山栄蔵の「手書」……「漂流日記」（池田家文庫）
④備前福嶋村利八の「聞書」……「巴旦漂流記」（守屋坦度筆記、守屋家文書）
⑤讃岐津田村勝之助の「口書」……「津田村勝之助漂流記」（木村黙老自筆）
⑥讃岐津田村勝之助の「聞書」1……「漂流記聞」（漆原元延筆）
⑦讃岐津田村勝之助の「聞書」2……「異国物語」（森嘉左衛門筆）
⑧能登塵浜村清兵衛の「口書」「聞書」……「漂流記」（『漂流記叢書』31）

⑨備前尻海の「聞書」……「南海談」（朝日寺文書）

これら以外の史料については、そのつど注記する。

一　漂流民の足跡を探る

まず初めに、漂流事件の経過をできる限り細部にわたって復元してみよう。

その際、諸記録の比較によって、共通する体験を確認することを重視する。単独の史料にしか現れない事柄は、それをただちに鵜呑みすることはできない。しかし、だからといって、限られた記録にしか現れない事柄を「真実」ではないとして無視することもできないし、不確かなこととして軽視するわけでもない。個性的な記述には、個人的な体験や聞き手の関心を示す、それなりの魅力がある。諸記録との比較を通じて限定を付けながら、そのもとでその「物語」を最大限生かすようにしたい。

1　潮岬遭難まで

神力丸は一七〇〇石積み三〇端帆の大船である。石井謙治によれば、江戸大坂間の海運に従事した菱垣廻船は、元禄期（一六八八〜一七〇四）には五〇〇石積み程度であったが、一八世紀中頃には一〇〇〇石積みになり、一九世紀初めには一五〇〇石積みが必要とされるようになったという[1]。この頃には二〇〇〇石積み級も技術的に可能になっていたとのことで、全体として大型化が進んでいたのだが、それでも一七〇〇石積みというのは大型船である。船主は岡山広瀬町の多賀屋金十郎であった。ただし、尻海の「聞書」では、神力丸のことを「尻海浦船」（⑨）とか、「尻海村多賀屋金十郎船」（「東備尻海浦漂船一件」）とか記す。このことをうけてか、臼井洋輔は「多賀屋の本拠地」は尻海で、広瀬町は「岡山城下に設けた営業所」であったと述べている[2]。ただし、先に触れたように多賀屋は航海中に神力丸を岡山岩田町金屋兵助に売却している。ほかに確証もないので、今は多賀屋を岡山城下町の商人としておく。

文政一三年（天保元年＝一八三〇）七月二四日、神力丸は岡山藩の江戸廻米御用を仰せ付けられた（①）。廻米は江戸屋敷の家中扶持米にあてるもので、俵数にして四六二〇俵であった。一石三俵で計算すると、一五四〇石になる。勝之助や清兵衛の「聞書」では、神力丸を一八〇〇石積みとし、一七〇〇石の廻米を積んでいたと記すが（⑤⑧）、これは誤解だろう。正式の「口書」や片山栄蔵の「手書」および利八の「聞書」は、ともに「四千六百弐拾俵」と明記している（①③④）。船の積載量を積み荷の量と勘違いしたのか。廻米のほかにも、藩主の御用荷物や家中の雑荷物が積み込まれていた。尻海の「聞書」である「南海談」は「御廻米四千八百俵外ニ軽荷石数ニ而百五拾石足積入」と記す（⑨）。神力丸を一八〇〇石積みとするのに対応した記述かと思われるが、やはり何か勘違いがあるのだろう。積み荷に責任を持つ上乗であった片山栄蔵の証言に従うべきだろう。

廻米の積み込みは八月朔日に始められ、その他の荷物の積み込みも含めて八月一〇日に終わった（③）。

神力丸の乗組員については第一章でも列挙したが、もう一度確認しておこう。

神力丸には、岡山藩船手の宇治甚介と片山栄蔵が上乗として乗り組んでいた。上乗は、航海中に積み荷を監督する責任者のことで、神力丸の場合は積み荷が藩の廻米や荷物であったから岡山藩の家臣が勤めた。両人とも徒足軽格の楫取で、五石二人扶持を給されていた。宇治甚介は備前国上道郡平井村の居住で三六歳、片山栄蔵は同国御野郡平福村居住で四六歳であった。両人とも「奉公書」が確認できず「切米帳」にも名前が出ない[3]ため、詳しいことは分からないが、居住地からすると、もともと百姓身分で船乗りを業としていた者だろう。それが、藩の御船の御水主として雇われ、のちに正式に家臣として召し抱えられることになったと思われる。

航海の責任者である船頭は、備前国邑久郡尻海村出身の五左衛門。漂流記録を読んでいると、熟達の船頭であったと察せられる。

一般の乗組員である水主は一六人。うち船頭五左衛門と同じ尻海村出身の者が一〇人。船頭とは何度も同じ船で航海したことのある、気心の知れた仲間であったろう。

そのほかの水主は、備前国岡山藩領の者が二人、他藩出身の者が四人であった。他藩出身のものは、そのつど雇われる「渡り水主」であった。能登出身の清兵衛は神力丸に雇われた経緯を次のように述べている。

> 去〻寅（文政一三年）七月、大坂上り船之水主ニ被雇、在所立出罷上り、大坂江川入仕候處、備前国岡山多賀屋金十郎所持千八百石積神力丸与申船致川入、作事仕、其節右船ニ被雇、直ニ備前岡山迄相越（⑧）

能登で大坂上りの船に雇われて大坂へ行き、そこで航海直前に神力丸に雇われたというのである。ほかの三人も、同じように大坂か、もしくは神戸・兵庫などで雇われたのだろう。備前国出身の二人は、以前から一緒に航海していた者か、今回初めて雇われた者か、よく分からない。「渡り水主」とすれば、岡山で雇われたか。

八月一二日の晩に、神力丸は岡山川口を出船した。遭難までの経過は、片山栄蔵の「手書」（③）が最も詳しい。以下、主にそれによって述べる。岡山川口出船後、しばらく行って児嶋の阿津浦（現岡山市阿津）に滞船。ここで艀で来た船頭の五左衛門が本船に乗り移り、「夜九ツ時過」（午前〇時すぎ）に出船したが、潮の流れが悪しく、犬島のあたりで停泊した。翌一三日尻海浦に乗り込んだ。天候がよくなかったため、尻海に数日滞留する。尻海の者は、家族との名残を惜しんだことだろう。

八月二〇日尻海を出船、「播州亀嶋」あたりに停泊。「亀嶋」は家島諸島の上島《かみしま》か。翌二一日は天気悪しく同地に滞船。二二日は出船し、加古川の別府沖まで進んだものの、やはり天候が思わしくなく後へ引き返し、結局二三日に赤穂の坂越に避難した。翌日も大雨のため滞船。二五日出船、風向きがよかったのか、一挙に紀州の加太浦（現和歌山市加太）に到る。二六日「市恵崎沖」まで走った。「市恵」は、紀伊半島の先端にも近い西牟婁郡の市江《いちえ》（現和歌山県西牟婁郡日置川町）のことか。しかし、風向きが悪しくあとへ戻され、由良（現和歌山県日高郡由良町）に乗り込んだ。相当悪天候が続いたようだ。先を急ぐが思うにまかせず、神力丸の航跡は迷走気味である。二七日も由良に滞船した。

八月二八日、ようやく晴れた。船頭が出船を申し出て、上乗両人もこれを了承した。出船の様子を栄蔵は、「大切なる御米積候船ハ天気好く見定玉へと申ニ付、水主一同相談し、弥天気克と申ニ付出舟、依而他船ゟ少しおそく開帆」と記している（③）。

こうした様子は利八の「聞書」でも確認できる。

快晴故外に類船皆〻出船之様子故、出帆の用意致しける所、沖船頭五左衛門申やう、此節の天気時の間に変る節也、商船と同様にハ難致、篤と日和を見定出帆可致と申ける内、弥日和快晴したり、船役表師よりも気遣ひなしと云（割注略）、雲行もよろしき故其日出帆（④）

大切な藩米を積んでいるのだから、一般の商船のように軽々しくは出船できないとして、慎重にも慎重を期したことがうかがえる。

神力丸は、この日のうちに紀伊半島の先端の潮岬まで乗り込んだ。

二九日、風は少しないだ。しかし、潮の流れが強くて大島に寄せることができない。逆風を斜め前から帆に受けてジグザグに前進する「間切り走り」を試みるが、押し流されないのが精一杯で、思うように船を進められない。夕方となり、「夕焼稲光り」と栄蔵は記す（③）。利八の語りは、臨場感たっぷりだ。

晩方西の空大ニ赤く成、雲の上迄一円に赤く成たり、是ハ日和変りたるぞ、何分難心得空なり、必大変のきざしならんと大ニ驚（④）

こうしたところに、「聞書」という史料の特徴がよく出ている。

真夜中の一二時頃、急に北東の風が強まった。大波が襲いかかり、船も砕けるかと思うほどであった。急いで帆を下ろそうとしたが風が強くて下ろせず、帆は縦に三筋に裂けた。台風の暴風雨に巻き込まれたのだろう。このあたりの描写は、正式の「口書」も栄蔵「手書」や利八「聞書」も同じようである。風雨はますます強く、船は大波に翻弄され、今にも転覆しそうであった。「㝡早不叶」と思った船頭は、「各覚悟致すべし」と叫んだ（④）。栄蔵はその時の様子を次のように記す。

此時船頭我も、舟ハ金毘羅様江上ケ候、一統思ひ〳〵の心願あるへしと申、拾九人皆〻　大日本六十餘州諸神仏江祈願を籠、念仏題目軸ノ信讚大音揚て祈るなり（③）

利八は金毘羅権現を祈り、ほかの者は思い思いにそれぞれ信心する神仏を祈った（④）。しかし、風雨はますます烈しくなるばかりである。船頭と水主は、米や荷物を打ち捨てるよう上乗両人に願い出た。両人は、「大切の御用荷物軽〻敷も難捨、可成たけ見合べし」（④）、「㝡早今夜もふけ候半、明方ニもならるハ朝なきもせむ、今少し待候へ」（③）と、捨て荷を認めなかった。

八月晦日、ほどなく夜も明けたが、風雨は収まるどころか、ますます烈しくなる。船頭水主が再び捨て荷を願い出た。上乗両人も、一九人の命には替えられないと、これを許した。清兵衛は、「上荷御家中御荷物とも并御米四、五百石斗」を打ち捨てたと述べている（⑧）。船は少し軽くなったが、波は一向に収まらない。「八ツ時頃」（午前四時頃）梶の「身木《みき》」が折れて吹き飛んだ（③④）。やむなく碇二挺を舳先から引き流して、梶の代わりにした。「淦《あか》」も入ったため、必死に汲み出した（③⑨）。「暮六ツ頃」（午後六時頃）ついに帆柱を切り倒した。柱が倒れるときに船の垣が少し毀れたが、大事にはいたらなかった。帆柱を切り倒した後は、もうほかに打つ手はない。「此上ハ只天道任せ」（④）と、「銘〻髪を切り」（①）、一心に神仏を祈った。髻《もとどり》は人命の形代《かたしろ》である。古くは海に投じて龍神に捧げたが、のちには船中の神棚に上げて神仏を祈願した[4]。神力丸の場合も、神棚に上げて神仏を祈願したようだ。「夜四ツ時過」（午後一〇時すぎ、③④。①は「九つ時頃」）風も少し和らぎ波も静かになった。何とか暴風雨からはのがれたようであった。

2　漂流からボゴス島漂着まで

梶も帆柱も失った神力丸は、海の潮と風に任せて大海原を漂うしかなかった。神力丸の漂流ルートは、海洋学者の桑島進によって図1のように推定されている。[5] しかし、このことを当時の神力丸の乗組員たちが正確に理解していた訳ではない。尻海の「聞書」である「南海談」に載せられている「道筋ノ国ノ図」（五三頁写真5）を見ても、そのことが分かる。

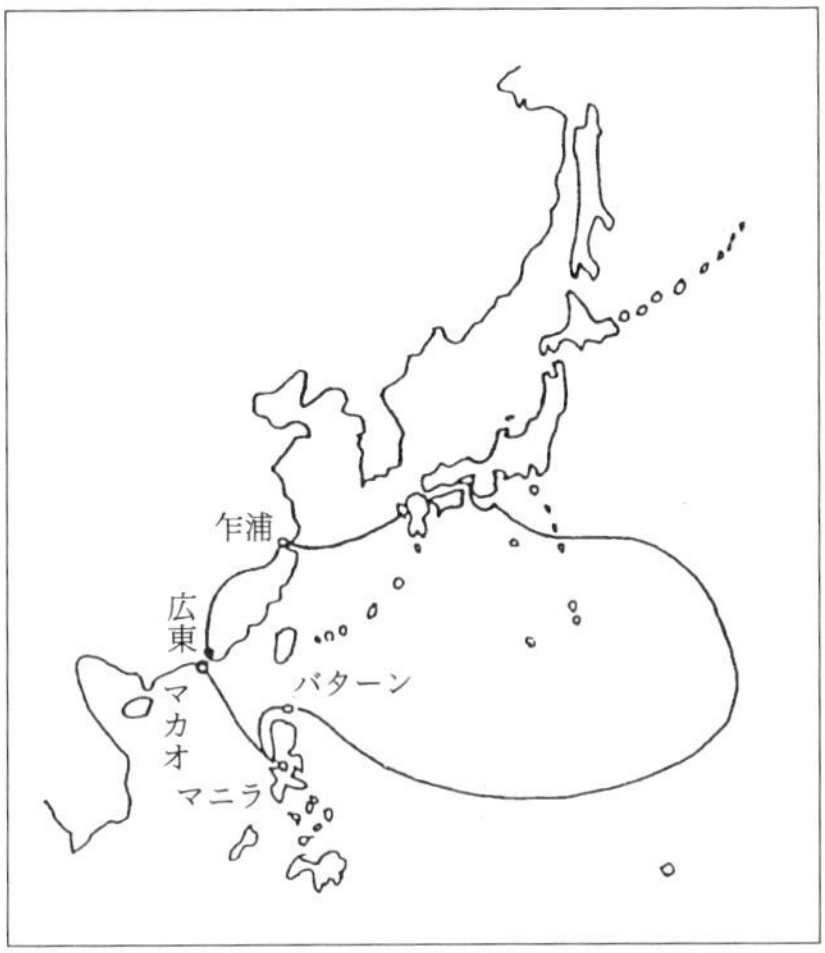

図1　神力丸漂流・帰還の経路

彼らの多くは、潮岬沖で暴風雨に巻き込まれ、そのまま西南に流されたと思っていた。これは正式の「口書」をはじめ栄蔵の「手書」や利八の「聞書」などに共通している。北東の大風に巻き込まれたのだから、西南に流されたものと勘違いしたのだろう。だから、栄蔵は、「（八月晦日）朝五ツ時頃北の方に山薄く見ゆる、土佐国の山なミと皆ゝ云」と記している（③）。また、利八の「聞書」にも、「廿八日の晩方ハ土佐の足ずり山うす雲のごとく見へしと云」とある（④）。これは聞き手の注記に当たる細字の文章だから、「と云」の主語は利八である。「廿八日」という日付は疑問だが、こうした認識は乗組員に共通したものだったのだろう。

ところが、勝之助関係の記録はこれらとは異なっている。高松藩の取り調べに対する「口書」で彼は、「次第〱ニ東南江被吹流、四方ニ一向山ホも見へ不申様相成」と答えている⑤。「聞書」でも同様に「次第ニ船東南へ相添《（流）》れ、四方ニ山も一切相見へ不申」と述べている⑦。彼だけがなぜこのように理解していたのか、残念ながらその理由は不明である。

いずれにしても、遭難直後の混乱した状況の中でのことでもあり、加えて天候も確かに不順であったようで、乗組員たちは方向を見失っていたのだろう。「漸日輪の上るを見て東西を知る、心細き事限りなし」という利八の証言④が、乗組員の偽らざる気持ちであったに違いない。

九月から一〇月の初めまでは風向きも一定しなかったが、一〇月中頃からはやや安定したようだ。次は、利八の証言。

北風五日吹ハ又南風三日も吹、東風にもなれ者西風一日も吹、一向に風定りなし、此トキ何卒一方の風を給候様にと日夜祈して、船ハ風に順ひて流レ行、十月十五日より風北東風に定り、吴国地へ着く風と思ひける、其時西南の方へ飛行事二十二日の間也④

一〇月一五日から北東風に定まったということは、正式の「口書」にも栄蔵「手書」にも書かれているから、漂流の後半は西南に流れていたというのは乗組員の共通した認識だったのだろう。この点では、勝之助関係の記録も大差はない。

夫ゟ二日之間風東ニかわり、船西へ吹戻し、又四日之間西風ニ北風吹まぜ、九月中沖中ヲ船添《（流）》し廻され、十月上旬ニ相成り北東への風吹まぜり、まつ次第ニ西へ吹添《（流）》れ候よふと存候⑦

細かな点や日付は異なるが、基本的な認識は同じといっていいだろう。[6] 実際にも先の図1にあるように、神力丸は西に向かって流れていた。

ただし、漂流の後半もまったく平穏であったわけではなく、大風で難破しかけたことも何度かあったようだ。

栄蔵は、「八月廿九日ゟ十一月七日まて日数凡六十八日の間、九死一生五、六度斗なり」と記している③。

漂流中の出来事についての記述は記録によってまちまちである。話し手の性格や聞き手の引き出し方によって、いろいろな話題が出てきているが、そのうち共通したものをいくつか拾っておきたい。

一つは、飲み水に困ったこと。栄蔵の「手書」では次のように記されている。

（九月）廿二、三日頃飲水甚不自由に成り、船頭申ハ、これより飯斗りたき汁菜ホハ止め、食後に茶碗にて二、三杯より余ハのむことならすと示す、皆〻一所にあつまり、此舟に米沢山なれ者水さへあれハ外にのそみなし、是より雨乞をいたし候半と申あひ、一統祈願題目念仏軸の信にて昼夜天を拝礼し諸神仏を祈る也、不思義なるかな、晴天俄に雨催し二日めの夜より雨そふり、三日めにハ大雨にて艀又ハ水半桶に天水溜り、是を集見るに半桶二つ小半桶一つに天水溜入れ、皆〻大に喜ひ、神は正直の頭にありと聞候、真の念仏真の題目此時なりと大音揚てそ拝ミけり、夫より外国漂着迄折〻天水被下、水の不自由なし③

利八の「聞書」もほぼ同様の記述である。飲み水の問題は聞き手の側にも関心があったようで、備中玉嶋の人々は利八に「雨水を如何して請留たりや」と問うている。利八の答え。

船中に大竹有りたるを二ツニ割、船の左右へとゐにかけ、水はづを請て取たるに、凡三、四十荷斗入はづに七、八分程取たり、然ル所、にごり水なる故酒樽のかゞミを打抜、底に蚊帳を引破りて敷、船底の砂俵を取出し、砂を入て水をこしたるに、きよらけに澄たり④

割り竹の話しは栄蔵は触れていないが、清兵衛も「櫓ゟ樋を仕懸」と述べており⑧、そうだったのだろう。

二つは、天気の好い日に気分を紛らすために釣りをしたこと。同じく栄蔵の「手書」から。

此頃舟の両傍に魚のおよききたるを見付しものありて、やれ釣よと五寸釘をまけ、苧の房を付丁糸を付、海中江投込ふり廻せ者、ぶんと音するに取付て喰来る、数十頭釣得て膾或ハ煮て食す、紀州に多き万疋といふ

ものならん、船頭五左衛門大に叱る（③）

利八の証言もほぼ同様である。長崎奉行所が作成した「様子書追加」では、釣った魚を「シイラ」と呼び、「此魚、形チ大キサとも鰤ニ似て、身少し平ニ御座候、春ハ讃州小豆嶋ニ而多く取れ申候」と説明している。あわせて、船頭が叱った理由についても、「沖船頭五左衛門、我等存命も難計、殺生ヲ楽候事不可有与大キニ叱り候」と述べている（以上①）。漂流中の魚釣り自体が船乗りたちの禁忌になっている訳ではないが、責任者である船頭としては、神仏に障りがあると思われる事柄については極力避けたかったのだろう。

このように、漂流中には船中でのあらゆる出来事が神仏にかこつけられた。

三つは、漂流中ずっと毎日のように船に飛んできた白い鳥のことである。この鳥は、船乗りたちは誰も今までに見たことのなかったもののようで、「鷹のことき」とか（③）、「鳩」や「鳶」のような鳥とか（⑤①）、「鷺」とも見られている（④）。彼らはこれを神仏の使いと見た。

不思儀や鷹ことき鳥飛来る、翌日ハ二羽きたる、又一羽きたる日もあり、毎も北より飛きたり、北東をさして飛かへる、これ必日本の地より来る鳥ならむ、誠に数千里の海面を来ることその故あらむと、船玉へ御鬮を入て拝礼しけれハ、是堺の住吉様とありけれハ、命御助ケ被下候御知せと皆〻喜ひ勇ミ、御礼念仏題目唱ふこと頻也（③）

鬮は偶数か奇数かで占うもので、偶数なら「神物」、奇数なら「常の小鳥」と予め決めて置いて鬮を引いたところ、偶数が出たので神仏の使いと決したという（⑧）。この神仏を住吉明神としたのは、住吉明神が瀬戸内の海民に海上交通の守り神として広く信仰されていたからだろう。

四つは、白い鳥と同じように、漂流中ずっと船に付き従っていた「ふか」のことである。このこともほとんどの記録に現れていて、神力丸の乗組員たちは伊勢神宮の使いである「磯部明神」としてこれを信仰した。「磯部明神」は志摩国の伊雑宮のこと。瀬戸内の海民にはあまり馴染みがなかったようで、栄蔵は「水主いふよふ」として、「鰐ハ磯辺大神宮の遣ひしめのよし」と記している(③)。栄蔵のいう「水主」は、能登国出身の清兵衛のことと思われ、「磯部明神」についての記述は清兵衛関係の記録だけが特別に詳しい(7)。伊豆諸島や能登半島ではサメに襲われた時に「イソベさん」と呪文を唱えれば助かるという伝えがあるということだから(8)、特に清兵衛が「ふか」を「磯部明神」として信仰することにこだわったのは、それなりに納得できる。

清兵衛は、「いそべさま」は「伊勢大神宮之御使神与申候、江戸渡海仕候者ハ甚信仰仕、難船仕節ハ毎度いそへ様を相頼、無事を祈申義ニ御座候」と述べている(⑧)。船乗りがどの神仏を信仰するかは、彼らの出身地によるとともに、主に航海する航路にもよっていたことがうかがえる。大坂江戸間の航路では、遠州灘とともに熊野灘が最大の難所であったから、熊野灘に面した志摩国の伊雑宮が信仰されたのは納得できる。

清兵衛「口書」はさらに興味深いことを記す(以下⑧)。すなわち、このように「いそべさま」が船を守護してくれているのに波風が強く毎日大荒れし、しかも「いそべさま」が船辺になかなか近付いてくださらないのは、船中に何か「不浄之品」が積み込まれているからだというのである。そこで清兵衛は船中をくまなく詮索し、ようやく家中荷物の長持ちのなかに「馬具少〻」を発見。「不浄之品」はこれに違いないと思い、海に打ち捨てた。すると波風も穏やかになり、「いそべさま」も船に近付いてきて大波を避けてくれるようになったというのである。彼は、「都而江戸海ニ而者馬と申事忌嫌イ申義ニ而、右馬具有之故、ヶ様ニ打続大荒仕義と、其節何レも存居申候」と述べており、これも瀬戸内の海民にはあまり馴染みのない江戸湾周辺の地方的な信仰であったようだ。

「磯部明神」のことはほかの記録にもあるから、事実としてよいだろう。しかし、「不浄之品」として馬具を捨てた話しは清兵衛「口書」にしかないから、事実かどうか確かめようがない。ただし、馬の禁忌は瀬戸内の人々にはあまり馴染みがなかったから聞き取りの話題にならなかったのに対して、能登の人々にはそれなりのリアリティーがあった。だからこそ清兵衛の聞き取りではそれが話題になり、記録に残されることになったのだろう。漂流体験が漂流民と聞き手の間で成立する物語であることを示す例ではないだろうか。

以上のように、船中での出来事はすべて神仏にかこつけられ、船乗りたちには常に身を慎むことが求められた。自力で航海する手段を失い、他力による救助を待つしかない漂流民にとっては、頼みになるのは神仏のみであった。その時の不安な気持ちはすべての漂流記に満ちているのだが、他方では、不安が高じて逆に精神のタガがはずれ、やけっぱちのどんちゃん騒ぎになることもあったに違いない。利八は聞き手の質問に答える形で、次のように証言している。

> 海上至而静なれとも、何方へやるべき手段もなし、迚而ものがれぬ命なりと御用荷物の中上酒の樽口を開きて日〻飲、つゞらを開き夜具緞子縮緬なとの夜着ふとん其外のしめ羽二重など着、若きものハ鹿の子しぼりの振袖など着て身ぶりをするもあり、各戯れ笑ひたり、伏してハ泣たり、其心細さ思ひやり玉へ（④）

いかにもありそうな事だが、これも利八「聞書」にしかなく、事実かどうかは定かでない。ただし、長い航海の無聊を紛らすために、若い漁師が性的な所作をともなう踊りをして「船霊」を慰める習俗があったというから[9]、利八のいう異性装をともなうどんちゃん騒ぎも、そうした一種祭礼的な意味があったのかもしれない。この話しを利八から引き出した聞き手たちも、そうした意味や漂流民たちの気持ちを理解し納得したことだろう。こうした記述には、漂流体験が語られる場の親密な雰囲気や一体感をこそ読み取るべきかも知れない。

3　破船・ボゴス島漂着

一一月六日の晩方、舳先の向こうに島が見えた。時刻を栄蔵は「七ツ時過と覚へ」と記している。冬の午後四時頃だが、南方ではまだ暮れるには早いか。漂着前後の記述は記録によって細かな点での差異が多い。以下やはり栄蔵の「手書」を中心に状況をたどってみよう。

島山が見えると、漂流民たちは大いに喜んだ。「此日庚申なれ者、全く諸天神の御助ケと喜こと限り無し」と栄蔵は記す(③)。島が近付いてくると、周辺に大きな礁があって、潮ざえが雷のように光っている。艀に米三俵を積み若者三、四人が乗り組んで、島に渡る準備をした。船頭が船玉に御鬮をあげたところ、「此嶋に人家ハ無し」というお知らせで、どうするか決まらなかった(③)。清兵衛は「若者三、四人」のうちの一人だったと思われるが、「上陸仕候而宜敷神鬮おり候」と述べている(⑧)。お告げの内容について証言が異なっているが、ここは船頭に近い栄蔵の言を取るべきか。いずれにしても、艀を下ろす準備をしている最中に、碇が岩礁にひっかかり二本とも切れてしまった。船も少し損じて、「あか」を取ることに追われ、上陸どころではなくなった(③)。

一一月七日。遠くに小島二つが見えたので、再び鬮を取った。

此嶋へ上らんと御鬮を入たれ者、両嶋の内へ上れと御知せあり、此時又願ひにハ、十九人の内弐人ハ眼薄きものあり、日の中に上らせ玉へと御鬮を入たれ者、弥日の中に上る事疑なし、しかれとも十九人の内命損すること相知れすと御知せあり、皆〻千万の案し也(③)

このところ、利八の「聞書」では、「少〻人損ずといへとも今日中にハ可着との御告のよし」となっている(④)。鬮の内容は同じように理解されていた。やがて島が近付いてくると、やはり大きな岩礁があって安全に上陸できるようには見えない。しかし、この島を逃したら、どこに行くか保証の限りではない。全員の命はおぼつかないとしても島へ上がるしかないと決した時に、大波が一つ押し寄せて船は岩礁に打ち上げ、その引き波で船が傾いたところへ二つ目の大波が押し寄せて、船はバラバラに砕けた。この時の様子を利八は次のように語っている。

此時皆〻垣に取付もあり、又常苫際に居るもあり、此時若もの三人海中へ飛込およぎ上らんとする時、打来る浪に船に敷れて死ス、船弐つにさけたる時弐人さかさまに落て死す、残る十四人ハ船垣に取付居たりしが、

浪の引たるを伺ひ、互ニ声を合して飛込、石に取付浪をふせぎて漸〱岸に登りたり（④）

この描写は余りにもリアルで、にわかには信じ難い。正式の「口書」では、「右嶋浜辺江游付候處、沖船頭五左衛門・水主乙吉・弥市・由松・惣吉、不相見候間、溺死候儀ニも可有之与存候」と記しており（①）、栄蔵の「手書」をはじめ勝之助や清兵衛の「口書」ともに同じような表現になっている。上陸して一四人が集まった時に、初めて五人の姿が見えないことが確認され、溺死したかも知れないと思った、というのが事実に近いだろう。

清兵衛の「聞書」によれば、栄蔵は「舟木」の「釘」に引っかかって「半死」の状態のところを助けられたという（⑧）。ただし、このことは栄蔵の「手書」には見えない。島へ打ち上げられたのは「七ツ時過と覚へ」と栄蔵は記している（③）。助かった人たちは人家がないかと探してみたが、山奥にも人家はなかった。しばらくして日も暮れたので、浜の小樹の陰に萱を倒して、その上に休んだ。勝之助は、清兵衛と二人でさらに島内を探ったという（⑤）。清兵衛は備前の才次郎も一緒だったと証言している（⑧）。彼の言を少し引いておこう。

嶌之内ヲ尋巡候處、此嶌人家無御座、廻ハ日本道七里斗ニ而、山中所々牛鹿様之足跡并鳶の外見馴不申鳥を見請申、木ハ皆小木ニ而、見馴不申物ニ御座候、ツボイと申草の根、トンボ草ホ見知候草ともを以食にかへ

（下略）（⑧）

空腹であったため、生えていた草を食べたことはどの記録にも見えるが、草の名前が一定しない。清兵衛は「ツボイ」と「トンボ草」と呼んでいるが、勝之助は「鏡草」（⑤）、利八は「かんく草」と「ずんばへ草」といっている（④）。尻海の「聞書」は「のほせ草」と記す（⑨）。

「夜四ツ時頃」（午後一〇時頃）大雨が降った（③④）。全員ズブ濡れになり、身体も冷え切った。疲れ果てていたが、行方不明の五人のことが気になって一睡もできなかった。そんな時、勝之助は奇妙な幻影を見たという。

思ヒ〻〻ニ葭原ノ中ニ臥シヌ、雨メ風ナヲ休ズシテ、イトモノスゴクテ、眠リモセデアリシニ、心神ツカレ

テ忙然タリシニ、一人ノ男コ来リ立テリ、是ヲ見レハ腰ヨリ下タハナシ、汝ハ運強クテノガレタレドモ、我ハ斯半身ヲ打破フラレテ死シタリト言シガ、夢サメタリ、清兵衛ニ斯事ヲ物語ルニ、我モ如斯キ夢ヲ見タリト云（⑥）

このことは、勝之助関係の記録でも一つの「聞書」にしか現れない。ただし、この記事は翌日浜に打ち上げられた五人の死体が「半身トナリタルモ有、或手足ヲ折ラレ死シタルモアリ」という記述と連動したものである。死体の手足がバラバラであったという観察は勝之助関係のすべての記録に述べられている。死体がバラバラであったという話しから逆に広がる形で、聞き書きの場で先のような幻覚の話題が引き出されていったとも考えられる。漂流体験が聞き手と話し手との共同作業で作られる「物語」であることに注意すべきだろう。それはさておき、浜に打ち上げられた死体がバラバラであったという話しは、勝之助以外の記録には現れない。また、清兵衛の「口書」に同じような「夢」を見たという記事はない。とにかく、この「夢」とバラバラ死体の話しは勝之助に特有の体験談としてしか確認できない。

共通体験に話しを戻そう。

ところが、この共通体験の基礎となる基本的な「事実」を確定することがまず難しい。記録によって出来事の前後関係が微妙に異なっているからである。例えば、溺死した五人の死体の発見と埋葬の経過であるが、正式の「口書」では「翌七日（これは八日の誤り）朝、追々右之者共死骸打寄候ニ付、右之処江埋置」と簡潔に述べており（①）、勝之助の記録もほぼ同様の記述になっている。これに対して栄蔵の「手書」では、八日に波打ち際で三人の死体を見付け、残る二体は翌九日に打ち上げられ、そのあとで五体一緒に高所に穴を掘って埋めたと記す（③）。また、利八「聞書」では、八日の朝、五人の死体が波打ち際に打ち寄せ、翌九日に現地民の助けを借りて埋葬したと記している（④）。尻海の「聞書」では、現地民と遭遇した後に五人の遺体を発見、現地民が掘ってくれた穴に葬ったと記す⑨。諸記録の中では栄蔵「手書」が全体として信頼できるものであり、ここでも彼の記述がよく整理されていて納得のいくものであるが、それとてあくまでも相対的なものである。「事実」を確定する作業はこの程度に留めざるをえない。

4　ボゴス島での出会い

さて、一一月八日、漂流民たちは初めて現地民と遭遇する。この場面について、清兵衛「口書」だけがほかの記録と大きく異なっていることは、先にも触れた（第一章六1）。しかし、清兵衛の証言とてまったくの創作なのではなく、ほかの記録と共通する部分もある。「口書」の内容を細かく検討しながら、それを確認するとともに、共通記憶を整理しておきたい。

清兵衛「口書」の記述は、次のようである。

三日目に着岸仕候辺の少し小高き所より向を見申候處、大なる嶋有之、其方ゟ牛の如きもの游キ来候ニ付、私とも三人共空腹ニ御座候故、打殺食用ニ仕度、浜の方江廻り下候所、丸《(木)》子を彫抜候様の長ミ九尺幅四尺斗の船ニ、杓子ノ様なる械と磯際ニ有之候、高ミゟ見請候牛と見候ハ、此船ニ而可有之様子ニ付、必人来候ニ而可有之と、又〻山の方へ十四、五丁斗も尋入候處、打懸小屋有之、呉躰之男七人居申、私ともを見付打驚、海賊にても可有之と存候や、竹槍を取出し突懸り候ニ付、私とも侘言申入候へとも、云《(言)》語通し不申ニ付、先竹槍取上ケ、其上ニ而私とも手を合セ候處、彼者とも同しく手を合申候、其風躰惣身色黒、長ケ高ク、髪縮ミ、裸ニ而木綿様の物にて下帯を仕、芭蕉にて組立候蓑壱ツ着仕居候、彼者とも何の用事有之参居候やと仕形を以相尋候處、魚を指出、此品取ニ参候趣、手真似を以申聞候ニ付、漂流之始末又手真似を以申入候處、木根の様之物二ツ三ツ、つくね呉申候、且其辺ニ御座候木の実をちぎり来り呉候へとも、此間中給不申品故、其由断候處、其人皮を取り給為見候ニ付、三人とも喰申候、形松蓋の未夕開不申様之長き物ニ而、外色赤く、皮を剥候へ者青き色ニ而、熟柿之如く味至テ甘く、是迄見請不申物ニ而、一山其木多く、葉ハ柳之様なる物に御座候、酒も呉候得共、米ハ無御座所故、砂糖黍ニ而製し候物之由、味至て悪敷、日本之酒とハ格別之違ニ御座候、又持参仕候躰ニて、だい〳〵取来呉、たへ申候（⑧）

この場面の描写は、ほかの記録と比べて特に詳しい。清兵衛の口振りにも力が籠もっているが、それを引き出したのは聞き手の関心の高さだっただろう。

それはさておき、向かいの島から小舟がやって来て、それを「牛」のようだと見たのはほかの記録にもある（④）。ただし、「打殺食用ニ仕度」というのは、独自の表現。語りの場の雰囲気に合わせた誇張だろう。舟の大きさを「長ミ九尺（約二・七メートル）」と見たのは、やや小振りの表現か。正式の「口書」は、「跡先も不分長サ弐尋斗之小船」と記している（①）。前後同形のゴンドラ型の小船は現在も東南アジアで広く使用されており、それについては臼井洋輔のレポートに詳しい[10]。一尋は大人が両手を広げたほどの長さで、二尋は三メートル余り。栄蔵は「三尋斗り（約四・五メートル）なる小舟」とし、「うちかひ（打櫂）」を使って漕ぐと記し、その絵も示している（③）。「杓子ノ様なる械」という清兵衛の観察も、栄蔵の記述と同じ。

最も異なるのは、ほかの記録が浜へ出てそこで着岸した現地民と会ったとするのに対して、清兵衛は浜では空の舟を見付けただけで、山の方へ入って行って打懸小屋で彼らに会った、と述べている点である。この時清兵衛は「三人」で行動していたという。ほかの二人は勝之助と才次郎なのだが、勝之助の記録にはそのような記述はない（後述、第二章二1）。勝之助の証言によっても、浜で現地民に会ったというのが「事実」のようだ。

ただし、打懸小屋があったのは確かなようで、利八はそれを「辻堂の如きちさき家根斗のこや」と述べ（④）、栄蔵は「萱葺の小屋あり、是ハ呉国人萱刈又山働する時煙草場と言ふ」と記している（③）。現地民との最初の遣り取りについてはのちに改めて検討するが、その人数を清兵衛は「七人」としている。しかし、正式の「口書」を含め六人とするものが多い（①③）。また、漂流民が空腹だと身振り手振りで知らせると、現地民が芋や酒を差し出したことはほかの記録にも見える。この酒は「タレグ」と言い、栄蔵はそれについて、「此タレグといふハ、砂糖木ヲシボリ汁ヲ取テ酒ニ用ルヨシ」と注釈している（③）。尻海の「聞書」には、「バレソヲコマシヨといふて酒を出して飲せし」とある（⑨）。木の実を食べさせられたことはほかの記録には見えない。のちのバターン諸島での体験が混入しているのかもしれない。

その後の様子を清兵衛「口書」は、山中にいる残りの一人を連れてきてくれるように頼むと、はじめ六人、次いで三人を連れてきたが、石兵衛（本名は石五郎）と仁三郎の二人は見付からなかった。日も暮れたので、その夜はそこで明かした、と記している。この経過も、この「口書」にしかない。ほかの記録では、浜で会った後、小屋に連れて行かれ、そこで一夜を過ごしたことになっている。小屋では終夜火を焚いた。清兵衛はそれを「同夜向相見る嶋ニ者火を焚候所、此方ニても火を焚、合図いたし候様子ニ御座候」と述べているが（⑧）、同様のことは栄蔵も記している（③）。ただし、続けて清兵衛は「夜半頃頻に狼鳴出し、石兵衛ホ両人を案而、一夜寝も不仕」と述べるが（⑧）、狼の鳴き声が聞こえたという話しはほかにはない。清兵衛なりの恐怖感の表現だろう。

翌朝、少し大きな舟が向こうの島からやって来た。清兵衛「口書」には次のようにある。

> 翌朝向嶋ゟ四間に六尺斗之船三艘、人数三、四拾人斗乗組、私共連ニ参候様子ニて、役人躰ニ相見へ候色小《（少）》シ白き男股引をはき、襦半を着、多勢を指図仕参り候ニ付、其者共を頼、石兵衛、仁三郎尋貫、十人程宛ニ別レ尋入、則両人共連来、不残揃申候ニ付、溺死仕候者共相尋度存、参り候人〻江茂手伝相頼候處、承知仕呉、共ニ海中相尋、五人共死骸引上、其嶋ニ仮葬仕候、同日私共之内、先拾壱人連渡し、翌日残三人相渡申候（⑧）

この日改めてやって来た現地民について、正式の「口書」は「前日参候者同様之者拾人程、同様之小船四艘ニ三人又ハ弐人乗組参」と記している(①)。船は四艘、人数は一〇人ほどというのが、ほかの記録にも一致するところである。「色小《(少)》シ白き男股引をはき、襦半を着、多勢を指図仕参り候」とあるが、現地民を指揮する役人らしき人物がいたことは栄蔵も述べている(③)。溺死者の死骸の葬送について記述がまちまちなことは先に触れた。石兵衛と仁三郎を尋ね出す件は、この「口書」にしか見られない。正式の「口書」をはじめほとんどの記録ではその日の内に四艘の船に分乗して向かいの島に渡ったとするのに対して、清兵衛「口書」は二日にわたり二度に分けて渡されたと述べている。清兵衛が船数を一艘少なく言ったことに引きずられた結果だろうか。尻海の「聞書」も「迎ひ舟」を「三艘」とし、「一艘に三、四人程ツ、指図をいたして乗、舟少《(小)》きゆへ皆乗セす、斧をふり上て呵り候故、武三郎・才次郎両人また此嶋に残り泊りしが、十日ニ同迎ひ舟を乗り来りサブタン嶋へ渡し」と記す(⑨)。島に残った人数に違いはあるが、二度に分けて渡された点は清兵衛「口書」と同じである。今はいずれが正しいか判断しかねるが、「口書」などにある、一四人が一緒に渡されたというのが共通記憶だろう。

なお、現地の言葉の表記は、記録によってまちまちである。聞き手の聞き取り能力の差が大きいし、記憶にも精粗がある。例えば、神力丸が漂着した無人島はバターン諸島のイブオス島と推定されているが[11]、漂流記での島名は「ボゴス」(③⑥⑨)、「ボ、ス」(①)、「ゴヾス」(④)とさまざまである。言葉の問題はのちにまとめて論じるつもりだが、以下、現地語の表記については正式の「口書」のものを主に採用する。

5　バタン島にて

一一月九日の昼頃、少し大きめの船四艘に三、四人ずつ乗り、「ボゴス」島から一里ほど離れた隣の「サブタン」島(現在のサブタング島)に移された。尻海の「聞書」である「南海談」には先に掲げたような「波丹ノ図」

が載せられている（五三頁写真4）。念のために、現在のバターン諸島の地図を掲げておく（図2）。あわせて見ていただきたい。

「サブタン島」では、山の麓に七、八軒ほど人家のある湊に着き、上陸。二、三人ずつに分かれて、人家に入れられた。家は、小さい丸木を柱にし、萱で屋根を葺き、廻りも萱を藤蔓で結い付けた、掘建て柱の建物で、土間に板が敷かれている。一軒に五、六人が暮らしているようで、漂流民にはアンペラという敷物が与えられた。

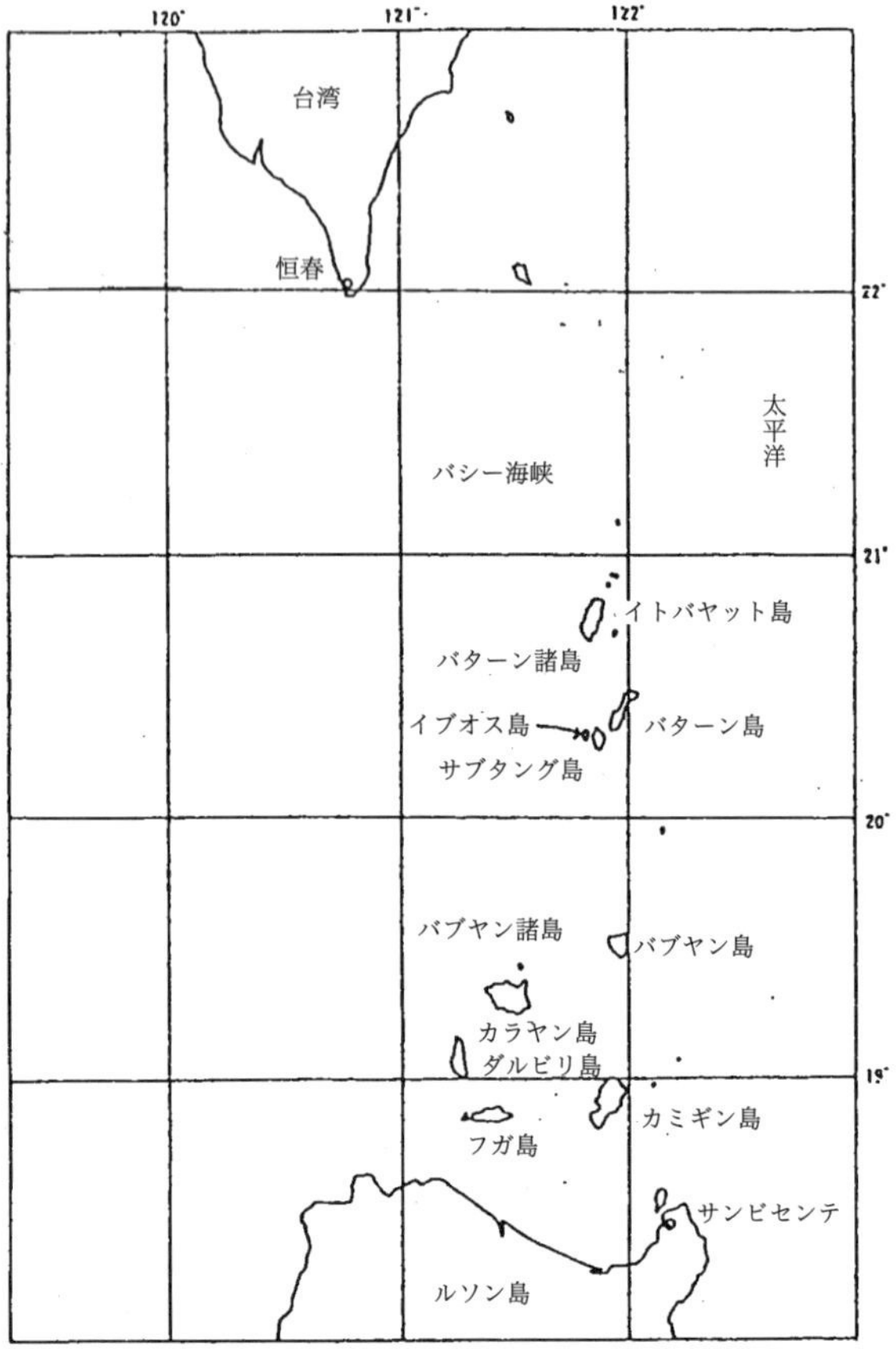

図2　バターン諸島周辺図

石を三つ並べた竈があり、素焼きの土器で煮炊きをする。ここに三日留まった。

一一日同地を出発。山を越えて三、四里ほど行き、人家が七、八〇軒ほどもある海辺の集落に着いた。ここでも二、三人ずつに分かれて人家に入れられた。

一二日「夕七ツ時頃」(午後四時頃)、浜に連れ出されて、船に乗せられた(①)。正式の「口書」はこの船を次のように記している。

長五間程、横弐間程ニ而、跡先とも丸ク有之、板ヲ藤かつら之如き物ニて継合せ、継目ハ石灰を塗堅メ、楫ハ左右ニ附有之、船中ハ簀板も無之、底迄丸ク造り候(①)

いかにも船乗りらしい細かな描写である。

東の方へ一里ほど、瀬戸を渡り、「夜五ツ時頃」(午後八時頃)「バタン国」のうち「ブシンテイ」という所に着いた(①)。役人体の者一〇人ばかりに引き渡され、二間半に五間ほどの家に入れられた。この家は、屋根は茅葺き、廻りの壁は白土で塗り堅められていた。人家ではなく、倉庫のようなものだろうか。利八は、「四ツ堂の如き所」と述べている(④)。「四ツ堂」は、いわゆる辻堂のこと。

一三日早朝「侍」らしき者一〇人ばかりがやってきた(③)。彼らの恰好を栄蔵は次のように描写している。

羅紗頭巾筒袖襦半股引草履をはき、左の脇の下に革さやの刀を下け、革紉を付、右の肩にかけ、右の脇下に鉄炮の玉薬入るゝ革胴籃を下け、人体サブタン同様なり(③)

地方行政官に仕える現地民の軍人だろう。尻海の「聞書」も彼らの恰好を同じように描写するが、加えて彼らの名前を、「アントウエウベンタナ○ブバシヨベルモウベス○ブシンテイイシヘノサ○コルヤノカリヨノなどゝいへる者」と記している(⑨)。尻海の誰かが覚えていた可能性もあるが、談話の場での曖昧な記憶に基づく「出まかせ」かも知れない。

彼らに引き連れられて陸地を一里ばかり行き、「ユバナ」（イバナ）という所に着いた。やや大きな茅葺き白壁造りの建物に連れて行かれた。「三間に拾間斗り」というから（③）、「ブシンテイ」で入れられていた倉庫のような建物の倍くらいの大きさだ。

ここへ役人のような者二、三人がやってきて、初めて取り調べを受けた。言葉は分からないが、名前を尋ねられたようなので、一四人が銘々に名乗ったところ、鳥の羽の軸をそぎ切りにした筆に、印肉壺のようなものに入れた墨を付けて、厚い小さな紙に書き付けた。横文字だったので、まったく分からなかった。利八はこれを「阿蘭陀文字」と言い、「髪のもつれたる如きの文字横長く書也」と巧みに描写している（④）。

「ユバナ」には二日間逗留した。食物は芋豚ばかりであった。

一五日朝「ブシンテイ」に後戻りし、そこから船に乗って海上を三里ほど行き、昼前に「サンカンロウ」（サン・アントニオ）という所に着いた。家数四、五〇軒。船作事場のような所で昼食をとり、再び船で一里ほど行き、「サルトリメンゴ」という所に着いた。家数は二四〇から二五〇軒もあり、「バタン国」の中心集落と思われた（以上①）。山下恒夫は、現在のサン・バルトロメの町に比定している。(12)

二〇間四方ほどの大きな屋敷に連れて行かれた。陣屋のような建物で、廻りは生け垣で囲われている。その中の二間に四間ほどの納屋のような建物に入れられた。

しばらくして、大将とおぼしき人がやってきた。手真似での問答となったが、いわんとするところは、よく分かった。その様子を栄蔵は次のように記している。

大将申様、我ホ受取からハ追ゝ本国江送るなり、此處ハ米無き国故、芋食すへし、先年南部徳次郎といふもの此国へ漂着、一年芋斗り食シ、後目出度本国江送り遣ス、汝等も芋豚乾魚牛鶏の類食して心安く暮すへし、此国者我よりゆるしたれハ何レなりとも遊ひ往へし、是より村一統江申付、船作事いたし、早ゝ呂宋ノ国へ

送るへし、我ハかの国より交代の役人なり、夫故かの国江送る也といふ（③）

この大将の名を正式の「口書」は「ドンルカスウクウ」と記し（①）、利八によれば官名が「ドンルウカスアメソラ」名前が「アルカルデマヨル」（④）、勝之助によれば姓が「トンルカス」名が「アルカズテマヨル」という（⑥）。マニラから派遣されたスペイン人の地方長官と思われる。漂流民たちは、本国へ送り返すといわれて「涙を流し」、「善心なる大将哉」と大いに喜んでいる（③）。

南部徳次郎は、正式の「口書」では「徳兵衛」となっているが（①）、利八も勝之助も「徳次郎」と述べている。彼のことは、ほかの記録では、それから二、三日後に大将の屋敷を尋ねた時のこととして出てくる。大将の屋敷に毀れた日本の船の鉄碇があったので事情を尋ねたところ、先年漂着した日本人の持ってきた物だという。利八は、徳次郎たち一行がそれぞれ姓名をを記して和歌一首づつを詠んだものを大将から見せられ、彼ら一四人も各姓名を記し、宇治甚介が代表して歌一首を詠み書いたと述べているが（④）、この話は利八の「聞書」にしか現れない。勝之助は、「陣屋之柱ニ文政七申年六月六日日本奥州南部八戸徳次郎船拾壱人乗流来候趣真字ニ認メ御座候」と述べている（⑤）。このことも勝之助関係の記録にしか現れない。以上のことを尻海の「聞書」は次のように記す。

前年文政七年に奥州南部の船漂流して、船頭徳次郎水主とも拾三人乗組、此嶋江漂着セし事ありし故、此度は嶋の人も日本人なることを能知りて馴し故、諸事手早く取斗致しける也（⑨）

神力丸の漂流民たちにも、自分たちへの取り扱いが丁寧で段取りよく進められる理由が飲み込めたわけである。彼らは実に運が良かったといえるだろう。南部徳次郎のことはのちに改めて述べる。

大将からは、島内を自由に歩き廻ってもよいという許可を得た。漂流民と現地民との交流についてものちにまとめて検討するが、諸記録に共通する見聞について以下列挙しておこう。なお、バターン諸島の民俗誌については、臼井洋輔の著書に詳しい(13)。

○マニラから派遣された大将などスペイン人の「役人」と現地民の「百姓町人」とでは、風貌・服装・家屋・家具などが異なっている。「バタン国」が日本と同じ階層社会であるという観察は、正式の「口書」に付けられた「様子書」および「様子書追加」に詳しい。

○身分のある女は、裾に袴のようなものをはき、肌に筒袖の襦袢を着、皮沓をはいている。一般の女は、髪は後ろに垂らし、眉毛は剃らず、歯に鉄漿は付けない。男女とも背が高く、色黒である。

○いたって暖国のため、一般の男女はほとんど裸で下帯か湯巻きを着けている。

○一般の民家は、二間に三間くらいの大きさで、屋根は萱葺き、萱をかき付けて壁とし、入口は一カ所か二カ所、床は板張り。

○食物は芋が主食で、塩煮したり蒸したりして食べる。栄蔵は「芋三品アリ、ヲヘ、ドウカイ、ツカイと云、ヲヘつぐねの如し、ドウカイ大芋、ツカイさつま芋」と三種類の芋の名前を挙げている(③)。

○豚や牛の肉を焼いて食べ、魚は煮たり干したりして食べる。豚を屠殺して丸焼きにする様子は、利八と清兵衛が語っている。漂流民たちも勧められて食べた。肉食の感想を記すものは少ないが、尻海の「聞書」は「肉胆を蒸て食するに、胆甚た味よろし」と記している(⑨)。生血を飲む話しは、「異人」たちの「野蛮」な習俗を示すものとして漂流談によく出てくる話題だが、ここでは清兵衛だけがそのことを語っており、「心悪敷存候へとも、格別馳走之躰ニ付、少〻すゝり申候所、又野牛を牽来り、同様に血を取呉レ候へとも、たへ候真似仕置申候」と述べている(⑧)。

○食べるときに箸は使わない。身分のある者は匙を使うが、下々の者は手摑みで食べる。

○土地は山が多く、畑ばかりで米は作らない。鋤鍬はなく、杭のような棒で地を柔らかくし、芋や砂糖黍の類を作っている。井戸や池はなく、牛馬は放し飼いである。

○酒は芋や砂糖黍から作る。正式の「口書」は、「甘蔗之葉を絞り瓶ニ入製し候得者酒ニ相成」と記す（①）。清兵衛は「味至て悪敷」と記していたが（⑧）、利八によれば、「其味ひ甘し、沢山ニ呑ハ少しハ酔ふたる心地になる」という（④）。

○大木はなく、見馴れない木が所々にある。一丈五、六尺（約四・五〜四・八メートル）もある唐辛子の木は特別に目立ったのか皆が記している。椰子の木も多く、この木の実から油を取って灯油にする。

○燧石や燧金はなく、木の棒を木の上に置いて、錐をもむようにして火をおこす。

○五尺七、八寸（約一・七メートル）もある蜥蜴や一丈五、六尺（約四・五〜四・八メートル）もある蛇についても皆が語っている。よほど驚いたのだろう。現地の人たちが蛇を食する話しも、栄蔵や利八が述べている。聞き手から尋ねられた利八は、自らも焼いた蛇を食べたと話している（④）。

○男も女もブワという物を食べるので、口が赤く染まっていて、一見すると「おそろしき体」であるという（④）。ブワというのは、桃の実のようなもので、これを刻んで柿の葉のようなものに石灰を混ぜて食べ、嚙み砕いて汁を吐き捨てるという。「口中すきと仕、心地宜敷」（⑧）、「歯のすわり能成る」という（④）。最初に現地民に遭遇したとき、口の中が赤くて喰い殺されるかと思ったという記述が栄蔵の「聞書」に見えることはのちに紹介するが（第二章二―1）、口中が赤いというのは、このブワを嚙むという習俗に基づくもので、最初に遭遇した時の恐怖感を表現するために脚色されたものだろう。

○人が来たときには、まずブワを勧め、次に煙草を勧める。キセルはなく、煙草の粉を葉煙草で巻いて吸う。

○大将の屋敷でキリスト教の祭壇を見たことは、第一章三2ですでに述べた。その時加藤清正の絵像を拝したことも触れた。また、キリスト教の教会らしき建物と日曜日の礼拝の様子についても、利八の「聞書」について検討した際に紹介した（第一章四3）。そのほかにキリスト教に関係した記述は、次の二つがある。

同所ニおゐて私共馳走の為、祭礼様の事致為見申候、其日ハ役人ホ頭立候分者、羅紗之股引ニ羅紗の鉄鉋（炮）袖の着物、腰切の物を着し、新敷下帯を〆、女も新敷湯巻を仕、仏像の様なる物を持、大勢町中を狂歩行申候⑧

或日所々見物シケレハ大キナル堂アリ、内ニ入レバ堂中ニ数千万ノ髑髏アリ、是ヲタヅヌルニ、国人死スレハ箱ニ納メ畑ノ傍ニ葬リ置キ、ヨク腐リタル時取リ出シ、頭ヲ斗リヲ取テ此ノ所ニ納ルト云リ（⑥）

一つめは清兵衛が述べた聖日の祭礼行列の様子、二つめは勝之助が述べた教会の地下の埋納所の様子である。いずれも孤立した記述であり、祭礼行列の記事は公式記録の「様子書」（①）などでは「ルスン国」のこととして出てくるので、記憶に混乱があるのかも知れない。また、伝聞が実際の体験のように語られた事もあるだろう。キリスト教のことだとは明示されていないが、話し手も聞き手もそのことは十分に承知していただろう。現地民にキリスト教がどの程度に信仰されていたか、漂流民の話しからは本当のところはよく分からない。

○大将の下女がいたずら心から芋に胡椒をかけて出した。これを訴えると、大将の妻と思われる婦人がこの下女を葛の枝で叩いた。栄蔵は「此国女の仕置ハ女のすることゝ云ふ」と記している（③）。ただし、こうした役割分担はスペイン人の家政に限られたことだろう。

○滞在中に火事があり、漂流民たちも現地民と一緒に消火にあたった。その様子を、栄蔵は次のように記している。

十二月廿三日夜五ツ時過、近隣出火と噪く、此国の男火事場へ裸又はたしにて往、竹木を持テたゝき、瓢覃（簞）に水を汲きたり、甚不調法の消しかたなり、漂流人の内若もの弐、三人かけ付、ならひなる家を引倒、火事納りたり、火事をナマヱと云（③）

火事のことは正式の「口書」や利八の「聞書」にも見え、消火方法などいずれの記録も同様である。

一二月下旬に船の作事も終わったので、ちかぢかマニラに送ると伝えられる。年が明けて正月二、三日頃、心易くしていた「マルヤ」という者が来て、六日に出帆と内々に知らせてくれた（④）。「我ホ大きに喜ひ勇ミ、次第に本邦近寄こと丶思ふ」と栄蔵は記している（③）。帰郷への期待が一挙に高まった。「バタン国」に留まったのは、五〇日ほどであった。

天保二辛卯年、西暦では一八三一年、正月六日。船に乗り込み、出帆した。その船について、正式の「口書」は次のように記している。

> 長サ七、八間、幅弐間位之船、舳も艫も同様ニ造り、板を木釘ニ而継合、継目ハ石灰ニ而塗堅メ、板ニ而屋根ヲ張詰メ、屋根之内ニ穴弐ヶ所明、蓋いたし候様ニ仕掛、右穴より出入致し、帆柱弐本立、帆ハアンペラニ而拵、楫ハ両脇ニ弐ツ付、櫓ハ無之、櫂ハ有之（①）

この船のことを栄蔵も利八も二〇〇石積みほどの船と記している。勝之助の「口書」に「波丹国船」の図が載せられている（写真7）。いわゆるジャンク船のようなものか。舳も艫も同じ形というのは「波丹国船」の図とも異なるので、何かの間違いだろう。この船に役人体の者三人、船頭水主二〇人ほどが乗り組んでいた。清兵衛の「口書」には、「其船四百石斗積候、役人四人、船頭一人、船方三十五人」とある（⑧）。尻海の「聞書」は、「船石数凡二百石斗」「都合三十六人乗」で「波丹の商船芋を積シヤムのマネラ江通ひし便船」と記している（⑨）。

六日の夜は「ユバナ」に停泊、七日の朝ルソン島に向けて出航した。

6　マニラにて

順風であった。島の多い瀬戸を西南の方向に昼夜走った。途中上陸して、水を汲んだり、塩の白く固まったも

写真７　波丹国船の図

のを取ったりした（③）。

一九日夜半頃、呂宋国に着き、翌二〇日川内へ乗り入れた。川の右の方に城があり、川端は少し平地で道路が通っている。正式の「口書」はこの城の様子を詳しく聞き出している。長崎奉行所の関心の在り所を示しているだろう。

二一日朝、「バタン国」の役人二人とともに端舟で上陸。町屋は瓦葺き・白壁・二階建て、二階の窓は硝子張り。土間に板を敷き、米・瀬戸物・土鍋・野菜類・魚類などを商う店が並んでいた。道幅は六間ほどもあった。町並みにある間口五〇間ほどの屋敷に入った。「唐人（中国人）」の蔵屋敷とのことであった。中国人は弁髪によって一見して判別された。この屋敷の役人に漂流民を引き渡すと、「バタン国」の役人は帰った（以上①）。

早速、唐人の役人立ち会いのもとで取り

調べが行われた。相互の遣り取りは筆談だった。しかし、文字による対話には限界があり、身振りも交えてコミュニケーションが図られた。漂流の経過などについて応答があった。その中で興味深いのは、漂流中に海賊に会わなかったかと尋ねられていることである（③④）。当時東南アジアの海域では、海賊が横行していたからだ。毎年二月の中旬から下旬までに福建から中国船が四艘渡海してくるので、その船で送り返す予定であること、および、逗留中は門外に出ることは禁止である、と告げられた（③）。

唐人屋敷には多数の土蔵があり、その内の一つを明け渡された。食料を提供され、自分たちで調理して、一日に三回食事した。塩・醤油・薪・油・たばこ・紙なども与えられ、酒は四、五日ごとに支給された。付き添いとして唐人一人があてられた。彼の名は「モリショウ」といい、「日本詞」も少しは分かったが、大概は「仕形（身振り）」で意志を伝え合った（①）。日本に渡海した経験のある中国人だったのだろう。

マニラはスペインの植民都市であり、交易の盛んな繁華な街であった。当然バタンとは風俗も大いに異なっており、見聞も交易や軍事に関する事柄が多い。漂流民たちの見聞のうち諸記録に共通する内容を拾っておこう。

○長崎奉行所が作成した「様子書」によれば、「此国之町人七、八歩程ハ唐人与相見え、商売店・綃《（絹）》物・革細工もの・キヤマ類・鍛冶屋・大工、何も唐人躰也」という（①）。東南アジアの海港交易都市に多くの中国人が住んでいた（いわゆる華僑）ことは、よく知られた事実である。

○唐船は福建と泉州から四艘が渡海する。交易品について栄蔵は「持来るハ革類・呉服もの・木綿類・南京焼もの類・鍋釜、呂宋ゟとり帰るハ砂糖・すをふ・黒柿・干海参ホのものなり」と記している（③）。「すをふ」は蘇芳で、紅紫色の染料となる。「黒柿」は黒檀のこと。「海参」は海鼠のことか。交易品のうちには日本産の紙類などもあったようで、ほかに「毛綿・傘・日和傘・カンテン・昆布」などの日本産品も持ち込まれていると「様子書追加」にある（①）。長崎からの貿易品の行方について、長崎奉行所は関心を持ったのだろう。

○一艘の唐船に七、八〇人の乗り組み員があり(④)、合計三五〇人か三六〇人ほどの唐人が屋敷に上陸し(①)、大いに混雑した。蔵屋敷の広い庭に三軒の仮小屋が建ち、それぞれ「煮売店」「売女店」「博奕場」となった(④)。博奕について正式の「口書」は「小キ札ヲ以て銭取遣いたし候」と記している(①)。トランプを使ったものだろうか。栄蔵は「銭を廻して手に伏せ、字かぬかと言ふよし」と記している(③)。これはコイントスのようだ。

○唐船が来航したときには、芝居が興行された。聞き手の質問に、利八はその様子を次のように答えた。

(芝居の趣は)凡日本とひとしき也、尤舞台に幕なし、花道もなし、はやし方・太鼓・笛・どらの類甚面白し、衣裝《(装)》・裝《(装)》束殊之外美麗にして、男女入かわり沢山ニ出る、尤何ともわからず、凡の主向者大王の姫君を和尚のぬすミたる趣にて、終始和尚を引出し責むる趣に見えたり(④)

清朝時代に盛んであったいわゆる昆劇や京劇の類だろう。

○中国からは「外国」と見なされており、通用の貨幣も外国のものであった。それについても利八が詳しく述べている。

通用の銭ハ日本の四文銭程の大キサにて鋼也、穴なし、阿蘭陀文字の如き事二、三字あり、壱文南京銭七文ニ当ル、白米壱升日本の八合程有、壱升ニ付此銅銭四文なり、銀をウンペイソと云、形チ丸く押ひしぎたる如き也、日本の文銀の色と同し、人物の面躰肩より上を顕したる図鋳付て有也、是も南京銭に直し壱枚ニ付九百四、五十文ニ当ル、少〻は目方ニ不同あり(④)

これも聞き手の質問に利八が答えたもので、聞き手である備中玉嶋の商人たちの関心の在り所を示している。正式の「口書」は、唐人から銀銭を貰い、それで煙草などを買って貰ったことがあると記している(①)。

○呂宋もバタンもイスパニア(スペイン)に属している。呂宋には、イスパニア・「カヾヤン」の両国から五〇〇人ずつ、当国から五〇〇人、合計一五〇〇人の「鉄炮組」（軍隊）が詰めている。これを二つに分け、一日七五〇人が当番となって、諸所の門や橋・湊・普請場などの警備にあたっている（①③）。「様子書追加」は、「吴国防禦之備ト相見え、甚堅固之様子ニ御座候」と述べている（①）。特に「モウル」の襲来に備えているとのこと。「モウル」は一般にモロといわれ、南部フィリピン諸島のムスリム（イスラム教徒の現地民）のこと。スペイン人の植民支配に抵抗して、戦闘を繰り返していた。先に紹介した役人が尋ねたという海賊も、このモロのことを指していたのだろう。

○「様子書追加」に軍隊の調練の様子が詳しく書かれている。これも長崎奉行所の関心に基づくもの。

　同国ニ而足軽与思しき者、鉄炮并剣術之致稽古候を及見申候処、五人亦者四人を一組与して幾組も出、一同ニ鉄炮ヲ搏、又一同に剣を遣申候（中略）各手練仕、甚迅速ニ御座候（①

中略したところでは鉄砲の操作の様子を詳しく説明しており、鉄砲と大筒の図も添えられている。

○外出に馬車を使うことは、すべての記録が触れている。珍しかったのか、馬車に夫婦相乗りすることがあるとわざわざ記すものもある（①③④）。

○犬の首に荷物を結わえたり、口に風呂敷をくわえさせたりして、買い物や用事などをさせている。犬の形はたいてい日本の通りである（①③）。

○食物はバタンとは違い、米がたくさんにあった。ただし大唐米である。肉類・魚・鳥・青物類など何でも豊富にあり、「様子書」には「暮よき国与相見え申候」という漂流民たちの観察が記されている（①）。

○呂宋のスペイン人についての清兵衛の言。

　男女とも其膚白ク、眼ハ真鍮色、髪ハ男子ハ縮居申候、少し延候へ者鋏切、常に頭巾を冠り、羅紗之はつちをはき居申候、羅紗亦ハ更紗之鉄鉋(炮)袖の着物を着し候、女ハ縮候髪を五所程につまみ結上、玳瑁抔の櫛をさし、

鉄鉋(炮)袖の服を着、更紗木綿抔之袴様之物をはき居申候（⑧）

女のスカートについては、「様子書追加」が「同国婦人之褌、筒之様なる仕立ニいたし、裾ゟはき、紐ハ縫くゝみにて、ひだを取〆申候」と的確に描写している（①）。

次は利八の観察。

男ハ頭上栗の如く髪壱寸程ツ、ニつまみ切りたる也、女ハ髪長し、何れも束ねて美事ニ結ひし也、都而女ハ美人多し、紅粉を不用して惣而色白き事すきとうる如き也（④）

「美人」のことは、自慢話の好きな利八らしい。

○呂宋はバタンより暑かったと誰もが述べている。利八の「聞書」には「格別熱国」とある（④）。特に日中は外出もできないほどであったという。利八は「常に蚊不絶」とも述べている（④）。

○水主の千代松が襦袢一枚を着て尻を出していたら、役人に鞭で打たれた。この地は男色の多い土地柄で、平日に尻を出すことを禁止しているのだという。日本の陰間のような者も多く、それを買う様子を見学したりしている（①）。男色専門の陰間茶屋のようなものがあったのだろうか。

○水主の才次郎が霍乱を患い、病院で治療を受けた。そのことは諸記録に見えるが、ここでは利八の証言を引いておこう。

食滞し、殊之外不勝、惣身腫気有て大小便とも不通、各驚きて医者ニかけんと乞けるにぞ、此地医者を呼事をせず、医師へ連行事也、無拠三、四人くゝり台に乗せて医師の宅へ至るに、至而大家也、表ニ大門有て本家を見るに、梁行三十間もあり、兼而唐屋敷ゟ案内ありし事故、直ニ通る、二階へ連て上ル、其広き二階に養生の病人夥ゝし、先生出て病人を診察し、書生と見ゆるもの数人来て悉く脈を見る、先生請取たる由に申ければ、病人斗差置て帰りたり、此地の風義を聞に、病人を引渡し預ケし上者、看病者勿論食事介抱に至る迄書生受取て深切ニ致す也、宿元より見舞に行ても、門番厳敷改て聊も食事を持行事をゆるさず（割註略）三、四日にて病気平快して医の方ゟ帰り来る、各其療治の手ぎハ能事を感心す（④）

「くゝり台」は担架のこと。栄蔵などは、大風呂敷に包んで運んだと記している（③）。この病院には入院患者が六、七〇人もおり、一畳ほどの台（ベット）に一人ずつが寝かされ看護人が一人ずつ付いていたという（③）。治療の方法としては、湿布・瀉血・浣腸・煎薬などについて各記録が触れている。西洋流の治療にも特に違和感はないようだ。総じて、医療体制が完備し優秀であることに誰もが感心している。

当初、呂宋の役人としては、中国の交易船に乗せて漂流民を中国に送る予定であったようだ。ところが中国船が漂流民を乗せることを拒否したため、やむをえず商船に輸送を依頼した。この商船の国籍について正式の「口書」は何も語らないが、栄蔵は「カゞヤン船」と言い（③）、利八はこれを「イギリス船」とし、「漂客壱人前ウンペイソ廿五両宛唐蔵屋敷ゟイギリス船へ渡す」と証言している（④）。このことについてはのちに改めて触れるが、いずれにしても、この船が西洋船であったことは間違いなく、各記録ともその様子を詳しく記している。また、勝之助の「口書」は「広東猪呂児船」として図を載せている（⑤／写真8）。

出発にあたって各人に布股引一足・銀銭一枚が与えられた。「布股引」はズボンのこと。彼の国では尻を出す事を嫌うというのが理由であった。そのほかに船中での食料として、白米一石・干鰯一俵・黒砂糖玉二〇〇ほどを贈られた。

ところで、出発の前日に次のような遣り取りが行われたと、清兵衛の「口書」に見える。

明日ハ送り遣可申候、定法を以御座候時者、先七年斗もかゝり可申候、唐土江送出候へ者、二、三年にて帰国仕得可申と申聞候ニ付、左候ハ者、唐土江送出し呉候様相願（⑧）

ここでいう「定法」がどのようなものか不明だが、中国を経由せずに漂流民を帰国させる方法が考えられてい

写真8　広東猪呂児船の図

たとすれば興味深い。ヨーロッパのスペイン本国を経由する方法だろうか。ただし、この話は清兵衛「口書」にしか見えない。「七年」「二、三年」という年限もやや長すぎるように感じられる。

五月三日にマニラを出帆。船の大きさは、三〇〇石から一〇〇〇石まで記録によってまちまちである。乗組員は、「船頭水主七人、ロスン役人上下三人」と栄蔵は記している（③）。

7　マカオにて

呂宋から北西に五、六〇〇里、昼夜七日間走る。利八は「イギリス船ハ海上を乗る事妙を得たるもの也」と、船の性能に感心している（④）。栄蔵は、ビイドロ製の砂時計を使って船の速度を測る方法について詳しく記している（③）。船乗りらしい関心の示し方だ。

五月九日の昼頃マカオに着いた。呂宋の役人だけが上陸し、マカオの役人と交渉した。五月一一日上陸。マカオの役人に引き渡された後、海端の四、五〇間四方の屋敷に連れて行かれ、門の際の二、三間四方の納屋に入れられた。呂宋と同様に食料は十分に与えられ、自分たちで料理した。生活に不自由なことは何もなかった。

翌一二日役所で取り調べを受けた。「真字（漢字）」で筆談したが、お互いに十分に分かったとはいえない。立ち会いの唐人のうちに、日本に渡海したことがあり日本詞を聞き慣れている「通事《（詞）》唐人」がいたが、彼とも十分には意志疎通ができなかった（①）。それでも大概のことは分かった。各人に銀銭四枚ずつをくれ、「此銀にて当用の品何にても買調へ、不自由なき様ニ可致、此地巡見勝手次第ゆるす間、気晴して保養すべし、追々本国へ送り返すべきぞ」と懇ろに言い聞かせられた（④）。マニラでは行動が規制されていたのにマカオではなぜ自由が許されたのか不明だが、漂流民たちは大いに喜んだ。

以下、諸記録に共通するマカオでの見聞を列挙する。

○マカオについての記述を、公式記録の「様子書」、栄蔵「手書」、利八「口書」の順に引用する。

此所土地ハ唐国ニ而、大将ハルスン之人なり。諸事唐人与申合計ヲ様子ニ相見え申候、城郭家作ルスン同様也、男女共替る事なし（①）

此地呂宋人大将となつて唐人と入交り、商売すと見ゆ（③）

此マカヲと云ハ、広東の内ニて至而繁花の湊也、数万の人家軒を並べ、広大之土地也、呂宋の属国と見へたり（④）

周知のようにマカオはポルトガルの交易基地なのだが、漂流民たちにはポルトガルとスペインの区別は付かない。清兵衛「口書」のうち「異国物語」に「日本ニてアマカ《（天川）》ハ与申唱申地ニ御座候」と古い呼び名が記されているが、清兵衛自身の知識ではなく、聞き手の金沢藩役人か筆写した人の知識だろう。
○当座必要な品物を買うようにと一人に銀貨四枚ずつを与えられた（③④）。尻海の「聞書」はこの銀貨を「ウラタ銀」と呼び、次のように説明している。

ウラタ銀はイシバニヤの銀なり、唐人阿蘭陀を呼てウラタと云故にウラタ銀といふなり、此銀大中小の三ツの品あり、日本の弐朱銀・壱朱銀の如し、銀の形丸く平にして厚さ壱分斗、大なる物十文銭程有り、一方にはイシバニヤの国主の像を図し、一方には横文字を図し、華人是に極印を入れ通用する也、但し、大なる物九百五十文に替る也、金ハ形丸くして少し長し、軽きものにて極印あり、至て不自由なり（⑨）

マニラで渡された貨幣と同じようだが、確かなことは不明。
○食物について特に変わったことは記されていない。水が変わると水毒にあたるということで、丸薬をたくさんに与えられた。
○町はずれの山の麓に観音堂があった。正式の「口書」は一丈二尺（約三・六メートル）の唐銅製の観音像とするが（①）、利八は石仏と述べている（④）。門の脇に六、七尺（約二メートル）の石碑があり、六字の名号（南無阿弥陀仏）が刻まれていた。
○遊女屋が多くあった。売女の多くは船遊女であった。第一章四3でも触れたが、次は利八の登楼記。

金銀を持て何にかせんと、此所ニて遊女を買、度々青楼へ登りて遊女と交り、皆遣ひはたしたり、青楼至て寄麗なり、何れも二階にて、椅子或ハ腰かけにて、しつぽく台に種々の料理を乗せ出す、遊女ハ横笛或ハ三味線を引もあり、二階に二人這入ほとの床数〳〵有、何れも緞子或ハケントンの蚊帳のごときものを掛たり、女ハ繻子或ハ縮緬を着たり、紅粉を以よそおひ、頭上にハくし・かんざしの類迄美を尽したり（④）

遊女を買ったことをはっきり述べているのは利八だけである。彼の言い方もやや武勇談めいているが、まったくの作り話ではないだろう。勝之助の「聞書」に、二階建て建物の室内などが描写されているが、それは遊郭の様子と似ている（⑦）。利八以外にも遊女を買った者がいたことは間違いないと思われる。

○勝之助はマカオの女性についても詳しく語っている。

女ハ別してきれいの裳（装）束ニして、手先キ足先キつゝみかくし居申候、尤、かほハ出して居申候、直又、女の色しろく、至而顔ニつやあり、まづ日本京大坂江戸ニも見不申候やうなる美女ニ御座候、女はかしらの銹もの何とも申つくしかたし（⑦）

これは西洋人の女性についての描写だろうか。手先や足先を包んでいるというのは、手袋と靴下のことか。このあとに中国人女性の纏足について触れ、さらに続けて、「何れ女は夫ゝきれいニ致、髪も銹も宜敷、尤、かほのいろ白ク美女ハあまた御座候」と述べている（⑦）。先の女性の描写とあまり変わらないようにも思われるが、とすれば両者とも中国人の女性か。

先の利八といい、ここでの勝之助といい、「異国」の女性がいかに「美人」であったかと力説する。初めは苦労の連続であった漂流体験の語りも、このあたりになると物見遊山の土産話と変わらないような雰囲気だ。それにしても、漂流体験の聞き手は男ばかりだったのだろうか。たとえ女性が同席していたとしても、語りの場の雰囲気はまったく男のジェンダーに支配されているようだ。閑話休題。

六月二〇日、栄蔵一人が役所に呼び出された。その時の様子を、彼は次のように記している。

唐人聞テ曰、汝ホ日本へ送りかへすへし、乍然是迄日本江多ク致世話、本国江送るといへとも、何の左右も無し、皆ゝ無事なる哉と、栄蔵答、日本大国也、よふすしれすと、唐人云、今月末に広東へ送るなりと、栄蔵帰り右之次第ヲ話し皆ゝ喜ふ、役所より三枚の書付認メ、是は先年より漂流人度ゝ送るといへとも返答無、次第書遣ス也、日本朝廷へ差出せと也（③）

この書き付けの枚数は正式の「口書」には四枚とあり(①)、こちらの方が正しいようだ。マカオの役人としては漂流民の帰還に努力したことの見返りに、日本との交渉の糸口を得たいと思ったのだろう。栄蔵は、言われた通りに帰国後それらを長崎奉行所に提出した。四通の書き付けの内容の概略は第一章三3ですでに述べた。そのうちでは、第一のものが重要だろう。これは「西洋理事官(マカオ総督)唛嚟哆」が出した八カ条の質問書であるが、そのほとんどが幕府の外交・貿易政策に直接関わるものであった。念のために全条を引いて置こう[14](②)。

(一)其方共何国之支配下ニて、何之本業商売手職をいたし、何用之使ひニ候哉

(二)此前数度并庚寅年日本国難民当湊に参り候節、地方之役人願立、便船為致、日本国江差帰し候處、帰着いたし候哉

(三)其方とも此度日本国江帰着之上、其方日本国之地方役人ゟ其方共江難儀相掛候事ニ候哉、又、都而其方共日本国を出候罪相糺候儀有之候哉、又、程能其方共を引受候哉

(四)其方日本之人此節之事を承り候而、是迄通西洋人之商売は禁制ニ候哉、阿蘭陀人日本国ニおゐて今に日本国之人克く取扱候哉

(五)其方共日本国如何之話(訳)ニ而我等西洋人を麁末ニ取扱ひ候哉、其方日本国之難民湊内江参候節者、我等西洋人何故に饗し候と申儀、其方共承知いたし罷在候哉

(六)其方日本国之支配之国々之内何方江我等西洋人参り商売いたし可然哉

(七)其方日本国土産之品々何品ニ而、何を商売いたし可然候哉、何国之者多く其方日本国江参り商売いたし候哉

(八)其方日本国人如何之話(訳)ニ而船を仕立当澳門江参り商売不致候哉

これらの質問は、マカオ総督の関心がどこにあるかをよく示しているのだが、とても漂流民に答えられるよう

なものではなかった。また、長崎奉行所も当然のごとくこれを無視した。なお、本来極秘であるべきこれらの書き付け類が民間に流出していたことも第一章三3で触れた。

六月二九日早朝に役人が来て、広東へ送るという。町はずれまで連れて行かれ、川船に乗せられた。マカオ総督から銀一枚ずつを贈られた。川船は二艘。一〇〇石積みくらいの白木造りの唐船で、帆柱二本立て、舳先に白木綿の吹き流しの旗に広東公船と書いたものを立て、艫には高張り提灯二張、これにも同じ文字を書いて立ててある(①)。同日夜出航、北に向かって川をさかのぼるようであった。

8　広東にて

七月朔日早朝、香山《こうざん》に着いた。付き添いの下役人である唐人の案内で上陸。町屋はマカオ同様の造りで、一〇〇〇軒ほどもあり、主に商売をしているように見えた。ここで船を乗り換える。香山と印のある幟提灯を立てていた。

二日出船。川幅は広く、大小の船が行き交っている。幾筋も枝川があり、川岸には田地が広がっている。その様子は各記録に見えるが、栄蔵の「手書」から引いておこう。

是より左右河岸作りもの、粟・砂糖・稲、本邦ニかわる事なし、苗ヲ舟に積、田植も見及ふ、此辺一年に両度稲を作ると云ふ(③)

尻海の「聞書」は「異国」での見聞の記述が多く、ほかには見られない記事もあるが、香山での稲作については、「福建国にハ壱年に米三度熟せり」とある(⑨)。ほかに木綿についての観察も記す。

三日夕方広東に着く。マカオの役人に連れられて役所へ行った。マカオと香山の役人は漂流民を引き渡した後、帰って行った。この役所の様子については正式の「口書」も詳しく述べているが、ここでは栄蔵の言を引いておこう。

此所寺同様に相見へ、門を入りて本堂あり、堂ノ上に国主ノ座木像あり、高サ凡八尺、前左右に高木像三ツあり、凡六尺、何も長刀長劔ヲもち、其前に机あり、銀ノ花瓶香炉あり、其裏五間斗りにして堂あり、正面に大将の子供ヲ連る画像弐幅掛り、長サ凡九尺、巾凡五尺、銀ノ香炉あり、堂ノ二階に若大将ノ木像あり、仏具前に同し、朝暮役人壱人充香を上け、笠ヲきて拝礼す、此二堂の間庭に真石の手水鉢あり、洋行会館と深ほりにしてあり、處々柱・路次口にれん額沢山にあり、其裏に三間に四間の二階付の處あり、此所に我ホヲ入置（③）

洋行会館は海外交易を行う商館のこと。正式の「口書」には、その内容で不明な点を中国船の船主に問い質した箇条が付けられている。それによれば、漂流民たちが見た堂は「城隍廟」、木像は「城隍神」とのこと（①）。都市の守護神として祭られるもので、祭神は各地で異なった。現地の中国人の説明を日本人は「国主」と表現した。城下町の主である大名と同様なものと理解したのだろう。ややズレがあるのは、社会や文化の違いに理解がおよばなかったためだろう。

ここで唐人の役人から簡単な取り調べを受け、門外への出入りは差し止めるが、門内で自由に遊び暮らせといわれた。下人体の唐人一人が付けられ、食事の世話をしてくれた。この唐人は日本へ渡海した経験のある者のようで、日本詞を少し話した。

広東での見聞についても列挙してみる。

○広東の街は繁華・広大で、人家が建ち並んで目が届かないほどであった。利八が聞き手の質問に答えて、町の様子を次のように述べている。

商家両側とも朱ぬりの高欄或者青貝ぬり格子手すり様のものまで皆ぬりものニて、木地者稀なり、店先の戸障子の類ギヤマンを張たり、呉服物・武器或者諸道具の類、夫々の商売往来より透通りて見ゆ、（中略）往来切石を敷並べ、踏所黒土更になし、此街一面に如此なりと案内のもの申之、家居何れも二階ありて、其結構たとへる物なし、商店の家ハ表入口の敷居より内ハ悉く敷瓦をしくゐたり、都ての買もの内へ入て腰掛て調へる事なり（④）

○「此地にハ、クハスイ、ホロケイス、テモイ、イキリス、ヲランタなど十三国の蔵屋敷あり」と栄蔵は述べる（③）が、最初の三つの国はどこを指すのだろうか。尻海の「聞書」は、「外国の人の屋敷数々川の側にあり」と記し、その国々の名として「ヲランダ、イギリス、イシバニヤ、モウル、ホロケイス、クロス、マライ、ロスン、シヤム、ヲロシヤ、琉球、朝鮮」をあげている（⑨）。勝之助の証言については、のちに触れる。

○芝居見物に連れて行かれたことがあった。勝之助の「聞書」はそれを次のように記す。

雑劇アリ、衣裙《服》ハ色々ノ錦ナリ、製ハ琉球人ノ裙《服》ノ如シ、頭髪ハ明朝ヲウツスト見ヱテ、ソヲハツ《総髪》ナリ（⑥）

唐人と琉球人の服装が似ていること、明朝と清朝とが頭髪で区別されることなど、漂流民たちがある程度の異国認識を持っていることがうかがえる。

清兵衛の「口書」はさらに詳しい。

芝居座迄広東御役所より弐里斗有之候へとも、やはり町の中に御座候、其芝居ハ日本の芝居同様ニ而、浄瑠璃様のもの有之、三弦・胡弓・琴・笛・太鼓ホ鳴物多ク囃子立、けしからすおかしき事を仕候、初而我ホ々小屋へ入候所、役者始、見物一統、私ともを打なかめ、芝居も不仕候、且見物仕居候而も、言語分り不申候故、退屈仕、暫居申て罷出申候（⑧）

劇場が都市の場末にあるのは日本と同じ。別の清兵衛「口書」である「異国物語」には、言葉は分からないが情は通じたという感想が記されている。あまり社交の得意でなかった清兵衛の言とすれば興味深いのだが。

○劇場からの帰りに、空腹であったので「そばや」に入り、「シツポク」などを食べた。蕎麦の上に豚・牛・鶏の肉などをのせて食べる。食物には何でも油をさすという（⑧）。

とにかく漂流民たちの食物に対する観察は的確だ。そのことの意味については、改めて触れる。

○バタン・呂宋・マカオでは一日三回の食事であったが、広東では二回であった。食材は日本と同じ物が多く、豆腐や油揚げもある。精進日を知らせるよう付き添いの唐人からいわれたので、毎月一〇日の金毘羅の縁日には不浄のものは食べないことを知らせ、精進物を食べた（①④⑧）。

○七月一三日には盆祭りが行われた。その様子は各記録に見えるが、栄蔵の「手書」から引く。

盆祭り、本邦にかわる事なし、ギヤマン燈籠多ク燈し、本堂にて僧十人斗り十三日ゟ十五日夜まで読経し候由、大鞁の曲噺シ物真似もするなり、僧衣ハ本邦同様也、本堂に地獄極楽図左右に五幅宛掛ケ、善根悪根の事を諸人に示スよし、門前にハ牛豚魚菜其外諸品の市あり、種〻売ものも来る（③）

勝之助の「聞書」には次のような記述もある。

仏檀（壇）ニハくわんおん（観音）様ヲば何れも信心いたし、祭り御座候、直また、家〻至而きれいなるいろ〳〵の小細工いたし、とうろうヲともし、ぎやま細工ニて至而宜敷御座候、扨また、位牌へハ魚類沢山ニそなへ、家内着類を改メ、銘〻りつはに身をこしらへ、家〻の仏檀（壇）の前ニておどりをいたし、七月の月中皆〻おどり申候（⑦）

仏前への供物は異なるが、盆踊りなどにも日本との共通性を発見している。

○八月四日から七日までは「桓（関）帝の祭り」があった（⑨）。

○銭は日本銭二枚を合わせたほどの厚さで、康熙通宝という銭であった。ここで初めて暦を見た（⑧）。

○八月上旬に一四人全員が風邪を引いてしまった。医師が来て一人ずつ念入りに脈を診、紙に一人ずつの容態を書いて、役所へ差し出した。薬店で調えた薬を付き添いの唐人が煎じてくれた。一服が日本の五、六倍もあるような大服で、一、二服呑むと皆全快した（①③⑨）。

八月一九日役人が来て、明日浙江へ送るという。次第に寒くなり、しかも浙江は寒国だということで、各人に布団一枚・筒袖の綿入一枚が与えられた。

9　乍浦まで

八月二〇日広東を出船。船は一〇〇石積みくらいの白木造りで、広東公船の旗と提灯を立てていたというから、マカオから乗ったのと同様の川船だろう。帆は「竹篭を合て竹皮竹の葉を編付、横に竹をゆひ付てあり」（③）、風がない時や風が逆の時は、水主たちが上陸して葛綱で船を引いて進んだ（①）。

中国国内の道筋については、漂流民が持ち帰った書き付けに詳しく書かれている。中国の役人が書いて漂流民に与えたもので、長崎奉行所で取り上げられたもののうちの一枚である（第一章三3）。これには「梁為棟」以下八人の護送官の名前も書き上げられていた。彼らによって漂流民たちが送り継がれたのだろう。漂流民たちも、町に着くたびに付き添い役人がその地の役人と掛け合いをし、金銭や品物を遣り取りする様子を見聞している。中国国内での行政ルートを通じた送還体制が機能していたと思われる。次いで広東（広東省南海県首邑）からの里程を記す（②）。

広東より広州府三水県に至る	一八〇里
清還(遠)県	一八〇里
英徳県	二四〇里
曲江県	二四〇里
始興県	一五〇里

南雄県	一三〇里
辻　山	一二〇里
大庾県	一二〇里
南康県	二四〇里
贛　県	一四〇里
万安県	二四〇里
泰和県	九〇里
廬陵県	九〇里
吉水県	四〇里
鋏（峡）江県	九〇里
新淦（干）県	六〇里
清江県	五〇里
豊成（城）県	五〇里
新建県	一二〇里
余干（幹）県	二七〇里
安仁県	九〇里
貴渓県	九〇里
弋陽県	九〇里
鉊（鉛）山県	九〇里

上饒県	九〇里
玉山県	九〇里
過山	八〇里
常山県より西安県に至る	八〇里
龍游県	八〇里
蘭谿県	八〇里
建徳県	八〇里
富陽県	八〇里
桐廬県	八〇里
銭塘県	一二〇里
仁和県	三二〇里
石門県	九〇里
秀水県	九〇里
平湖県	八〇里
乍浦分府まで都合四七五〇里	

中国清朝時代の一里は、約五七六メートルであるから、広東から乍浦まで「四七五〇里」は二七三五キロになる。中国では河川交通や運河が発達していたから、漂流民たちの移送は主に船で行われた。ただし、時には陸上を通り分水嶺を越える。そうした時には、轎（駕籠）に乗せられることもあった。「辻山」とあるのは、「過山」の誤記で、「過山」は山を越えること、またはその場所。以下旅行中の見聞から主なものを抜き書きする。勝之助

および清兵衛の記録は簡略か曖昧で、行程の復元にはあまり役に立たない。

広東から南雄までは船で遡上した。初めは川幅も広く、夜は適当な場所に滞船した。河の左右には田畑が広がり、「粟・胡麻・唐黍・さとふの木」などがたくさんにあった（③）。ところどころに城下のような町があり、「川内に舟住居の遊女」も多く見えた（③）。二三日頃から山間に乗り入れ、左右は山続きになった。二六日頃からは幅が狭く流れも急な川に乗り入れた。川の右は「平山」、左は岩ばかりの険しい山であった。岩山の麓に石窟があり、観音堂であるとのこと。付き添いの下役が手振りで説明して拝むようにいうが、内部の様子はよく分からなかった（①③）。二九日頃にはさらに深山に入った。「山中ニハ蛇又ハ龍多く居候」とのこと（①）。栄蔵「手書」には、「此辺高山に龍虎の住と言」とある（③）。栄蔵はまた「此辺水車多し、孟宗竹の林多し」との観察も記している（③）。

九月七日南雄に着く。翌八日上陸、宿場の問屋場のような所で「駕籠」に乗せられた。役人躰の唐人は屋根も簾もある立派な駕籠に乗り、下役の唐人は簾のない粗末な駕籠、その他の唐人や漂流民たちは、大きな竹を腰掛けのように仕掛け、屋根も簾もなく、釣った縄に足を掛けて腰を掛け、駕籠かきの唐人が竹の棒で担ぎ上げた（①）。栄蔵は「人足賃凡百弐、三十文宛」と記している（③）。

八日、この駕籠で南雄から広東省と江西省との境の峠を越えた。峠の名は「大庾嶺絶頂」という（①）。「此嶺を越す人多し、女人俵ものを差合も見る、道巾凡壱、弐間」というのは、栄蔵の観察（③）。陸上を通行する時には日本人を見物しようと人々が群集したのではないかと聞き手に問われて、利八は次のように答えている。

左にあらず、通るを見るに皆旅中の体なり、伊勢おかげ参りの年、松坂辺を通る人よりも尚多し、両側茶店悉く大家にて、肉肴にしめなと積並べたり、飯ハ壱碗小銭八文也、酒ハきびしよの如きもの或者徳利なとに入、かんを致しあり、道すがら何によらず不自由なる事なし、銭ハ日本銭同様なり、寛永通宝も見たる事あ

り、此地のものに往来の人多きを問に、常に如此と云、隣国より通行に是より外道なき趣也（④）

例によって利八の表現は多少オーバーだが、交通路の様子はよく分かる。難所では駕籠を下りて歩き、暮方に南康に着いた。

九日、五〇石積みほどの川船で南康から川下へ向かった。岸辺の様子を栄蔵は次のように描いている。

此辺にて驢馬の豆腐屋引粉屋にて石臼をひくを見る、此辺柴根多し、蓮もあり、水車米を舂も見る、川魚類沢山也、川巾壱町斗り、處〻大石多く急流にて水主夜船を得乗す（③）

二四日に南昌に着いた。繁華な城下と見え、漂流民を一目見ようと多くの見物人が出ていた。狼藉にも船中へ乗り込もうとする者があり、役人が叱ったけれども聞き入れない。迷惑して沖へ船を出して「錠」を下ろした。そこへも子供たちが「砂糖餅団粉の類」を売りに来た（③）。

二八日湖水のような大海に出た。一〇里四方は山も見えない。鄱陽湖である。ここから川を上流にさかのぼった。「此辺の漁人竹五、六本ならべ横にせんを貫、是を船とし、鵜五、六羽も載せ魚を捕る、田畠に綿有、麦種るも見る」とは、栄蔵の観察（③）。鵜飼いについては利八も述べている。利八は、「此辺桑の木多し、蚕を飼うと見へたり」とも口述している（④）。総じて中国での観察には、日本と同じ風俗を確認するものがどの記録にも多い。その事の意味は、のちに改めて検討する。

一〇月七日、人家六〇〇軒ほどの町に船繋ぎした。先の道程一覧からすれば、玉山か。翌八日上陸。先と同じ駕籠に乗り、山道を峠に向かった。江西省と浙江省との境である。次も栄蔵の観察。

此日寒く難義なり、小店ありて中食をいたす、さつま芋のほつこりはや本邦の通りなり、此山越し馬荷多し、又壱人して車を押て、かるき俵二つ三つ積行もあり、山中に柏の木ぶん鳥の如き鳥頭の白き鴉多く、常山江着、宿す（③）

常山では役所のような所へ連れて行かれ、所の役人と筆談をした。この筆談についても、あとで触れる。そののち宿所で馳走の膳が振る舞われた。九日、小舟に乗って出発。少し行って三〇石積みほどの船に乗り換えた。川の左右には蜜柑の木が多く見える（①③④）。船着き場には商人が多く、女は菊の花を簪《かんざし》にしている（③）。利八は、「船方各女房を連たり、此辺川船に遊女多し」と述べている（④）。あちこちで遊女の存在を確認する漂流民の視線と聞き手の関心に留意すべきか。

一〇月一七日銭塘に着岸。利八「聞書」が「高住《コウジウ》」と記すのは、「杭州」の宛字（④）。杭州は銭塘のこと。栄蔵が「郷寿」と記すのも、「杭州」のこと（③）。山の上へ連れて行かれ、寺に宿した。大きな堂に一丈（約三メートル）余りの千手観音の像があった。堂の床に藁を敷いて臥した。この堂は、とにかく寒かったらしい。次は利八の言。

堂表戸前なく取はなし故、北風吹入て至て寒し、此夜壱人も寝たるものなし、此地の役人の仕方を恨る斗也、夜明て直に台所に至り火を取来て各足をあぶる、早朝飯出来たれとも好ミて粥をたかし、各喰て漸寒さを忘れたり（④）

こうした記述は、各記録に共通している。一八日駕籠に乗って山を越した。山を下りて船着き場に向かう。川辺の街の店は美しく、「朱塗勾欄青染付皿鉢キヤマン細工虎の皮類多し」（③）。いかにも中国風といった街の風情である。二〇石積みほどの船三艘に分乗した。いずれも「美〻敷舟」であった。川巾は狭く、「凡四間斗り」。橋が多く、いずれも「目鏡橋と言ふて中に柱なし」（③）。中国江南地方に発達している運河をぬって進んだ。「都て川辺の堤二重三重に有て、甚丈夫の普請也」とは利八の観察（④）。「此辺鉄炮禁断と見へて鶴雁多し」と栄蔵は記している（③）。船路を一三〇里ほど（日本の里程、約五〇〇キロ）行き、一〇月二一日乍浦に着いた。

10　乍浦から長崎まで

乍浦は、浙江省嘉興府平湖県のうちにある。長崎への出港地として知られ、諸国との交易地として栄えていた。春名徹によれば、「ほぼ宝暦末年（一七六〇年代）から、日本人漂流民の中国船による送還には、乍浦を起帆地とする船がもっぱら利用されるようになった」という。[15] 神力丸の漂流民たちも、バターン諸島への漂着から約一年後にようやくここまでたどり着いた。

乍浦で上陸するにあたり、付き添いの役人から「永〻船中にて不自由なるへし」と慰めの言葉をかけられ、銭一貫四〇〇文を贈られた。栄蔵が代表して受け取り、「永〻送り被下、銭まて被下候事厚御礼申上候」と申し述べた（③）。役人同士の引き継ぎが終わり、乍浦の役人が通詞の唐人を一人連れてきた。名を「トウキン（多金）」といった。日本にたびたび渡海したことがあるようで、日本語もうまい。利八は「通詞ハ長崎の言葉ニ而云ける故、能聞取易し」と述べている（④）。備前出身の利八も「長崎の言葉」が分かったわけだ。このトウキンがいうには、「呉〻御前方御仕合よき人也、毎も十一月下旬まて日本長崎へ五艘宛船行也、しかし当年ハ夏舟壱艘破舟し四艘参るなり、少し間の逗留也」と（③）。日本語を話せる唐人に出会えたこともあり、おまけに帰国の目途も立ち、漂流民一同大いに安心している。

その後漂流民たちは役所躰の建物に連れて行かれ、二階に入れられた。漂流民を長崎に運んだ唐船の船主によれば、この建物は「十二家荷主楊嗣亭出店」で、「局裡」というそうだ（①）。乍浦には日本銅の輸入を許された一二家の民間商人がいた。彼らは一定額の銅を官庫に納めることを義務付けられていたので、額商と呼ばれた。[16]「局裡」は事務所のこと。つまり、漂流民たちが入れられたのは、一二家額商の一つである楊氏の商館であったということになる。二階は板敷きで、六畳ほどの部屋が四間あった。

実は、この二階の上がり口の一間に、薩摩国の漂流民たち一〇人が保護されていた。彼らは、公式記録の「様子書追加」によれば鹿児島藩島津家中の西田嘉藤次・同人倅猪平次・和田治右衛門、その他水主七人であった。詳しい話しを聞いたところ、彼らも神力丸と同じ文政一三年（一八三〇）七月に琉球へ渡海の途中に遭難し、唐国へ漂着。去年六月に唐船二艘に分乗して長崎に送られたが、また破船。上役たちは溺死し、西田・和田ら一〇人だけが助かり、ようやく唐国に乗り戻ったとのことであった。栄蔵は、「我ホ来るを聞て大に喜ひ致挨拶、我思掛なく唐土ニて日本人に逢ふ事喜敷、地獄にて仏を見るよふニて飛立斗りなり」と記している（③）。

乍浦でこの商館に滞在中は、トウキンが付き添い、何かと世話をしてくれた。彼が来ない時には、代わりの通詞唐人が一人ずつやって来た。彼らも日本語が少しは分かった。煮炊き所は外にあり、下人躰の唐人三人が一日三度の食事を作ってくれた。朝は粥、昼・夜は飯・魚類・野菜・豆腐・味噌漬けで、ときどきは牛豚の料理も出た（③）。

翌二二日、トウキン付き添いで湯屋へ行った。正式の「口書」はその様子を、次のように記している。

> 二階下板之間、奥之方ハ石ヲ敷、三畳敷程ニ石ニ而切組候湯壺江湯ヲ入有之、湯番之唐人弐、三人罷在、女ハ湯入ニ参候儀無之、外唐人共多人数参、湯銭ハ壱人前四文宛、トウキンゟ相払候由ニ而、通ヒ帳ヲ拵、湯屋江差置、其後者トウキン同道不致、私共勝手ニ度々湯入ニ参申候（①）

栄蔵によれば、日本語の通じる唐人も湯屋に来ていたようだ（③）。「浮世風呂」のような裸の付き合いができただろうか。次は利八の観察。

> 此作甫《ママ》と云ハ繁花の湊也、諸国の蔵屋敷有、日本へ渡海の湊なり、町広サ目とゞかず、遊女屋、茶や、風呂や、髪結床迄所々にあり、風呂ハ五文、手拭をかれハ六文也、髪結賃五十文、尤月代そる斗也、耳の穴、鼻の穴、目の中迄そふじして肩をひねるなり（④）

乍浦では、ある程度の行動の自由が許されていたようで、当地の風俗についての見聞も各記録に残されている。

一つは、中国式「見合い」の習俗とでもいうべきものについて。これについては公式記録のうちの「様子書追加」と栄蔵「手書」が記している。ここでは栄蔵「手書」を例としてあげる。

女五、六才より足ヲ巻〆、足の細キヲホフと云好と云ふことなり、中已上之女平生店に出ること無し、五月五日嫁入前の女店へ出る也、此日嫁ほしかる男見歩行、よしと思ふハ手巾を送る也手拭の事、嫌らへハかへし、すけハ受る也、其後媒酌ヲ以て縁組をすと言（③）

引用の前半は「纏足」と女性を家の中に囲い込む「籠居」の習俗のこと。これらのことは、中国国内での見聞として各記録に見える。当時の中国の女性には配偶者の選択権はまったくなく、親権者による契約婚や売買婚が広く行われていたといわれている[17]。漂流民たちが見た五月五日の習俗には、ほんのわずかに女性の意志が認められているようだ。

二つは、葬式について。「様子書追加」に次のような記述がある。

乍浦ニ而葬式及見申候処、棺ハ屋根無之臥棺ニ而御座候、跡ゟ輿之様なる物ニ豕或者鶏なと焼たるを乗せ持参申候、其跡ゟ四、五人駕籠之裡にて啼候女致供候様子ニ御座候、此節能く啼候婆ヲ相頼候由、右之喪家ニ而毎日朝暮婦人啼泣仕候ヲ及聞申候、但惣して不幸御座候得ハ、妻子ハ三年之間朝暮哭泣仕候由（①）

「啼き女」の習俗については、ほかの記録にも見える。

三つは、乍浦での貨幣事情について。清兵衛の「口書」から次に引く。

此地之銀者丸形ニ而、大サ四文銭程ニ而、穴なく至て薄き物ニ御座候、在留中見請候處、日本の小判を取扱申候、壱両四貫文斗之由ニ御座候、銭者払抵《（底）》之様子ニ而、乍浦ハ八分通り日本之寛永通宝ニ御座候（⑧）

当時の清朝政府の制銭が民間の銭需要に追い付かず、通貨の流通事情は地域によって大きく異なっていたという[18]。そのため、中国国内でも日本の寛永通宝が使われていたようで、そのことは先にも触れた。「八分（八割）」というのは少しオーバーとしても、日本との貿易港である乍浦であれば、清兵衛の観察のような状況は十分に考えられる。しかも、乍浦では日本の金貨も流通していたようである。

一一月一二日[19]、薩摩の漂流民たちが中国船で長崎に送られることになった。神力丸の漂流民たちは薩摩の者と一緒に帰国することを願い、薩摩の者もそれを望んだが、船の都合で叶わなかった（⑧）。

二〇日、ちかぢか日本渡海の船が出帆することが決まり、送別の宴が催された。その様子は各記録に記されているが、栄蔵「手書」から次に引く。

> 我等ヲ餞として役所へ迎へ、廿八品の料理被下、牛豚魚あひるの丸煮菓子類西瓜ノ種ヲ油揚ニして出す、目出度ことに是を用ると云ふ、甚介日本の船哥とし玉の曲をうたふ、日本吉事出船の哥と云ふきかす、土産として龍眼肉壱包・ウンベイ糕（糖）一包・氷砂糖一包、我ホ七人江被下（③）

朝鮮に漂流した時にも、帰国の際に盛大な送別の宴が催された[20]。当時中国と日本とは政府レベルの正式な国交はなかったが、それでも漂流民を送還する体制が整い、帰国にあたって同じような送別の宴が催され、土産まで与えられたことは記憶に留められていいだろう。漂流民たちもそれに心から感謝し、感激している。

一一月二三日、海辺に出て、「天后聖母の社」に参詣、海上安全を祈願した（③）。「天后聖母」は媽祖のこと。中国南部の沿岸地方で信仰された女性神。利八は「氏神」と述べている（④）。漂流民一四人は二艘の船に分かれて乗ることになった。一艘には宇治甚介・片山栄蔵・石兵衛・利八・勝之助・仁三郎・伊勢次郎の七人、もう一艘には弥右衛門・弥吉・栄松・千代松・清兵衛・才次郎・文吉の七人であった。栄蔵・利八・勝之助らの乗った船は翌二四日に出船、清兵衛らの乗った船は遅れて二七日に乍浦を出た。以下長崎までの航海はべつべつに述べる。

まずは、先に出発した栄蔵たちの船の場合。乍浦を出帆して六〇里ほども続いた泥海を越えると、天候が悪くなった。北東の風が強く吹き、目当てとなる山も見えない。間切りながら進んだ。唐人が通詞を通じて金毘羅を祈るようにいうので、水垢離をして金毘羅様を祈願した（③）。その効果があったのか、「風も和らぎ、早日本へ帰たる心地す」と利八は述べている（④）。

一二月六日、舳先に山が見えた。以下、栄蔵の「手書」から引く。

次第に地山多ク見ゆ、唐人大に喜、汝ホあの山何国と思ふと問ふ、我ホ薩州の嘉右衛門山ならん、日本に三つの名山なりと答ふ、唐人笑ひ、琉球ならんと言ふ、山近くなり弥嘉右衛門山なりけれハ、唐人大に喜ひ、日本人眼力強しと言（③）

「嘉右衛門山」は薩摩半島先端の開聞岳のこと。すると、この会話は実に興味深い。つまり、栄蔵たち備前の船乗りは開聞岳を見知っており、彼らの活動範囲が薩摩にも及んでいたと考えられるからである。彼らが「長崎詞」を聞き分けられたのも、これで納得がいく。

翌七日、開聞岳近くの川尻村沖に着いた。山川湊から薩摩の番船がやって来た。唐人の命で、水を提供してくれるよう番船に頼んだ。番船の船人が出身地を問うたので、備前の者であることと漂流の経過を話すと、薩摩人も涙を流してくれた。常套句のようであるが、「親兄弟に逢ふことく也」と栄蔵は記している（③）。

九日、鹿児島藩の役人五人が通詞を連れて現れ、唐人から事情を聴いた。その上で栄蔵たちに対して、「其元方備前御船手と承り、扨〻御難義千万ならん、此地へ御着の上ハ安心に被存よ、備前同様に可被思、何も不自由なき様に取斗へく」と申された。漂流民たちは大いに喜び、安堵した（③）。その晩風が少しよくなったので碇を上げ、甑島に向かって出帆した。一〇日・一一日と風がよくなかったが、一二日の晩から風も直り、一三日めでたく長崎に入津した。この船がこの年（天保二年卯）の一番船であった。

他方、遅れて出船した清兵衛たちの様子は、清兵衛「口書」しか依拠すべき史料がない。しかし、彼の「口書」はこれまでも述べてきたようにやや信頼性に欠ける。その点注意が必要だが、比較すべき史料もないので、以下それによって述べる（以下⑧）。

彼らが乗せられた船は、「凡四千石積」もあったという。かなり大きな船であったことは間違いないだろう。赤や黒で色々に彩色されており、「賈人六十人斗、舟方六十人斗」が乗り込んでいた（「異国物語」）。

唐の近海は泥海であったが、しばらくすると「色白き海」になった。唐人が「甪早朝鮮江近付候」という。そうこうするうちに「青色之海」になったので、日本が近くなったかと喜んでいると、急に風向きが変わって、吹き戻されてしまった。清兵衛たちも手伝って必死に働いたが、大船であるだけに日本の船よりも「弁利」がよくない。もはや乍浦に引き返すしかないという様子であり、清兵衛たちは大いに落胆した。

唐人たちは一統に「船神」を念じ、日本人たちにも祈誓するようにいうので、皆で金毘羅大権現を念じた。その功があったのか、風向きが変わり追い風になったので、一同大喜び。「鶏鴨豚四、五十」を料理して、「船神」を祭った。やがて朝鮮が近付いたのか、「白海」にいたり、朝鮮の山を見付けた。

その翌日一二月一六日夜、五嶋の山を見出し、皆々勇み立った。合図のためか、船中でしきりに鉦を打ち鳴らし、その後、鶏五〇羽・豚一〇匹を料理し、「船神」に供えた。水主のうち一人が装束を仕替え、六尺ほどの棒を振り回し、船頭を拝した後に船神を拝し、供え物を残らず海へ打ち捨てた。同夜は船中に火を焚き、提灯を灯し、無事に日本に着いたことを祝った。清兵衛たちの乗った船は、乍浦を五番目に出帆したが、長崎に着岸したのは三番目であった。つまり、卯三番船ということになる。

11　長崎にて、そして帰郷

一二月一三日に長崎に着いた栄蔵たちに話しを戻そう。

翌一四日朝飯後、幕府の役人が唐船にやって来て、簡単な取り調べを行い、唐国で貰った品物や手道具などに縄封をした。そののち唐人・通詞同道にて、建山役所（長崎奉行所）へ連れて行かれた。そこで、長崎奉行大草能登守によるじきじきの御吟味があった。上乗両人は縁側に薄縁《うすべり》を敷いて座り、水主たちは縁の下に筵《むしろ》を敷いて座った。大草奉行から、「先目出度、遂〻本国へかへすなり、邪宗門の勧めにも不逢仕合也、乍然吴国へ参り候こと故、揚り屋入申付候」と直接に言葉を掛けられた（③）。「邪宗門の勧めにも不逢」というのがミソだが、「吴国へ参」ることは犯罪だから、とりあえず揚り屋に入れられた。これは漂流民に対する普通の取り扱いである。

その後、吟味所の前で踏み絵をした。これも規則通りのこと。身の回りの手道具だけを持って、桜町牢屋敷脇の二間・四間の揚り屋に入れられた。おいおい吟味があるということであった。食事などの世話は幕府の賄いで、三日間は締め切りであったが、四日目からは門内は自由に歩行してよいことになった（③）。遅れて三番船で着いた清兵衛たちも、奉行所で改められたのち揚り屋に入れられ、一緒に暮らすことになった（⑧）。

長崎滞在中の様子を栄蔵は次のように記している。

時節に当り綿入単もの蚊帳ホ被下、月弐度神仏詣とて門外御免被　仰付、賽銭として五拾銅宛被下、毎日鼻紙代として九文ツヽ被下、長崎に逗留すること二百余日、其間に役所江十二、三度被呼出、御吟味有之（③）

一二、三度の呼び出しというのは、かなり多い回数ではないか。その理由は、のちに明らかになる。これによって、多くの取り調べ書類が作成された。取り調べの時以外は、のんびりしていたようだ。清兵衛も、「毎月五度宛湯風呂・月代被仰付」と述べている（⑧）。

最初の取り調べが終わった直後に、長崎奉行所は各藩に対して漂流民の身元確認を行ったようだ。岡山藩へは天保三年（一八三二）二月六日に初めて連絡があった。以下の経過は、岡山藩留方本の「留帳」（［I］⑨）および江戸留守居本の「留帳」（［II］⑧）による。括弧内に示したアルファベットは、表2（二二頁）でそれぞれの「留帳」の文書の内容を指示したものと同じである。

さて、この日、当時在府の長崎奉行牧野長門守から岡山藩江戸藩邸に呼び出しがあり、留守居の今田長八が役宅に罷り出た[21]。そこで前年一二月付けの書き付けを渡された(a)。内容は、岡山領分の漂流民一一人について、長崎で本人が申し出ている生所・歳・宗旨寺に誤りがないかどうかを問い合わせるものであった。今田は、国元で調査した上で改めて返答すると申し述べ、早速その書き付けとともにこの日の状況を書状で岡山へ知らせた(B)。また、この日、江戸留守居は国元へもう一通書状を認めた。その中で留守居は、いずれ漂流人請け取りのために国元から長崎へ使者を送ることになろうが、岡山藩に先例があるとは聞いていないので、他藩の例を聞き合わせた上で、長崎奉行にも伺うつもりであると伝えている。あわせて、多分「士格一両人」と若干の付添人を派遣することになるだろうという予測も述べている(C)。

二通の書状は、二月八日出の町便で岡山に送られた。神力丸の乗組員が生存していたことを知らされた国元では、大いに驚いたことだろう。

文政一三年（天保元年＝一八三〇）八月に岡山を出船した神力丸が遭難したことは、いつ頃確認されたのだろうか。同年一〇月一四日に神力丸は広瀬町多賀屋金十郎から岩田町金屋兵介に売却されているから、この時点ではまだ遭難の事実は確認されていないものと思われる（［I］⑨表紙見返しに貼られた書き付けによる）。しかし、一年も経過すれば遭難に間違いないということになっただろう。天保二年一一月一二日、神力丸に上乗として乗り組んでいた宇治甚介と片山栄蔵の跡家族に、船手浮米の内から二人扶持が遣わされることになった(A)。両人共に徒足軽格・五石二人扶持であったが、家督相続までの生活保障として二人扶持が認められたのだ。こうした措置が取られた三カ月後に、両人らの生存が知らされたのである。人々の驚きと喜びは想像に余りある。

江戸からの連絡を受けて、国元の仕置家老[22]は漂流人の身元確認を船奉行下濃弥五左衛門に命じた。その結果、若干の訂正すべき点が見付かったため、長崎からの書き付けに付箋を付け、二月二六日付けの御加子引廻の口上とともに江戸に送られた(D)。この調査結果は、三月一七日に今田長八によって牧野長門守に提出された(b)。

五月二一日、牧野長門守から呼び出しがあり、山内権左衛門が罷り出たところ、漂流人請け取りの使者を長崎へ遣わすようにと長門守からじきじきに仰せ渡しがあった(c)。当時参勤で在江戸中であった藩主の池田斎敏[23]に伺ったところ、早速に請取人を差し出すようにとの指示であった。二二日、以上のことを中村主馬[24]が国元の仕置家老に連絡した(E)。この時あわせて他藩の先例の調査結果も報告された。そこでは、文政一二年の盛岡藩と文化四年（一八〇七）の広島藩の例があげられているが、請取人派遣については最終的に国元の判断に任された。なお、文政一二年の盛岡藩の事例というのは、例のパターン諸島に漂着した南部徳次郎の場合ではないだろうか。もちろん、岡山藩ではそのような事情は分かっていなかったと思われるが、偶然のこととはいえ、何か因縁めいた感じもする。

これを受けて国元では、六月九日に原田勝作・松本惣八郎の両名に長崎出張・漂流人請取御用が命ぜられた(F)。当時、原田勝作は郡目付、松本惣八郎は船手御加子引廻の役にあった[25]。

御用を承った原田・松本の両人は、早速郡代薄田長兵衛・船奉行下濃弥五左衛門宛に六通の口上書を提出した(G)。それぞれの内容は、(i)出張中の賄い入用として小判一〇〇両・壱歩四〇〇切の前借の願い、(ii)両人一行上下一〇人分の賄いの願い、(iii)道中での継人足一二人分の賄いの願い、(iv)同継馬一匹分の賄いの願い、(v)付き添いの村役人上下六人の賄いの願い、(vi)付き添いの御足軽一〇人の派遣願い、である。これらについては六月一二日に許可が下り、同日、郡方浮足軽小頭嶋村善次郎と船手引廻下代小頭片山弥平太に、主張中の諸事賄方御用が命じられた(H)。

原田・松本ら請取人一行は六月一九日に岡山を出船した。船は、藩の御船清風丸、櫓五三丁立。総勢三六人であった(I)。尻海の「聞書」は、「御受取之御役人」として次のような名前をあげている(⑨)。

御郡方　原田勝作殿
　若党　枝松佐太郎
　　坪井三之助
　草履取　吉之助
　鎗持　喜三郎
　御足軽　亀山辰三郎
　　根岸平次郎
　　堀直右衛門
　　川辺鉄之助
　　岡崎仁太郎
御船手　松本惣八郎殿
　若党　中山与五郎
　　服部平之助
　草履取　佐　助
　鎗持　長　助

御足軽　竹内市左衛門
広内久太夫
中山与次郎
瀬崎利右衛門
三木幸　吉
御船手兼御船頭　林　益太郎
御楫取　柴崎徳三郎
久留平右衛門
艫宿老　柴崎甚五郎
片山仲右衛門
舳　橋内栄之助
三木幸　吉
児島郡田井地《ママ》村名主　庄兵衛
供壱人
御野郡福嶋村同代五人与頭　久右衛門
供壱人
邑久郡尻海村同代　徳四郎
供壱人

人名が重複していたり、人数が合わなったりと、正確さにはやや欠ける。清風丸も「五拾丁立」とある。

同月二八日に小倉に着き、その後陸路を通って七月六日には長崎に到着している。早速長崎奉行所の役人との交渉に入り、九日には長崎奉行大草能登守に使者として挨拶に赴いた。その場で口上書を差し出し、干鯛・肴料銀子三枚を献じた。

同日、岡山藩の漂流人一一人の身柄が岡山藩役人に渡された。その様子を栄蔵は次のように記している。

九日我等を御請取御座候て、直に築地村山久平次宅江参り、御両所様御目にかゝり、遠路御苦労の御義千万御礼申上、其外の御衆中へも御挨拶申述、故郷親類無別条段承之、大喜ひ仕候（③）

村山久平次は築地西浜ノ町の町宿で、以前から岡山藩の御用達を勤めていた（⑨）。岡山藩の役人たちは、この他同町の伊吹権助・堺屋にも分宿した（⑨）。村山久平次は、奉行所との取り次ぎにあたった。

身柄引き渡しの後、原田・松本両人が再び呼び出され、書き付け三通を渡された。その内容は、(i)漂流人引き渡しに際して申し渡された長崎奉行の達書。帰国後は漂流人が領外に居住する事を禁止し、死亡した時には幕府に届け出ること、などを命じている(O)、(ii)漂流人が異国で貰った貨幣の額とその代わりに長崎奉行所から与えられた銀銭の書き付け。異国の貨幣は奉行所によって取り上げられたのだ(P)、(iii)バターン諸島に漂着した時に溺死した岡山出身の四人についての書き付け(Q)。

翌一〇日、世話になった奉行所の懸り役人や町会所の年行事などに挨拶に出向き、謝礼を手渡した(N)。この中に、長崎奉行所が作成した調書類を特別に写し取ってくれた役人たちへの礼が含まれていたことは、第一章二1で述べている。

七月一三日、漂流人一一人および請取役人らは長崎を出発、二〇日に小倉に着き、そこから藩船に乗り、七月晦日に無事岡山に帰着した。上陸ののち、上乗りの二人はただちに帰宅が許されたが、在方の水主九人は町宿に留め置かれた（③）。八月二日、郡会所において御用人衆中出席の上、取り調べが行われた。その後皆々に御暇が申し付けられ、翌三日にそれぞれ無事帰宅した（⑨）。

以下、帰郷後の経過についても簡単に触れて置こう。

岡山に着いた七月晦日、原田・松本両人は、長崎での役目の「首尾」を書類にして提出した(L)。これで彼らの任務は無事終了。水主の取り調べが行われた八月二日、国元の仕置家老両人から江戸の仕置家老土倉四郎兵衛へ書状が送られた(d)。それには関連資料が添えられ、漂流人が無事帰国したこと、および長崎での「首尾」について報じられた。この書状は一一日に江戸に到着、在府中の藩主池田斎敏に披露されるとともに、江戸留守居にも伝えられた。二一日、江戸留守居山内権左衛門は漂流人が無事帰国した旨、請け持ちの勘定奉行土方出雲守に届け出た(e)。これは、長崎奉行が交代のため両人ともに江戸を離れていたためである。さらに、九月二一日に江戸留守居は長崎奉行牧野長門守に対して隈染縮緬三端・干鯛一箱を献上し、世話になった御礼の挨拶をした(f)。あわせて、牧野の用人四人に対しても金子三〇〇疋ずつを遣わした。

他方国元では、八月六日、船奉行を通して御加子引廻から伺書が提出された(S)。先に述べたように、遭難後宇治甚介と片山栄蔵の跡家族には二人扶持が給されていたが、このたび無事帰国したので、給扶持・格式ともに以前の通りに仰せ付けられたいとの願いであった。これは、仕置家老によって願いの通り許可された。

また、八月九日にも御加子引廻から漂流人加子の取り扱いについて伺書が提出された(T)。内容は、漂流人加子たちの「他所船働」を禁止すべきかどうかというものであった。漂流人については、長崎奉行の命によって、藩外居住が禁止され、死亡届が義務付けられていた。「他所船働」を認めた場合、もし万一遭難して行方不明などになった時には、幕府に届けようがないというのである。仕置家老の判断も仰いだ上で、以後漂流人加子の「他所船働」は指し留められたものと思われる。清兵衛も金沢藩から「船稼御指留」になっている（⑧）。

その後の漂流民たちの活動については、ほとんど分からない。藩の記録から分かるのは、死亡記事くらいである(25)。天保八年（一八三七）正月一五日、尻海村の石五郎が亡くなった。四六歳であった。石五郎病死の報は、正月一九日に郡代および船奉行に届けられ、さらに江戸へ伝えられた。江戸留守居山内権左衛門はこれを二月一二日に幕府に届け出ている。さらに、同年三月二三日田井村の才次郎が病死。四五歳であった。次いで、天保一〇年正月四日に尻海村の栄松が、同年三月二四日に同村の弥右衛門がそれぞれ病死した。栄松三九歳、弥右衛門六〇歳であった。藩の記録で死亡が確認できるのは、今のところこの四人のみである。臼井洋輔によれば、水主の一人の弥吉は明治二八年（一八九五）まで生き続けたという。漂流した文政一三年には三四歳であったから、九九歳で亡くなったということになる。その後の弥吉の人生についても、臼井によっていくつかのエピソードが採集されているが、あまり恵まれてはいなかったようだ(26)。

二　漂流記録にみる「異国」「異人」

漂流事件は魅力に満ちた出来事であり、多様な分析が可能な素材である。ここでは、「はじめに」で述べたような関心に基づき、漂流記録に見られる「異国」や「異人」についての記述を検討する。その際、諸記録の比較を通じて、漂流民自身の体験や意識と内地にいる人々の関心や意識とを腑分けし、それぞれの特徴を明らかにすることを重視したい。

ところで、バターン諸島に漂着した日本人は、神力丸以外にも三例が知られている。一つは、寛文八年（一六六八）に遭難、寛文一〇年に長崎に帰着した尾張国知多郡大野村の船(27)、二つは、寛政七年（一七九五）に遭難、寛政一〇年に帰国した津軽青森儀兵衛船徳永丸(28)、三つは、文政一〇年（一八二七）に遭難、文政一一年に帰国した南部八戸徳次郎船融勢丸(29)、である。以下、これらの場合と比較しながら、神力丸の漂流体験を検討したい。ただし、これらの漂流事件については神力丸の場合のように、多種多数の史料が確認されておらず、その事実を復元すること自体に困難がある。そうしたことを念頭に置きつつ、神力丸の漂流体験を浮き彫りにする範囲で参照していきたい。

1　現地民との最初の遭遇

「異国」に漂着し、最初に「異人」に遭遇したとき、それをどのように表現するか。そこに、漂流記録の「異人」観が示されることが多い。神力丸以外のバターン諸島に漂着した三例では、寛文期（一六六一～一六七三）の尾張船の場合が典型的である。

尾張船は、太平洋を三〇日余り漂流した後、バターン諸島の沖合にたどり着いた。伝馬船を出して様子をうかがったが、「いずれも見馴れぬ人物」で、「この島は何国の内、何と申す処ぞと尋ね候へども、少しも詞通じ申さず、一向埒明き申さず候」という状況であった。仕方なく、親船に戻って入り江に停泊したが、その夜、小船に乗った島の者たちが「何百人とも知れず」押し寄せ、船の積み荷を奪い、乗組員たちも陸へ召し連れられた。「殺し申すかと存じ、是非に及ばず罷り在り候処」、衣類を剥ぎ取られた上、一人一人別々に家に連れて行かれ、「下人」とされた。

漂流民も現地民も双方についての知識がまったくなく、最初はお互いにどうしていいか戸惑ったようだ。現地民が押し寄せてきたので、殺されるかと思ったというのは、漂流民の恐怖感を示す表現で、多くの漂流記に見られる常套句である。衣類を取られる話しも、神力丸の場合「実録本」にのみみられる。

寛政期（一七八九～一八〇一）の徳永丸および文政期（一八一八～一八三〇）の融勢丸の場合は、特に目立った表現はない。いずれも言葉が通じなかったとの記述がある程度である。

以上の三例に比べて神力丸の場合は、記録が豊富なだけに最初の遭遇についての記述も多様である。

無人島に漂着した漂流民たちが、最初に現地民に出会う場面というものは、最も印象深く、聞く側にとっても最も興味深い場面の一つであろう。ということは、聞く側の「期待」に応えようと、誇張や作為が行われやすい場面でもあるということである。先にこの場面についての清兵衛「口書」の描写が、ほかにはない特異なものであることを紹介したが（第一章六1および第二章一4）、それも「異人」との出会いに感じた烈しい恐怖心の記憶が語りの場の雰囲気に煽られて、ほかにはない特異な「物語」として語られたものと考えられる。

では、ほかの記録では現地民との最初の出会いはどのように描かれているのだろうか、少し見ておこう。まず、栄蔵の「手書」から。

> 此人を見るに、唐人にあらて、髩しやくま衣類筒袖襦袢股引をはき、何も手に斧なとを持、我ホにカツポンかと問、我ホ手をふる、又リウキウかと問、又手をふる、此方ゟ指弐本出し、日本といふ、我ホ向の人を手を合せ拝む、向の人腹をおしへて芋を出し食ふへしと言ふよふ也、又瓢たんよりタレグを出し、飲へしといふよふなり（③）

栄蔵の記述は落ち着いた感じを伝えているが、ここでは、彼が現地民を見て「唐人」ではないと述べていることが注目される。栄蔵にとっては、「異人」といえば、まず「唐人」（朝鮮人もしくは中国人）が思い浮かべられるのであり、しかも、「唐人」であればある程度の知識を持っていたと考えられる。[30] しかし、その「唐人」とはまったく違う人々であった。違いは一見した風貌からすぐに察せられただろう。

しかし、同じ栄蔵関係の記録でも「聞書」では大きく異なる。

> 其時何れも皆股引はき、筒袖じゆばん頭ニハ笠を着、又ハ頭巾抔着、何れもよきを持、皆口ひるを赤くかミ出し、我ゝを見かけ、なたをふり上ケ来り、一同恐入、是ハ殺やとぞんじ、口赤く流れしハ大方残りものを喰ころす事哉と恐候處、左様ニもなく、彼の唐人我ゝに何やら咄しする様ニ見へ候得共、一向ことば分り不

申、日本かと申候様ニ聞へ候ニ付、此方ゟハゆびを弐本出して見せ候處、うなづき日本人とすいれふ致候哉
と存られ候

これは、栄蔵の「聞書」と推測される「備前岡山神力丸漂流本人之口書」の該当箇所である。現地民の服装や、指を二本出して日本人であることを示したことなどは「手書」と同じであるが、現地民の口が赤く、喰い殺されそうに思ったということなどは、この「聞書」にだけ現れることである。「異人」に殺されそうになったという表現は、漂流記の常套句であり、この場合も、書き手・聞き手の思い込みが反映した記述と考えてまず間違いないだろう。現地民の口の中が赤かったというのは、ブワを噛むという習俗に基づくものだろうが、バターン諸島でのこの習俗についてはほとんどの記録が書いている（第二章一5）。それをわざわざこの場面に持ってきて「口赤く流れ」と描写したのは、「喰ころす事哉」という恐怖感を強調するためであるに違いない。聞き手・書き手の作為が感じられる。また、現地民を「唐人」と表記するのも、「唐人」とは違うとする栄蔵「手書」とは異なり、書き手の判断による意図的な表現と考えていいだろう。のちに述べるように、キリスト教との接触を忌避するために、漂流地をキリスト教世界とは異なるものとして描こうとする意図が当時の人々には強く働いたから、バターン諸島の現地民を「唐人」と表記したのも、そうした意図に基づくものだったかもしれない。

次に、勝之助と利八の場合。

八ツ半頃と存候時分ニ、漁船之様なる小船相見へ候ニ付、私共各〻高声上ゲて呼まねき候所、小船ニ乗り、其人せの高サ七尺斗りニて色誠ニ黒キ男、丸はだかニて六人小船ニ乗り参り候、誠おそろしく存候得共、何分いたし方なく、船そばへよせ、私共ハ吹添(流)れ難義之趣申候得ば、むかう人も何か申候得共、一切相分り不申、よつて私共手ニ而仕方(形)仕候所、尤、食物無之難渋之趣仕方(形)仕候得ハ、其義相弁し候やうすニて、何か船の中ゟ取出し、むかうの人たべて見せ候ニ付、私共手をいだし候得ば、其品ヲ沢山ニくれ候ニ付、私共もらひ

候所、此品里芋のやうなるもの塩焼ニいたし候やうニばんじ申候（⑦）
一里斗放レてちさき嶋あり、是より牛のおよぐ如きに見へて小船壱艘渡り来る、無程此嶋へ着、近付見れハ、頭ニ笠着たるも有、頭巾着たるもあり、弐、三人皆もゝ引筒袖のじゆばんを着、何れもなたを持たり、近付に随ひ、なたをふり上ケたり、手を合しておがミけれハ、なたをおろし近寄て何やら云へども更に不通此時カツポン、カツポンと云ける故、日本なりと答へけれハ、日本と云事通ぜしや、うなづき合点せし体也、各空服《(腹)》の趣を口と服《(腹)》とをおしへけれハ、心得たる体にて船よりいものゆでたるを出し、壱ツヽ呉たり（④）

現地民が「斧」か「なた」のようなものを持っていたのは、先の栄蔵関係の記録にもあり、確かなようだ。尻海の「聞書」は「かなつきを持」と記す（⑨）。彼らがそれを振り上げながら近付いて来たということは、この利八の「聞書」と先の栄蔵の「聞書」に見える。こうした表現も、現地民と最初に接触したの時の恐怖心を強調するためのものだろう。清兵衛の「口書」は、「竹槍」を持って「突懸」ってきたと書いていた（第二章一4）。

利八は現地民の行動の描写によって恐怖心を現したが、勝之助はその「おそろしさ」を「せの高サ七尺斗り」「色誠ニ黒キ」「丸はだか」という現地民の体格や風貌に感じた。一尺は約三〇センチであるから、七尺というのは二メートルを越える大男ということになる。まさしく恐怖心を示す誇張表現といっていいだろう。

「実録本」である「備前難船記」では次のようにある。

早速小舟に乗り六人来たる、其中にも真黒成男丈け六尺余も有るらん、誠に大きな目玉にて、鉄棒を持来る、其恐ろしさ、何やらぐたく〵いふなれとも、一向通ぜす、ミなく〵とかく平伏しておかミける

「大きな目玉」というのは、ほかの記録に見えない独自の表現である。持っていたものを「鉄棒」というのも、恐怖感をより強調するものだ。

栄蔵の「手書」に戻る。現地民が漂流民に「カツポン」もしくは「リウキウ」と呼び掛けたのは、興味深い。彼

らは日本人や琉球人を見知っているのであり、そのことはのちに栄蔵たちにも分かる。神力丸より二年前に漂着した南部徳次郎たちのことが、現地民の間に広く知れ渡っていたのだろう。尻海の「聞書」には、「文政七年に奥州南部の船漂流して、船頭徳次郎水主とも拾三人乗組、此嶋江漂着セし事ありし故、此度は嶋の人も日本人なることを能知りて馴し故、諸事手早く取斗致しける也」とあった⑨。「カツポン」はスペイン語の「ハポン」（日本）であるに違いない。しかし漂流民たちは、それが「日本」のことだとは分からなかった。栄蔵が指を二本出して「日本」を示そうとしたのは、言語における表音と表意との区別を知らない素朴な認識段階を示すものといえよう。漂流民たちはこうした言語認識から出発して、のちに現地語を習得していくのである。指二本を出したという記述は尻海の「聞書」にもある⑨。現地民は当然何の事か分からなかった。ただし、「ニホン」という音は聞き取れたようだ。

身振りで空腹であることを示したのは、各記録に共通する。身振りが漂流民にとっての最初のコミュニケーション手段であることは、万国で古今に共通だろう。この身振りによるコミュニケーションによって一時の恐怖心が薄らぐと、神力丸の漂流民たちもすぐに現地民と親密な関係が生まれたようだ。芋を食べ、「タレグ」という酒も飲ませてもらった。

現地民に遭遇した漂流民たちは、彼らが「唐人」でないと判断した。漂流民にとって「異人」は「唐人」か否かであった。「唐人」以外であった場合は、何らかの戸惑いや恐怖心を抱いたであろうが、漂流記の常套句ほどのことはなかったのではないだろうか。現地民の側も琉球人や日本人については見知っており、それほど威嚇的な態度は取らなかったと思われるからである。身振り手振りである程度意志疎通が出来るようになると、親密な感情が素早く芽生えているようだ。

2　バターン諸島での交流

現地民と出会った後、漂流民たちの現地での生活が始まる。バターン諸島民による漂流民の取り扱いは、四例のうちでは寛文期の尾張船の場合だけがほかと大きく異なる。

尾張船の漂流民たちは、一人一人別々に現地民の家に連れて行かれ、「下人」とされた。その後、山仕事や農作業などに使役されたが、ある機会に島民が金銀銅鉄などの金属を求めていることを知る。そこで、日本への帰国を許すならば、それらを積み戻ってこようと偽り、島民の協力も得て手製の船を建造して、三年後に自力で帰国を実現したという。

これに対してほかの三例の場合は、現地民によって食料や水などを与えられ、保護されたのち、バターン諸島の中心都市である「サルトリメンゴ」に送られ、そこで地方官の取り調べを受けている。そして、この地方官によってルソン島のマニラに送られて、帰国の道筋が付けられているのである。

こうした違いがおこった理由については、山下恒夫の「徳川時代、フィリピン（呂宋）はすでにスペインの領下にあったが、未だ寛文期（一六六一～七三年）においては、辺境地域のバターン諸島には、その勢力が及んでいなかった。因みに、スペイン人の最初のバターン諸島探検が企てられたのは一七九一年（寛政三年）のことである」(31)という指摘が参考になる。つまり、スペインによる植民地統治のための行政機構が普及することによって、他国からの漂着者に対する行政的な対応が可能になっているのである。しかも、それが、現地の役人だけでなく、一般の現地民にもそれなりに「浸透」していることに注目したい。

山下がいうようにスペイン人のバターン諸島への最初の探検が寛政三年とすれば、青森の儀兵衛らがバターン諸島に漂着した寛政八年（一七九六）は、それからわずか五年後のことであり、その体験が特別の意味を持っていることになる。この時の記録によれば、儀兵衛ら四人は現地民に保護されて一五日ほど過ごしたのち、近くの別の集落の「村長」の家で、「役人」に引き渡された。この「役人」は、「衣服を着し、笠をかぶり、革沓はき、鉄炮を持ち、脇差を帯び」と記されているから、スペイン行政府に関わりのある役人に違いない。儀兵衛らは、この役人に連れられて「バタン」島に渡り、「城下」に連れて行かれた。「城下の名、サントロメコと申し候」とある。神力丸史料に出る「サルトリメンゴ」、現在のサン・バルトロメである。そして、そこの「領主の館」で取り調べを受けた。「領主」は「コベナトル」と呼ばれ、その服は「和蘭陀人の服の様にて、単衣」であったという。マニラから派遣されたスペイン行政府の地方官に間違いないだろう。つまり、最初の探検から五年後に、すでに、スペイン行政府による統治が確立し、その組織が機能していることが確認できるのである。

後期の三例の場合は、現地での漂流民の取り扱いも似通ったものであった。例えば、徳永丸の儀兵衛らは、バターン島滞在中、「領主」の「屋敷土蔵の内え、竹にて組立て、私共四人を差置き、番人二人づゝ附添へ罷り在り候」という状況であった。融勢丸の徳次郎らの場合は、「家老屋敷に御預け成され、日々の食物は、御城より御送り下し置かれ候」とある。この「家老」は「ホアン」という名で、その屋敷は「イバタン」（神力丸史料では「ユバナ」）にあった。また、神力丸の場合は、「二間に四間程の家」に入れ置かれ、「役人躰の者二人入口に番いたし罷在」とある（①）。

ところが、滞在期間中の現地での見聞については、記録による限り、かなりの違いがある。徳永丸や融勢丸の場合、現地民との交流があまり活発でなかったように見受けられるのに対して、神力丸の乗組員はかなり積極的に行動しているのである。そのため、先の二例の場合、融勢丸の記録では「城下人家多くこれあり候、日本人何方へ参り申し候ても、大切にいたわり申し候」とあって、ある程度の行動の自由が保障されていたように見受けられるのに、現地の風俗についての記述がほとんどなく、徳永丸の記録でも服装・家屋・食物などの外面的な記述にとどまっている。ところが、神力丸関係史料では、話者によって違いはあるものの、そして、それは漂流民個人の性格によるのだが、総じて現地民との交流が活発であった。

例えば、次は上乗片山栄蔵の場合。

是より方〻歩き遊ふ、此所家数弐百軒斗り、村中男女親切に成、我ホ往、戸口にのそき、アリヨウスと云ふ、向ヨリヲフノと言ふ、此言葉本邦にておかわりもなひかと云テ、左様いふことゝならん、又チヤケイモコマンかた云、本国ニてほしか食へと云事、満腹の時マブソイと云ふ、空腹の時ハマッテンと云（③）

神力丸の漂流民の場合も、島内滞在中の行動はかなり自由であったようで、彼らも積極的に行動している。住民の対応も親密であったようにうかがえる。栄蔵も挨拶の言葉を覚え、島民の家に入り込んで食事の接待も受けているようだ。

利八も、「此所に居る事五十日、村中何れへ遊びに行ても兼而大切ニ致せよとの触有けるにや、其ねんごろにもてなす事親兄弟の如し」と述べており、その親密ぶりがうかがえる（④）。その様子を聞き手から尋ねられた利八は、次のように答えている。

十四人のもの共夫〻に嘶しに行先を極め、日〻朝起ると各行先へ遊びに行、後にハ来るを待て、いもを器に盛り、或はぶたを煮て出す、言葉能わかり、互に聞覚へて少しも差支なきやうに成たり（④）

漂流民にはそれぞれに親しい馴染みの者が出来ていて、毎日のようにその家を訪問し、食事を共にしたりしていたようだ。そうして生活を共にしているうちに、お互いに相手の言葉を覚え、それなりに意志疎通ができるようになったというのである。これは注目すべきことである。

多くの漂流記録は、「異国」での「言語不通」を嘆く記述に溢れており、そのことが「異国」での漂流民たちの不安感の原因とされる。そうした記述は、まさに漂流記録の類型化・常套化した表現の典型とも言いうるものなのだが、他方、確かにそれには共通する状況もあって、多くの場合、漂流民たちが一カ所に集められ、行動を監視・規制されたことが大きな要因になっているだろう。しかし、神力丸の場合のように行動規制が緩やかで、現地の住民との日常生活を通じた接触が行われれば、お互いに片言でも言葉を覚えあい、親密な交流が可能であったと考えられるのである。

利八の「聞書」に現地民と角力を取ったという記述がある。漂流民が現地民と角力を取る話しは、ほかの漂流事件でもよくある。角力を取るのは、力くらべであるとともに、身体を触れ合うことで親密さを感じ合う、一種の身体コミュニケーションであった[32]。長崎奉行所の公式記録のうち「様子書追加」によれば、角力を取ったのは勝之助で、三番とも彼の勝ちであった(①)。利八は、現地民の男は「やせて背骨あらはれて力よわし」と述べているが(④)、特に彼らを卑下したような様子は感じられない。また、「様子書追加」によれば、宇治甚介と清兵衛がバタン国「大将」(スペイン人の地方長官)の「アルカルデマヨウ」と「腕仆シ其外指角力ホ」をしたが、「大将ハ大男にて、殊之外力強ク」二人とも負けたという(①)。これも、遊びを通じた一種の身体コミュニケーションだろう。清兵衛は、呂宋国でも土地の人と角力を取ったと、同書にある。

交流が深まれば、当然のようにトラブルも起こる。公式記録の「様子書」に次のような事件が記されている。現地民が「大はみ」を捉えた。「大将」がそれを料理して、漂流民たちに食べるように勧めた。手を振って断り、そのまま料理するのを見ていたところ、槙割木が投げつけられたので、勝之助がその割木を取って相手の腰を打擲した、というのである。突然のことで勝之助も怒ったのだろう。酒を飲んでいたので許してほしいと現地民の方から詫び言したという。喧嘩というほどのこともなかったのだろう。ただ、「実録本」の「備前難船記」には、「讃州の水主と呉国の人細〻何やら口論致す、なれとも平(互)に一向通せす、後にハ荒くなり割木にてなくる故に、みなく〱寄て断到し済ける」と記されている。聞き手や読み手の興味を引くように書かれていて、これだけ読めば、いかにも喧嘩という状況だ。実際のところはよく分からないのだが、これによって勝之助と現地民との関係が気まずくなったというわけでもないようだ。のちに述べるように、勝之助は漂流民の中では現地の言葉をよく覚えて溶け込む努力をした方に属しており、交流が深まるなかで起きた出来事として理解していいと考える。

また、南方への漂流記では、現地民があまり働かず、怠惰であるかのような記述に出会うことがある。しかし、これも常套化した記述といわざるをえない。現地民との交流が濃密であった利八の「聞書」には、次のような記述もある。

此地の人都て能働き、男女小児ニ至る迄、木を荷ひ、或ハ石灰を焼などして夫々の業に精を出す事なり（④）

現地の生活に溶け込んだ利八の眼によれば、彼らは彼らなりの生活スタイルに基づき精一杯に働いているのであり、そうした人々を利八は敬意を持って見ているのである。現地民を怠惰と評価するような意見は利八には無縁なものであった。そうした表現は、どちらかというと実際の見聞を欠く内地人の思い込みによるものだろう。

もちろん、以上のようなことには漂流民の個性も大きく関わっており、記録を読んでいても利八は快活で好奇心旺盛な積極的性格であったと見受けられ、そうした彼の性格が先のような交流を可能にし、現地民に対する親密な態度をとらせた大きな原因であったことは間違いない。同じ神力丸の漂流民のなかでも、清兵衛の場合は異なっていて、利八の「聞書」やほかの記録と比べても、現地住民との交流の記述に乏しい。彼は社交的な性格ではなかったのだろうか、現地民のなかにあまり溶け込んでいなかったようで、そのためか、どの地でも言葉が通じなかったと述べ、現地語もほとんど記録されていない。こうしたこともあって、清兵衛の記録では、「異人」との最初の出会いで感じた恐怖心だけが強く記憶され、それが聞き手や読み手に印象づけられる構造になっていた（第二章一4）。また現地民の生活についても清兵衛は、「此地産業と申も無御座、食事に相用候事而已ニ昼夜取懸り居申躰ニ御座候」（⑧）と観察している。

いずれにしても、漂流民たちは、バターン島でかなり濃密な時間を過ごした。そのため、いざ別れとなると、お互いに万感胸に迫るものがあったようだ。現地民との別れの様子を栄蔵は「家内老少打連きたる、為土産芋乾魚男女に為持、十四人に暇乞して落涙す」と記している⑶。また、出発の前日には「大将」（スペイン人の地方長官）の所へ別れの挨拶に訪れた。彼はあいにくと病気で伏せっていたが、その様子についても栄蔵は、「大将も重き枕を揚け涙をこほしうなづき、為土産として巻煙草五十本被贈、我ホも永ゝの礼申述、涙を流し立出る」と述べている⑶。さらに続けて、「為門出芋乾魚の膳を食す」とある。「大将」が別れの宴会を催してくれたようだ。その様子を利八は次のように述べている。

ぶた魚肉なと出して門出なりと皆〳〵喰ひ、打寄りて歌の如き事をうたひし也、日本人もうたひ舞へとすゝむるにぞ、各顔を見合し、舞ハんも恥なりとて則船頭おんどを取、十三人立あがりて四つ拍子を躍りけれハ、大将始皆ゝ大ニ歓ひ笑ひし也⑷

「四つ拍子」は、岡山あたりの盆踊りだとの注記がある。いかにも和気藹々として華やいだ雰囲気が感じられるが、残念なことにこうした詳しい記述は利八の「聞書」にしか見られない。利八は談話の場の雰囲気に乗せられやすい性格だったようで、やや眉唾の気味もなくはないが、宴会でお互いに別れを惜しんだことは確かだろう。

いずれにしても、神力丸の漂流民たちがバターン諸島で体験した様子からは、当時の人々の一般的な社会意識として「異国」や「異人」に対する閉鎖的な精神構造が存在したとは認められない。

3　言葉のこと

神力丸関係の漂流記録の大きな特徴の一つは、現地の言葉が豊富に採集されていることである。そして、それが現地住民との日常的な交流のなかで収集されたことは、利八の証言によって確かめられたことである。

最も多くの言葉が収録されているのは、長崎奉行所の取り調べに基づく岡山藩の公式記録のうちにある「巴旦国詞」（岡山藩の留方本では［Ⅰ］⑧S6―104）である。これには三〇〇語におよぶ現地の言葉が収録されているのだが、これだけの数の言葉を系統的に記録するためには、漂流民の側に何か手控えのようなものがあったに違いないと思われる。奉行所で取り上げられ、のちに焼却されたとされる栄蔵の「日記」に、そうした語彙録のようなものがあったかもしれないが、残念ながら詳しいことは分からない。

「巴旦国詞」に収録された語彙は、月々の呼び名、一から万までの数詞、日・月・星など自然に関する言葉、海や船に関する言葉、父・母など家族に関する言葉、目・鼻など身体に関する言葉、衣服・道具・食物・動物などに関するもの、行動や行為に関わる言葉、など多岐にわたっている。ほとんどは名詞であるが、走る・色事をする・寝る・起きる・座る・生まれる・死ぬ・泣く・悦ぶ・立つ・居る・腰掛ける・膝を組む・匂う・叩く・突く・笑う・書く・喰う・人に物を遣る・貰う、などの動詞や、臭い・赤い・黒い・白い・黄い・青い、などの形容詞も含まれている。これらの単語を組み合わせることで、ある程度の日常会話は可能であったと推測させるものであり、先の利八の証言を裏付けるといえるだろう。三〇〇の言葉のうちには、一見しただけでも、スペイン語と現地語とが混じっていることが分かる。当時のバターン諸島での言語事情が一種の混淆状態であったこともうかがえるだろう。また、日本語がそのまま「現地語」として採録されてしまったと思われるものもある。

ほかに現地の言葉についてのまとまった記述は、尻海の「聞書」である「南海談」と勝之助関係の記録にみえる。このうち、「南海談」には「波丹の言葉」として二〇三語があげられている。内容は「巴旦国詞」とほとんど同じだが、違うのは数詞で、「巴旦国詞」がスペイン語の数詞をあげるのに対して、「南海談」は「一から十まて之数」として「バタン」現地の言葉をあげ、スペイン語の数詞はマニラでの見聞の中で取り上げている。

他方、勝之助関係では、高松藩の取り調べに基づく「口書」系統の記録に五〇語余り、「聞書」類では、「漂流記聞」に一五〇語余り、「異国物語」に一七語が、それぞれ記録されている。これらは、語彙や表記に異同があるから、手控えのような書き物によったのではなく、勝之助の記憶にあったものが記録されたと考えられる。勝之助は自ら「此地ニテ国語ヲ学ヒ居レリ」と述べているように⑥、現地語に強い関心を持っていた。

これら三種類の語彙収集の状況を比較するために、表6を作成した（ただし数詞は別にした）。勝之助関係では、語彙数の多い「漂流記聞」を取り上げた。これをみると、言葉というものの表現が、話す・聞く・書くという作業を通じて個人差を持つものであることがよく分かるが、他方、三者が取り上げている現地語が共通のものであることも十分に確認できる。

この表も含めて漂流民の言語体験として注目したいのは、次の二つである。

一つは、勝之助の「漂流記聞」が「阿蘭陀詞」（実はスペイン語）と思った言葉と「バタン詞」とを区別していることである。例えば、「小チキイト」[33]「大ガランデ」[34]に対して、「巴旦語」と注記して「小マゴラン」「大マタバ」をあげている。もっとはっきりしているのは数詞で、「バタン国ノ数字音」と「マネラ国ノ数字音」を分けて書き上げている。後者はスペイン語の数詞で、「巴旦国詞」の方はこちらだけを書き上げている。数詞の区別は、先に触れたように、尻海「聞書」の「南海談」でも行われている。このことを確認するために、表7を作った。こうした傾向は、勝之助のもう一つの「聞書」である「異国物語」の方にも見られ、そこでは「バダン国之言葉」「マネラ国の言葉」「阿蘭陀国の言葉」が分けられている。ただし、残念なことに、語数が少ない上に、それぞれに共通のものがあげられているわけではない。いずれにしても、こうした言葉の差異に対する関心は、勝之助の語学的なセンスを示すものといっていいだろう。そして、こうしたセンスは、言葉の背後にある民族的・文化的な差異に対する認識の萌芽を示すものではないだろうか。

もう一つは、勝之助の「漂流記聞」で会話に使用される短文がいくつか取り上げられていることである。とり

表6　バターン諸島における採集語の比較

語　彙	巴旦国詞	南 海 談	漂流記聞
正月	エネロ		
二月	ホイブレンロ		
三月	マルソ		
四月	アブレル		
五月	マヨ		
六月	ホウニウ		
七月	フウリウ		
八月	アゴスド		
九月	セテエンブレ		
一〇月	ヲクトブレ		
一一月	ノビエンブレ		
一二月	リンエシブレ		
一年	ウナニウ		
日天子	アラヲ	アラヲ	アラヲ
月天子	ボハン		ボハン
星	ビトヘン	ビドウセリ	ビトヘン
雲	テムテム	デムデム	デムデム
風	サヲサヲ	サヲサヲ	サラヲサヲ
雨	テモイ	テモイ	テモイ
昼	トマヤロ	トマヤロ	アラヲトマヤロ
夜	スミデブ	スミデブ	アラヲスミデブ
地震	ニネ	コネ	
山	タコイ	タコイ	タコウー
畑	タケイ	タケ	タケ
石	バトウ	バトフ	ハトウ
土	タナミ	(土地)タナ	(地)タナ
おも梶	アンダラ	アンタラ	アンタアラ
取梶		ヲロサア	ヲルサアー
帆ヲ下ケル			プロントー
破船			サンパン
海	タウ	タラ	タウ
浪	タボン	タホン	
大船	アバン	アバン	(舟)アバン
小船	タタヤ	タタヤ	
艀	ベン	ベン	

梶	アゴウサン	アゴフサン	アゴサン
帆柱	アチヤサン	(柱)アナヤサン	(柱)アナヤサン
帆	ヒタラ	ヒタテ	アペン
綱	カブレ	カボレ	
碇	サジ	サジ	サジ
身縄	ブウ	フロ	
くくり	コハラン	ヨハラ	
手縄	ヒロンフウ	ヒルンフロ	
両帆	アルセヤ	アルセヤ	アグワンタ
櫂	アバ	アバ	
艫	モデ	モデ	
舳	ムロン	(表)ムロン	
胴ノ間	グレテ	グレテ	
船頭	カツペイタン		
梶取	ヒロト		
賄	ベゴンドウ		
舳仕	ゴロデアン		
水主	マタロス		
柱へ登る役	マルネイロ		
満汐	ブロタル	フロタル	
干汐	モヨグ	モヨグ	
走る事	マヤヨウ	(船の走る)マヤヨフ	
父	アマ	アマ	アマ
母	イナ	イナ	イナ
祖父	アツホ	アツボ(親父)	
孫	イナホウ	イナホ	
祖母	アツホモバコイス	アツボモバコイス	
兄弟	ミリホス	ミリボス	
子供	マガナコ	マガナコ	マガナ
男	マハカイ	マハカイ	ヲンブレ
女	モバコイス	モバコイス	モヘロ
女房	カコボツ	カコボツ	カコボツ
天窓	トベ	トベ	
髪	ボコ	ボコ	ボウコウ
眉毛	チヤライ	チエライ	チエライ
眼	マタ	マタ	マタ
鼻	モモダニ	モニダニ	モモタニ

耳	タテニヤ	タデニヤ	タボ
口	べべ	ベク	
舌	ヒバ	ヒダ	
歯	イベリ	イベリ	
手	タチヤイ	タチヤイ	タチヤイ
指	カカマイ	カニマイ	ココ
爪	ココ	ココ	
乳	スソ	スソ	
腹	ボテ	ボテ	
臍	ボセル	(膝)ホセイ	ポセル
足	ココロ	ココロ	
他へ行く		マカヨク	(行)バアツシヤ
戻る		マイタナ	(帰)マイタナ
ちんぽ	ボト		(男根)ポト
おめこ	ヲベツチヨウ		(玉門)コウニユウ
きん玉	カメナウ		
尻		アト(屁をひる)	アト
髭	ヤメ		
色事する	マナマ		(交)マナマ
単物	ライライ	(着物)ライライ	(衣服)ライライ
ぱつち	ボタルガ	(ふんこミ)ボタルカ	(脚衣)ボクルガ
下帯	サコウ	(褌)サコフ	
ゆもじ	ユマラ	イマラ	(腰巻)イマラ
手拭	ハアニウ	ハシゴンデ	
沓	トカフリ		
頭巾	ベレテ		
いざり	バレレツ	ハンス	
ちんば	マベダイ	マベタイ	
片眼	マブタ	ブタ	
めくら	マカイチヨウ	マカヒチヨフ	
寝る事	メツチヨウ	メツチヨ	ドロメン
起る事	ミハゴノ	ミバコノ	
生るる事	マカワラ	マカハラ	
死る事	ナテマン		ナデマン
病人	マドメ		
泣事	トマニス		
悦事	マツピヤ	(吉事)マツヒサ	

悪事	マラホイ	マラホイ	(悪)マラホイ
善			ボイノ
立事	トムナカ	トムナカ	
居る事	トモグル	トマゴル	
腰かける事	トヒスナ	トヒスナ	
膝組事	ミササベタリ	ミサベタリ	
匂ふ事	マホヨク	(息)マボヨク	
小便	マトガ		
大便	カタチ		
笠	タバホス	(かつぎ笠)タバホス	
傘	ハヨミ	バヨン	
洗事	バシヤバシヤ	バシヤバシヤ	
足袋	トカポ	トカフ	
火	アツポイ	アツフイ	ホイゴ
油		アセイテイ	アセイテイ
水	ガノム	サノム、アリリ	アグハ、ダノム
汐	タウ	(汐水)タソ	
塩	アセン	アセン	セン
汁			アソイ
米	パライ	ハライ	パライ
粟		アラサ	
酒	パレコ	バレク	ビノ
焼酒	ビナラヤン	ビナラヤン	
盃	マドコン	(猪口)マドコン	
鉢	バハガ	(砂鉢)バハカ	(鉢ノ類)パハイ
丼	シビン	シヒン	
茶碗	バナイ	バナイ	
犬	チト	チト	チト
猫	フサ	フサ	フサ
肴		アモン	ペシカド
鳶魚			アモン
牛	バカ	バアカ	バカ
馬	カハヨウ	カハヨウ	カバヨウー
水牛		カランホウ	
やぎう	カテン	カデン	カデン
ぶた	バゴ	バコ	バゴ
羊		トウネイロ	カラネイロ

猿		バチン	チヨンゴ
大蛇	ホタイ	(長虫)ボタイ	ボタイ
とかけ	ゴコ	ココト	
百足	レボアン	テボアン	
蟻	バハヲ	バハヲ	
蚊	タベヘ	タベコ	
蠅	ハカウ	ハカリ	
鶏	マノコ		マノコ
暑さ	マコハチ	マコハ	
寒さ	マルクモハ	マナバス	
芭蕉	アバカ	アバカ	
棕櫚	ブハヤス		
板	タベイ	タベヒ	
家	バハイ	バハイ	パハイ
唐がらし	セレ	(番椒)セイレ	(番椒)セネ
しようが	アナカ		アナガ
烟草	バコ	バコ	ハコ
黒砂糖	ヲナス	(砂糖黍)ヲナス	(甘蔗)ヲナシ
白砂糖			アソカル
垣豆	リツパヲ	リバヲヲフ	
干瓢		タバン	
牛蒡		バカン	
菜		タデニヤ	
難波きび	マイス	マイス	
綿	タゼ	ダゼ	
糸	シノネル	(井戸)シノネリ	
簑	チモイ	チモイ	
つぐいも	トウカイ	ドウカイ	トウカイ
さつま芋	ワカイ	ワサイ	(琉球芋)ツカイ
里芋	ソテ	ソデ	ソテ
山の芋		ヲベ	ウベエ
烟管			イセム
曲ろく	サキレ	(椅登)サギレ	
瓶	ラノム	ラノムニ	
櫛	ソロリ	ソロリ	ソロリ
剃刀	ナバハ	ナバハ	(削刀)ナバハ
はさみ	コロチブ	ロロテブ	

針	メラヨム	メラヨム	
鍼			ワサイ
庖丁	イツパカネ	イツバカネ	(菜切刀)イッツパカネ
鋸			ガラガン
しらみ	トマ		トマ
銭	ガラモ	カラム	
銀	ボラ	バラ	
金	ブハワニ	ブガワニ	
鉄	バハヤン	バハヤン	
しんちう	スワラ	スワラ	
銀銭			ヘイソ
(壱両銭)			ウンペイソ
(銅銭八文)			トロアリス
(銅銭十六文)			ウンレアリウー
銅銭			コアルタ
百文			セント
千文			センシル
鉄炮	パルトン	タワリトン	バリトブ
大筒	カニヨル	カニヨル	
槍	カヤン	ガヤン	
弓	バナ	バナ	
刀	日本之通	カタナ	(劔)カタナ
杖	チヒラス	チビヤラ	
矢立	テンテイロ	テンクロ	
石灰	アメル	アメリ	
人をたたく事	マベセ	マベセ	
突事	マモノ	マモノ	
軍	ミテマン		
拝む事	マカニウ		
数珠	シヤリ		
日ノ出	ルマラ	ルマラ	
日ノ入	ミサリサ		
腕角力	メラコ	メラコ	
角力	コバン	コハン	
酒酔	ナホウ	ナホブ	
歩行	マヤン		
草	タモコウ		

鼓弓	アラベル	アラベル	
三味線	イタラ	(三弦)イタラ	
笛	カコバニ		
太鼓	タテン	タデン	
釣鐘	テンテン		
挨拶	アリヨウス	アリヨウス	(可免ト云)リヨウース
能ク来リシト云			カネイモツパ
味イ事	マステブ	(甘ひ)マスデブ	(美味)マスデプ
能事	マツヒヨ		
笑事	マヤ	マヤ	
竹	カワヤン	カハヤノ	
紙	ハベル	ハベル	パアプヘル
書事	トウラス	トラス	(文字ヲ書)イシキリベイ
燕	イハツネ	イバツネ	
ちさ	ニテウカケ	(ちさ葉)チサバ	ニチヨガケ
人間	マチヤウ	ロチヤラ	
橙	ハラテノ	(芥子)バラテノ	
にんにく	アコス		
蝋燭	カンテイロ		
茄子	マブサ	マフサ	
角ナもの	メシヤラン	メシヤラン	
丸キもの	バセレイ	バセレイ	
空腹	マツテン	マテン	
満腹	マブソイ	マブソイ	
喰事	コマン		コマヌ
飲			ミノム
踊	トマアダ	トマアダ	トマダ
歌	タシ	ウチ	(唱歌)タセエ
蟷螂	カバカ		
鳩	ボロマ		
くさい事	マボヨク		(臭)マボヨク
人ニ物を遣る事	チヤケイモ	チヤケイモ	チヤケイモ
貰事	ビラコナ	ビラコナ	ヒラコナ
雨降りて道悪キ事	ゴタ		
喧嘩	タバコンニヤ	タバコンニヤ	
白鷺	ラゴワカ	ラゴワカ	
火事	ナマイ	ナマイ	

酢	シラム	シラム	
立臼	ホソ		
杵	アホリ		
貝	ヲモワブ		
将棋	タマシ	タマン	
博奕	ワカアロ	ソカアロフ	
牢入	カラリボ		
わけぎ	ホリヤス		
赤キ物	コヨル	コヨル	
黒キ物	テンタ	テンタ	
白キ物	アモル	アモル	
黄ナ物	ニハマ	ニハマ	
青キ物	チハタ	ネハダ	
大			ガランデ
小			チキイト
大(巴旦語)			マタバ
小(巴旦語)			マゴラン
升	ガンタ	ガニク	
科人	マモ		
盗人	マナカヲ	マナカヲ	
手錠	カデニヤ		
くらき		ヲスクイ	
あかり		カコロ	
尋問		アクイヤ	
人名尋		シノカデモ	
人ト心安キ			カイバン
是ト云テ人ヲ呼			コウサコウサ
イイト答ル			ヲノ
ヨシト云			ホイ
否ト云			ノケロ
人ヲ叱スル馬鹿者ト云			カラホ
何ヲカ云ト叱スル			テモニヨ
有			テイネ
無			アラバ
痛ム痛ムト云			マイケンマイケン
何ホドト云			クハントウ
売			コンプラ

是ハ何ト問 日本 皆々様ト云			コサヲンブレ カポニス トウロウトウロウ

表7　採集現地語数詞の比較

数字	巴旦国詞	南海談	漂　流　記　聞		
			バタン国	マネラ国	支　那
1	ウナ	アサ	アサ	ウノ	イッコ
2	ドウス	ルハ	ロワ	ドウス	ニィコ
3	テレエス	アツド	アトヲー	テレス	サンコ
4	コアツロ	アツボ	アツパ	コハツロ	スウコウ
5	シンク	テンマ	デマ	シンク	ウンコウ
6	サイス	アンネム	アニヨン	サイス	ロクケイ
7	セイテ	ヒツト	ペツトウ	セイテ	チイ
8	ヲウチウ	ハホ	カホ	ヲチョ	パア
9	ノイベ	セイアン	セヤァン	ノイベ	キウ
10	クエス	ポホ	ポホ	ゼイス	チャプ

わけ、「是ハ何ト問コト コサヲンブレ」という言葉が含まれていることに注意したい。これこそ、異言語採集に不可欠な「魔法の言葉」である。この言葉自身は「巴旦国詞」の方には記されていないが、三〇〇という数の語彙が採集されたのも、この「魔法の言葉」のお陰であったに違いない。また、尻海の「南海談」には、「人名尋を　シノカデモ」という文があげられている。これなども、現地民との交流に有効な言葉だといえる。こうした言葉は、単に現地での生活上の便宜のためという範囲を越え、現地民の習俗・文化全般を知ろうとする際に必要な言葉ということができる。そこに、「民族誌」的な興味・関心の萌芽を見ることができるだろう。多数の漂流記に目を通した山下恒夫は、神力丸の「口書」を「優れた記録性に富む出色の漂流記」と評しているが[35]、それは、神力丸の漂流民たちの「異なる」文化に対する関心と現地の言葉を習得する努力の結果だったのである。

なお、神力丸関係の史料でも言葉についての記述が現れるのは、バターン諸島での見聞に限られており、マニラ・マカオや中国では、そうした記述はほとんどない。わずかに、尻海の「南海談」でマニラの数詞が、勝之助関係の記録で、「漂流記聞」に「マネラ国ノ数字音」「支那数字音」が、「異国物語」に「マネラ国の言葉」「阿蘭陀国の言葉」「サフ国之言葉」が、それぞれ一〇数語ずつ取り上げられているのみである。この点でも勝之助の個性を認めることができるのだが、その原因として、これらの土地では住民との自由な接触が規制されたこと、漢字を使った筆談などが可能になったこと、などがあげられる。しかし、それらを含めて一番大きな要因は、最初の「衝撃」が薄らぐにつれて漂流民たちの「異なる」世界に対する興味・関心が次第に減退していったことではなかったか。

4　呂宋マニラのこと

バターン諸島へ漂着した四例のうち、寛文の尾張船の場合は自力で帰還したが、寛政以降の三例はマニラに送られ、そこから帰国した。ただし、帰国の方法などについていくつかの違いもある。個々に少し検討しておこう。

まず津軽徳永丸の儀兵衛らの場合。

彼らは、バタン本島に三カ月ほどいた後、マニラから「籾」を運んできた船に乗せられて島を離れた。しかし、海上で難風にあったようで、二七日後にルソン島北東部の「カゞヤン」に入港。ここで船の修繕を行い七カ月ほど滞留、その後ようやくマニラに着いている。マニラには六カ月余り滞在した。この地へ交易で訪れる中国人を頼って帰国しようとしたが、「唐人船、色々故障を申し候て乗せ申さず」、やむなくマニラから「三里」ほど離れた「カベテヱ」へ行き、そこからマカオへ行く「商船」に便乗した。この船の船長は「トンホシテン」とあるから、スペインかポルトガルの船だろう。マカオでも広東に渡る船を探すのに苦労し、結局八カ月ほども滞在している。広東に渡ってからは川船と陸路を継ぎ、六〇日ほどかかって乍浦に着いている。現地での役所との交渉に手間取っており、自分たちで便船を見付け、それから役所の許可を受けてようやく出発するということを繰り返している。神力丸の場合と比べると、各地での滞在期間が長く、漂流民を送還する体制が整っていないと感じられる。

次いで乍浦から長崎へ帰るくだりでは、「始末口書」に次のようにあるのが注目される。

もつとも乍浦にて唐人申し候は、長崎にて御詮議の節、初めの澳州江《マカオ》漂着、それより乍浦まで送られ参り候段、申し上げ候様申し聞け候に付き、四人共、教への通り、澳州よりの始末を申し上げ候、唐人よりも、右の通り書付上り申し候、長崎御役所にて、前後三日御尋ね御座候

中国商人の入れ知恵によって、スペイン領であるバターン諸島に漂着し呂宋マニラを経由したことを偽り、マカオに漂着したことにして長崎奉行所での煩瑣な取り調べを免れたというのである。もちろん、キリスト教関係の追求を避けるためである。「始末口書」は儀兵衛らが津軽藩に引き渡されてしばらくした後に、「元永」なる人物によって作成された「聞書」であるため、「真実」が明かされているが、長崎奉行所での取り調べによる「口書」では、ここでの証言通りマカオに漂着したように記されている。(36)

次に融勢丸の徳次郎らの場合。

彼らはバタン本島に一カ月余り滞在するのだが、ある時「サントリジョ」(例の「サルトリメンゴ」)にイギリス船二艘が着き、その船長が「我船、日本地へ鯨取りに参るなり、この地より七日艑り申し候へば、日本地え着くなり、我船へ乗り、日本へ帰るべし」と勧めたが、徳次郎らは警戒して相手にしなかった。当時の日本近海ではイギリス船がしきりに出没し、騒動が起こることもしばしばで、文政八年(一八二五)には異国船打ち払い令が出されたばかりであった。徳次郎は、そうした事情も了解していてイギリス船の申し出を無視したのかもしれない。(37)結局、彼らはバターン諸島の地方長官が準備した船でマニラに向かう。

マニラでは二カ月足らずの間「唐人屋敷」に留め置かれた後、「唐国福建の新順盛」という船に乗せられて、中国本土へ直接向かった。ところが、温州の沖で中国の役人の取り調べを受けることになり、この時「新順盛の船頭」の入れ知恵で、海上を漂流中に「新順盛」号に救助されたと返答した。船頭によれば、漂流の経過を詳しく語った場合には、「ヲロシヤの事、始終御尋ねに預り、左候へば、唐国に名々明年まで住居となる」ということであった。つまり、ここでも、面倒な追求を避けるために偽りを言ったというのである。

「新順盛」によって乍浦に送られた徳次郎らは、中国の交易船によって長崎に送り届けられた。長崎奉行所の取り調べでも、徳次郎らは温州沖で中国船に救助されたという証言を繰り返したようだ。『長崎志続編』は、そうした徳次郎らの証言をそのまま記録し、それによった『通航一覧続輯』は「巻之四十四　唐国部浙江省温州府漂流」にこの事件を掲載している。これに対して、「融勢丸唐流帰国記」は地元八戸での「口書」か「聞書」と考えられ、そのため「真実」が語られたものと見られる。(38)

最後に神力丸の場合であるが、彼らは、マニラの役人が手配したと思われる船でマカオへ送られ、マカオでは唐人に引き渡されて広東に向かっている。これらのことは、その後の経過を含めて第二章一で詳しく検討したところである。帰国のルートや方法は徳永丸の儀兵衛らとほとんど同じであるが、現地の役人による手配などはずっとスムーズになっている。ほかの二例と比べて神力丸の場合に特徴的なことを二つ指摘しておきたい。

一つは、マニラからマカオへ向かうときに漂流民たちが乗せられた船のことである。

この船について岡山藩記録に収められた長崎奉行所での正式の「口書」は、次のように記している。

四百石積位之船ニ私共乗組せ、右船ハ黒ク塗、上ハ板ニ而張詰、帆柱三本、帆弐ツ有之、鉄碇ニ鉄鎖ヲ付、[舟+鹿](轆)艫(轤)ニ仕掛弐ツ有之、送りとして役人躰之呂宋人弐人者艫之方を仕切罷在、船頭与相見へ候呂宋人壱人、水主拾人罷在（①）

長崎奉行所での取り調べ段階の調書だと思われる『異国漂流奇譚集』所収の「口書」でも、この部分の記述はほとんど同じである。これによれば、漂流民たちが乗せられた船は呂宋の船のように思われる。

栄蔵の「手書」である「漂流日記」によれば、この間の事情は次のようであった。

呂宋の役人たちは、初めは融勢丸の場合と同様に漂流民たちを中国船で「チイナン唐土ノ事」へ送るつもりであった。ところが、「唐船へ汝ホ十四人乗す事を嫌ひ断申出候よし」とのことで、別の「三百石積位の船」に乗せられた。この「船ハカヾヤン船ノヨシ」であった。この船に「船頭水主七人、ロスン役人上下三人、我ホ十四人乗組ミ、船頭我ホ十四人を改め、ロスン役人ハかへる」という（以上③）。

「カヾヤン船」というのは、ルソン島北部のカガヤンから来た船という意味だろう。カガヤンは、徳永丸の儀兵衛たちが船の修繕のために立ち寄った所である。とすれば、この船はやはり呂宋の船か。しかし、呂宋の役人は栄蔵らを引き渡した後に退船し、船頭が彼らを改めているから、呂宋の船でないようにも思える。また、あてにしていた中国船に断られたために急遽頼んだ船であることからも、やはり呂宋船ではないように思われる。

勝之助の「口書」（木村黙老自筆本）に付けられた「広東猪呂児船」の図には、「漂流人乗セ候義ハ唐人嫌ト申候由ニ而相断、其後如何様ノ相対内〻相成候哉、右此艘ノ船ゟ賃銀出シ此船ヲ頼ミ、広東之内マカヲト申所エ送」と注記があり（一二五頁写真8）、「口書」の本文でも「船場まで役人付添見送申候而、船中江ハ参リ不申候」とある（⑤）。勝之助の証言は栄蔵とほぼ同じといっていい。

この船はどうも「イギリス船」であったらしい。利八の「聞書」である「巴旦漂流記」には、そのことがはっきりと書かれている。「南京船」が漂流民を乗せることを断ったため、「唐蔵屋敷」から「イギリス船」に頼み、「漂客壱人前ウンペイソ廿五両宛」を支払ったというのである（④）。

ところが、この事実は幕府の取り調べに近い史料ほど曖昧にされており、「イギリス船」の関与を隠そうとする意図が働いているように読める。なぜか。それは、先にも触れたように、日本近海へのイギリス船の度重なる来航を背景として文政八年（一八二五）に異国船打ち払い令が出されたことと関係があるのではないだろうか。つまり、「イギリス船」の関与を公式に認めれば、取り調べが深刻なものとなると判断されたためではないだろうか。長崎での取り調べ段階の「口書」にもイギリス船のことが出ていないことからすれば、その判断は漂流民側（主に二人の上乗）によるものと思われる。先に南部の徳次郎がイギリス船の申し出を断った時にも述べたが、栄蔵たちも、当時の国際環境や幕府の対外政策についての情報を把握し、臨機応変に判断できる能力を持っていたのだろう。ただし、マニラやマカオの役人や中国人による入れ知恵という可能性もなくはない。

もう一つは、キリスト教国スペインの領地である呂宋に滞在したことを長崎での取り調べにおいて正直に証言するか否かという点である。徳永丸の場合も融勢丸の場合も、中国人の入れ知恵で、呂宋に滞在したことを隠し通したことは先に触れた。神力丸の場合は、公式記録の中の一冊である「様子書追加」に次のような記事がある。

乍浦ゟ長崎江渡海之節、唐人共申候ニハ、呂宋之内マネイラン江参候由、長崎御役所ニ而申候而ハ、御長屋入長く相成候故、シヤム江参候様申候得者、同所ハ中華ゟ程近く、日本江も近く候故、早く御免可有之旨申聞候へ共、漂流人之内、右之趣承不申者有之、呂宋江参候旨申出候由、尤、同国ハ専切支丹宗門多く御座候故、公儀向甚六ケ敷様子ニ被存候（①）

神力丸の場合も、やはり中国人から同様の入れ知恵をされたようだ。ただし、ここでは「シヤム」に行ったと偽るようにいわれているのが注目される。なぜ「シヤム」なのか。「シヤム」が中国や日本に近いことが理由とされたように読めるが、その意味はやや理解に苦しむ。中国人が「シヤム」を呂宋より中国や日本に近いとする地理認識を持っていたというのも理解しがたい。呂宋がキリスト教国で公儀向きが難しいとされていることからすれば、キリスト教国でないことをその理由として考えたというのが妥当なところだろう。とすれば、中国や日本に近いほうがキリスト教の影響が少ないということだろうか。文化的な距離は地理的な距離に対応しているといった素朴な地理認識を示しているのだろうか。

いずれにしても、最初は口裏を合わせて「シャム」に漂着したと供述したようだ。漂流民を長崎に運んだ中国船の船主の「口書」にも、確かに「暹羅国之地方江漂流破船有之」とある（①）。そして、漂流民の「口書」にあるバターン諸島の地名について尋ねられた時にも、中国人船主は「暹羅国之小名与奉存候」と答えている。しかし、呂宋のことを忌避しようという認識と配慮は、一四人の漂流民全員には行き渡っていなかった。誰かがそのことを洩らした。そのため、長崎奉行所での取り調べは一〇数回に及び、「巴旦国詞」や「様子書」「様子書追加」を含む多くの書類が作られた。取り調べは、漂流民を長崎に運んだ中国船の船主にも及んだ。奉行所では漂流民の「口書」のなかで不明な点一〇九項目を抜き出し、一々中国船の船主に尋問した。その結果が、公式記録の内に「漂流人口書之内御付紙ヲ以御尋之次第船主相糺候和解」（岡山藩の留方本では［I］⑤S6—101）として残されている。中国人が漂流民に入れ知恵するのは、こうした煩わしさを避けるためだろう。それでも、中国人船主は証言を変えず、漂着したのはあくまでも「暹羅国」だと言い張ったようだ。

これに対して、日本人漂流民の「口書」は混乱したものとなった。つまり、一方ではバターン諸島に「マネイラン」（マニラ）より交替で「頭役其外役人」が派遣されていると述べながら、他方では彼らがバターン諸島から移された「呂宋」は「暹羅共マネイラン共申候地方」とは「近キ所ゟ凡百五拾里程も可有之」と記されているのである（①）。つまり、「暹羅」と「マネイラン」とが同じで、「呂宋」と「マネイラン」とは別の場所ということになってしまっている。

こうした混乱は正式の「口書」にとどまらず、漂流民が地元に帰ってから行われた取り調べの「口書」や「聞書」にも及んでいる。例えば、尻海の「聞書」にも「シャムのマネラ」という記述が残っている。詳しくは、のちに漂流記録の地理認識を検討する際に改めて触れるだろう。

なお、栄蔵の「聞書」と思われる「備前岡山神力丸漂流本人之口書」は、バターン諸島の現地民を「唐人」と表記していたが、それにとどまらず、呂宋についても「ろすん国」は「南東唐地なり」と記し、マカオも「唐国の内間賀尾」と記している。つまり、漂流先を全体として「唐」世界として描こうとしているのであり、これもキリスト教世界との接触を覆い隠そうとする意図によるものだろう。いうまでもなく、それは漂流民自身ではなく、主に聞き手＝「聞書」の書き手の意図である。

5 「クロス」のこと

神力丸の漂流民たちが接触した「異人」たちは、バターン諸島の現地住民、スペイン・ポルトガルなどの西洋人、外地で活躍する中国商人、中国内地の中国人、などである。このほかの特殊な接触としては、マカオでの「クロス」との接触がある。「クロス」は漢字で表記すれば「黒子」で、記録によっては「黒坊」「クロンボ」などと記されることもある。いわゆる黒人のことであるが、いずれの場合も、表現に蔑視の気配はない(39)。

「クロス」は、マカオで漂流民たちが収容された屋敷で使役されていた。その様子を、正式の「口書」は次のように記す。

番人ハクロスト申、惣身色黒キ物、裸ニ毛綿之股引之ゆるき様成物并革沓をはき、頭役人之召仕与相見へ、昼ハ弐人、夜ハ五、六人つゝ番致し罷在、右クロス之本国ハ、イキリス国之辺にてゴオ与申国ニ而、マカオよりハ海上七百里程も有之由承申候、右之者男女共数人マカヲ江参奉公致し居候由、右之内男伊達与申様成様子ニ相聞候、額に三ノ字又ハ山形抔、色ゝ致焼印居候者も相見へ（①）

「頭役人」はポルトガル人と思われ、「クロス」はその「召仕」であった。「クロス」は奴隷だと思われるのだが、漂流民たちは日本の奉公人と同じような者と認識していたようだ。「ゴオ」は、インドにあるポルトガルの植民都市のゴアのことだろう。マカオもポルトガルの交易基地だから、ゴアから「クロス」が連れてこられているというのは、筋が通っている。ただし、「イキリス国之辺」とする理由は分らない。番人の「クロス」は、役人の伝言を伝えたり、漂流民が寺院に参詣するのに付き添ったりと、漂流民の身の回りの世話をあれこれと焼いていることが「口書」から知られるが、漂流民と「クロス」の交流を明確に示すような記述はない。

利八の「聞書」には、「此地の役人家中の下男ハ多く黒男なり」とある(④)。この「黒男」については聞き手も興味を持ったらしく、「黒男と云ハ、蘭船に乗るクロスの事也、ゴフと云国より多く他国へ働きに出奉公など勤む」と注記した後、詳しい説明を利八に求めた。次が彼の答え。

此クロスと屋敷にて懇意ニなり、則夫婦ものにてゴフより働きに出たる趣也に、誠色黒き事うるしの如し、男女共同し、頭上の髪ちゞミて指につまミて引バ一寸斗放てハちゞむ也、此クロス云ニ我〻国元へハ四ヶ月掛らねばかへられず、此所ゟ各方の本国迄の里数を三ツも合せし程也 (④)

「ゴフ」は、先の「ゴオ」に同じくゴアのこと。「クロス」の縮れた髪については漂流民の関心を引いたらしく、公式記録の「様子書」にも、「クロス男髪縮、誠ニほくちを付たる如く」とある(①)。利八が社交的であったことは先にも触れたが、ここでも「クロス」と懇意になったと述べており、分け隔てなく親密に付き合っていたことが確かめられる。そうした態度は、漂流民に共通したものだったと思われるが、なぜか、栄蔵の「手書」には「クロス」についての記述がない。勝之助の「口書」には、次のようにある。

此門番ニクロンボ六人昼夜居申候
賄方致候者之内、シヤガタラ国出生クロンホト申者も罷越居申候、此者ハ平常共裸ニ而御座候由、髪ハ縮ミ、色ハ黒く躰者能肥候者ニ而御座候

右クロンホノ婦人も参居申候処、男子同様色黒ク髪も縮ミ居申候得共、裸ニ而ハ無御座候、着物阿蘭陀人同様ニ御座候（⑤）

全体としては、公式記録や利八の「聞書」と同様の観察といっていいだろう。はっきり異なっているのは、勝之助が彼らの出身地を「ジヤガタラ国」といっていることである。「ジヤガタラ国」は、ジャワ島もしくはジャカルタを指しており、これは、勝之助がマカオで滞在した屋敷を「阿蘭陀屋敷」とするのに引っ張られたものと考えられるが、その事はのちに触れる。なお、勝之助関係の「聞書」では、「クロス」の記述に混乱が目立つ。例えば、「漂流記聞」では、「黒坊アリ、皆額ニ焼判ヲ入レタリ」という記述がマカオではなくマニラでのこととなっており（⑥）、「異国物語」では、マカオの項に「ジヤガタラ国ゟ男女とも参り申候クロンボ」とある上に、乍浦の項にも「此人足ト申ハ、ジヤガタラ国ゟ出勤仕参り候て、クロンボと申者ニ御座候」という記述がある（⑦）。記録作成者の側に錯誤があるものと思われる。

また、清兵衛「口書」は「クロス」のことを「黒唐人」と呼ぶが（⑧）、その理由はよく分らない。

最後に、兄海の「聞書」の場合。「東備兄海浦漂船一件」から引用する。

此所の諸家中の下人ハ皆黒男なり、此黒男と申ハ、唐と阿蘭陀との間の国ゴフといふ所の者なるよし、此国は米穀沢山に出来立つ国とうけたまわる、是によつてゴフの国よりも来りて奉公致すよしにて、海上凡そ四百里ばかり東なりと申す、阿蘭陀人日本へ来朝の節も此黒男を二、三人づつのせて来る由、水中に入る事、又柱に登る事妙を得たり

「黒男」の出身地を「ゴフ」とするのはいいとしても、それを東方海上四〇〇里とするのは理解できない。もう一つの兄海の「聞書」である「南海談」でも、「黒男ハ東の国にて海上四百里ありしなり」とあり（⑨）、こうした認識が兄海の漂流民たちに共有されていたことが分かる。「南海談」には、続けて「イシバニヤの人、バタンよ

りして日本江帰る国〻の図を画てあたへけるが、ヲランダ・ヲランカイハ皆此地より東に当ると教へ、イシバニヤハ其北なりと云り」とあり⑼、「黒男」の出身地についての不正確な認識は、ヨーロッパの位置認識に引っ張られたものであることが分かり、致し方ないともいえる。こうしたヨーロッパの位置認識は、「南海談」に描かれた地図（五三頁写真5）でも東方にこれらの国名が記されていて、確かめられる。

また、「黒男」が長崎に来航のオランダ船に乗っており、水泳や柱に登ることが上手だという記述は、栄蔵の「聞書」と思われる「備前岡山神力丸漂流本人之口書」にも見られる。漂流民たちが以前から「クロス」についての詳しい知識を持っていたようには思われないから、帰国後長崎で得られた情報だろうか、それとも「聞書」作成者の知識によるのだろうか。

漂流民にとって「クロス」との接触も珍しい体験であったと思われるが、以上のような史料による限り、彼らが「クロス」を警戒したり蔑視したりする様子は見受けられず、彼らに対する態度は総じて親密なものであったと認められる。ここでも、漂流民たちが「異人」に対する閉鎖的な精神構造を持っていなかったことが確認できる。

6　漂流記録の地理認識

ところで、今まで神力丸が漂着した「バタン国」を、現在のフィリピンのバターン諸島として論じてきたのだが、実は、当時の日本人にとっては、「バタン国」が彼らの地理学的な知識のどの地域にあたるかということ自体がまず大問題であった。

栄蔵の手記である「漂流日記」に次のようにある。

ホゴス、サルトリメンコノ嶋国バタン国ト唱フ、巴旦トイヒキタレドモ、或人ノ曰、巴ハ清音ノ字ナレハ巴旦ニハ非ス、地球図ニテモ巴旦ト有ル国ハコノタビ漂流シタル地方ニ非ス、馬旦ト外国人イウナレハ、唐人文字下スニ濁音ノ字ヲ呼ナルヘシ、別ノ所テアラン、左モ有ル事ニヤ（③）

「或人」というのは、漂流民以外の岡山藩の誰かだろう。その人の意見によれば、「巴旦」であれば「ハタン」となってしまい、外国人が「バタン」と発音したのであれば、それは「馬旦」のことで、「巴旦」とは別の所だというのである。「地球図」とあるものが具体的に何を指すのか不明だが、その図に示されている「巴旦」は漂流民の証言と位置が合わないという。そのためか、「漂流日記」の表紙にも、「馬旦国母後須嶋」とある。引用文の最後にある「左モ有ル事ニヤ」というのは、栄蔵の言葉だと思われるが、とすれば、彼自身は「馬旦」という意見に納得しているわけでもないようだ。なお、ここで「馬旦」とあるのは、江戸時代に一般に「番旦」と書かれる国のことだろうか。

しかし、神力丸漂流関係史料では漂流先を「巴旦」と書くものが多く、幕府が命じて作成された『通航一覧続輯』でも「巴旦国部」に収載されている。しかし、江戸時代には「巴旦」についての正確な情報がほとんどなかった。

近世知識人の一般的な博物学的地理認識を示すものとして、西川如見の『増補華夷通商考』があげられる[40]。そこでは、「番旦」も「巴旦」もともに「外夷」の一つとされるが、その扱いは大いに異なる。同書でいう「外夷」というものは、「唐土ノ外ナリト云ドモ、中華ノ命ニ従ヒ、中華ノ文字ヲ用、三教通達ノ国也」という「外国」とは異なり、「唐土ト差ヒテ、皆横文字ノ国也」とされる国々である。「番旦」は、同じ「外夷」のなかでも「占《チャン》城《ハン》」（現在のベトナム南部）など一〇カ国とともに「唐人商売往来スル所」のうちに数えられる。「外夷」には、このほかに「阿蘭陀人商売ニ往来ノ国」が三五カ国あげられているのだが、そのうちにも「ハタン」はなく、ようやく「阿蘭陀往来スル事ヲ不知ト云ドモ、日本ニ於テ毎々ニ其名ヲ遍ク知ル處ノ国」として「外夷」の「附録」

のうちに現れる。「日本」から最も遠い「異国」の一つといっていいだろう。以下、それぞれに具体的な記述についても見ておこう。

まずは「番旦」。

南極出地事咬𠺕吧《カラバア》国ニ同ジ、海上日本ヨリ三千五百里、瓜哇《ジヤア》国ノ内ニテ咬𠺕吧近所也、近年ヲランダ人ノ支配ト云ヘリ

四季並人物等咬𠺕吧ト同ジ、此所ノ人ハ日本ニ船遣ス事ナシ、唐人此所ニ往テ商船仕出シ長崎ヘ来リシ事アリ

「咬𠺕吧《カラバア》」は「ジャガタラトモ云」とあり、「海上日本ヨリ三千四百里、南天竺ヨリ遙カ南ノ島ナリ、一国ノ総名ヲ瓜哇ト云、其国ノ都也」と記されている。現在のインドネシアのジャワ島のジャカルタのことである。「番旦」は、「瓜哇国」のうちで「咬𠺕吧」の近所だというのだから、現在のジャワ島の北西部のバンテンのことだろう。バンテンは一七世紀初頭以来オランダ東インド会社が商館を置いて、東南アジア交易の中継地とした港市都市である。[41]「咬𠺕吧」についてはオランダ人や中国人からある程度の情報が得られていたから、西川如見の記述もそこそこ穏当なものとなっている。「番旦」については、朱印船貿易時代にも日本から商船が派遣されたことはないが、唐人が商船を派遣してその産物や情報が長崎にももたらされていた。ただし、「咬𠺕吧」に同じということで、特別な記述はない。

これに対して「ハタン、巴旦」については、次のように記されている。

日本ヨリ海上一千四百里、島ナリ、大寃ノ南方ニ当レル暖国也、延宝八年此嶋ノ船一艘人数十七人日向国ニ漂着ス、長崎ニ送ラレテ数月長崎ニ逗留ス、其人物甚賤ク、詞曽テ不通、阿蘭陀人ニ逢テ悦ビ、ヲランダ其国巴旦ナル事ヲ知ト云ドモ、其余ノ事ハ委ク不通、犬ヲ煮テ食スル事ヲ好メリ、十七人ノ内十三人ハ段々長

崎ニ於テ病死ス、残テ四人ヲランダ舟ニ命ゼラレテ帰国ス

延宝八年（一六八〇）の漂着事件は、『通航一覧』巻之二七一、田弾国・巴旦島国部にも記載されている。[42] 飫肥藩領の日向国外浦湊（現宮崎県南那珂郡南郷町）に「巴旦の漁船」が漂着した事件である。この漂着民たちは長崎に送られたが、中国人やオランダ人とも言葉が通じず、「バタン」もしくは「バタニア」の者であることだけが知られた。ここでも、漂着民の地名の発音が「バタン」と聞かれていることには注意しておきたい。しかし、中国人もオランダ人もこの国についてはよく知らなかったようで、『通航一覧』が引用する諸書にも詳しい記述はない。なお、『通航一覧』巴旦島国部には、先に述べた寛文八年（一六六八）の尾張船の漂流事件を掲載している。

『増補華夷通商考』からの引用に戻ると、「ハタン」は「大寃ノ南方」の「島」というのだから、私たちが問題にしているフィリピンのバターン諸島と大まかな位置は一致している。しかし、延宝八年の漂着民も神力丸の漂流民が聞いた現地人も、「バタン」と発音したため、それが「ハタン、巴旦」を指すのかどうかと疑義が生じたのだった。

西川如見の『増補華夷通商考』が一八世紀初めの知識人の地理認識を示すとすれば、『通航一覧』は一九世紀初めの幕府周辺の知識人の地理認識を示している。ここでも「番旦」については、「瓜哇国部」のうちにあげられ、「其都城の名にて、海浜の大府なり」とある。[43] その「番旦」についての記述は、先の『増補華夷通商考』などと変わるところはなく、それなりに正確な認識が維持されている。

それに対して、「巴旦」についてはさらに混乱している。

まず「ハタン」の表記については、『采覧異言』などに「八丹」と作るが、『華夷通商考』など「巴旦」と記すものが多いので、「巴旦」をとるとした後、次のように記す。

采覧異言に、応帝亜《インデア》の東南一帯沿海の地に、八丹を以て名とするもの凡四あり、沙里、加寧、骨、旁不これ

なり、番名沙里をナガ、加寧をマジユリ、骨をヒミリ、旁不をマキニと呼ふ、其中南に近き沙里、加寧の地は、阿蘭陀人市場を置の所なりと云々

「応帝亜《インデア》」というのは、インドのこと。その東南というのだから、インドネシアの方か。「ナガ」「マジユリ」などの地名は不明だが、オランダ人が商館を置いている所というのも、ジャワ島あたりが思い浮かぶ。そうすると、これは「番旦」についての情報が混在しているのだろうか。

『采覧異言』は正徳三年（一七一三）に新井白石が著した地理書。(44) 白石は「八丹」を「バタン」と読んでいるから、やはり「番旦」のつもりか。明人が著した「万国坤輿図説」には見えないとし、「鄭和諸番道里図」によったと記している。(45)『通航一覧』の内容は、『采覧異言』の内容を忠実に反映しているが、「八丹　バタン」を「巴旦」と同一視したところに混乱のもとがある。

『通航一覧』は、さらに次のように続く。

華夷通商考、漂流雑記に、これ台湾の南方に当れる中天竺の島国にして、本邦を去ること一千四百里、風俗野鄙、気候暖国なり

日本から一四〇〇里、台湾の南方の島国というのは、先に引いた『増補華夷通商考』での「巴旦」の記述通りで、現実のバターン諸島に一致する。しかし、それを「中天竺」とするのは、どういうことだろうか。もちろん、これは『増補華夷通商考』にはなかったことだ。

そもそも日本での「天竺」についての地理的認識は、仏教的な世界観に基づくものであった。(46) そこでは、「天竺」という語で現実のインド大陸を指すとともに、世界全体が、中、東、西、南、北、の五つに区分された「五天竺」として示された。しかし、それは極めて観念的なものであり、その区分を現実の地理空間と整合させることは困難をともなった。このため、古代以来の日本人の「天竺」像は広狭二つの意味を持つとともに、極めて曖

昧なものとならざるをえなかった。

近世日本人の「天竺」像も、こうした曖昧さを引き継いだ。例えば、『増補華夷通商考』の「インデヤ」の項を見ると、(47)「印度ハ則天竺ノ名也」とあり、「天竺」が「インデヤ」そのものを指す狭い意味で使われているが、すぐその後に「モウル国ト此国トハ南天竺ニテ第一ノ国ナリ」とあり、「インデヤ」は「南天竺」とされる。つまり、この場合は広い意味で「天竺」という語が使われているのである。同書の挿し絵である「地球万国一覧之図」でも、「インデヤ」とは別にチベットあたりに大きく「天竺」と書かれている。「天竺」というのは、現在でいう中央アジア・東南アジア・南アジアなどを含む広い地域の総称とされていたようだ。

このように『増補華夷通商考』で広い地理的概念として「天竺」を使う場合、「中天竺」というのは、「釈迦ノ生国中天竺」とか、「暹羅ヨリモウル国ヲ経テ中天竺ニ往テ、釈迦ノ旧跡等ヲ見」とかあるように、インド大陸の北部を指しているようだ。これは、「五天竺図」などで仏教の栄えた「マガダ国」あたりを「中天竺」とするのに対応している。(48)とすれば、「台湾の南方」で、しかも「中天竺」というのは実に矛盾した地理認識だということになる。

なお、寛文八年の尾張船の漂流記録では「馬旦」を「中天竺」とする。(49)また神力丸関係の記録でいえば、「実録本」の「備前難船記」が神力丸の漂流先を「天竺」としていたことが思い出される（第一章四1）。この場合は、「中華」世界より遠い世界を指して大づかみに「天竺」と呼んでいるのだろう。のちに述べる中世的な「三国世界観」に基づくものと考えられる。

以上のように、一九世紀の『通航一覧』になっても、知識人の「ハタン、巴旦」の地理上の位置についての認識は極めて曖昧なままであった。しかし、知識人たちは漂流民が漂着した土地がどこであるかに強い関心を示した。知識人にとっては、漂流体験はたんなる珍奇な物語にとどまるものではない。それは、彼らの地理学上の知識を豊富化したり、訂正したりするものとして聞かれたからである。そのためには、漂流地が彼らの既知の知識のどこにあたるかを確定することは、是非とも必要であったのである。話し手である漂流民にとっては、漂流体験そのものに意味があり、漂流地の位置についての関心はあまり強く感じられない。漂流記録に現れる地理学的な関心は、主に聞き手である知識人たちのものであると考えていいだろう。

この項の最後に、そうした例の一つをあげておこう。

岡山藩作成史料のうち江戸留守居本系統の写本に地図が付されているものがあることは、第一章二2ですでに述べた。ただし、この地図は榎氏旧蔵本や竹村氏旧蔵本および東北大学本には見られるが、池田家文庫の江戸留守居本そのものには見られない。東北大学本の欄外には、「敬孝私曰、世上流布之万国之図をもて、漂流之方角・国之凡之里数記之」とある。参考にされた「世上流布之万国之図」というのは具体的に何を指すのか、よく分からないが、付図自体は山脇敬孝の手になるものと考えられる。ただし、三つの写本で地図の中に書き込まれた情報には精粗がある。『吉備群書集成』の底本となった榎氏旧蔵本の書き込みが最も詳しいのだが、それがもともと山脇氏によって書き込まれていたものなのか、あとから榎氏によって書き加えられた部分があるのかも、よく分からない。筆写に関わった山脇氏や榎氏もしくは竹村氏などは、いずれも岡山藩の家臣と思われる。とりわけ地図への書き込みが詳しい榎氏旧蔵本の筆写者と推定される榎氏は、知識人の代表とでもいうべき医師であった。このことも先に述べた。つまり、漂流体験に対して地理学的な関心を持つ者が、主にこうした知識人であったと考えられるのである。

さて、『吉備群書集成』に載せられた榎氏旧蔵本の地図を図3として掲げた。一見して現実の地形とはかなり異なる特異なもであることが分かる。

とりわけ東南アジアについてみてみると、「シヤム」と「カホチヤ」とが「交趾」の南の海上の島として書かれているのが注目される。「カホチヤ」の横には「南天竺ニ属ス」と注記されているが、「暹羅」や「東埔塞」が「南天竺」に属するというのは『増補華夷通商考』以来の認識。そして、この二島の南の島に「バタン」と書き込みがあり、次のような注記がされている。

巴旦又番旦トモ称ス、四種アリ、ナカバタン・マシリハタン・沙里バタン・加寧バタン、日本ヨリ海上千四百里

これが神力丸が漂流した「バタン国」を指すことは間違いないのだが、それが「巴旦」とも「番旦」とも称すとされる。つまり本来別の「巴旦」と「番旦」とが、一緒にされているのである。

次の「バタン」に四種類があるというのは、先に見たように『采覧異言』などに見られる情報だが、「ナカ」と「沙里」、「マシリ」と「加寧」はそれぞれ同じとされていたから、ここでは二種類しかあげていないことになる。(50)いずれにしても、これはどちらかといえば「番旦」寄りの情報。それに対して「日本ヨリ海上千四百里」というのは、『増補華夷通商考』などに見られる「巴旦」の情報。この点でも「巴旦」と「番旦」とが混淆されている。そして、最後に「バタン」の地図上の位置に注目してみると、「瓜哇、ジャガタラ」の東に書かれている。これは明らかに「バタン」を「番旦」に引きつけて理解した結果だろう。

以上のように、この地図を作成した人の「バタン」についての認識は、既存の地理学上の知識を寄せ集めたものであったことが分かる。そして、もともとその情報が不正確なものであったから、それによって作られた「バタン」についての地理認識は、混乱に輪を掛けたものとなった。ただし、混乱の責任の一端は漂流民の側にもあった。つまり、既存の地理学上の知識の不正確さを糺すような情報を彼らが提供できなかったからである。彼らに漂流地についての地理学的な関心がなかったのは、ある意味では当然のことなのだが、その点で聞き手である知識人と関心のズレがあったことが、漂流記録の地理認識の混乱を招いたのである。

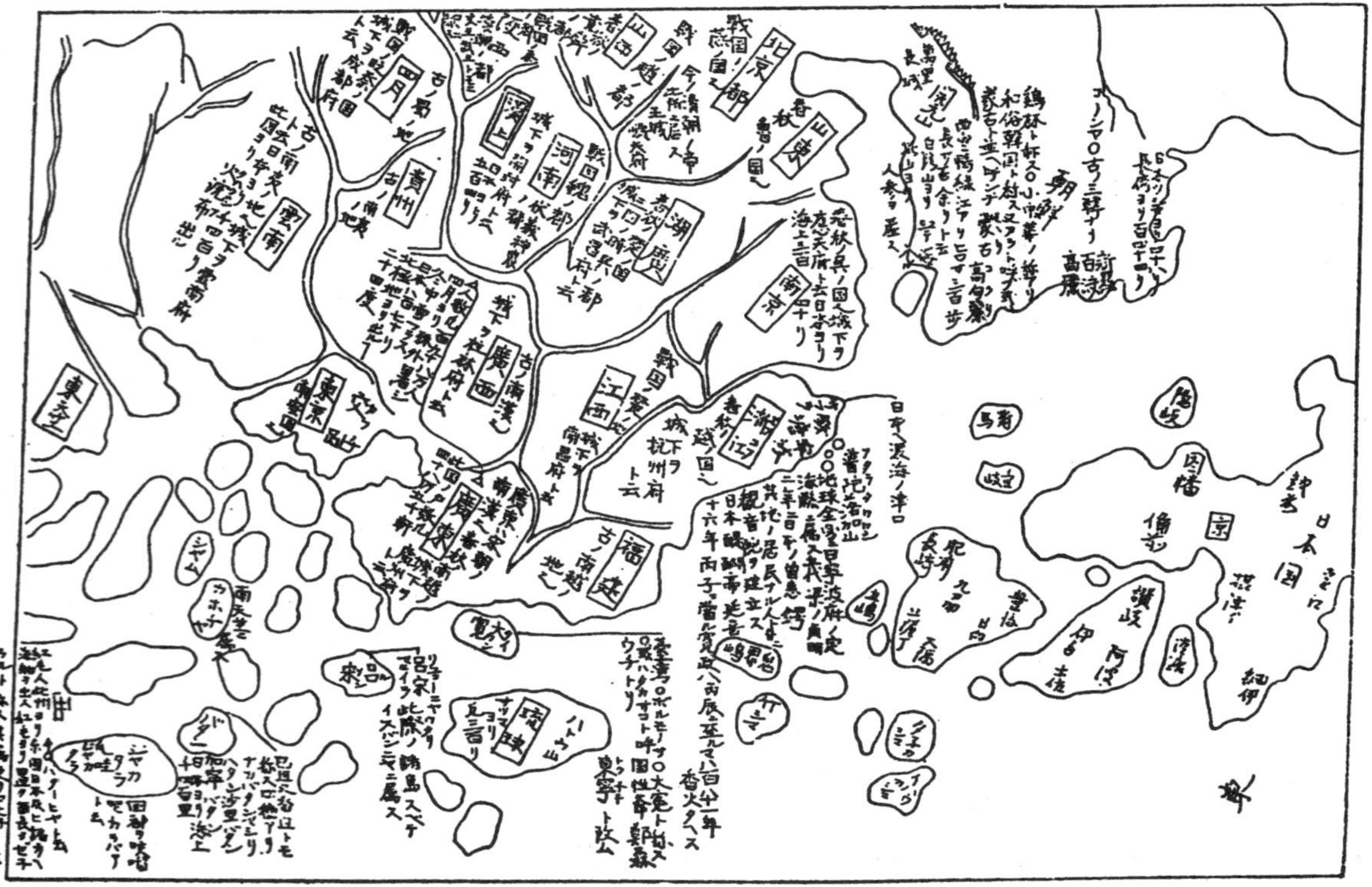

図3　榎氏旧蔵本付図

7　続・漂流記録の地理認識

神力丸の漂流記録のうち、興味深い地理認識を示すのは、讃岐の勝之助関係の史料である。第一章五3でも述べたように、勝之助関係の史料は、広東以南を一様に「阿蘭陀」世界として描く点で一貫しているのである。そして、こうした地理認識が示される背景には、キリスト教関係の記述を出来る限り忌避しようとする意識が働いていたのではないか、ということも先に触れた。それを裏付けるかのように、高松藩の取り調べによる「口書」に次のような一条がある。

一呉国逗留中切支丹宗旨被勧候義ハ無之哉与御尋之趣、奉畏候、此義者兼而長崎御役所ニ而厳敷御尋ニ付、一向右様之義被相勧候義ハ勿論、及見聞候義茂無御座候（⑤）

キリスト教との接触について追求されるのを避けるために、「暹羅」に漂着したと証言するよう中国人から入れ知恵されたこと、および、「呂宋」に立ち寄ったことを洩らした者がいたため「呂宋」と「暹羅」とが混乱した証言になったことも、先に述べた。それは勝之助関係史料でも同じで、「マネラ国」は「阿蘭陀之属国」で「ルスンシヤムとも云」と記されている（⑤）。しかし、「ルスン」と「シヤム」を同一視するような地理認識は、近世日本の知識人たちに納得できるものではなかった。「口書」の写本の一冊（木村黙老自筆本）には、朱筆の貼り紙があり、「マネラと云ハ呂宋国之由、暹羅とも云と云しハ、全之訛伝ならん歟」と記されている（⑤）。「訛伝」というのは、誤って伝えることで、誤伝に同じ。勝之助の無知を指摘する貼り紙なのだろう。しかし、それが彼の無知を示すものなのか、作為なのかは、にわかには決しがたい。いずれにしても、キリスト教関係の記述を避けるために、「マネラ」を「シヤム」と称したことは間違いないだろう。勝之助「聞書」の一つである「一件口書之写」（龍谷大学本）に、「右之所者元来切支丹相栄候所故、長崎表ニ而ハシヤムと称申候、呂宋マネラと申候而者御取扱至而六ヶ敷由、追而長崎表ニ而承申候」という記述があり、それを裏付ける。

また、勝之助らが漂流した「バタン国」を「阿蘭陀」世界とする上で、当時の知識では「巴旦」と「番旦」とが混乱されやすかったことも作用していただろう。先にも触れたように、「番旦」はインドネシアのジャワ島にあったオランダの植民都市バンテンのことであった。まさに「阿蘭陀」世界そのものである。

勝之助関係史料で「クロス」を「ジヤガタラ国」の出身とするのも、広東以南を「阿蘭陀」世界とする意図によるものだろう。ほかの記録は、この「クロス」をインドのゴア出身とすることで一致しており、ゴアがマカオと同じポルトガルの交易基地であることからすれば、こちらの記述が実際の見聞に基づくものと考えて間違いないだろう。「ジヤガタラ国」出身とする勝之助関係史料の記述は、マカオで滞在した屋敷を「阿蘭陀屋敷」としたのに引きずられたものだが、全体としては、広東以南を「阿蘭陀」世界とする構想に規定されたものと考えられる。「ジヤガタラ国」はオランダの植民都市であるジャカルタのことだが、「異国物語」は「マネラ国バダン国」を「新阿らん陀」と記しており⑦、これもオランダ本国に対する植民地といった意味だろう。

このように、勝之助関係史料では、漂流した「バタン」「マネラ」「マカオ」などの南方地域を「阿蘭陀」世界として描こうとする意図が一貫している。それが勝之助自身の意図だとすれば、彼の地理学知識は相当なものだといわざるをえない。しかし、そうした構想が当時の知識人に一般的な地理学知識に基づくものであることを考えれば、尋問者の誘導によるものとするのが妥当と思われるが、いかがであろうか。

他方、勝之助関係史料には相違点もいろいろ見受けられる。地理認識に注目して整理してみた表8によると、特に「聞書」類がそれぞれ独特の記述を行っていることが注目される。

例えば、「漂流記聞」では、マニラにイギリス船と並んで「ヲロシヤ」船が「多ク入津ス」とあり、「モコル国」の攻撃からマニラを守るために「ヲロシヤ」の人数が多く来ていると記す⑥。「ヲロシヤ」については、利八の

表8　勝之助関係史料における地理的認識の比較

	ハタン	マネラ	マカオ	カントン	サフ
「津田村勝之助漂流記」	（大将）阿蘭陀人と相見	阿蘭陀之属国之由 ルソンシヤムとも云 此国ニハカントウ国、ホツケン国、ホクチウ国抔より……出店も御座候	阿蘭陀屋敷江連行呉申候 ジヤガタラ国出生クロンボト申者も罷越居申候	イギリス国、ヲランダ国、モウロス国、リウキウ国、朝鮮国、ロス国等之出屋敷御座候	
「漂流記聞」	守護ノ役人ハ和蘭陀人ナリ	守役ハ和蘭陀人也 此地至テ繁昌ニシテ、ヲロシヤ又イキリスノ船ホ多ク入津ス 此地富饒ノ地ナルユヱニヤ、モコル国ヨリ攻来ル事アリトテ、ヲロシヤ国和蘭陀国ノ人数多ク来リ守レリ 黒坊アリ、皆額ニ焼判ヲ入レタリ		モコル・和蘭ノ船入津ス、夫レ〻〻ニ屋敷アリ	我国ノ言葉ヲ学ヒタル人モアリシガ、皆崎陽ノ俗言ナリ
「異国物語」	此所之むかうハ南あべリカ国、夫ゟむかうハ南天竺国、但しバダン国ゟアベリカ国迄日本の一里ニして壱万五千里余も有之、……阿蘭陀国にてハ日本の真字通用仕候ニ付、是迄之事マネラ国ニ阿らんだゟ出屋鋪有之、右承リ申候	マネラ国之内ルスンシヤムト申所へ着 此所ニ阿蘭陀ゟの出ばり所あり	阿蘭陀国屋敷ト申候所へ連レ入 ジヤガタラ国ゟ男女とも参り申候クロンボ	阿蘭陀の出張屋敷へ連入り 此所朝鮮国・りゆうきう国ニモウロス国・インレス国、尤、阿らんだ国より右国〻江出張屋敷御座候	此川筋ハ南天竺りうさ川之ながれニて 此人足ト申ハ、ジヤガタラ国ゟ出勤仕参り候て、クロンボと申者ニ御座候

「聞書」にも「諸国の蔵屋敷有、阿蘭陀・インギリス・中華南京・朝鮮・ヲロシヤ・琉球など都而国〻の蔵屋敷有」と記されており④、ロシア船がマニラに来航していたことは多分否定できないだろうが、勝之助関係史料で「ヲロシヤ」のことが記されるのは「漂流記聞」のみである。

また、「モコル国」は近世知識人の一般的認識ではムガール帝国のことを指しており、勝之助の「口書」に「モウロス国」とあるのがそれにあたる。ただし、実態としてはイスラム教徒化したマレー人のモロ族のことだろう。このモロ族がマニラを襲撃するという話しは、勝之助関係では「漂流記聞」にしかない。ただし、「様子書追加」には、「モウル」がマニラに襲来するという記載があり①、漂流民たちが現地の人からそうした話しを聞いたことは確かだろう。しかし、「様子書追加」がその防衛のために「イシパニヤ・カゞヤン両国ゟ」兵が集められていると記すのは納得できるが、「ヲロシア」から人数が来て守るという「漂流記聞」の記述は信じがたい。

このようにみてくると、「漂流記聞」における「ヲロシヤ」への言及は、この「聞書」の聞き手の関心に基づいて聞き出されたものであり、そこに現れる脱線も聞き手のロシアに対する思いこみに基づくものと考えられる。当時の内地の知識人が、ロシアに対して強い関心を持っていたことを反映しているのだろう。

「異国物語」の地理認識も独特である（以下⑦）。例えば、「ハタン」の項にある「此所之むかうハ南あべリカ国、夫ゟむかうハ南天竺国、但しバダン国ゟアベリカ国迄日本の一里ニして壱万五千里余も有之」という記述はどうだろう。先にもみたように、一般に「南天竺」といえば、シャム・カンボジアからマレー・インド南部までを含む広い範囲を示すのだが、「ハタン」の「むかう」で「南天竺」の手前にある「南あべリカ国」とはどこのことを指すのだろうか。南アメリカ大陸とは考えにくい。別の箇所では、長崎から「阿らんだ本国まで……壱万五千里余も有之、其先キ南アメリカ国又壱万五千里余、其先キ夜国、これは里数不知、……其先キ天竺へハ尤里数不知」とある。里数の針小棒大さを割引き、「阿らんだ本国」を「ハタン」と考えれば、三者の位置関係は先の記述と一致している。「阿らんだ本国」を文字通りヨーロッパのオランダ本国と考えれば、「夜国」は北極圏に近い白夜の国を指すから、むしろ「天竺」の位置がズレている。いずれにしても「南アメリカ」に言及しているのは「異国物語」だけであり、筆者が「南アメリカ」に対して特別な関心を持っていたと考えざるをえない。

また、「異国物語」は乍浦近くの大河について「此川筋ハ南天竺りうさ川之ながれ」と記す。この大河は長江のこと。「りうさ」は流沙、つまり中央アジアのタクラマカン砂漠のことであろう。「天竺」についての一般的な理解では、これも先にみたことだが、「中天竺」が釈迦の生誕地であるインド北部を指していた。ここでも「南天竺」の範囲や位置関係にズレがある。もしくは、全体として方位が違っているのかもしれない。

いずれにしても、以上のような地理認識は「異国物語」にしかみられないものである。つまり、こうした認識は、勝之助自身の見聞に基づくものではなく、彼の話しを聞いた「聞書」作成者の地理観念・地理感覚を反映したものと考えられるのである。

公的な場で作成される「口書」類に比べて、民間の私的な「聞書」類の場合、漂流体験の記述に事寄せて国内にいる人々の地理認識が語られる可能性があり、漂流記録を読むときには、そうした点への配慮が必要だ。

8　日本との差異感覚

荒野泰典によれば、近世日本の一般的な対外意識の枠組みは、〈本朝・唐・西洋〉という「三国世界観」であったという[51]。これは、〈天竺・震旦・本朝〉という中世の伝統的な世界観を受け継ぎながら、地理的知識の拡大と世界情勢の変化に対応して形成されたものであった。もちろん、多様な近世の対外意識を一概に括るのは難しいが、それらが日本、中国、およびオランダをはじめとした南蛮・紅毛、という三つの軸によって世界を区分するものであると特徴付けることはできるだろう。

先にもみた西川如見の『増補華夷通商考』は、世界を日本・中華・外国・外夷に区分し、外国を「中華ノ命ニ従ヒ、中華ノ文字ヲ用、三教通達ノ国」、外夷を「横文字ノ国」とする。つまり、外国は中国と冊封関係にある国々であるから、これを中国本土とともに「中華」世界として括れば、先のような「三国世界観」に対応していることになる。[52]神力丸の漂流民が「異人」を「唐人」か否かで判断したというのも（第二章二1）、素朴な「三国世界観」ともいえるだろう。

『増補華夷通商考』で注目したいのは、その三つの世界を区分する基準が、言葉・文字と宗教・思想だということである。

漂流民たちが「異国」を意識し区分する基準も、その第一はやはり言葉や文字であった。その点を、神力丸の場合について整理しておこう。

最初に漂着したバターン諸島では、言語不通であった。現地住民とは身振り手振りで意志疎通し、やがて双方の言葉を覚えて親密な交流が実現したことは、先に述べた通りである。また、バターン本島の役所にはスペイン人の地方官が派遣されており、彼らの言語は横文字であった。

マニラも基本的には横文字の世界であるが、中国人も多く住んでおり、彼らとは漢字で筆談が可能であった。また、中国人のなかには「日本詞少〻相分候」者もいたが、大部分は身振りで意志を伝えた（①）。片言程度のことだったのだろう。利八は「此国文字ハ阿蘭陀文字の如し、更に不読、此地阿蘭陀と中華との凡そ間の国と被存候」と述べているが（④）、地理的にも文化的にも「中華」世界と「阿蘭陀」世界との中間地帯というのが、漂流民たちの共通した認識だったのだろう。

マカオも基本的にマニラと同じく中間地帯であった。折衝は主に中国人との間で行われたため、漢字による筆談でなされたが、正式の「口書」には「真字読兼候与仕形致候処、又候唐紙ニ真字ニ而認書付相渡、是又一向不相分候」とある(①)。少し複雑な文章や内容のことになると、漢字による筆談では十分に意志を通じ合うことは困難であった。また、マカオでも「供廻り之唐人」のうちに「通事唐人」と思われる者がいた。彼は、「前方日本渡海仕、日本詞聞馴居候」者のようだったが、やはり「聢与者不相分」、結局身振りで意志疎通した(①)。清兵衛も、「通辞之為唐人連来候へとも、何分辞通不申」と述べている(⑧)。

マニラやマカオは、『増補華夷通商考』などの地理学知識によれば「中華」世界と区別された「外夷」世界なのだが、実際には多くの中国人が往来したり居住したりしており、コミュニケーションという点では、「中華」世界と何ら変わるところはない。机上の地理学知識による区分は、漂流民の現実の体験にはあまり意味をなさないともいえるだろう。

次いで、広東以降になると、まったくの中国語の世界である。しかし、それによってコミュニケーションをめぐる状況が大きく変わるわけではない。広東在留中に付き添ってくれた「下人躰之唐人壱人」が「日本詞少ゝ相分り」ということだが、やはり片言程度のことであったろう。中国本土を旅行する間も、基本的に「仕形」で意志を通じ合っている(①)。つまり、同じ漢字文化圏であるといっても、日常生活の用を足すための会話は身振り手振りの身体コミュニケーションに頼っているのであり、その点では言語世界がまったく異なるバターン諸島の場合と何ら異なることはないのである。こうした面でも、地理学上の区分は漂流民の現実の体験にとってあまり意味をなさないと言える。

それが、長崎渡海湊である乍浦に着くと、様子は大きく変わる。「日本詞少ゝ相分り候」「通事唐人」が何人もいて、交替で漂流民の面倒をみた(①)。各地で「言語不通」を嘆いていた清兵衛も、次のように記している。

サフ者日本渡海之湊故、通辞も有之、日本語能通し申候、在留中始終、トウケンと申通辞用達仕候(⑧)

この「トウケン」は、公式記録の「口書」や栄蔵の「手書」では「トウキン」とあり、中国人船主は「此名前ハ多金と申唐音、トウキンニ御座候、此者病気ニ付、当節連渡不申候」と返答している（①）。利八も、「通詞ハ長崎の言葉ニ而云ける故、能聞取易し」と述べている（④）。それまでの中国人が話す日本語は片言であったのに、乍浦の中国人とは日本語であれこれと会話が成立し、言葉も聞き取りやすく、内容もよく分かったのである。そのため、「トウキン」が「日本こと葉ニて話しきかす」のを聞いた栄蔵は、「我ホ大に喜ひ、本邦へ帰たるこゝ地す」と感激している（③）。利八も、「日本の言葉久し振に聞て大ニ嬉しく、帰りたる心地す」と、同じような感慨を述べている（④）。つまり、言語の上で日本との差異を認識する場合、日本語で日常会話が成立するか否かが決定的な分界線になっているということである。

以上のように、漢字文化圏といい、横文字文化圏といっても、実際の意志疎通の状況が大きく変わるわけではない。言語や文化からみても最も遠いバターン諸島において最も濃密な交流が行われたことは、本書でたびたび述べたところである。つまり、知識人の地理学知識では世界は文字と言語によって截然と区分されているが、実際の漂流民の体験はそうした区分とほとんど関わらないのである。

『増補華夷通商考』が世界を区分する基準の二つ目は、宗教や思想であった。この点では、キリスト教が問題となる。幕府が漂流民とキリスト教の接触に神経質になっていたのは、よく知られたことであり、本書でもたびたび触れたところである。ただし、神力丸関係の記録を読む限り、漂流民がキリスト教の祭壇や教会・儀式などを目にしたことは確かだが、キリスト教への入信を勧められたり、キリスト教に関心を示したりした様子は認められない。もちろん、漂流記録の作成にあたっては、キリスト教関係を忌避する意識が強く働いていたから、その点をふまえて読まなければならないが、それにしても目立った動きを読み取ることはできない。

神力丸の体験に即していえば、バターン諸島とマニラではキリスト教関係の記述が散見されるのに対して、マカオ以降はキリスト教関係への言及はなくなり、逆に仏教寺院についての記事が見られるようになる。マカオでは、山の麓にある寺院に参詣し、「丈二尺程之観音之座像」を拝している。また、この観音堂の門前には「南無阿弥陀仏」と六字の名号を刻んだ「高サ六、七尺之石碑」が建っていたという（①）。この寺院のことは漂流民たちの印象に残ったようで、栄蔵も利八もそれに触れている。特に利八は、「此堂石細工、寄《（奇）》麗なる事日本ニ者なき細工なり」と感心している（④）。

　このように、宗教の面では、仏教寺院の存在が分界線となり、マカオが境界になっていたことが分かる。ただし、記録を読む限りでは、日本との差異意識を感じる上では宗教はあまり大きな位置を占めているとは思われない。むしろ食事の方が、漂流民にとっては大きな意味を持っていた。次のような利八の感慨が注目される。

　巴旦へ着て今マネラ迄来る間七十五日、芋と肉而已にて米を不喰、久し振にて白米を見、我国へ帰りたる心地に成、嬉しさ限りなし、久し振の事なる故、若喰過てハ不宜と皆々申合、初の程ハ加減して喰し也（④）

「我国へ帰りたる心地」という常套句によって、米食が分界線となっていることがくっきりと示されている。久し振りだから食べ過ぎないようにというのも、漂流民たちの感激のほどを現していて興味深い。そして、米食と対比されるのは、肉食である。先の引用の後に、利八は次のようにいう。

　蔵屋敷の役人ゟ各ぶたを喰かと問、是迄者米なき所ゆへ無拠給候得共、米に越たる事無之、神仏を拝し候に恐れある事と存、冣早喰不申と断ける、是より後、日々魚肉野菜の類迄気を付、不自由なく貰ふたり（④）

バターン諸島では米がなかったために、やむをえず豚など肉食をしたが、マニラでは米が食べられるのだから、肉食は遠慮するというのである。あわせて、肉食が神仏に障りがあると述べていることが注目される。漂流民にとって、信仰は、観念上のことではなく、具体的な日常生活の禁忌と関わって意識されるものなのである。

　なお、知識人が「三教通達之国」という場合、儒教的な礼儀が行われているか否かによって道徳的価値の面から世界を区分しようという意図が働いていることが多い。しかし、漂流民の場合は、習俗としての礼儀の違い、例えば、食事に箸を使うか手で食べるか、といったことに関心は持つが、それによってただちに道徳的な優劣を意識することはない。

漂流民たちが日本と「異国」との差異を意識する分界線はいくつかあり、それらは境界を微妙にずらしながら、重層的に存在していた。それでも、「中華」世界では日本との同一性を意識することが多くなる。その点を利八の「聞書」で確かめておこう。

広東以降になると、利八は「日本に替る事なし」という感想を洩らすことが多くなる。例えば、広東での見聞について「格別に弥敷物を見たる事者なき歟」と尋ねられて、「彼の地へ渡りてハ日〻見なれたる故、格別弥らしき共不存候へとも、今おもふに武器諸道具に者寄(奇)なるもの多し」と答えている。また、「僧ハ如何様の躰なるや」と尋ねられて、「日本と少しも違ふ事なし」と答えており、寺院で見た木像についても「長崎唐寺にて此通りの木像を見たり」と答えている。

中国本土の行路において、「目もとゞかぬ広野有」「其広大なるに一同肝を消す斗也」と、その国土の広大さに感心しているのだが、他方、その田畑に植えられている作物については、「綿作者勿論、粟・胡麻・芋・大根・砂糖甘蔗の事なり、其外作物替る事なし」と述べている。また、周囲の景観についても「広東を出て作《さ》甫《ほ》迄日数八十日、川岸藪芭蕉沢山、日本に替る事なし」と述べる。「鳥に弥敷ハなき歟」と尋ねられても、「格別弥敷ハなし、孔雀なとハ日本の通」と答えている（以上④）。

こうした観察は漂流民たちに共通したものだったと思われ、栄蔵も「川左右にみかんの木多し、湊舟付に商人多し、本邦にかわることなし」といった感想を記している（③）。

もちろん、「中華」世界における自他の差異についての言及がないわけではない。しかし、マカオまでの「外夷」世界を経験したあとでそれと比べた場合、景観・自然・作物・宗教・風俗をはじめ日常生活全般について、日本と中国との同一性を意識する方の度合いは高まっているといえる。差異感覚というものは、極めて相対的なものであることに注意する必要がある。

しかも、こうした差異意識の縮小が、逆に中国人に対する日本人としての自意識の高まりをもたらしているように見受けられるのが気にかかる。これも、利八の「聞書」によって見てみよう。

その一つの例は、山道で峠を越える時の出来事である。

漂客の内若もの両人駕籠かきの雲介と喧𠺕したり、言葉ハ通ぜず、如何なる事を言ひ上りたるや、雲介を散〲に打擲したり、才料の役人来て早速引分ケたり、役人云様、吴国へ来てヶ様の振廻あると、此先国〲より本国へ帰すまじと云て叱る趣なれハ、何国へ行てもヶ様の不埒なるものあれハ、悉く只今の通り也と答へけれハ、大に笑ふたり（④）

漂流民の若者二人と駕籠かきの者とが喧嘩になった。原因はよく分からないが、客の取り扱いをめぐることだったろうか。客としての取り扱いが不適切であれば、どこの国の者であろうとも、断固筋を通すというのは、自恃・自尊の意識を示すものだが、「異国」で「異人」に保護され世話になっているという状況であれば、こうした態度も取りにくかっただろう。しかし、利八自身が「まこ雲介体のもの少しもかはりたる事なし」と述べているように、駕籠かきたちの風体が日本と替わらないことが気安さとなって彼らに強い物腰を取らせ、言葉が通じないこともあいまって打擲にまでいたっているように見受けられる。

もう一つの例は、常山での出来事である。

常山役人日本の事を聞せと云て色〲問答、夜四ツ頃迄噺す、頭役と思敷人壱人、侍体のもの六人並居て、筆紙を出し、大日本ニて仁義礼智信の道委敷人幾人有哉と問、日本大国なる故幾人と云数知らずと書て出す、あきれたる顔したり（④）

この常山での筆談のことは栄蔵「手書」に詳しく書かれており、筆談を行ったのが栄蔵であったことが分かる(③)。「仁義礼智信の道」というのは、儒教のこと。栄蔵自身が、日本での儒学や儒者の動向についてどれほどの知識を持っていたか定かでないが、儒教の本場である中国人の質問にいささか反発を感じたのだろう。「日本大国なる故幾人と云数知らず」という返事は空威張りともいわれかねないものだが、中国に対抗しようという彼の日本人としての自矜・自尊意識を現しているだろう。ここでも儒教の国という同一性が前提となっており、だからこそ逆に自らの立場をより強く主張するという構造になっているのである。

ただし、当事者である栄蔵の「手書」を読んでみると、事情はもう少し複雑である。「手書」によれば、利八が述べた筆談ののちに、さらに常山の役人が「瓢泊幾許人」と問うた。これに対して栄蔵は、漂流の経過を簡単に述べたのち、「伏冀恩人垂憐遄還本邦、千祈万禱拝手稽首」と付け加えている(③)。つまり、漂流民としては、帰国のために中国人の世話にならざるをえない以上、中国人の「恩」を強調せざるをえないのであり、自侍・自矜の意識に終始する事はできないのである。しかし、これはある意味では当然のことであって、栄蔵も「手書」の各所で中国の役人に対して感謝の気持ちを伝えたことを記している。

利八の証言は、いずれも談話の場での聞き書きである。現地で体験したときよりも、むしろ帰国後の談話の場での方が、自尊意識が昂進するのではないだろうか。「仲間内」の「気易さ」が、そうした意識を強めると考えるべきだろう。

神力丸の漂流民の体験に即してみた場合、自他の差異を意識することがただちに他者に対する差別意識や自尊意識につながるものではないことに注意すべきである。文化的には最も差異が大きいと思われるバターン諸島において親密な交流が実現し、むしろ逆に、文化的な同一性が意識されるが故に、中国人に対する対抗意識が芽生え、日本に対する自尊意識が育まれていると考えられる。もちろん、他者との差異意識は状況と体験に規定されて重層しており、日本人としての自意識もそれと複雑に絡み合いながら表現される。現地での体験の中で蓄積され潜在したものが、帰国後の「仲間内」の場で顕在化する場合もあるだろう。それぞれの実情に寄り添いながら、史料の性格を踏まえて丁寧に読み取らなければならない。

また、従来のように『増補華夷通商考』などのような知識人の著作からだけ対外意識を探ることに限界があることは明らかであり、直接に「異国」や「異人」と接触した漂流民の記録が持つ重要性も確認されるだろう。

9　漂流記録にみる国家意識

「はじめに」でも述べたように、漂流記録の自他認識については小林茂文の網羅的な研究があり[53]、漂流民の国家意識についても検討がなされている。小林は、漂流先での取り扱いが丁寧で無事に日本へ送り返されたことを、日本の「威勢」が世界に行き渡っている結果だとする意識や、特に日本人の「武勇」に対する自尊心などに注目している。小林の研究態度は周到で、漂流民自身の認識と記録者のそれとを区別しようとしている点は共感できるが、より注意深い検討が必要だろう。繰り返し指摘しているように、漂流記録、とりわけ「聞書」の場合は、談話の場の雰囲気に左右されたり、聞き手・書き手の意識が反映されたりすることが多い。しかし、逆にそこから当時国内にいた人々の方の認識を読み取ることも可能となるだろう。

神力丸関係史料のうち、そうした意味で興味深いのは、尻海の「聞書」として取り上げてきた「南海談」である。この書では、長崎に無事帰国した記事のあとに、「異国」での体験を総括的に記しており、そのなかに「日本」と「異国」とを比較した文章がいくつかある。

一波丹へ上りしより順〳〵諸国を廻り送られしが、何處にても日本の人なりとて大節に饗ひに預り、無難に長崎迄帰朝いたせし事、世界広しといへども偏ニ日本の御威徳の届きぬることをぞ感しける（⑨）

漂流先の各地で丁重に取り扱われたことに対して漂流民たちが心から感謝していたことは、各記録から十分に読み取れることである。しかし、それが「日本の御威徳」が行き渡っている結果であるというような認識は、現地の「異国」でのものではない。

勝之助の「口書」の末尾には、「異国江漂流仕、奉掛御厄介候段奉恐入候、私義も〻様存命ニ而帰宅仕候段、御国恩之程重〻難有仕合ニ奉存候」とある⑤。また、清兵衛の「口書」の末尾にも、「呉国江漂流仕なから無恙帰国仕候義ハ、偏に　御上之御恩沢ニ候間、厚存付候様に被仰渡、誠以難在冥加至極之仕合、御仁恵の程奉恐入」とある⑧。つまり、「御上之御恩沢」や「御国恩」といったものは、帰国後の取り調べの場で役人によって引き出されるものであり、「南海談」の「日本の御威徳」といった言葉も、そうした過程を経ることによって生み出されたものと考えられる。

この「日本の御威徳」は、いわゆる「武威」につながる意識でもある。「南海談」は次のように続く。ただし、以下の二項目は今田本「漂流人南海談」には見えず、朝日寺本のみに見えるものである。

一呉国を廻り所〻にて見受しか、船ハ手堅ク造船なり、鉄炮ホの火術ハ能いたセしが、なれども、武技ホの稽古する事なし、日本のごとく武備ハ何も手厚ことなく、勇もなし、何ぞおそるゝにたらざるやうに見へしことなり⑨

公式記録の「様子書追加」は、マニラでの見聞として銃器と大砲の図を掲げ、調練についても「各手練仕、甚迅速ニ御座候」と感想を記している。武芸の稽古をすることがないとか、武備もたいしたことはないとかいうのは、実際の漂流民の見聞とは異なる言説である。外国の軍事力を過小評価する意見も、やはり帰国後に幕府や藩の手前を配慮したものなのだろう。しかし、こうした意見がそのまま流布すると、国内の権力者の自己満足に終わり、折角の漂流民たちの見聞も無駄になってしまうだろう。

このように、漂流記録に見られる日本の「威勢」や「武勇」に関する言説は、国内の権力者や知識人の意向に配慮したものと考えた方が実際に近いだろう。

次のような記述も、漂流民の実際の見聞とは関わりのない言説といってよい。

一唐土国ハ広大にして繁華なる地にて、伏儀・神農よりして唐虞三代之間、聖王替〱出たまいて、仁義を解き道を教たまふにより、万民従ひ服し戸さゝぬ御代となりける故、天感一応ありて風枝を鳴さす雨塊を損せす、目出度かりける事なりしがとも、代〱替りかわれり、日本におゐてハ神代よりして　神武天皇うけ続たまひしより、幾万歳も末長くおもふも遠し、海原のかきりなき御代なりしこそ実や神国の御徳ぞ芽出度かりけれ、中にも　神功皇后ハ三韓を御征伐ありて、終ひに彼地を従へたまひ年貢を献しなり、人皇三十五代　推古天皇の御宇に当りて、靺鞨国戎将に鉄じんと称して、兵船数百艘に乗り肥前国に押来り、筑紫勢雲霞のごとく馳向へとも、大将鉄人神変不思議の者にて、妖術をなし須臾に変化し、名のごとく身体鉄に似て、切れとも太刀折れて切れす、射れとも矢躍て不徹、諸士恐て逃惑ひ、其時伊予国河野益躬、射手の宣旨を蒙り、三嶋大明神へ参籠なしけるに、神託ありしにより、計策をもつて播磨国蟹ケ坂ニ着り、鉄人をよくミれハ、足心に肉有りて光ありしゆへ、是ぞおもひ帰角心と称しすり矢をもつて射通しぬれハ卒倒れぬ、郎従の出江橋立おさず首をとりぬれハ、神風荒く賊船悉く倒り皆溺死致し、一時に亡ひぬ、目覚しく夥しき事故、唐土にも歴誌に乗て、同蒙古百万の勢を以て日本の武勇万国へ鳴り渡り故、唐土越国より日本へ加勢を請ひ来りしに、勢を遣し退治三年を経て平均に成して帰りぬ、しかるに中頃より三韓之貢を献る事絶ける故、豊臣秀吉公の古の事をおもひ出したまひて、復三韓御征伐を成したまふに、加藤清正公魁将となりて南無妙法蓮華経の文字の籏を立て、此経ハ唐土の天台山より出しこと故、三韓ハさておき唐土の王に馬の口をとらセて天台山へ行、此籏を立置てより帰るなり、夫まてハ行べしとて大ニ武勇を振れしに向ひし所人なきかごとし、かのごとく数度の日本武勇の手なミをミて感しける故、唐土にも外国諸方を従て広東国南海におゐて其国〻より人質をとりて置しといへども、日本へ向て少も手を出して皈ことなし、武勇の誉今に至て大なりしことぞ難有かりきこと成りけり(⑨)

神功皇后伝説、蒙古襲来、秀吉の朝鮮侵略など、「古来」からの故実伝承に地域独自の脚色を加えながら、かなり錯雑とした内容になっている。「事実」を系統的に伝えるというよりは、大げさな伝承を連ねることによって日本の「武勇」をとにかく印象付けようとしたものといえるだろう。こうしたことは漂流民の実際の体験談とはまったく関係ないものであり、この記録の筆者によって勝手に付け加えられたものである。この「南海談」の筆者は朝日寺に関係のあった僧侶と推測されるが、彼の国家意識や「異国」観が漂流民の談話に刺激されて昂進した結果と考えられる。当時の在村知識人の意識を考える史料としては興味深いといえる。

以上の場合は、こうした事態がかなり見やすいのだが、一般に、漂流記録に見られる国家意識にも同じように記録の作成者のそれを色濃く反映したものが多いと考える。その点に対する配慮が求められる所以である。

10　漂流記録にみる国内の人々の関心

漂流記録に聞き手の側の関心が反映されていることについては、これまでもたびたび触れた。とりわけ、「聞書」の場合、「〇〇に問うに」とか「〇〇の云う」とかいった形で書かれる所があり、その部分が聞き手が関心をもって漂流民に尋ねた事柄であることを示している。最後に、その点を検討しておこう。

長崎奉行所の関心

長崎奉行所での取り調べによって作られた正式の「口書」には、一〇九項目の頭注が付けられており、それぞれについて中国船の船主に質問が行われた。公式記録に含まれている「漂流人口書之内御付紙ヲ以御尋之次第船主相紏候和解」（[Ⅰ]⑤）が、それに対する回答である。これらが、長崎奉行所の関心の在り所を知る一つの手掛かりである。

一〇九の項目は、次のようなものに分類できる。

（ア）「異国」の地名や地形に関すること。

（イ）「異国」の役人・番人・下人などの人名や仕事のこと。

（ウ）「異国」の城や都市・村、役所・屋敷・小屋・堂舎などのこと。

（エ）船・川・山・峠・駅・湊・河岸など交通に関わること。

（オ）銀銭・交易などのこと。

一〇九という項目の多さにもかかわらず、質問内容は平凡で一般的である。奉行所としては、漂流先について概括的に把握することに重点があり、その態度はいかにも業務的な印象である。交通にかかわる質問がやや目立つが、「異国」の文物や生活・習慣などについての質問は特にない。キリスト教との接触については、別に行われているが、第一章でも触れたように、「口書」からは省かれている。しかし、奉行所では「口書」以外にも多数の記録が作られていた。

「口書」は奉行所で作成された最終の記録と考えられ、漂流と帰還の経過を中心とした内容になっている。取り調べのなかで漂流民から聞き出された「異国」の文物や生活・習慣などについては、別に「巴旦国呂宋国唐国澳門広東様子書」（[Ⅰ]⑥）および「巴旦呂宋唐国様子書追加」（[Ⅰ]⑦）が作成され、詳しく記された。その内容は、気候・自然風土・食物・衣服・住居・道具・動植物・産業・商売・習俗・信仰・軍事・衛生医療などにわたり、まさに「異国」の情報が大量に盛り込まれており、学者の記録ほどの系統性はないものの、それに匹敵する豊富さを持っている。それは、『増補華夷通商考』などのような刊行された通俗的な地理書をはるかに凌ぐ情報量である。長崎奉行所の関心は、むしろこの「様子書」や「様子書追加」の方に現れており、奉行所が「異国」についての網羅的な情報を積極的に収集しようとしていたことは間違いない。

しかし、筆写を通じて民間に流布したのは「口書」が中心で、「様子書」や「様子書追加」までが筆写されることはまれであった。奉行所が「口書」から細かな情報を削除したのは、そうした意図によるものだったのかどうか今は確かめようもないが、いずれにしても民間では、「異国」の生活・習俗などの情報は漂流民からの「聞書」に頼ることになった。なお、すべての漂流事件において、長崎奉行所が「口書」とは別に「様子書」のような記録を作ったかどうかは定かではない。長崎奉行所記録の網羅的な研究は、今後の課題である。

「聞書」にみる聞き手の関心

各種の「聞書」のうち、聞き手の質問に漂流民が答えた部分が分かるようになっているものは、片山栄蔵の「聞書」である「巴旦国漂流記」、福嶋村利八の「聞書」である「巴旦漂流記」(守屋家本)、塵浜村清兵衛の「聞書」である「漂流記」、の三つである。それらでの質問事項と思われるものを表9にまとめてみた。項目は多岐にわたり、国内の人々の旺盛な関心をうかがうことができるが、ここで指摘しておきたいのは三つである。

一つは、長崎奉行所の関心と比べて、海上漂流中の質問が多いことである。特に、栄蔵や利八の「聞書」の筆者は岡山や玉嶋の商人と思われるから、海上交通に関わることとして、その点への関心が高かったものと推測される。役所とは異なる民間の切実な要求といえる。

二つは、質問が最も多いのは、やはり「バタン国」についてだということである。「バタン国」については、ほとんど情報がなかったと思われるから、とくに興味を持って質問したのだろう。それと比べて中国についての質問がぐっと少なくなるのは、やはり気になるところである。聞き手の側にある程度の情報があったために、あまり関心を引かなかったのだろう。差異性よりも共通性を強調する漂流民たちの言説も、そうした聞き手の関心

表9「聞書」に見る聞き手の関心

	海上漂流中	バタン島にて
片山栄蔵「聞書」 「巴旦国漂流記」	・捨荷のこと ・五、六度覚悟を決めたこと ・大竹で雨水を集めたこと ・鷹のような鳥のこと ・金の御幣を拝する奇瑞 ・小島を見付けた時の気持 ・破船の様子	・現地民が現れた時の様子 ・「琉球人か」と尋ねられたこと ・アツヘイのこと ・ブワのこと ・現地民の働きのこと
福嶋村利八「聞書」 「巴旦漂流記」	・楫取船頭表師のこと ・帆柱を切り倒したこと ・土佐足摺山のこと ・漂流中の気持 ・大竹で雨水を集めたこと ・鷺のような鳥とふかのこと ・綱の苧で魚を釣ったこと ・船上での酒盛りのこと ・海上から見た小島の様子 ・破船と海に投出された様子	・空腹のため食べた草の名前 ・現地民と遭遇した時の様子 ・ボゴス島の気候について ・現地民の服装について
塵浜村清兵衛「聞書」 「漂流記」	・綿入で雨水を集めたこと ・五人溺死の様子	・上陸して杖を作ったこと ・火を焼くこと ・現地民が衣類を喜ぶこと ・フワ（ソワ）のこと

	呂宋にて	バタン島にて
・マカオへの船のこと		・阿蘭陀文字のこと ・食物のこと ・現地の礼のこと ・現地民との交流のこと ・トカゲを喰うこと ・教会と木像のこと ・火事と消火のこと ・屋敷の様子 ・祭礼と墓参りのこと
・マカオの街の様子	・呂宋の位置と国柄 ・銀貨銭のこと ・マニラの街の様子 ・病院や治療のこと ・当地の海鼠のこと ・モウロとの戦いのこと ・唐人屋敷での芝居のこと	・食事の様子 ・現地民の礼の仕方 ・首枷された罪人のこと ・蛇を焼いて喰うこと ・小屋の大きさについて ・煙草とキセルのこと ・四つ拍子のこと
	・呂宋とマニラの地名 ・呂宋人の食事の仕方	・島中駱駝のこと ・牛の血を飲むこと ・ヤシの木のこと

長崎にて	乍浦にて	乍浦まで	広東にて	澳門にて
・渡海中国船のこと ・鹿児島での交渉のこと ・長崎での生活のこと ・絵踏のこと ・寺院への参詣のこと ・崇福寺粥施行のこと ・貰物返還のこと	・乍浦の景況のこと ・通詞が備前を肥前と聞き違えたこと ・日本語で会話できた時の気持 ・薩摩の漂流民のこと	・川岸の風物のこと ・江西という城下のこと ・常山での筆談のこと		・唐人通詞による尋問
・渡海中国船のこと	・乍浦の様子 ・水牛や珍しい鳥のこと ・通詞の日本語について	・日本人見物のこと	・人物や文字のこと ・格別に珍しきもの ・僧・寺院・仏事について	・クロスのこと
			・蚤・虎・象のこと ・病気治療のこと ・景色のこと	・蛮国での日本人の扱い

の低さに起因するかもしれない。しかし、ある程度既存の情報があるために、かえってステレオタイプ化した「異国」像が定着しやすいことについては、近世日本人の「朝鮮」像を検討した際にも述べたことがある。(54) 漂流体験が語られたり、漂流記録が作られたりする場合にも、そうした危険性があることに留意しなければならない。

三つは、聞き手の関心に答えるために「事実」とは異なる見聞が語られる可能性を否定できないことである。「聞書」の内容が談話の場の雰囲気に左右されることは、これまでもたびたび注意してきたことだが、例えば、清兵衛の「聞書」に現れる「駱駝《らくだ》」や「虎」のことなどは、この史料にしか現れないものであり、慎重に取り扱う必要があるだろう。

もちろん、こうした質問の多くは、ほかの「口書」や「聞書」にも触れられていることであり、三つの史料にだけ特別なことではない。いずれにしても、国内の人々が「異国」の生活について強い関心を持っていたことは間違いないところである。

(1) 石井謙治『和船』Ⅰ（法政大学出版局、一九九五年）、一六頁。
(2) 臼井洋輔『バタン漂流記――神力丸巴丹漂流記を追って』（叢文社、二〇〇一年）、二七頁。
(3) 「切米帳」には大船頭・小船頭までは名前が記されるが、楫取・矢倉者・下代・番所肝煎・水主は人数のみである。ちなみに当時の楫取は、一四人であった。
(4) 前掲註(1)石井著書、三八七～三九一頁。
(5) 橋本進・杉崎昭生・桑島進「《鼎談》海流と風、そして船」（山下恒夫編『石井研堂これくしょん江戸漂流記総集』第四巻、日本評論社、一九九二年）。
(6) 勝之助の「口書」では一〇月上旬以下のところが、「十月上旬之頃ゟ北東風吹詰、片潮ニ而次第〳〵東南江被吹流申候」とある(⑤)。しかし、北東風であれば西南へ流れる筈だから「東南」というのは書き間違いだろう。
(7) 清兵衛を金沢藩が取り調べた際の「口書」には「磯部明神」についての記述が確かにあったと思われるが、筆写の過程でそれが脱落した写本もある。「異国物語」（金沢市立玉川図書館本）がそれで、この系統の写本を筆写した人が海民の民俗に対して関心が低かったためと思われる。なお、本書第一章六1参照のこと。
(8) 『三重県の地名』（日本歴史地名大系24、平凡社、一九八三年）、七一二頁。
(9) 川島秀一『漁撈伝承』（法政大学出版局、二〇〇三年）、一七七～一九一頁。
(10) 前掲註(2)臼井著書、六七～八五頁。
(11) 山下恒夫「解題」（前掲註5山下編著）、一四八頁。
(12) 同前、一五〇頁。
(13) 前掲註(2)臼井著書。
(14) この四通の書き付けについては、前掲註(11)山下「解題」に掲載されているが、原本によって改めて翻刻した。
(15) 春名徹「港市・乍浦覚え書」（『調布日本文化』六、一九九六年）、三三頁。
(16) 同前、三一頁。および、松浦章「乍浦の日本商問屋について」（『日本歴史』三〇五号、一九七三年）。
(17) 矢沢利彦『西洋人の見た十六～十八世紀の中国女性』（東方書店、一九九〇年）、三六～四四頁。
(18) 足立啓二「東アジアにおける銭貨の流通」（荒野泰典他編『アジアのなかの日本史Ⅲ・海上の道』、東京大学出版会、一九九二年）、一〇九～一一〇頁。
(19) 清兵衛「口書」は、一四、五日頃のこととしている。
(20) 倉地克直『近世日本人は朝鮮をどうみていたか　「鎖国」のなかの「異人」たち』（角川書店、二〇〇一年）。
(21) この時の江戸留守居は、今田長八と山内権左衛門であった（池田家文庫「諸職交替」F一―一）。なお、次田元文「岡山藩の留守居について」（『岡山地方史研究』六四号、一九九〇年）にもよられたい。
(22) この時の仕置家老は、土倉四郎兵衛・池田出雲・池田主税である（池田家文庫「諸職交替」）。この内、土倉四郎兵衛が藩主池田斎敏に従って江戸に行き、池田出雲・池田主税の両人が岡山に在国した。
(23) 『池田家履歴略記』下巻（日本文教出版、一九六三年）によれば、池田斎敏は天保三年（一八三二）三月一五日に岡山を発駕、四月三日に江戸に着して、以後江戸在府中であった（一三二七頁）。帰国のため江戸を出発するのは、翌年四月二一日である（一三四八頁）。
(24) 「中村諫人奉公書」（D三―一九一七）によれば、中村主馬は天保二年正月二八日に小仕置になり、同年江戸詰めを命じられ、八月二五日岡山発、九月三日江戸着、翌天保三年一〇月朔日江戸発、一〇月一九日岡山に帰着している。
(25) 原田勝作の「奉公書」に該当するものは見付からなかった。松本惣八郎のものは「松本巌奉公書」（D三―二三六二）

である。それによれば、松本家は代々船手を勤める家柄で、惣八郎（苗秀）は寛政一二年（一八〇〇）七月二一日に切米五六俵四人扶持の家督を相続している。文政四年（一八二一）六月五日に御加子引廻を仰せ付けられ、天保元年閏三月九日には切米一〇俵を加増されている。

(26) 前掲註(2)臼井著書、四〇四頁。

(27) この事件は江戸時代から有名な事件で、『通航一覧』巻之二百七十一に関連記事がある。また、「馬日島漂流記」が山下恒天編『石井研堂これくしょん江戸漂流記総集』第一巻（日本評論社、一九九二年）に収められており、以下この事件については同書による。

(28) この事件については、「青森港儀兵衛漂流始末口書」（山下恒天編『石井研堂これくしょん江戸漂流記総集』第三巻、日本評論社、一九九二年）による。

(29) この事件については、「融勢丸唐流帰国記」（前掲註5山下編著）による。

(30) 瀬戸内海地域の船乗りたちが朝鮮や朝鮮人についての一定の知識を持っていたことについては、前掲註(20)倉地著書によられたい。

(31) 前掲註(27)山下編著、一七二頁。

(32) 漂流民と現地民との角力については、前掲註(20)倉地著書で触れている。

(33) chiquito　小さい、かわいい。

(34) grande　大きい。

(35) 山下恒天「付記」（前掲註5山下編著）、一二四頁。

(36) 山下恒天「解題」（前掲註28山下編著）、六〇一～六〇四頁。

(37) 「聞書」作者が創作した可能性もある。

(38) 山下恒天「付記」（前掲註29山下編著）、一〇八頁、一一九頁。

(39) 石川榮吉「『黒ん坊』考」（『日本人のオセアニア発見』、平凡社、一九九二年）が、日本人の「黒ん坊」観について網羅的な検討を行っている。もともと「黒坊」や「クロス」という用語自体に差別意識があるわけではない。石川は、近世に入って一七世紀以降に黒人に対する蔑視が強まったとしているが、検討しているのは、主に知識人の言説である。

(40) 『日本経済叢書』第五巻（日本経済叢書刊行会、一九一八年）。なお、近世の通俗的な世界認識を示す著作として、『増補華夷通商考』のほかには『和漢三才図会』があるが、それには「巴旦」も「番旦」も載っていない。

(41) 石沢良昭・生田滋『世界の歴史13・東南アジアの伝統と発展』（中央公論社、一九九八年）、三四六～三四八頁。

(42) 『通航一覧』第七（国書刊行会、一九一三年）。
(43) 同前、巻之二百七十二。
(44) 『新井白石全集』第四巻（復刻版、国書刊行会、一九七七年）による。
(45) 「万国坤輿図説」はマテオ＝リッチが作った「坤輿万国全図」の解説文のこと。なお、新井白石の『采覧異言』については、宮崎道生『新井白石の洋学と海外知識』（吉川弘文館、一九七三年）によられたい。
(46) 日本人の「天竺」に関する地理認識については、応地利明『絵地図の世界像』（岩波書店、一九九六年）によられたい。
(47) 『増補華夷通商考』巻四「インデア」、前掲註(40)、二八六頁。
(48) 「五天竺図」については、前掲註(46)応地著書によられたい。
(49) 前掲註(27)「馬日島漂流記」。
(50) 先に引用した『采覧異言』には、「蕃名沙里をナガ、加寧をマジユリ、骨をヒミリ、旁不をマキニと呼ふ」とあり、「骨」＝「ヒミリ」と「旁不」＝「マキニ」が欠けている。
(51) 荒野泰典『近世日本と東アジア』（東京大学出版会、一九八八年）。
(52) 荒野泰典「近世の対外観」（『岩波講座日本通史・近世3』、岩波書店、一九九四年）。なお、前掲註(46)応地著書も参照のこと。
(53) 小林茂文『ニッポン人異国漂流記』（小学館、二〇〇〇年）。
(54) 前掲註(20)倉地著書。

おわりに

「海禁」政策がとられていた江戸時代、日本列島上に暮らす人々が「異国」や「異人」について得られる情報は限られたものだった。朝鮮や中国、琉球や蝦夷地についてはある程度の知識があったが、それとてもステレオタイプ化したもので、ましてそれ以外の地域については、正確な知識などほとんどなかった。(1)そうした中では、漂流事件こそが「異国」や「異人」についての生きた情報が得られるほとんど唯一の機会だった。

多くの漂流者は命を失ったが、運良く助けられて長崎に送還される者もあった。漂流民は貴重な海外情報の提供者だったから、長崎奉行所は彼らを取り調べ、記録を作成した。幕府はもともと海外情報を独占管理する体制をとっており、漂流民の得た情報についてもそれが一般社会に広がることを制限しようとした。しかし、多数にのぼる漂流民の言動を規制することは不可能であった。地元に帰った漂流民たちは、藩役人による取り調べを受け、知識人や商人たちの求めに応じて漂流体験を語った。内地の人々が求めたのは、正確な海外知識だけでなく、「異なる」世界に対する好奇心を満たしてくれるような冒険譚であり、珍談奇談でもあった。こうして多数の漂流記録が残されることになった。

ところで、江戸時代にはどれほどの漂流事件が起こったのだろうか。池内敏の研究では、朝鮮への漂流だけでも九一件が知られている。(2)江戸時代の漂流体験について網羅的に論じた小林茂文は、六九例の漂流事件を取り上げている。(3)それに対して、本書で取り上げたのは、文政一三年(一八三〇)にバターン諸島に漂着した神力丸の事例ただ一つである。しかし、たとえ一例でも、そこから得られた知見は漂流研究にとって極めて重要なものだと考えている。そのことは、ひとえに、この事件について多種多数の記録が作られたことによっている。

本書では、第一章で多種多数の神力丸漂流史料を検討し、漂流記録の史料学を構築することを目指した。その結果明らかになったのは、次のようなことである。

一つは、長崎奉行所で記録が作られる経過とその内容である。

奉行所では、漂流民はもとより彼らを送還した中国船の船主などの取り調べを通してさまざまな記録が作られる。その際、漂流民が持ち帰った書類なども押収され、書き付けが作られて蓄積される。取り調べを重ねて漂流人の「口書」が作られていくが、その過程で情報の取捨選択が行われ、事実経過を中心とした最終的な「口書」とともに、海外情報を集積した「様子書」「様子書追加」などが別に作られる。神力丸の場合、それらは一〇数点にのぼったと推定される。

奉行所で作成された記録がどのように保管されたかはよく分からないが、外部に対して秘匿されたことは間違いない。ところが、その公式記録の主要部分が岡山藩の手に渡っていた。漂流人受け取りのために長崎に出張した岡山藩役人が、奉行所役人に依頼してひそかに入手したのだ。多分、藩中枢部からの指示に基づくのだろう。他方、幕府関係者などを経由して奉行所から直接にさまざまな記録が流出したことも確認できた。

岡山藩が入手した記録が、その後藩内でどのように扱われ、どのように流出したかについても具体的に明らかになった。岡山藩では、国元の留方と江戸留守居のもとで一件史料が作成され、配備された。それが、漂流事件を直接担当した船手役人や元江戸留守居を通じて流出していたのである。

二つは、漂流民が国元に帰ってからの記録の作成状況である。

多くの場合、各藩は漂流民を取り調べて独自に「口書」を作った。その内容は、長崎奉行所の「口書」とは当然異なっている。また、民間の人々が漂流民から直接体験談を聞いて「聞書」を作成することも多い。この「聞書」の作られ方にはいくつかのパターンがあった。一人の漂流民から話を聞いて「聞書」を作る場合もあれば、複数の漂流民の話しを総合して一つの「聞書」を作る場合もある。一人が別々の場で話した内容から共通した「聞書」が作られる場合や、「口書」を参考にしながら「聞書」が作られる場合もあった。また、「口書」や「聞書」が様々なルートを通じて筆写されることなどについても具体的に描き出した。

こうした記録の作成と流布に関わったのは、幕府や藩に仕える武士、医者や僧侶などの知識人、城下町・港町や三都の商人などであった。彼らこそが漂流体験に興味・関心を持ち、海外情報を求めた階層であり、その人脈についても具体例を示した。武士同士や町人同士の史料の貸借だけでなく、武士から町人へ、町人から武士へという貸借もいくつか確認できた。城下町・港町から近郊農村への広がりも確認された。

三つは、各記録の性格と記憶の作られ方についてである。

本書では、漂流記録を、「口書」、「手書」、「聞書」、「実録本」に分類した。そして、それぞれの記録の性格は、記憶が作られていく段階に対応していることを明らかにした。多数の記録を比較してみると、漂流民相互で記憶は一定せず、個人の記憶ですら記録によって同一でないことはよくあることだ。それはまさに、記録の性格と記憶のあり方によるのであり、そのことを前提にしない限り、史料の一言も一部分もその位置付けが行えないという厄介な事態なのである。本書で整理した記録の分類と記憶の作られ方についての提言は、漂流記録を歴史史料として使用するための前提になるものだと考えている。

以上のような漂流記録についての史料学的な検討を踏まえて、第二章では神力丸漂流事件の検討を行った。そこではまず、さまざまな記録を比較することを通じて、漂流事件をできる限り再現することを試みた。ただし、その際、それぞれの記録に現れる事柄を鵜呑みにしないのはもちろんのこと、それが「真実」かどうかを判定することにではなく、諸記録を比較する間から立ち上ってくる記憶を意味付けることに留意した。

繰り返し強調しているように、漂流記録や漂流体験は、漂流民と内地人との合作である。それは、漂流民自身が著した「手書」についてもいえることである。だから、漂流記録を読む時には、いつも、漂流民自身の意識と内地人の意識とを腑分けしていかなければならない。例えば、漂流地などの地理的認識や国家意識などについては、内地人の関心や認識である場合が多い。たとえ漂流民自身の考えを示しているように読める場合でも、そのほとんどは帰国後の取り調べや談話の場で相手への配慮や同調から述べられたものと考えられる。

漂流体験が近世日本人の自他認識を明らかにする上で極めて重要な素材であることは、つとに指摘されているところである。本書では、神力丸の漂流体験からうかがえる「異国」や「異人」に対する意識について検討した。そこから得られたことは、次の通りである。

一つは、神力丸の漂流民の間には、「異国」や「異人」に対する閉鎖的で差別的な精神状況は認められないということである。むしろ、現地の言葉を覚え、現地の生活に溶け込もうとする開放的な態度が目立つ。交流は極めて親密で、漂流民の間には現地の文化に対する民族誌的な関心も認められる。その結果、「異国」の生活や風俗などについての豊富な民族誌情報が漂流民によってもたらされた。

二つは、漂流民の体験は、内地知識人の博物学的地理認識とは必ずしも一致しないということである。博物学的な地理認識では言語や宗教を基準として世界を区分するが、その区分は漂流民の実感にとってほとんど意味を持たなかった。漂流民の体験では、言語や宗教による分界線はそれほど鮮明ではなく、食事などの文化的な差異を含めて、境界を微妙にずらしながら「異国」の世界が重層していた。また、地理的認識への関心は、内地の知識人には強いが、漂流民たちにあまり強くないことも明らかになった。そのため、漂流体験を聞いた内地の人々の地理認識が、余計に混乱するという状況も一部にはあった。

三つは、漂流民の自他認識の構造である。神力丸の例を見る限り、差異性の認識がただちに差別や蔑視の感情もしくは自尊意識につながることはほとんどない。生活を通じて感じる差異性は、知識人が考えるほど固定的なものではなく、極めて相対的なものである。だから、むしろ同一性が認識されるほど他者に対する自尊意識が昂進する場合が多い。しかも、自恃や自矜の意識は、帰国後の「仲間内」の談話の場で増幅される。これは国家意識についてもいえることで、それらには内地にいる人々の意識が反映されている場合が多い。

自他の差異意識は状況と体験に規定されて重層しており、「日本人」としての自意識や自尊意識もそれと複雑に絡み合いながら表現される。その実状に寄り添いながら丁寧に読み取るべきことを、漂流記録と漂流体験は教えてくれている。

(1) 近世日本人の対外認識のあり方とその変化については、概略を倉地克直『近世日本人は朝鮮をどうみていたか「鎖国」のなかの「異人」たち』(角川書店、二〇〇一年)に記したので、参照していただければ幸いである。
(2) 池内敏『近世日本と朝鮮漂流民』(臨川書店、一九九八年)。
(3) 小林茂文『ニッポン人異国漂流記』(小学館、二〇〇〇年)。

第二部　史料篇

凡例

一史料本文の字体は、原則として常用漢字を用いた。ただし、「嶋」「嶌」「處」「附」「餘」など一部旧字体を区別して用いたものもある。

一変体仮名は平仮名に改めたが、格助詞のうち次の文字はそのまま用いた。

　者（は）　江（へ）　ニ（に）　茂（も）　与（と）　而（て）　而已（のみ）

一史料を読みやすくするために、適宜読点（、）および並列点（・）を付した。その際、原文に朱筆で付けられた読点などを参考にした。

一本文にある訂正は一々指摘せず、訂正後の文章や語のみを示し、傍線・傍点・圏点などは省略した。

一付紙の内容は、貼り付けてある近くの本文の途中に、（付紙）として「　」を付けて示した。この表記のため、原文では改行せずに続いている文章を改行して示した場所がある。その場合は、普通の改行であれば文末に読点（、）はつけないのに、それを残している。

一誤字・誤記は右横に正字を（　）で示した。原文にある朱筆の訂正のうち、必要なものは右横に（朱）「　」で示した。振り仮名は原文のものである。

一闕字・平出は一字あけで示した。

一史料の理解を助けるために、右横に（　）で注記を付したところがある。

一次の異体字・略字・俗字はそのまま使用した。

　ホ（等）　欤（歟）　冣（最）　刕（州）　比（頃）　躰（体）　斗（計）　吴（異）　旱（畢）　𥿻（絹）　帋（紙）

　艸（草）　ゟ（より）　迚（とて）　ゝ（々）　〆（しめ）

一　岡山藩留方「留帳」

（「漂流人口書其外品〻之写」九冊のうち）

（表紙）

天保二卯年ゟ
去寅八月漂流之大廻広瀬町
多賀屋金十郎船之上乗并水主ホ
唐船ゟ長崎表江送来候一件
（貼紙朱）「ホ」
（貼紙）「外ニ口書ホ品〻八冊此帙ニ入」別ニ帙入
御留方

（表紙見返し）

（帯封を貼り付けられた書付）

（貼紙朱）「死失之者有之節末付爲
之所江書入可然事」

寅八月漂流之大廻り船上乗并水主ホ
唐船ゟ長崎表江送り来一件
天保二卯年

十一月廿一日
一左之伺書之趣御用老被聞届、伺之通被　仰付
江戸御廻米岩田町金屋兵介船拾八人乗、右上乗両
人去寅八月岡山出船、江戸着船不仕候ニ付、別紙
之通御加子引廻共ゟ申出候、外ニ壱通相添指出申
候、此段御噂申上候、以上
十一月　　下濃弥五左衛門
（付紙）「吴国江漂流仕候ハ此船与相見申候処、長崎表江送来
候而御尋之節之口書抔ニハ、広瀬町多賀屋金十郎之
由申上居申候間、其訳御問合被成下候ハ丶、後年疑
惑之煩無御座様留置申度、此段申上候（後筆・朱）「答之別紙其
儘表紙ニ付置」」
別紙
口上
小頭　宇治甚介
同　片岡（ママ）栄蔵

岩田町金屋兵介船沖船頭水主共拾八人乗ニ而、右上乗両人乗組、江戸御廻米御用、去寅八月十二日岡山出船、日数相立候而も江戸表江着船不仕候ニ付、津〻浦〻承合候処、一向様子相分り不申旨、尤、同月廿七、八日頃遠州海路大風之趣ニ相聞申候、左候得者、其節遠海江被吹流候哉、又ハ破船仕候哉、乗組不残弱(溺)死仕候哉、今以行衛相知不申候、右甚介義ハ平井村、栄蔵義ハ平福村、両村ゟ御奉公ニ罷出居申者ニ御座候、甚介ハ妻并十一歳之娘壱人、栄蔵ハ妻并十五歳十一歳五歳之娘三人ニ而、両人共悴無御座候、御用先ニ而行衛相知不申様相成、甚以不便ニ奉存候、然ル処、先年右様之類両度も御座候節、幼年之悴江成長仕候迄御船手浮米之内ゟ弐人御扶持被遣、御用ニ相立候節御抱ニ相成候趣ニ御座候、乍去、此度ハ両人共娘斗ニ御座候故、御先例与ハ相違仕候得共、若哉只今御扶持被　召放候而者、誠ニ及渇命候趣ニ相聞へ申候間、何卒跡相続之者引請申候歟、又者養子仕候迄、格別之御憐愍ヲ以已前之通浮米之内ゟ弐人御扶持ツ、被遣候様ニも可有御座哉、御先例両度之分書抜相添差出、此段奉伺候、以上

十一月十三日　松本惣八郎

赤木孫右衛門

(付紙)「此御先例書抜相廻不居申候ニ付、其年月其訳荒〻御問合被下候ハヽ、留置候様仕度奉存候(後筆・朱)「例書御船手ゟ来り候儘、表紙ニ付置」」

天保三辰年

一今六日長崎御奉行牧野長門守殿より御呼出ニ付、今田長八罷出候処、別紙御書付長門守殿御渡被成、御尋之趣早〻可申出旨被仰聞候ニ付、御当地ニ而者相分兼可申候間、御国元江申遣相糺候上御答可申上旨申述置候、早〻御国江被仰遣、御尋之趣夫〻相分り候様御取計可被成与奉存候、則別紙相添此段申上候、以上

二月六日　　　御留守居共

別紙

松平伊予守家来
法花宗備前国平井村
平井山妙光寺旦那
梶取　宇治甚介　卯三十七歳

同人家来
法花宗備前国御野郡浜野村
感善山妙法寺旦那
同　片山栄蔵　卯四十七歳

同人領分
備前国邑久郡尻海村
真言宗備前国邑久郡正田村
正田山朝日寺旦那
同村　石兵衛　卯四十歳

右同断
同村　仁三郎　卯三十二歳

右同断
同村　弥右衛門　卯五十二歳

右同断
同村　弥吉　卯三十五歳

右同断
同村　栄吉　卯三十一歳

右同断
同村　千代松　卯二十八歳

右同断
同村　文吉　卯二十四歳

同国児嶋郡田井村
真言宗備前国児嶋郡ハチ浜村
フタゴ山金剛寺旦那
才次郎　卯三十九歳

同国御野郡福嶋村
法花宗備前国御野郡浜野村
立石山松寿寺旦那
利八　卯二十六歳

右之もの共儀、去寅八月御領分岡山広瀬町多賀屋金十郎船千七百石積三拾端丸神力丸江、其御許江戸屋敷江之扶持米雑荷物ホ積請、宇治甚介・片山栄蔵上乗いたし、沖船頭五左衛門并同人ゟ水主ニ雇入候石兵衛外水主共都合拾九人乗組、同月十二日城下川口福嶋出船いたし候処、難風ニ逢、外国江漂流致シ、乗組之内右五左衛門外四人共溺死、残拾四人之者共当卯壱番三番唐船より送来候付、吟味中揚り屋江遣置候、右甚介外拾人之者共、生所并歳・宗旨寺ホ書面之通申立候、弥相違無之候哉相糺、否早〻可被申聞候、尤、仮名書ニ認候分

も文字ホ相糺可被申聞候

卯十二月

一此度牧野長門守殿ゟ御尋御座候御領分漂流人之義、御答仕候上者、多分長崎表ニ而御引渡ニ相成、請取人同所江差出可申御達可有御座儀与奉存候、此方様ニ而者御先例も承及不申儀ニ御座候間、外々様御例承合取調候而、一応長門守殿江相伺可申奉存候、定而士格一両人其外附添人被指向候儀哉ニ奉存候、先此段為御心得申上置、以上

二月六日　　御留守居共

右之趣二月八日出町便ニ而申来候付、相糺候様御用老被申候、其段御船奉行江移合有之候処、左之通申出

一岡山広瀬町多賀屋金十郎船、去ル寅ノ八月漂流仕候處、此度唐船ニ而長崎表江拾壱人送来候由、御吟味有之、右人数宗旨・歳・生所并仮名書文字ホ相糺可申旨、御書付御渡被成候ニ付、則写取、御加子引廻共ゟ村役人手前承糺、相違之所附紙仕指出申候間、則両通相添、此段申上候、以上

二月　　下濃弥五左衛門

口上

岡山広瀬町多賀屋金十郎船千七百石三拾反帆、上乗宇治甚介・片山栄蔵・沖船頭五左衛門・水主共都合拾九人乗組、去々寅八月十二日江戸御廻米積、爰元出船、難風ニ逢、外国江漂流仕、乗組之内五人溺死、残上乗共拾壱人、此度唐船ゟ長崎表江送り来候ニ付、御吟味之処、御別紙之通申立候由ニ而、右人数宗旨・歳・生所并仮名書之分文字ホ相糺可申出旨被　仰付、則村役人共手前吟味仕、相違仕候分ハ夫々別紙に附紙仕置候、其外ハ御書面之通相違無御座候、則別帋相添指出申候、以上

二月廿六日　　御加子引廻共

長門殿御渡之御尋書ニ付紙此通り

付紙　楫取

楫役　宇治甚介　　妙広寺

片山栄蔵　日蓮宗
石兵衛　呼名石兵衛事本名石五郎　庄田村庄田山
栄　吉　呼名栄吉事本名栄松
才次郎　八浜村両児山
利　八　日蓮宗立石山松寿寺　寺中立石山本性院旦那

千七百石積三拾端丸神力丸江　三拾端帆

五月廿一日　江戸
一御領分漂流人御渡し可被成候間、請取之者長崎表江可指出旨、長崎御奉行牧野長門守殿ゟ御直ニ被仰渡候旨、別紙之通御留守居ゟ申出候ニ付、相伺申候処、早ゝ請取人長崎表江指出候様被　仰付候、尤、人別之義御伺ニ者不及候間、外御例も御座候事、宜御取計被成候様御自分様方江可申上旨被　仰出候、左様ニ御承畏、宜御取計可被成候旨、御両老当ニ而翌廿二日出ニ中村主馬ゟ申越

今廿一日長崎御奉行牧野長門守殿ゟ御呼出ニ付、山内権左衛門罷出申候処、漂流人請取之者長崎表江可指出旨、別帋之趣長門守殿御直被仰渡、御書付者御用人を以御渡被成候、則御本書壱通差出申候、右ニ付兼而申上置候通、長崎表江為請取役ゝ之者早ゝ被差向候様奉存候、則南部様・芸劦様ゟ被差立候漂流人受取人先例書壱通指出申候、且、漂流之者共追ゝ向暑ニ付可為難義候間、少も早く受取人指立候様可仕旨、以御用人被　仰聞候、此段申上候、以上

五月廿一日　御留守居共

去卯壱番三番唐船ゟ送来候漂流日本人之内、楫取宇治甚助外一人、御領分備前国尻海村石兵衛事石五郎外六人、同国田井村才次郎、同国福嶋村利八儀、長崎御役所ニ而可引渡候間、請取之役人長崎表江可被差出候

辰四月

文政十二丑年
一南部信濃守様ニ而漂流人御例承合候処、長崎表江被指立候請取人左之通

使番之者供

若党　両人

鎗持　一人

挾箱　一人

具足箱　一人

草履取　一人

長柄小人　四人

村役人　壱人

但、郡廻りと申役名ハ物頭次席之格ニ御座候由

尤、此節漂流人壱人

以上

下役之者供

若党　両人

鎗持　一人

草履取　一人

足軽　五人

但、足軽者漂流人之数ニ寄増減有之由

尤、此節漂流人七人

一文化四卯年松平勝吉様ニ而右同断請取人左之通

郡廻り　壱人

徒士之者　壱人

代官手附之者　壱人

一六月九日

御郡代

御船奉行

去卯年唐船ゟ送り来候別紙名前之者共、長崎表御役所ニ而御引渡ニ相成候ニ付、原田勝作、松本惣八郎義被遣候間、用意次第長崎表江罷越、請取連帰り可申旨被　仰付候、此旨夫々可申渡候

但、別紙壱通被相渡

右被申渡　同十九日右両人并御足軽共出帆、七月晦日無滞別帋名前之者共召連罷帰

一御船ニ而被遣候事

一御足軽拾人被遣候事

一道中往来共御賄ニ而被遣候間、諸事勝作、惣八郎示談候而可申出事

別紙

楫取　宇治甚介
同　片山栄蔵

邑久郡尻海村
呼名石兵衛事
石五郎
仁三郎
弥右衛門
弥吉
呼名栄吉事
栄松
千代松
文吉

児嶋郡田井村
才次郎

御野郡福嶋村
利八

口上

一小判百両
壱歩四百切

右者此度長崎表江被遣候上下人数往来先方逗留中御賄御入用前借仕度旨、賄方小頭嶋村善次郎・片山弥平太共ゟ申出候間、御移合之儀宜様奉願候、以上

六月　　松本惣八郎
　　　　原田勝作

薄田長兵衛様
下濃弥五左衛門様

一上下拾人　内五人ッ、

右者私共両人上下人数ニ而御座候間、御賄被下候様申上度奉存候、此段御噂申上候、以上

六月　　松本惣八郎
　　　　原田勝作

薄田長兵衛様
下濃弥五左衛門様

一拾弐人　継人足
内　六人　駕籠人
　　弐人　具足箱持
　　弐人　挟箱持

貮人　合羽籠持

右者私共此度長崎表江漂流人請取御用被　仰付罷越
候付、道中并逗留中共御賄被下候様御噂申上候、以上

六月　松本惣八郎
原田　勝作

薄田　長兵衛様
下濃弥五左衛門様

一継馬　壱疋

右者御足軽雨具并御幕看板より棒ホ品々持人代り御
賄被遣候様申上度奉存候、此段申上候、以上

六月　松本惣八郎
原田　勝作

薄田　長兵衛様
下濃弥五左衛門様

一六人　村役人上下

右者長崎表ニ而御引渡ニ相成候漂流人為見糺被遣候
付、御賄被下候様申上度御噂申上候、以上

六月　松本惣八郎
原田　勝作

薄田　長兵衛様
下濃弥五左衛門様

右夫々同十三日小仕置ゟ御作廻方江相廻ス

一拾人　御足軽
内　弐人　銭払并宿取
八人　漂流人警固

右之通御郡方御船手之内ニ而、人別之儀ハ私共手前
ニ而取調、請取申度奉存候、此段御噂申上候、以上

六月　松本惣八郎
原田　勝作

薄田　長兵衛様
下濃弥五左衛門様

六月十二日
一原田勝作、松本惣八郎、長崎表江漂流人請取御用被
仰付候付、来ル十九日致乗船度旨申出、御用老被
聞届、相済

一同日
御郡方浮足軽小頭
嶋村善次郎
御船手引廻下代小頭
片山弥平太

右両人之者、此度長崎表江被遣候上下人数、道中往来、長崎表ニ而逗留中、諸事御賄方御用被　仰付

一六月十二日
左之書付御郡代御船奉行ゟ指出

覚

一三拾六人　　上下惣人数
内　拾三人　　御加子之内
外ニ六人　　小倉ゟ継人足
壱疋　　同継馬

右之通ニ御座候

六月　　原田　勝　作
松本惣八郎

一六月十三日
長崎表ニ而大艸能登守殿江之御使者、原田勝作、松本惣八郎申合相勤候様御用老被申、其段於御評定所小仕置申移、御口上書相渡

但、干鯛御肴料銀子三枚、御使者演説ニ而指出候事

御口上

大草能登守殿

公方様　内府様　大納言様益御機嫌能被成御座、恐悦奉存候、御自分様弥御無𠮷珎重奉存候、将又、去卯年唐船ゟ送来候漂流人之内、家来楫取之者二人、領分備前国之者九人、此度於其御役所御引渡相成候旨御移合有之候間、家来原田勝作、松本惣八郎与申者指出之候、宜御指図頼存候、仍御見廻旁以使者目録之通致進覧之候

隈染縮緬　三端
干　鯛　一箱

一七月十二日
南部信濃守様
御留守居
白銀弐枚　　栃内瀬蔵

御同方様
御留守居方
金子弐百疋　　書　役

松平勝吉様
御留守居　周参見勇衛

白銀壱枚
右者長崎御奉行ゟ御達之儀ニ付、御例ホ承合候為御会釈被下候様御留守居共ゟ申出、土倉四郎兵衛被承届

首尾書上

私共儀、此度肥前国長崎表於御役所唐船ゟ送来候漂流人為請取被遣候ニ付、去ル六月十九日於御国表御船江乗船仕、追々乗下り、同月廿八日豊前国小倉江御船着岸仕候ニ付、同昼揚陸旅行仕、去ル六日晩長崎表江到着仕、村山久平治を以御役所御用人中江到着之様子并翌七日御使者勤可仕旨指含申達候處、同日一先両人共御案内為御届御役所江罷出可然由ニ付、翌朝罷出候處、公用人藤本小兵衛与申者罷出、示談申聞候ハ、御使者勤并御引渡之御手都合通達可致指図ニ付、旅宿江引取相待居申候処、翌八日書面ニ而明九日朝御使者勤并漂流人共直ニ御引渡可有之候間、右心得ニ而出勤可致との義ニ付、同朝両人共罷出、以御取次御使者御口上申入候處、無程公用人藤本小兵衛罷出、御返答ハ御直ニ被仰聞候間、前以御場所ホ之指図有之上、漂流人共御裁許被仰渡候間、罷出可申との義ニ付、御場所江罷出候處、能登守殿初諸役人共出座ニ而、漂流人共御呼出、御裁許被　仰渡、否哉右御書付御渡有之、其上ニ而御使者之間江引取居申候処、猶又両人御呼出ニ而御直ニ御返答被為　仰聞、御請申上引取居申候處、目安方長江林大夫罷出、漂流人江被　仰渡御請印并所持之品被下物御請印共差出候上、別紙御書付両通相渡候ニ付請取、右ニ而及挨拶引取、旅宿江漂流人共一同連帰申、翌十日右懸り御役人中江御会釈之御目録夫々取計相済候上、御役所江罷出、御用向茂無御座候ハヽ、用意次第御当地発足仕候旨、御取次迄御届申達退出仕、同十三日長崎表出立旅行仕、同廿日小倉表江着仕、同晩御船江乗船仕、追々乗上り、今朝御国江着岸仕、一同無別条罷帰申候、尤、漂流人之内宇治甚介、片山栄蔵義ハ直ニ帰宅為仕、其外之者共ハ町宿江揚せ、村役人差

添置申候、則御渡書付三通相添、右始末書上申候、以上

七月晦日　　原田　勝　作

松本惣八郎

御口上　　前段ニ有之ニ付、爰ニ略ス

大草能登守殿

右　御口上、去ル九日御役所江罷出、以御取次江戸表ゟ被　仰付越候旨演説仕申入候処、遠路之儀段〻被為入御念候御儀、殊ニ為御見廻御贈物ホ被成下、忝奉存候、則唐船ゟ送来候漂流人之内御家来楫取両人、外ニ御領分之者九人、都合拾壱人御引渡被成候間、連帰、尚又宜申上旨御直ニ被　仰聞候、以上

七月晦日　　原田　勝　作

松本惣八郎

御目録

一金子五百疋　　公用人　斎藤為右衛門

一金　弐両　　同　藤本小兵衛

一金子三百疋　　目安方漂流人懸り　長江林大夫

一金　壱両　　右同人

右者吟味筋并御引渡前後厚致心配、扨又、御引渡之節白洲向引廻しホ諸事頼入候ニ付、別段差向

一金子三百疋　　目安方　一柳　修　平

一金子三百疋　　同　並木右兵衛

一同　百疋　　給人取次　岩崎吉右衛門

一同　三百疋ツ、　　目安方書役　三宅　政　八

河上仁藤次

田嶋　恭　助

初村　従　平

一金子三百疋ツ、　　唐大通事漂流人懸り　潁川仁十郎

同小通事　同　平野繁十郎

同　潁川源三郎

唐小通事並　彭城　藤　一

一同　弐百疋ツ、　　同末席　鄭　大　助

同　潁川文之助

同　陽　雄三郎

一同　百疋ツ、　御役所附触頭出役　大木藤四郎
一同　百疋ツ、　同　種田平次兵衛
唐通事附筆者小頭　瀬川八大夫
同漂流人懸り　鈴木夘六
同　貞方平四郎
同　芦塚五郎八
一南鐐五片ツ、　同　右四人
右者近来口書取扱候義堅御指留ニ相成居候を、極内〻を以写取呉并唐人答書和解書ホ写取、格外相働候ニ付、別段差遣
一金子五百疋　年行司　馬田猪十郎
一同　五百疋　村山久平治
右之通員数夫〻為御会釈指遣申候間、御聞済被遣候様申上度奉存候、以上
七月晦日　原田勝作
松本惣八郎

別紙

松平伊予守家来　楫取　宇治甚介
右同人家来　同　片山栄蔵
右同人領分
備前国邑久郡尻海村
神力丸水主　石五郎
同所　同　仁三郎
同所　同　弥右衛門
同所　同　弥吉
同所　同　栄松
同所　同　千代松
同所　同　文吉
同国児嶋郡田井村　同　才次郎
同国御野郡福嶋村　同　利八

右之者共、去〻寅年異国江漂流いたし、去卯壱番三

番唐船ゟ送り来候ニ付、漂流之次第於当御役所遂吟味候處、彼国ニ而切支丹宗門勧ニ逢候儀無之、疑敷筋も不相聞ニ付、無構国元江指帰候条、御領分ゟ外江猥ニ住居為致間敷候、尤、右之者共死失致し候ハヽ、可被相届事

一異国ゟ持戻候所持之品々相渡之候事

一バタン国・呂宋国・唐国ニおゐて貰候品之内、銀銭・銅銭・唐銭ハ取上之、其外之品々其儘為取之、銀銭・銅銭・唐銭之分ハ為代日本銀并銭為取之候事

右之趣申達候

辰七月

一銀銭三文　楫取　宇治甚介

此代り日本銀弐匁六分弐厘五毛

一銅銭弐文

此代り日本銭弐文

一唐銭三拾九文

此代り日本銭三拾九文

一銀銭六文　同　片山栄蔵

此代り日本銀三拾壱匁壱分五厘

一銅銭三文

此代り日本銭三文

一唐銭九文

此代り日本銭九文

一唐銭八文　水主　石五郎

此代り日本銭八文

一唐銭四拾三文　同　弥右衛門

此代り日本銭四拾三文

一唐銭八拾五文　水主　弥吉

此代り日本銭八拾五文

一銀銭三文　同　栄松

此代り日本銀弐匁八分

一銅銭弐文

此代り日本銭弐文

一唐銭百五拾七文　但、丁銭

此代り日本銭百六拾壱文

一唐銭三文　千代松
　此代り日本銭三文
一唐銭三拾六文　文吉
　此代り日本銭三拾六文
一銀銭弐文　才次郎
　此代り日本銀壱匁九分弐厘五毛
一銅銭三文
　此代り日本銭三文
一唐銭拾五文
　此代り日本銭拾五文
一銀銭壱文　利八
　此代り日本銀壱匁弐分弐厘五毛
一銅銭弐文
　此代り日本銭弐文
右之通候、以上
　辰七月
備前国邑久郡尻海村

神力丸沖船頭　五左衛門
同村　同船水主　弥市
同村　同　乙吉
同村　同　由松

右之者共、去ゝ寅十一月七日異国ニおゐて破船之節、溺死いたし候旨、帰朝之漂流人共申立候間、親類身寄之者江可被申聞候
　辰七月

一原田勝作、松本惣八郎、昨晦日漂流人一同召連罷帰、則別紙書付指出申候、尤、漂流人之内上乗之者両人ハ直帰宅為致、其外在方之者ハ町宿江連越置、於御郡会所一通口上承候付、寅早帰村可申付奉存候、則別紙四包内六通相添、此段御噂申上候、以上
　八月朔日
薄田長兵衛
下濃弥五左衛門
御楫取
宇治甚介

八月六日
一

片山栄蔵

右両人、去ミ寅八月江戸御廻米御用上乗罷越候処、行方不相知ニ付、跡相続之者有之候迄、両人妻子江弐人御扶持ツヽ被下置候処、此度於長崎表御引渡ニ相成、罷帰候付、御給扶持格式共以前之通可被　仰付哉之旨、御加子引廻共ゟ伺出、御船奉行ゟ噂申出、御用老被聞届、相済

一八月九日
此度長崎表ニ而御引渡ニ相成、召連罷帰候神力丸水主之者共儀、別紙之通御加子引廻ゟ伺出、御船奉行ゟ噂申出、御用老被聞届、宜取計候様との御事

覚

一（朱）「酉正月十五日石五郎病死、御届末ニ有之」邑久郡尻海村　石五郎

仁三郎

（朱）「亥三月廿四日弥右衛門病死、御届有之」弥右衛門

弥吉

（朱）「亥正月四日栄松病死、御届有之」栄松

千代松

文吉

（朱）「酉三月廿三日才次郎病死、申出末ニ有之」児嶋郡田井村　才次郎

御野郡福嶋村　利八

右之者共、去ミ寅八月広瀬町多賀屋金十郎船水主ニ相雇、江戸御廻米積被遣候節、呉国江致漂流、此度唐国ゟ送来、於長崎表御吟味相済、御引渡ニ相成、召連罷帰申候、尤、御領分外江猥ニ住居為致間敷、致死失候ハヽ、御届御座候様、右於御役所被仰渡候ニ付、以後他所船働指留可申哉、自然於他国破船溺死ホ不残行衛相知不申節ハ、慥成証拠ホも無御座様奉存候ニ付、　公儀江御届口之義如何可有御座哉、此段奉伺候、以上

八月

松本惣八郎

赤木孫右衛門

（付紙）「以後死失ホ之節、此名前之上江書入可然、別段奥江書載セニ不及事、御届ハ御留江」

天保八酉年

二月十三日　江戸
一去ル辰年於長崎御役所御引渡ニ相成候尻海村石五郎病死仕候段、御届書指出候旨、御留守居ゟ指出別紙左之通

去ル辰年於長崎御役所御引渡ニ相成候拾壱人之内、尻海村石五郎病死仕候間、御届之義宜取計候様被仰移候ニ付、昨十二日長崎御奉行久世伊勢守殿江別紙之通山内権左衛門持参指出候処、御落手被成候、則写壱通指出申候、此段申上候、以上

二月十三日　　御留守居共

天保三辰年七月九日於長崎御役所、先年備前国岡山広瀬町多賀屋金十郎船異国江漂流仕、唐船ゟ送来候人数都合拾壱人、領分之外猥ニ住居為致間敷、尤、死失仕候者御届可仕旨被　仰渡、御引渡ニ相成候処、右之内邑久郡尻海村石五郎与申者、当正月十五日病死仕候旨、国元役人共ゟ申越候、此段御届申上候、以上

御名家来

二月十二日　　山内権左衛門

但、右石五郎病死之儀、正月十九日御郡代并御船奉行両名ニ而届出、如此

三月
一先年岡山広瀬町多賀屋金十郎之船ニ乗組漂流仕、唐船ゟ送来候人数之内、児嶋郡田井村才次郎、去ル廿三日致病死候旨注進申出候間、公辺御達方之儀江戸御留守居江被仰遣候様ニ与御郡代御船奉行両名ニ而御噂申出

（表紙見返しに帯封を貼り付けられた書付）

（端裏）「天保二卯年之所

本文両所問合付紙之趣、船主名前違并上乗之者子供ホ江御扶持被下之先例書」

覚

一天保元寅年七月廿四日、広瀬町多賀屋金十郎船江戸御廻米御用被　仰付、出船仕申候

一同年十月十四日、右同人義病身ニ付、無拠岩田町金屋兵介江船売渡、名前替ニ相成居申候

一同二卯年十一月、先達而漂流仕候上乗之者跡家内へ御扶持被下候御噂申上候

一同年、昨寅年呉国江致漂流候者共長崎江送来り、已後於同所御吟味被遂候節、右兵介船名前替り候儀者、上乗并船頭水主共不致承知候儀ニ御座候ニ付、矢張御当地出帆之節之名前ヲ以金十郎船与御役所江申出候趣ニ御座候

一御船手浮米之内ゟ御扶持被下候御先例書抜、相廻り不居申ニ付、御問合御座候ニ付、則両度分別紙之通ニ御座候、以上

十二月七日　松本惣八郎
松山杢右衛門

一宝暦十三年例左之通

口上

沖新田板屋源五郎船江戸廻り御米積遣候処、先月六日駿河国五貫嶋沖ニ而致破船候節、右上乗御加子小七郎溺死仕候、同人妻并幼少之忰壱人御座候処、渡世難義仕候、御船手浮米之内ゟ弐人御扶持被下候様ニ申上度奉存候、右忰行年十歳罷成申候、成人仕御用ニ茂相立申候節者、御加子之内へ召抱候様可仕候、右之趣奉伺候、以上

三月十七日　古宮新右衛門
塩田与惣左衛門

右書付、同日寄合ニ差出候処、伺之通弐人御扶持御船手浮米之内ゟ被遣候旨、三月廿七日寄合之節当番古宮新右衛門へ被　仰渡候事

一安永二年例左之通

口上

大畠村市郎兵衛船沖船頭水主共拾壱人乗、上乗御加子磯右衛門共乗組、江戸御普請御用切組材木船積仕せ、去辰八月朔日岡山出船、九月七日江戸品川江着岸仕、右御荷物無滞払上、同月十二日迄ニ御用向相済候ニ付、天気次第近ゝ出船可仕旨、右上乗磯右衛門ゟ申越候處、其後帰帆不仕、難船仕候程難斗旨風聞御座候ニ付、其已後相廻り候船ゝへ申聞、大廻船路段ゝ承合候處、江戸表出船并浦賀着船之日限ハ不

相知候得共、同月十六日浦賀出船仕候由、同夜ゟ翌十七日迄大風ニ而御座候間、破船之程甚無心元旨同所船宿申候由御座候、已来方〻承合候處、是迄何方ニも不居申、何之様子も相聞へ不申候、左候ハヽ、右浦賀舟宿申候通、遠州辺ニ而破船仕、乗組不残溺死仕候哉与奉存候、則大畠村ゟも別紙之通申出候、右上乗磯右衛門義下内田町ゟ御加子御奉公ニ罷出居申候者ニ而御座候、未悴幼少ニ而漸五歳ニ罷成申候、御用先ニ而溺死仕候義、殊ニ御先格も御座候間、成長仕候迄御船手浮米之内ゟ弐人御扶持被遣候様申上度奉存候、以上

七月廿七日

塩田与惣左衛門

児嶋郡大畠村市郎兵衛船江戸大廻り御用ニ罷越、此節迄罷戻り不申候付、逢難風破船いたし、乗組之者共も定而溺死可致哉之旨、依之、右上乗御加子磯右衛門悴致成長候迄、御船手浮米之内ゟ弐人扶持差遣可申哉之義、先格も有之ニ付、委細御申出之趣致承知、其段及御噂相済候間、御船手浮米之内ゟ弐人扶持差遣候条、御申渡可有之候、以上

八月十日

塩田与惣左衛門当テ

丹羽伝十郎

二　片山栄蔵「漂流日記」

馬旦国母後須嶋

漂流日記　全

上乗
宇治甚介
片山栄蔵

漂流日記

片山栄蔵手書

備前岡山広瀬町多賀屋金十郎船神力丸千七百石積、上乗宇治甚介、片山栄蔵、沖船頭邑久郡尻海村五左衛門

天保元年庚寅七月江戸御廻米御用被　仰付

八月朔日御米并御分家様米共四千六百弐拾俵、外御用荷物積初

十日御家中荷物迄積仕廻

十一日船宿并小宿迄諸払仕廻

十二日晩岡山川口飽浦前出船、阿津村滞船、沖船頭五左衛門艀にて本船江帰る、同夜九ツ時過出舟、潮悪敷犬嶋辺に繋る

十三日出船、尻海村江乗込、天気悪敷数日滞船

廿日出船、播州亀嶋辺にかゝる

廿一日天気悪鋪

廿二日出舟、別府沖迄走る處、天気悪敷跡江戻る

廿三日晩坂越口に繋る、風悪敷雨催合ニ付、坂越浦江乗込

廿四日大雨滞舟

廿五日出舟、明石より紀州加田の瀬戸江乗掛ケ

廿六日市恵崎沖迄走る、風悪敷跡へ戻る、由良へ乗込

廿七日滞船

廿八日天気晴、船頭より出船之義申出る、上乗両人可然与申に付、水主銘々持口江廻り、碇を巻き舟艤す、此時五左衛門外監舟者樽船同様の荒働也、大

切なる御米積候船ハ天気好く見定玉へと申ニ付、水主一同相談し、弥天気克と申ニ付出舟、依而他船ゟ少しおそく開帆、汐ノ御崎江乗掛ケ

廿九日風少しなぐ、此秋大嶋登り潮勝にて、大嶋へ寄事不叶、沖にてまきる、晩夕焼稲光り、船頭水主大に心配、此時漁舟居らバ頼ミ漕戻し度と種〻思ひけれとも、壱艘も不居、沖にてまきる、夜九ツ時過北東風俄に強く、大浪起り舟危く、急に帆をさけよといふに帆三筋に立裂になり、漸〻まきさけ、舳の弥帆斗りにて西南江流行、此時船頭我も、舟ハ金毘羅様江上ケ候、一統思ひ〳〵の心願あるへしと申、拾九人皆〻　大日本六十餘州諸神仏江祈願を籠、念仏題目軸ノ信讚大音揚て祈るなり、次第に浪風烈し、此時船頭水主より上乗両人江荷物打捨候半と願出る、両人、㝡早今夜もふけ候半、明方ニもならるハ朝なきもせむ、今少し待候へと云ふ

晦日無程夜もあけ、風益〻強く、荷打之義又〻申出ル、我等両人相考るに、大切なる御米とハいへと拾九人の命にかへへくもやと　御上江対し恐入候得とも、荷打之義さし免す、夫ゟ銘〻諸道具打捨、次に雑荷物打捨けれハ、舟脚少しハ軽くなりたれと、高浪止ことなし、朝五ツ時頃北の方に山薄く見ゆる、土佐国の山なミと皆〻云、無程山も見へす、益〻風強く浪高く船危、八ツ時頃柁の身木折る、こハ如何せんと一統驚悸痛心、此時五左衛門指図して舳へ碇打込よと云ふ、舳の左右へ弐丁のいかりに綱を付て釣碇にしたる也、是ゟ艫江弥帆を巻き、又荷打するものもあり、帆柱をきりかゝるものもあり、あかをとるものもあり、手よきときてやるものもあり、銘〻思ひ〳〵九死一生の働きし、暮頃檣面陀(柁)ヲモカシハ舟ノ右トリカシハ舟ノ左へたほれ、舟垣を損す、柱きり倒すゆへ皆〻安心す、風浪猶止事なし、夜四ツ時過風止ミ浪静まる、一同言葉揃へて云ふやふ、先此場の大難を逃れ命を助かること諸神仏の御蔭なりと喜ふことかきりなし、各〻空腹なりと

味噌粥を焚食す

九月朔日船頭水主一統より上乗両人江当日の祝詞申述べ、命たすかり難有仕合にて候と申、此日殊外天気好、矢倉へ上り四方を望に、東西南北嶋山見へす、皆〻落涙し、扨もはかなき今の身の上哉といひあひ、是より念仏題目軸の信と昼夜拝礼する斗りなり、扨、不思儀や鷹ことき鳥飛来る、翌日ハ二羽きたる、又一羽きたる日もあり、毎も北より飛きたり、北東をさして飛かへる、これ必日本の地より来る鳥ならむ、誠に数千里の海面を来ることその故あらむと、船玉へ御鬮を入て拝礼しけれハ、是堺の住吉様とありけれハ、命御助ケ被下候御知せと皆〻喜ひ勇ミ、御礼念仏題目唱ふこと頻也、又舟左右を見るに大鰐四、五疋付廻る、水主いふよふ、是ハ磯辺様の舟に来り被遊とて歓ひ拝礼す、鰐ハ磯辺大神宮の遣ひしめのよし、全く大神宮の御助と涙を流し喜ひあへり、ふか長サ八尺斗り、又三尺余もあらん、外国漂着の頃迄此鰐弐つ始終附添来る、十七日、廿三日大風、舟危し

廿二、三日頃飲水甚不自由に成り、船頭申ハ、これより飯斗りたき汁菜ホハ止め、食後に茶碗にて二、三杯より余ハのむことならすと示す、皆〻一所にあつまり、此舟に米沢山なれ者水さへあれハ外にのそみなし、是より雨乞をいたし候半と申あひ、一統祈願題目念仏軸の信にて昼夜天を拝礼し諸神仏を祈る也、不思義なるかな、晴天俄に雨催し二日めの夜より雨そふり、三日めにハ大雨にて艀又ハ水半桶に天水溜り、是を集見るに半桶二つ小半桶一つに天水溜入れ、皆〻大に喜ひ、神は正直の頭にありと聞候、真の念仏真の題目此時なりと大音揚てそ拝ミけり、夫より外国漂着迄折〻天水被下、水の不自由なし、此頃舟の両傍に魚のおよききたるを見付しものありて、やれ釣よと五寸釘をまけ、苧の房を付丁糸を付、海中江投込ふり廻せ者、ぶんと音するに取付て喰来る、数十頭釣得て膾或ハ煮て食す、紀州に多き万疋といふものなら

ん、船頭五左衛門大に叱る

十月十日頃一度ハ北風一度ハ南風、東西南北風定ることなし、一同申あひ、諸神仏江一方の風を願ひ、何国の嶋たりとも着せ被下玉へと祈りけれハ、不思義や信心天に通し

十五日ゟ北東風と定り、外国漂着迄一方風也

十七日、廿四、五日、大風、舟あやうし、八月廿九日ゟ十一月七日まて日数凡六十八日の間、九死一生五、六度斗なり

十一月六日晩七ツ時過と覚へ、舟の舳に山見へ、皆〻大に喜ひ、此日庚申なれ者、全く諸天神の御助ケと喜こと限り無し、扨、嶋山漸〻近く成り、嶌の根に大なる礁ありてあたる潮さゐ電の如く光り、皆〻是を見て、扨もおそろしきことかな、十九人の命ハ是きりならむと艀を卸し、米三俵銭壱把を積、此嶋へ上る用意をいたす時に、船頭船玉へ御鬮をあけたれハ、此嶋に人家ハ無しと御知せ故に、一統一決せさる所に、不思儀千万かの礁の内手江船の引錠(碇)懸り、礁ハ跡へなりたり、此時皆〻扨も有かたきことかな、全く神仏の御助と怡ふ事限なし、夜五ツ時過と覚へ、かのかき留し碇綱切れ、水主申よふ、碇きれなハ外に代り無し、いかゝハせんとなけきあひ、是迄碇を柁と頼ミしに、舟ハ潮風の自由につき廻され、潮さへの方へ吹寄せんと申ける時に、大浪繁く打かけ、舟身持仕かたしと思ふ處に、山の如きの大浪壱つ打込、艫ノ間簀板の上船玉の前へり平に潮水さし行如也、皆〻大に恐るゝ、此時外艀を落し舟所〻損し、水主あかをとるものもあり、米俵をもつて艀の損所を防くものもあり、命かきりの働也、誠にいわんかたも無し、夜もあけな者風も少しハ和かんと楽思ふち、無程しら〳〵と明にけり

七日舟の真舳に遠く小嶋弐つ見へ、皆〻大喜ひ、此嶋へ上らんと御鬮を入たれ者、両嶋の内へ上れと御知せあり、此時又願ひにハ、十九人の内弐人ハ眼薄きものあり、日の中に上らせ玉へと御鬮を入た

れ者、弥日の中に上る事疑なし、しかれとも十九人の内命損すること相知れすと御知せあり、皆〻千万の案し也、晩七ツ時頃と覚へ、かの嶋近くなり、これを見るに平山にて大木ハなし、萱をひ茂り少しの雑樹あり、嶋の根より凡百間斗り沖に水底に凡巾四、五間長サ弐町斗りもあらん大礁あるを大浪の分れにて見出したり、皆〻申様、此嶋を外してハ何国江着こともしれす、此礁へ乗掛てハ皆〻の命覚束なし抔いかゝはせんといふ内、早磯近く成りたれハ、嶋へ上るに決したり、時に大浪一つ打来り、船ハ礁へ乗り上けたり、気早水主壱両人飛下り、山を見掛けて上るもあり、又弐つめの大浪に船ハはら〱と砕けたり、垣建械具に取付上るもあり、衣類ぬき捨裸にて上るもあり、七ツ時過と覚へ、皆〻上り方〻ゟ集り人数を改め見るに十四人也、五人ハ見へす、是ハと驚き弐人は其所にて見合、跡より上り来るやと待たれと、暮過るまて一人もきたるものなし、扨ハ上りおふせさるやと涙を流し、其夜を明し、十二人のものハ此嶋に人家あるやと山奥さして尋れとも人家無し、はや日も暮に及ひ、小樹の陰に萱を倒して其上に休ミけり、夜四ツ時頃と覚へ、大雨降り出し身ハ疲れ、衣類ハ濡れ身冷渡り、此時の難儀何にたとへん方もなし、素より眠るもの一人も無し、我ホハ命助りたるに、五人のものハ如何したる覧と案し煩ふ斗りなり

八日皆〻申合せ、四、五人程宛手分いたし、宵の漂着場へ五人を尋行ものもあり、人家を尋行ものもあり、病人老人ハ萱の上にふし居るもあり、八ツ時前と覚へ、向の嶋より三尋斗りなる小舟弐、三艘に弐人宛乗り、桦（竿）ホにてをし来る

此通りのうちかひ也、独乗る時ハ両手にて二丁遣ふ、先後左右江行事自由也

扨、此人を見るに、唐人にあらて、髺しやくま衣

類筒袖襦袢股引をはき、何も手に斧なとを持、我ホにカツポンかと問、我ホ手をふる、又リウキウかと問、又手をふる、此方ゟ指弐本出し、日本といふ、我ホ向の人を手を合せ拝む、向の人腹をおしへて芋を出し食ふへしと言ふよふ也、又瓢たんよりタレグを出し、飲へしといふよふなり

此タレグといふハ、砂糖木ヲシボリ汁ヲ取テ酒ニ用ルヨシ

皆〻大に喜ひ、病人老人ホを呼に行、芋食ぬうちハすはの穂のぼせの根をほり食したるものもあり、又漂着場へ行て見るに、三人の死骸浪にて打上けたり、後に聞けハ此嶋ハボゴス、向の嶋ハザフタンと言ふよし、ザフタンにハ家数六十軒もあらん、此辺より迎ひ舟きたり、手真似にて乗べしサブタンへ連かへると云、能見れハ、かの三尋斗りなる小船なれハ海上覚束なし、手をふりて断をいふ、手真似にて大船を乗来るよふにと云、ザブタン人承知の体にて帰る、其夜ハボゴスにて休む、萱葺の小屋あり、是ハ呉国人萱刈又山働する時煙草場と言ふ、夜四ツ時頃ザブタンより火を揚る事度〻なり、此方にも其辺にあるものをたき火を揚て見せる

九日弐人の死骸も上りたり、其辺に高所見合せ、ふせてにて穴ほり五人か死骸を艂(篷カ)にて巻き葬、各〻落涙す、少〻大なる舟乗来り、中に役人壱人あり、筒袖に股引草履をはき諸事指図致す、船四艘にて我ホを弐人三人と分けサブタンへ連帰る、凡壱里斗りもあらん、渡る時海中に虎のことくものを見る、何と言ふものにや名を不知、この嶋女の髪ハ後にさけ、眉毛あり、白歯なり、我ホか渡るを多く出て見物す、役人の指図にて壱軒へ弐人三人宛分け居らしむ、家作り弐間に三間斗り萱葺屋根にて壁無し、萱をかき付て壁とせり、口二ヶ所あり、巾弐尺五寸斗り、高サ三尺六寸斗り、床なし、厚弐寸斗りの板を並へ置、上にアツペイを敷アンペラノ事休ましむ、竈ハ石を三つ集め、鍋釜の類ハ不自由

と見へ、土確子のごとく成ものへ芋を入、芭蕉葉の如き物を蓋にして蒸なり、乾魚又ハ豚を食す、此處に居る事三日斗り

十一日出立、山を越して行、凡三、四里と覚ゆ、此山甚崄岨にして道路分らす、木根かづらに取付て登る處もあり、よふ〱人家あるところへいて此處へ一宿、村名しれす、此辺のものゝいるひ木皮をたゝきのばし襦半とす、下郎のいふくと見ゆる、サブタン人壱尺斗りの木切れを持、山のいしをもんて火を出し、煙草吸ふ、弁当持か女也

十二日暮過役人きたり、早ゝ支度可致、向ノ嶋へ渡し可申といふ、少し大成船を乗きたり乗せて行、此渡り凡壱里余と見ゆ、夜四ツ半過ブシンテイといふ所へ着上陸す、家数凡四、五拾軒計りもあらん、萓ふきの家弐間余に四間斗り、壁厚サ弐尺斗り、高サ六尺斗りの開戸あり、床板ハ張、窓三つあり、此處に休む、食物芋豚なり

十三日早朝侍と相見へ、十人斗りきたる、何れも羅紗頭巾筒袖襦半股引草履をはき、左の脇の下に革さやの刀を下け、革紐を付、右の肩にかけ、右の脇下に鉄炮の玉薬入るゝ革胴籃を下け、人体サブタン同様なり、此人達の指図にて陸地を行事壱里斗り、ユハナと云ふ所江着、三間に拾間斗りなる家作り、屋根かや葺、壁ハ厚サ弐尺斗りなる石土ねりあけ、面ハ白土也、入口二ヶ所、何れも板の開戸、見附に鉄炮十挺あり、其上に巾七寸程長壱尺弐、三寸之柱暦ノごとき仏画をかく何ノ仏、ヲ不知此所江連行、畳台ノ如クなる中にかつらのあじろ組せ敷、四方に柱を立たる上に休ましむ、外に椅子あり、役人と見へ、弐、三人きたり、椅子江腰を掛ケ、印肉壺ノ如キものへ墨を入、筆ハ鳥ノ羽の軸をそぎきりにして、墨を入て書也、我朩十四人ノ名を一ゝ書記シ、状に認む、包形万金丹ノ封のことし、是ヨリ大将分ノ居ル處へ遣すサルトリメンュと云ふ處也、ユハナニ二日逗留、食物芋豚也

芋三品アリ、ヲヘ、ドウカイ、ツカイと云、ヲヘつ

ぐねの如し、ドウカイ大芋、ツカイさつま芋
十五日早朝壱里跡戻りしてブシンテイ江帰る、夫ゟ船
に乗り、凡海上三里斗り行、昼前サンカンロと云
ふ所江着、家数四、五拾軒もあり、船作事場と見
ゆる所へ連往ク、昼飯を給させ、芋豚乾魚也、又
本の船江乗せ海上壱里斗り行、サルトリメンゴへ
着、大屋敷の内に弐間に四間斗り屋根葺(ママ、萱)ふき壁ね
りあけ、口二ヶ所板の開戸床板はり、此内へ連往、
暫休息す、大将きたる、此人体六尺半の大男、衣
類羅紗、草履をはき、一切の事手真似にて問答、
能分、大将申様、我ホ受取からハ追ヽ本国江送る
なり、此處ハ米無き国故、芋食すへし、先年南部
徳次郎といふもの此国へ漂着、一年芋斗り食シ、
後目出度本国江送り遣ス、汝等も芋豚乾魚牛鶏の
類食して心安く暮すへし、此国者我よりゆるした
れハ何レなりとも遊ひ往へし、是より村一統江申
付、船作事いたし、早ヽ呂宋ノ国へ送るへし、我
ハかの国より交代の役人なり、夫故かの国江送る
也といふ、諸事手真似ニて能ヽ話し聞せ、拾四人
之者涙を流し、善心なる大将哉と大に喜ひ、是よ
り村中を心置なく遊ひ行、大将の内を見れハ、仏
間と覚しき所に仏像を置、妻子ある仏也、何の名
ヲしらす、加藤清正の画像を出し、汝等是を見よ、
日本にてハ大将と奉るかと問ふ、我ホうなつき、
大将我も尊敬いたすと云ふ、是より方ヽ歩き遊ふ、
此所家数弐百斬(軒)斗り、村中男女親切に成、我ホ往、
戸口にのそき、アリヨフスと云ふ、向ヨリヲフノ
と言ふ、此言葉本邦にておかわりもなひかと云テ、
左様いふことゝならん、又チヤケイモコマンかた
云、本国ニてほしか食へと云事、満腹の時マブソ
イと云ふ、空腹の時ハマツテンと云、男女衣類サ
ブタン同様也、此国の鉄炮ハ火縄なし、火はさミ
の所へ石をはさみ火を打なり、鉄炮の先に鑓の身
を指、又はづして腰のさやに納む、馬旦・呂宋両
国共鉄炮を重んすと見ゆ、或時山畑へ往しに、道
傍ニ長サ五尺七、八寸の蜴蜥(蜥蜴)死し居たり、口に牙

アリ、手足の爪壱寸斗り、鱗金色なり、眼光りあり、帰る路の傍に高サ壱丈六尺斗りの番（蕃）椒あり、実かわることなし、或時大将より日本人皆〻きたるへしと呼に来、大将の門に長サ壱丈五、六尺、太サ三尺廻りの蝎生捕り、細引にて繋、疵一ヶ所あり、大将云、汝等国にも居る哉と、我等答て、多ク居ると云ふ、問ふ、日本ニてハ名ハ何と云哉、答、蝎といふ、問ふ、是を食ふか、答、不食、大将云、我等ハ食ふ、十四人之者へ食すへし、我ホ手をふりて断云

十二月廿三日夜五ツ時過、近隣出火と噪く、此国の男火事場へ裸又はたしにて往、竹木を持テたゝき、瓢覃（簞）に水を汲きたり、甚不調法の消しかたなり、漂流人の内若もの弐、三人かけ付、ならひなる家を引倒、火事納りたり、火事をナマヱと云、毎日の食物芋乾魚なり、折〻豚アリ、是ハ大将の家より持来、或時芋ノ中に番（蕃）椒ヲ刻ミ入れ、我ホに食せたり、我ホ大に怒り大将の家へ行、此通りにて候とかの芋を見せ、力ミの風体いたしけれハ、大将是を見て大に気毒の顔色にて、下女を呼寄吟味有、下女のわさ也けれ、此家の奥と見へし婦人かづらの枝ニて叩き、如此いたしたれハ堪忍して呉と云、此国女の仕置ハ女のすることゝ云ふ、此後ヶ様事なし、早十二月も過行、呂宋行ノ船大方成就し、凡弐百石積斗り弐艘に芋沢山に積ミ、出舟の様子ちら〱知せ来、正月三日ニハ大方此国出帆の沙汰アリ、我ホ大きに喜ひ勇ミ、次第に本邦近寄ことゝ思ふ処、大将腫物ニて九死一生の沙汰あり、夫故少〻延引に相成る歟、侍分の内にマルヤといふ善人あり、此人より弥正月六日にハ出帆と内〻知せたり

辛卯正月五日夕家内老少打連きたる、為土産芋乾魚男女に為持、十四人に暇乞して落涙す

正月六日早朝役人壱人来り、汝等今日此所を出帆、呂宋国へ送るなり、銘〻手道具ホ取片付置へし、追付役人参るといふ、早速身拵いたし近隣へ暇乞に

参る、四ツ頃役人来り、十四人改め、是より大将の家へ暇乞に参る、大将も重き枕を揚け涙をこほしうなづき、為土産として巻煙草五十本被贈、我ホも永々の礼申述、涙を流し立出る、為門出芋乾魚の膳を食す、是より舟に乗る、ブシンテイの沖繋る、一夜泊る、船頭をカツペイタンと云、名をアントウニウカランと云、ユハナのものゝよし、護送人四、五人、船頭水主弐十人斗り

七日ブシンテイ出帆、順風、山を見る事なし、五日めゟ山を見留む、午未の針にて乗行、處々瀬懸りいたす

十五日船頭申、早呂宋国近寄りたり、山鼻の水流出る處にて衣類洗濯浴ミいたされよと、我ホ山鼻上り見るに砂石火のことく本邦六、七月頃の様也、山に見馴さる雑木多し、水主共山觜へ上り、塩の白くかたまるをとる、塩味に用るよし、呂宋国近寄り、番船と見へて役人乗り、打かひにて来る、此時馬旦船も旗を揚け、互に答合ひ、両方へ別れ帰る、此呂宋国とモウロス国と軍不止ときこゆ

ホゴス、サルトリメンコノ嶋国バタン国ト唱フ、巴旦トイヒキタレドモ、或人ノ曰、巴ハ清音ノ字ナレハ巴旦ニハ非ス、地球図ニテモ巴旦ト有ル国ハコノタビ漂着シタル地方ニ非ス、馬旦ト外国人イウナレハ、唐人文字下スニ濁音ノ字ヲ呼ナルヘシ、別ノ所テアラン、左モ有ル事ニヤ

十九日呂宋国江着

廿日河江乗込、或人ノ曰、マネイラナランカ

廿一日上岸、路巾凡六間もあらん、此處に唐人屋敷あり、我ホを連行、唐役人弐人、ロスン役人弐人出張、ハタン役人と我ホ受取渡し相済、是よりハタン役人ハ本の舟へかへる、唐役人我ホに国元を出始終の次第、舟に何を積、何国へ行と問ふ、紀州にて悪風に逢漂流、六十八日してハタン国へ漂着、破船之節拾九人の内五人溺死ホのこと委敷真字にて答ふ、又問ふ、六十八日の間海賊に不逢哉と、左様の事なしと答ふ、唐人言、此處へハ毎年二月

中旬ゟ下旬まて福建より四艘宛きたる、此屋鋪へ上り居るへし、たしかに送るなり、門外出ること不成とて、土蔵一ヶ所明渡し住居す、土蔵瓦葺、ねりあけ壁、床板張り或ハ土間、門二ヶ所、廻り凡百間斗り、横凡三十間余、中に井土（戸）あり、定門番壱人、外に足軽体のもの四人、唐船入津の時は拾弐人相詰、食物米生魚ハ大体本邦と同し事也、獣肉ホ砂糖下直、雪花菜一と玉の価と同し、米上白壱升日本銭弐拾八文位、唐人多く入込商売す、持来るハ革類・呉服もの・木綿類・南京焼もの類・鍋釜、呂宋ゟとり帰るハ砂糖・すをふ・黒柿・干海参ホのものなり、此時福建・泉州二ヶ所舟来り居る、呂宋人もハタン同様人体、唐人ハ髪を剃残し三組にして後へ下け、衣類ハ襦半袖長く股引ふとく、履も呂宋と違ひ大体本邦に似たり、手拭をかむる、改たまり時ハ笠をきる、上下の差別あるといふ、呂宋の侍出住時ハ車に乗り馬弐疋に引せ、馬遣ふもの壱人乗り、門近く成ると刀のさやをはつし、頭へさし上け、門へ入るなり、車の上に滑革をひつはり、やねとせり、無用の時ハ車後へたゝみ置、私用の時ハ夫婦乗り行事もありと見ゆ、此国にサンダマルヤ、サンダクロフス、ヲ、ステボイノと言ふて仏を拝礼す、何のことにやしれす、毎月四、五度も祭りならんか、町中男女伴を仕、笛太鞁鐘を鳴し、女ハ手拭をかむり、燭を持もあり、此仏に妻子あるときこゆ、罪人を弐人宛組合せ、足にくさりをかけ、石築土持ホをいたさす、又乞食に往もあり、鉄炮組の内其番をする也、鉄炮組五百人ロスン、鉄炮組五百人カ、ヤンロスン近国ノ由、鉄炮組五百人イスパンヤ

ロスン・ハタン共ニイスハンヤニ属スルヨシ

都合千五百人、城内見付に番をするよし、二月頃小瓜・西瓜・垣豆・ふろふ・茄子の類を食ふ、北極星凡爰の三歩壱位低く見ゆ、月星共大く見ゆるよふなり、児嶋郡田井村才次郎煩ひ、薬を乞ひければ、気応丸と書付ある薬をあたふ、さしてきか

ず、よつて医者を願ふ、医者きたらす、栄蔵此時願書をしたゝめ、医者も見せすば安心いたしかたし、医者無き国にハ長居得不致、我ホ致迷惑候、早〻他国へ御送り被下と立腹ら敷書附差出ス、翌日大なる木綿風呂敷と廻り六、七寸長サ壱間斗りの大竹を人に持せ、役人壱人添きたりいふやふ、此風呂敷に病人を包み、若もの四人にかゝせ持行へし、片山栄蔵添来るへしと、よつて才次郎を風呂敷に入れ荷ひ往、城内と覚しき所江連帰る、かの役人案内して大医の家へ入る、病人六、七十人も居、療治のよふす、何も壱畳台に病人壱人看病壱人宛付、其〻台の上へあけ、名をとふ、才次郎と書ていたす、病人の上へ張置く、日数八日斗りして全快しかへる、阿蘭陀療治のよし、城内へ病人見廻に行時、犬の首に何か小包かけて買ものして帰るを見受たり、書付して町家へやれ者、其家をおぼへて行よし、城内ハ本邦同様の高塀外堀の構もあり、平城と見ゆ、瓦葺二階造り、或日上乗両人水主両人をむかへ、城内へ行、大家の二階に上り、大将と覚しき人唐人をもつて何角相尋、我ホより真字にて相認めけれハ、唐人取次て差出す、唐人来る時ハ唐人屋敷の内へ弐、三間の納屋を立て、其内にて博奕をするよふす也、銭を廻して手に伏せ、字かぬかと言ふよし

　或人曰、字ハナシノ事ナラン、サモアリナン

他国の人ハ張紙して入れす、呂宋人と水主共角力とりしことあり、此方勝たるに、又起上りて来りけれハ、其後ハ組伏て居たりけれハ、よわりたる様子なり

四月下旬唐人より内話し申聞ケ、近日チイナン唐土ノ事へ渡す筈の處、唐船へ汝ホ十四人乗す事を嫌ひ断申出候よし、夫ハと我ホ致痛心候處

五月二日役人より上乗両人を呼、明日此地出帆、広東へ送るなり、扨、かの国尻を出すことを嫌ひ候故、股引壱つ宛遣すなり、舟中の用意として白米壱石・乾魚アツヘイの袋に入れ、玉砂糖弐百斗り、

外に銀壱枚宛為餞別被贈
　銀壱枚凡銭壱貫文ニアタル
三日役人両人来り、今日此地出帆と申に付、皆〻暇乞申述、小舟ニ而壱里斗り沖へ乗行、三百石積位の船へ
　船ハカヾヤン船ノヨシ
船頭水主七人、ロスン役人上下三人、我ホ十四人乗組ミ、船頭我ホ十四人を改め、ロスン役人ハかへる、其夜大舟直に碇を巻上け出帆、帆柱三本、舳の弥帆と見ゆる少し細し、木綿帆都合八ツ巻き、揚柱ハ三継きなり、風の強弱によりて柱も長短し、帆も夫に準するなり、碇綱ハ鉄くさりなり、柁ハちさくひじ坪にてかけ、舟自由にする事寄（奇）妙也

右ノ者ハ海上ニテ舟ノ行里数ヲ知ル具也、片方ノ丸キモノ、中ヱギヤウセンニ小砂マセリノ如キモノヲ入、細キ所ヲ持チカタブケテ片方ヱズラス也、其間時刻何歩ト定リタル事ト見ユ、夫ヲカタムケル、初ソリヤト相図シ、壱人三角ナル小板ニ糸ヲ付タルヲ海上ヱ投、舟ニテ引ク、其糸弐間計リニ紙印ツク、カノキヤウセン片方ヱツリ止ムト、糸ヲ揚テ尺ヲトル、是風ニ而ハ時何歩ニ何里ハシリ
　タリト知ル事ト見ユ
九日昼四ツ時過広東の内澳門といふ処に着、海湾中の小嶋にして地つゝきといふ、呂宋より此地へ酉戌亥の方へさしきたる
十一日上岸、此地呂宋人大将となつて唐人と入交り、商売すと見ゆ、役人の家へ連れ行、筆紙を出し候ニ付、我ホ去ル寅八月出帆より漂流、漂着、五人溺死、残十四人是迄の次第委敷書付見せけれハ、唐人をよんて見せ、唐人見て頭分へ見せ、承知の体うなつき、壱人に銭三百文宛あたへ、好物を調へ食すへしとなり、壱人案内して大なる館へ連行、二十間に三十間斗、惣白壁瓦葺、玄関あり、惣ニ

階作り、處〻窓あり、此處平生不用と見へ、軽き役人相詰め、三十間斗り納屋の内三間四方斗の所明呉れ、板をならへ、あつへいを敷、凡四十八日住居、米魚煙草醬油ホ諸事心を付被贈、又丸薬をあたへ、水毒を消せとて毎日一粒宛飲

十四日役人来り、拾四人を連帰る、堂の如なる處、柱に所施諸人と張紙あり、大将弐人外に下役弐人、上下凡八人斗り、此役人我ホ十四人の姓名よんて、壱人に銀四枚宛被贈、当用の品とゝのへとのことなり、皆〻喜んて帰る、免しありて町内處〻見物す、町はつれに観音堂あり、石細工竹細工見馴さるもの多し、脇に高サ三尺余の平石に南無阿弥陀仏をほり付てあり、歯の神様と云社有、女の舟を追スを見る、又舟遊女も見及ふ

六月廿日役所より栄蔵を呼、十四人之姓名再吟味あり、唐人聞テ曰、汝ホ日本へ送りかへすへし、乍然是迄日本江多ク致世話、本国江送るといへとも、何の左右も無し、皆〻無事なる哉と、栄蔵答、日本大国也、よふすしれすと、唐人云、今月末に広東へ送るなりと、栄蔵帰り右之次第ヲ話し皆〻喜ふ、役所より三枚の書付認メ、是は先年より漂流人度〻送るといへとも返答無、次第書遣ス也、日本朝廷へ差出せと也、栄蔵持帰り長崎御役所江差出候處、御取上に相成、栄蔵自分日記も御役所前ニ而焼捨に相成、よつて此冊ハあとにてゆめのことく覚へたる事荒増書記而已

廿九日早朝役人弐、三人広東へ送るなりと申来、我ホ手道具ホ用意致し置、手前役人案内して町外レまて連行、河船へ掛合、役人ハかへる、此方ゟ礼義申述、我ホ十四人ヲ船頭改受取、澳門大将より銀壱枚宛被贈、是を以舟中食物ホまてとゝのへ、同夜出帆、凡行二十里斗り、香山と云ふ所へ着、此地より舟乗替になる、香山家数凡千軒もあらんと見ゆ、こゝゟ香山と印シアル幟提灯ヲたつ

七月二日出船、是より左右河岸作りもの、粟・砂糖・稲、本邦ニかわる事なし、苗ヲ舟に積、田植も見

及ふ、此辺一年に両度稲を作ると云ふ

三日広東江着、直ニ上岸、澳門役人我ホを役所へ連行、河辺より門迄凡弐丁斗り、両方引渡し相済、澳門香山役人ハ帰る、此所寺同様に相見へ、門を入りて本堂あり、堂ノ上に国主ノ座木像あり、高サ凡八尺、前左右に高木像三ツあり、凡六尺、何も長刀長劔ヲもち、其前に机あり、銀ノ花瓶香炉あり、其裏五間斗りにして堂あり、正面に大将の子供ヲ連る画像弐幅掛り、長サ凡九尺、巾凡五尺、銀ノ香炉あり、堂ノ二階に若大将ノ木像あり、仏具前に同し、朝暮役人壱人充香を上け、笠ヲきて拝礼す、此二堂の間庭に真石の手水鉢あり、洋行会館と深ほりにしてあり、處〻柱路次口にれん額沢山にあり、其裏に三間に四間の二階付の處あり、此所に我ホヲ入置、門外ハさし留、門内ニて遊ひ暮せと云ふ、賄方壱人付、一日に弐度食と定メ、魚野菜自由也、賄人申よふ、食ものハ我一さい引受なれハ、汝等好ミあらハ申出へし、毎日煙草紙ホあたへ、酒禁制と申移す、左右の屋敷ハ諸家中多く住居と見ゆ、食時毎役人壱人来り、我ホに向ふて手真似にて腹をふくらかせと云ふて、始終見届帰る、賄方も夫故馳走するよふす也、又云ふよふ、追〻浙江へ送なり、当十一月ニハ本国へ帰るへしと、我ホ実と思ふものなし

七月十三日盆祭り、本邦にかわる事なし、ギヤマン燈籠多ク燈し、本堂にて僧十人斗り十三日ゟ十五日夜まて読経し候由、大鞁の曲噺シ物真似もするなり、僧衣ハ本邦同様也、本堂に地獄極楽図左右に五幅宛掛ケ、善根悪根の事を諸人に示スよし、門前にハ牛豚魚菜其外諸品の市あり、種〻売ものも来る、此地にハ、クハスイ、ホロケイス、テモイ、イキリス、ヲランタなと十三国の蔵屋敷ありと云、出火之節龍吐水を車に載せ引出る、死葬之節先へ焼豚をさし合ヒ持行、出家も伴しあとより泣キ女を輿に載せ泣行なり、分限相応に三人五人とやとふよし

廿五日役人きたり、汝ホ十四人八月三日頃に広東を立、浙江へ送るなり、用意致へしと云ふ、皆〻大に喜ひ日を送る

八月上旬より十四人不残風邪にて伏し、役人江申出る、早く医者きたる、壱人宛念入診脉し、帋に壱人宛の病体を認、役所へ差出ス、薬を買呉るよふす也、此薬壱服本邦五、六ふく程の大サなり、一腹（服）弐腹（服）飲テ

八月中旬各〻全快す、扨、役人申よふ、是より浙江へ送る也、次第に寒サに赴き、殊に浙江ハ寒国也、蒲団用意あるやと云ふ、我ホふとん用意無し、入用無しと云、役人云よふ、是より川船にて送る也、舟中ひゆへし、なくハあたへ遣すへしと、蒲団壱枚宛あたへらる、皆〻喜ヒ役人へ礼申述る

廿日広東出船、役人舟壱艘、我等乗る舟壱艘、舟長めニて小へり広し、かつら綱ニて牽く、帆ハ竹籠を合て竹皮竹の葉を編付、横に竹をゆひ付てあり、役人上下七人、加子五、六人宛也、下流に随ふて行、昼夜飲食ホ念入、陸地同様の事也、艫にハ昼ハ広東公船の幟をたて、夜ハ提燈右同様の文字あるをたつ、場所好き所見合滞船、河の左右田畠に粟・胡麻・唐黍・さとふの木沢山あり、所〻城下と覚しきも見ゆる、川内に舟住居の遊女多し、大坂川市のことき大なる船に幕障子簾敷釣草抔をかけ、内にいと竹の声も聞ゆ、時〻下役人下人を連、上陸し、何か掛合、銭壱貫弐貫文貰ひ帰るよふす也、我ホいかなる銭なるやと問ふ、役人此銭をもつて汝ホを船中にて養ひ、乍浦まて送るといふ、凡七、八里斗り下りて左の山高く、麓に穴あり、観音堂あり、我ホに拝むへしといふ、此川通船多し、米穀積もあり、人を載せるもあり、加子の妻子老母まて一處に乗り、若ものハ舟を牽、老女ハ柁をとるもあり、川巾凡四、五十間、川の左右高山多し、此辺高山に龍虎の住と言、漸〻上流に溯る、此辺水車多し、孟宗竹の林多し

九月七日辻山江着、上陸、此辻山嶺唐道百弐拾間（里）あり

といふ、広東福建江西の堺なり
八日日出頃馬借よふの處へ参り、人足を集む、道中轎のことき(の)ものにて我等をさし合、百弐十里を暮頃まて前駅へかき入る、人足賃凡百弐、三十文宛ときく、此嶺を越す人多し、女人俵ものを差合も見る、道巾凡壱、弐間、広東船ハ帰る、前駅ニて舟壱艘借よふす也、一夜宿ス
九日五拾石斗の船、舳の間に上役人乗り、次の間に我ホ十四人乗り、其次に賄方役人壱人、下郎壱人乗る、外に水主居る、舳の端に休息所もあり、船底にあつへい俵に塩なと沢山に積てあり、艫にハ広東公船の幟をたつ、夜ハ提灯前の如し、是より下流に仰(迎)ふ、此辺にて驢馬の豆腐屋引粉屋にて石臼をひくを見る、此辺柴根多し、蓮もあり、水車米を春も見る、川魚類沢山也、川巾壱町斗り、處々大石多く急流にて水主夜船を得乗す、程なく江西城下近くなる、広東に替ることなし、繁花と見ゆる、滞船、我ホを見物の人多し、船中へ狼籍乗込ものもあり、役人叱れとも聞入ものなし、迷惑いたし沖へ舟を出し、錠をおろし居る、砂糖餅団粉の類子供売来る、江西を過ること凡十里斗り、東西南北目の届かさる河に出つ、山見ることなし、是より上流に溯る、此辺の漁人竹五、六本ならべ横にせんを貫、是を船とし、鵜五、六羽も載せ魚を捕る、田畠に綿有、麦種るも見る
十月七日過山を越す、辻山嶺の如く轎に馬借様の處へ宿す
八日小船弐艘借り、壱艘に役人乗り一艘我等乗る、是より上流に溯る、堂(ママ)山近くなり上陸、山越し前文同様の轎なり、此日寒く難義なり、小店ありて中食をいたす、さつま芋のほつこりはや本邦の通りなり、此山越し馬荷多し、又壱人して車を押て、かるき俵二つ三つ積行もあり、山中に柏の木ぶん鳥の如き鳥頭の白き鴉多く、常山江着、宿す、此地の城内上役人と覚しき家へつれ行、役人筆紙を出し問ふて曰、汝日本国中博識儒家有幾人、栄蔵

答曰、日本国大、豈得謂幾人、不知其数、役人おとろきしよふに見ゆ、又問ふ、瓢泊幾許人、栄蔵答曰、船中小吏宇治甚介・片山栄蔵、属大日本備前国主　臣下長年櫓手都十七名、本船為風濤簸揚伝馬旦国母後須嶋、嗚呼哀哉、十七名中五人溺死海岸、併我等二人都十四人因中華蛮邦供恩護送到貴土、伏冀恩人垂憐遄還本邦、千祈万禱拝手稽首、この時栄蔵空腹也、向役人云、今日陸行疲労万請恕亮、役人尤と思ふよふすにて、本の宿へかへす、早初更過になり、水主とも何のことかと問ふ、荒増し話し聞したり、是より馳走の膳味出す、翌日小舟ニ而少し行て三拾石斗りの船へ乗る、川左右にみかんの木多し、湊舟付に商人多し、本邦にかわることなし、此辺の女菊の花を簪にするを見る、常山ゟ役人壱人増し、たいせつにして送る、程なく浙江江着、少し上陸、是より川巾三、四間斗り、四尋程の小舟にて送る、此町四方壱里半と見及ふ

十七日暮頃銭塘へ着岸、山の上へ連行、大なる堂有、壱丈弐、三尺の千手観音の座像あり、此處に休息す、惣身冷渡り皆〻申よふ、扨も此頃我宿ならハ火燵に蒲団よと言へきに、此難義如何ハせん、言葉ハ不分、仕方無しとつぶやきければ、唐人藁四、五束持来り、瓦の上へ敷、其夜ハ臥しけり

十八日早朝粥を焚ていたす、汝ホ昨夜ハ冷たらん、是を食してあたゝまり、必我等を恨ミ玉ふな、他国故我ホの自由に斗ひかたしと丁寧に言、時に大なる轎十四丁かき来り、乗れと云、観音堂前より各〻乗る、役人ハ歩行にて山を下る、昨夜冷たるを気毒に思ふよふなり、郷寿の町に下る、舟付迄壱里半町の店美し、朱塗勾欄青染付皿鉢キヤマン細工虎の皮類多し、程なく川辺へ出る、弐拾石斗の舟三艘拵へある、何れも美〻敷舟なり、此處に少し隙とる、うとん蕎麦湯豆腐に砂糖醤油掛て出す、程なく出船、川巾せばくなり、凡四間斗り、橋多く、何も目鏡橋と言ふて中に柱なし、此辺鉄炮禁断と見へて鶴雁多し、夜中にも船中鉄炮を放

すことなし

十月廿一日乍浦へ着、家数弐千間（軒）斗りもあらん、役人より永〻船中にて不自由なるへしとて、銭壱貫四百文宛被贈、栄蔵惣代ニて請取、各へ渡す、又永〻送り被下、銭まて被下候事厚御礼申上候段申述る、役人掛合相済、乍浦役人通師（詞）壱人連来、名ハトウキンと言、我ホに向ひお前方ハ日本ニてハ何国の人なりやと問ふ、備前の国の人也と答ふ、肥前国なりやと、否、備前国なりと答ふ、又問ふ、誰か頭たる人か、宇治甚介・片山栄蔵と答ふ、トウキン両人の前へ来り手を組て言、扨も御仕合のよき事かな、我か部屋へ来り何事も我に申玉へ、不自由のなきよふに安心にいたし申へし、呉〻御前方御仕合よき人也、毎も十一月下旬まて日本長崎へ五艘宛船行也、しかし当年ハ夏舟壱艘破舟し四艘参るなり、少し間の逗留也と日本こと葉ニて話しきかす、我ホ大に喜ひ、本邦へ帰たるこゝ地す、乍浦の役所行とする時、此節薩州人船役三人、水主七人、彼役所に数日逗留のよしきく、是ハ琉球江交代役人乗せ帰る處、難風に逢ひ唐土へ流され、去卯六月長崎行の船乗り帰り候處、又破舟致、上役其外溺死有之、残拾人十一月出船待居るよし、我ホ来るを聞て大に喜ひ致挨拶、我思掛なく唐土ニて日本人に逢ふ事喜敷、地獄にて仏を見るよふニて飛立斗りなり、役所へ参る上役二、三人下役弐、三人居合せ、我等云所の漂流始末トウキンより具に役人江言上、我等所〻御慈悲ニて送り被下候、難有段申述る、役人云、逗留可致、十一月出船日本へ可送と云、衣類は如何と云、我等広東ニ而綿入羽織蒲団壱ツ充被下候、御当国冷気困り申候、綿入頭巾ホ御世話被下と願申出る、役人承知のよふすニて日本風の仕立綿入十四・蒲団頭巾十四被下、二階作り六畳敷四間有り、其二階を借し休息す、三度食、朝ハ粥、昼ハ飯魚類野菜豆腐味噌漬、時〻牛豚料理有り、此地せん湯有、役人ゟ通ヒ帳を渡し、持テ行渡し入湯する也、日本こと葉通することも有、女五、六才より足ヲ巻〆、足の細キヲホフと云好と云ふことなり、中已上之女平生店に出ること無し、五月五日嫁入前の女店へ出る也、此日嫁ほしかる男見歩行、よしと思ふハ手巾を送る也手拭の事、嫌らへハかへし、すけハ受る也、其後媒妁ヲ以て縁組をすと言、本国長崎江交易にきたる舟ハ近国寧波ノ舟也、船頭水主ハ福州南京ホの人乗合せと聞ク、官局船戸金全勝・額局船戸銭寿昌、此弐艘江我等七人宛乗分り、長崎へ送らる旨聞ゆ

十一月廿日我等ヲ餞として役所へ迎へ、廿八品の料理被下、牛豚魚あひるの丸煮菓子類西瓜ノ種ヲ油揚ニして出す、目出度ことに是を用ると云ふ、甚介日本の船哥とし玉の曲をうたふ、日本吉事出船の哥と云ふきかす、土産として龍眼肉壱包・ウンベイ糕(糖)一包・氷砂糖一包、我ホ七人江被下

廿三日海辺へ出、天后聖母の社を拝し、海上安全を祈る、晩艀ニて銭寿昌船へ甚介・栄蔵・水主五人乗る、我ホ居間舳ノ下也、食事何之不自由なし、舟頭ゟ菓子壱包送る

廿四日出船、五、六十里斗り之間泥水濁水海浅シ、是を過れハ海深し、北東風あしく山も見へす、碇もおろさすまきり行也、唐人申よふ、風悪く日本の地見へかたし、汝ホ金比羅様へ祈願籠よと、通師(詞)より云ふ、我ホ尤に思ひ、水こりして金毘羅様江祈願す

十二月六日舳に山見ゆ、次第に地山多ク見ゆ、唐人大に喜、汝ホあの山何国と思ふと問ふ、我ホ薩州の嘉右衛門山ならん、日本に三つの名山なりと答ふ、唐人笑ひ、琉球ならんと言ふ、山近くなり弥嘉右衛門山なりけれハ、唐人大に喜ひ、日本人眼力強しと言

七日朝薩州嘉右衛門山辺川尻村沖へ着、山川より番船ホ出、此時唐人申、汝ホスイモツ頼〳〵と申せ、山川番舟へ言ひ伝ふ、唐船水少き故沢山に呉よといふことのよし、番船より日本何国の人なりやと

問ふ、備前の船、去寅八月ゟ難義始終話しきかせ、薩摩人も涙を流し、親兄弟に逢ふことく也

九日鹿児嶋御役人五人何れも鎗引馬にて通師（詞）連被参、唐人ゟ委細承、我ホに、其元方備前御船手と承り、扨ゝ御難義千万ならん、此地へ御着の上ハ安心に被存よ、備前同様に可被思、何も不白由なき様に取斗へくと被申、皆ゝ同音に喜ひ、一礼申て居間に帰る、晩風少し宜しく成碇を揚け、こしきの嶋を指して乗掛ケ

十日五島近くなる、風甚悪しく

十一日沖にてまきる

十二日同様、晩ゟ風なをる

十三日肥前長崎へ目出度入津

十四日朝飯後唐船へ　大公儀御役人鎗為持被成、我ホ漂流始末荒増被聞上、唐国ニ而貰もの丶品手道具ホ縄封付ケ、是より唐人通師（詞）同道ニ而建テ山御役所江参る、七人の者呼出し、御奉行大草能登守様御吟味あり、上乗両人ハ椽（縁）に薄縁敷、水主椽（縁）の下に莚を敷居る、上乗両人始水主迄先目出度、遂ゝ本国へかへすなり、邪宗門の勧めにも不逢仕合也、乍然呉国へ参り候こと故、揚り屋入申付候と仰にて、吟味所の前にて致絵踏、手道具当用の品ハ持行へし、追ゝ御吟味可有之とて、桜町ろふ屋敷の脇弍間に四間の揚り屋へ被入置、御公儀の御支度被　仰付、三日〆切り、四日メより門内御免被　仰付

十六日金全昌船も無別条長崎へ着、一所に相暮す、時節に当り綿入単もの蚊帳ホ被下、月弍度神仏詣とて門外御免被　仰付、賽銭として五拾銅宛被下、毎日鼻紙代として九文ツヽ被下、長崎に逗留すること二百余日、其間に役所江十二、三度被呼出、御吟味有之

壬辰七月六日本国御役人原田勝作様、松本惣八郎様、長崎へ御出有之、御公儀へ御掛合御座候趣にて

九日我等を御請取御座候て、直に築地村山久平次宅江参り、御両所様御目にかゝり、遠路御苦労の御義

千万御礼申上、其外の御衆中へも御挨拶申述、故
郷親類無別条段承之、大喜ひ仕候
十三日長崎出立
廿日小倉へ着、御船清風丸へ御載せ被成
廿一日出船
廿九日夜四ツ時過岡山二日市町壱歩御蔵下へ着
晦日上陸、上乗両人直に帰宅被　仰付、遂〻御用有之
旨被　仰渡
八月七日於御船手御用所両人共御給扶持以前之通被
仰付候旨被　仰渡、誠に冥加至極難有仕合奉存候
天保三年壬辰九月

神力丸乗組都合拾九人
内拾五人備前
内四人尻海村之者溺死
沖船頭　五左衛門　寅ノとし　四十九才
水主　弥　市　二十六才
水主　音　吉　二十五才
同　芳　松　十九才
上乗弐人
宇治甚介　三十六才　片山栄蔵　四十六才
水主七人尻海村之者
弥右衛門　四十九才　弥　吉　三十四才
千代松　三十才　栄　松　三十一才
石兵衛　三十四才　仁三郎　二十八才
文　吉　二十三才
同壱人　御野郡福嶋村　利　八　二十五才
同壱人　児嶋郡田井村　才次郎　三十八才
同壱人　長門国　惣吉　溺死　二十五才
同壱人　安芸国　伊勢次郎　三十五才
同壱人　能登国　清兵衛　二十五才
同壱人　讃岐国　勝之助　二十三才
（裏表紙見返し）
「御方　福印」

三　利八「巴旦漂流記」

巴旦漂流記

文政十三庚寅八月廿九日　備前岡山城主松平伊予守様御用廻船十九人乗、紀州汐の御崎ニ而難風に逢、同十一月七日呉国巴旦《ハタン》国ヱ漂着し、五人者溺死、残ル十四人同地より追々中華江送り、天保二辛卯十一月乍浦《サホ》の湊より送り出し、同十二月十三日肥前長崎江着岸、無滞帰国致し始末荒増の聞書

一船千七百石積神力丸と云

御船頭宇治甚介　備前上道郡平井村之人
梶取役片山栄蔵　同国御野郡平福村の人
　此両人者岡山船手方船役所ニ住ス扶持人なり
加子　利八　御野《ミノ》郡福嶋村の人
　弥右衛門　邑久《オク》郡尻海《シリミ》村の人
　弥吉　尻海村也　石兵衛　同村也
　栄吉　同村也　千代松　同村也
　文吉　同村也　仁三郎　同村也
　才次郎　児嶋郡田井村の人
　清兵衛　賀刕能登領箱井郡千里浜村の人
　伊勢次郎　芸刕犬の嶋むく浦の人
　勝之介　讃刕高松寒川郡津田北平畑村の人
〆十四人
沖舟頭　五左衛門　尻海村　弥市　同村也
　乙吉　同村也　由松　同村也
　宗吉　長刕下の関田の首村の人
此五人巴旦国ゴヾスと云嶋近き所にて溺死

庚寅八月十二日備前川口出帆、同八月廿九日紀州汐ノ
御崎ニ而難風ニ逢

文政十三改元天保元
○庚寅十一月七日巴旦《ハタン》へ漂着此地暖国米穀なし、文字ハ阿蘭陀と同シ、小嶋数多し、土人の言ヲ聞にバアタンと云

天保二
○辛卯正月十八日呂宋《ロソン》国へ至ル至而暖国、正二月頃夏土用中より暑強し、北極星を見るに仰ぐに不及、惣而星大キニ見ゆ
○五月十日広東《カントウ》国の内マカヲニ至ル中華南の境と見へたり、此地呂宋ニ属ス、呂宋もイスパニヤの属国なるよし也
○七月二日広東ニ至ル
○十月廿一日作浦《サホ》湊へ着
○十二月十三日作浦より日本長崎へ送り来る
○天保三辰七月備前岡山へ帰る
○此記右漂流の内利八に聞たるまゝを写すなり

文政十三庚寅七月　松平伊予守様御廻米御用荷物ホ江戸廻し御用蒙仰、神力丸千七百石也、船者多賀屋金十郎持、沖船頭者五左衛門と云、九月上旬殿様江戸表御発駕之積、依之御用荷物并米四千六百弐拾俵積込、其外諸家中の荷物御分家信濃守様御用荷物夫ゝ積立、七月下旬ゟ八月十一日迄積立相済、見分を請、御船手方御船頭御梶取両人上乗ニ而以上十九人御船頭梶取と云ハ、岡山川口船入の役所あり、両人共、扶持人なり一同乗組、八月十一日岡山川口出帆、其頃天気悪敷、播磨地ニ而段ゝ隙取、同廿三日亀嶋ニて汐待致し、其晩天気騒ケ敷ニ付、坂越浦へ乗込、翌廿四日も同様故滞船致し、廿五日天気少しやわらぎ、早朝同地出帆、漸廿六日ニ紀刕由羅(良)の内へ着、其所ニ滞船、廿七日も天気悪敷、廿八日快晴故外に類船も皆ゝ出船之様子故、出帆の用意致しける所、沖舟頭五左衛門申やう、此節の天気時の間に変る節也、商船と同様にハ難致、篤と日和を見定出帆可致と申ける内、弥日和快晴したり、船役表師よりも気遣ひなしと云表師と云ハ、船の表に在て都ての事を司る役なり雲行もよろしき故其日出帆致し、晩方同国汐の御先《みさき》沖迄行、此海汐至て早く大嶋へ寄す事難出来、其夜者沖中にてまぎり、廿九日風和らぎ、

同所より辰巳へ向てまぎりけるに、晩方西の空大ニ赤く成、雲の上迄一円に赤く成たり、是ハ日和変りたるぞ、何分難心得空なり、必大変のきざしならんと大ニ驚、早く大嶋へ乗入らんと気をせけ共不叶、兎や角する内風つよく浪殊之外高く成たり、殊更汐ハ早く中〳〵乗込事不叶故、無拠其夜者沖をまぎり見合内、子の刻とおぼしき頃北東風《きたこち》強く成り、船も砕るばかりの大浪打かゝる、大ニ驚き帆を下んとすれとも、風烈敷中〳〵下らず、帆立破れ三筋出来たり、大勢取付力を限りと漸〳〵引下たり、矢帆斗にて見合所、ます〳〵大風浪高く、今にも船ハかへらんとするにそ、此時船頭五左衛門㝡早不叶、各覚悟致すべし、此上ハ神仏の加護を祈るより外なしと金毘羅権現を祈り、其外思ひ〳〵に諸神仏を祈念し、此上ハ米荷物なと打捨、舟足かろく成たらハ命を助る事も可有哉と上乗二人江相談ニ及所、大切の御用荷物軽〻敷も難捨、可成たけ見合べしと云内、猶亦高浪風かはりける故、地方へや吹よる歟と思ふ内、浪風ます〳〵高く、更に止む時なし、此時ハ日本の地少しも見へず、南西へ飛行く事矢の如く、幾十里と云事をしらず、其勢ひ碇《いかり》の爪水上にあらわるゝ程なり、海上雷の如く鳴響き、其烈しさたとへん方なし、㝡早運命是迄也と米諸荷物銘〻手道具迄悉く海中へ投込、少し船足かろく成たれとも、浪風弥つよし、晦日八ツ時頃と覚しき頃、大浪殊更ニ高く打かけ、船鳴りひゞきてねぢれ、梶の身木《みき》折れ飛たり、一同命ハ是限りと各声を放つて泣く、其時帆柱を切るとてかゝるもあり、碇弐挺を梶のかはりに引流し行、十九人のもの共命を限りと働き、手足も立かぬれとも、九死一生の所故さま〴〵と致し、漸暮六ツ頃柱を切倒す（此柱倒ル、トキ中ニ海ヱ飛込タリ如少シニテモ船ニ障レバ忽チ船ハ砕クヘキニ仕合ノコトナリシト云）、浪も少しハ静になりけれハ、此上ハ只天道任せに船の行方へやるべしと諸神仏を祈り、一統同音に念仏題目なと唱へけり、西南へ飛行事何百里と云事をしらず、夜四ツ過頃風少し和らぎ浪静に成、翌九月朔日ニ成、今日ハ朔日なり、互に命冥加の仕合と一同始て笑顔したり、此日ハ殊之外天気能、海上浪静なり、矢倉へ上り四方を見るに、漸日輪の上るを見て東西を知る、心細き事限りなし、唐の沖か日本の沖か更にワからず廿八日の晩方ハ土佐の足ずり山うす雲のこ、とく見へしと云　只風に任せ船の行方へ流し、日〻念仏諸神仏へ祈願し祈る斗也、同月十七日又〻大浪打来り追〻風強くなり、帆柱ハなし、流れまゝに浪をあしらいける折から、大浪ひとつ取梶の方ゟ打来り、船大ニかたむく、船中一面に水流れ、衣服ハ悉くぬれ、皆泣〳〵念仏題目唱へ、たまりし水をかへ捨などせし内、二重垣も打砕き、夜明かたになりて風少し静り、浪漸やくおだやかになり、心細くも沖中にたゞよい居たり帆柱ハなし、梶ハ折れたり、はてしなき沖中にたゞよひながら天道任せに流れしことなれハ、迚も始終のがれかたき命也、せめてハ山欤嶋なりともはるかに雲の如くになりともひとめ見、て死にたきものと各念願したりと利八より聞　九月廿日頃呑水切れたり、此節の天気急に雨も降るべき空にてもなし、此まゝにてハ各水に渇し干死に成べしと大ニ歎き、一日壱人前水茶碗に三ばい宛と定め、漸やく飯をたき、後にハ米ばかりかミて居るもあり、弥干死に極りたりと大ニ歎き、一同天を拝し雨乞を祈る、一心天に通じけるや、晴天俄に雲を催し雨一昼夜降たり、各請ため

て久し振に水を飲、日和もおたやか也、皆〳〵おどり上りて歓び、再ひ生きたる心地し、嬉し泣にそなきたりける雨水を如何して請留たりやと利八に問ふに、船中ニ大竹有たるを二ツニ割、船の左右へとゐにかけ、水はづを請て取たるに、凡三、四十荷斗入はづに七、八分程取たり、然ル所、にごり水なる故酒樽のかゞミを打抜、底に蚊帳を引破りて敷、船底の砂俵を取出し、砂を入て水をこしたるに、きよらけに澄たり　爰に不思議なるハ、梶帆柱など折れたる頃ゟ鷺二羽何国ゟ欤飛来たり、船のほとりを舞遊び北の方へ飛たり、又来て南へ行たり、船のあたりを不離、同し頃よりふか三疋各七、八尺程づゝも可有、船の先をおよぎ浮沈みして見えたり、大浪なと打来る時者必浪先へ立て船を救し也、皆〻信心をこらして神仏を祈り、みくじを入て伺ひしに、住吉明神の加護なりと各歓び信心したりとぞ是を利八に問ふに、鷺ハ此辺の鷺とハ形ち違ひ、頭にもけんのごとき羽有、鳴声物すごく聞ゆ、ふかハ磯辺明神と唱へて船中にてハ伊勢太神宮のつかハしめとておそれ敬ふ也、彼の巴旦国へ漂着せし日迄此ふたつもの船のほとりを不離、今ニ不思議はれずと云
九月廿七日頃天気殊之外おだやかにて海上を見るに魚沢山ニ見ゆ、各船辺りへ出て帆針をまげ糸を付ケ釣たるに、はまちの如き魚三十斗釣たり何をゑにして釣たるやと利八に問ふに、帆綱の苧をほどき、ほそくして針に巻付たり、針の落し所へ多く集りてくゐつく也、暫時に三十程釣得たり、此魚紀劦辺に沢山なり、まんびき

と云魚なり、海上至而静なれとも、何方へやるべき手段もなし、迚而ものがれぬ命なりと御用荷物の中上酒の樽口を開きて日〻飲、つゞらを開き夜具緞子縮緬なとの夜着ふとん其外のしめ羽二重など着、若きものハ鹿の子しぼりの振袖など着て身ぶりをするもあり、各戯れ笑ひたり、伏してハ泣たり、其、心細さ思ひやり玉へと云肴を料理して酒も飲、水も沢山になりたれとも四方を見るに一面に煙霧の如く、船ハ柱もなし、梶ハ砕け其外数日の浪風にて所〻破損したれハ、此上如何に可成や、はてしなき沖中に明暮浮し、其心細さ人目を恥ず、互に顔を見合泣斗也、何卒本国へ着歟、夫も不叶者呉国へ成共流れ着やうにと祈るのミ、北風五日吹ハ又南風三日も吹、東風にもなれ者西風一日も吹、一向に風定りなし、此トキ何卒一方の風を給候様にと日夜祈して、船ハ風に順ひて流レ行、十月十五日より風北東風《きたこち》に定り、呉国地へ着く風と思ひける、其時西南の方へ飛行事二十二日の間也、十一月六日晩向ふに山見えたり、こハ難有や、地方へ着くぞと各歓ひ天を拝し、今宵は庚申なりと殊更歓ひあへり、程なくちさき嶋へ近寄、此嶋を見るに大磯多く汐《しほ》ざえ立あがり汐ざへと云ハ、沖より浪寄来て磯の岩にあたり、おびたゝしくたつ浪のこりことなりと利八云、海中一面に光り渡り風も殊之外強し、皆〻肝を消し、扨ハ此所にて船も砕けやすると各歎きけり、山を見て死にたらハ思ひ置事なしと兼て覚悟致せし事もあれハ、寂早是迄の事なりと若きものハ艀《てんま》を引おろし、米三、四俵積ミ三、四人乗りて彼の嶋へ漕着んとせしに、大浪しげく打込ミ、見るうち水船と成故急き本船へ戻りたり、此時議巌石の間ワづかに船の入ほどの所へ乗入たり、岩と岩との間なり、殊更浪ハ強し、如何ハせんとせしに、岩に少しもあたらず、船ハ空中を行如くに無難に此そあるを抜たり、是全神仏の加護なりと各歓び、風も少〻和らぎ、一時餘り過て又〻浪高く成、表の方碇弐丁とも切れたり、若もの弐、三人矢倉の上へ登り、大浪の打来るをかわし、あかをかえなどせしハ命限りの働きなり、又浪風の高き事おびたゝしけれとも、只船ハ流れまゝに致し置、碇を二丁敷におろし、梶のかわりとし、此時おも梶のともへ大浪一ツ打込、外艫《そとども》不残砕落たり、各 魂《たましゐ》を消し梶場をふせぎ水をかへ、七日朝五ツ頃と思ふ時向ふを見れハまゆけの様成小嶋三つ見ゆ、何卒彼の嶋へ着度あせれとも、心にまかせず、此嶋へ不着時ハ又何国へか行やらんと各心願祈念してみくじを取て神仏に伺ひけるに、少〻人損ずといへとも今日中にハ可着との御告のよしにて、尚更信心に祈念をぞしたるに、其嶋近成たり、但、紀劦路より難風に逢ひて是迄沖中にたゞよう事六十八日なり、此内難遁程の大難五度、小難ハ数限りもなし、八月十二日岡山出船、同月廿八日ゟ流れ始、九月十七日迄ハ西南へ飛事幾千里とも知らず、十月十五日より風北東風に定り、又西南へ飛、今十一月七日呉国へ漂着す

扨、此嶋岸より百間斗沖中迄幅四、五間斗の床石あり、又〻浪高く風甚烈し、㝡早此所にて命の限りなりけるぞと各其覚悟致すうち、大石の上へ打上ケたり、又引波に船片ふき又打来る浪に船砕けたり、此時皆〻垣に取付もあり、又常苫《じやうどま》際に居るもあり、此時若もの三人海中へ飛込およぎ上らんとする時、打来る浪に船に敷れて死ス、船弐つにさけたる時弐人さかさまに落て死す、残る十四人ハ船垣に取付居たりしが、浪の引たるを伺ひ、互ニ声を合して飛込、石に取付浪をふせぎて漸〻岸に登りたり此時の趣を利八に問ふに、十四人飛込石ニ取付、引浪にとられぬ様手足に力を入、浪沖へ引たる時、又走りたり、かくする事弐度斗にて山岸に上る事を得たり、山の如き浪沖より打寄する時ハ壱丈も空より落来る様に覚ゆ、引たる間ニ三、四十歩斗も走る程の隙有、水ハひざより下三里の灸のあらわるゝ程也と云

此嶋巴旦の内ゴヾスと云小嶋也、ハタンハ此辺嶋の惣名にて嶋あまたあり、本嶋をサルトリメンゴと云、陣(屋)家の如き屋敷ありて呂宋より代官の如き役人詰る事なり、呂宋を去る事六百五十里、至而暖国なり、然るに米穀なし、芋と肉を食とす、いもハさつまいもなり

十四人のもの共漸〻嶋へ上り、互ニ声を合し五人の溺死せしを歎き、此嶋に人家ハなきかと山を登りて見しに、只のぼせと云艸のミ茂りて家なとハなし、日も夕暮になり、老人病人を中にして寄り合て、此所に臥す、衣類不残ぬれたるをしぼりなどして草の上に臥したるに、四つ頃と思し頃雨さへ降り出したれとも、影もなし、服(腹)へりたれとも食物なし、各艸をかミて汁を吸ひ、其夜のうゑハ凌きたりかんく草并ニずんばへ草を取てかミしと云明れハ八日の朝、各手分ケして五人の死骸を尋、又山へ登りて人家を尋ぬ、死骸も浪打際にうち寄せ五人とも引上たり、峯へ登りて四方を見るに、此嶋至而ちさき嶋也、一里斗放レてちさき嶋あり、是より牛のおよぐ如きに見へて小船壱艘渡り来る、無程此嶋へ着、近

付見れハ、頭ニ笠着たるも有、頭巾着たるもあり、弐、三人皆もゝ引筒袖のじゅばんを着、何れもなたを持たり、近付に随ひ、なたをふり上ケたり、手を合しておがミけれハ、なたをおろし近寄て何やら云へども更に不通（此時カッポン、カッポンと云ける故、日本なりと答へけれハ、日本と云事通ぜしや、うなづき合点せし体也）各空服(腹)の趣を口と服(腹)とをおしへければ、心得たる体にて船よりいものゆでたるを出し、壱ツヽ、呉たり、まだ外にも居るかと問体なる故、十九人難船に逢、五人溺死し十四人此嶋へつきたる趣を手まねにて見せければ、能聞取、不残連れて来れと云趣なりければ、追〳〵呼集め、十四人へ悉く芋を呉たり、辻堂の如きちさき家(屋)根斗のこやへ一同寄り集りて休足(息)す、此船へ乗れと云へとも、至而小船故、一度ニ者乗がたき趣を示したれハ、合点して其日ハ帰りたり、此夜ハ海辺に臥す、翌九日朝昨日の船より少し大き成船四艘漕来り、頭分と思敷もの壱人乗たり、五人の死骸ハ共ゝに手伝ひ呉て此海辺程能所を掘て葬り、小石をならべ置たり、扨、壱艘に三、四人ツヽ、指図致し乗組、一里斗の海を渡りて嶋へ上る、男女集りて見物す、此地の女を見るに、頭上ハ髪を乱し肩にたれ、筒袖のじゅばんを着、ゆもじ斗也、何れも口びる至て赤し、おそろしき体也、何か手に持喰しなり、何を喰ふぞと聞にブワと云もの也、桃の実の様成物を刻ミて柿の葉の如きものに石灰を合して喰ふと、口中赤く成、歯のすわり能成るとて、食事の間にハ喰ふよし也、扨、役人差図して壱軒へ壱、弐人ツヽ、割合して預り養ひ呉ル、人家を見るに、屋根は萱葺《かやふき》、壁もなし、入口高サ四尺二、三寸、広サ壱尺七、八寸、皆弐間ニ三間位の小家也、座ニ者厚サ一寸斗の板を並べ敷、しきものもなし、アンペラとてふと物の如き草をあみたるを敷、夜分にても着物もなし（此国至而暖国ニて今十一月なるに、皆丸裸はなし、じゅばん也）、日本の衣類弥敷貫ひ度趣なり、此所に居る事三日（地名サブ、タンと云）、役人付添次村へ送る、此間深山高山ニて日本とハ山の形大ニ違ひたり、次村へ着ク、地名ブシンテイと云、此所人家凡八十軒斗、食物ハ芋ぶた鶏の類也、十二日晩に船拵へ、此所より渡る、夜九時分着岸、上陸し四ツ堂の如き所へ皆ゝ臥す、朝五ツ時分役人と思ハしきもの十五、六人来り、何れも笠を戴き、筒袖の襦半を着皆羅紗と見ゆ、ふんどしハ白或ハ染地もあり、都ていつれも裸《はだか》にて股引をはき、沓《くつ》をはき、左の脇に太刀をさげ或ハ鉄炮を持、さもいかめしき姿也、此内頭役と思敷もの手まねにて問ひし也、十三日昼過此所出立、ユバナと云所へ着、人家凡四百軒斗、泊りたる家ハ四間ばり二十間斗の家也、屋根ハ萱葺にて壁の厚サ壱尺四、五寸あり、石土にてねりあけ、上ぬりハ白土なり、戸口弐ヶ所あり、何れも板戸にて見付に鉄炮二十挺餝りあり、頭役と思敷人手まねにて何角尋、十四人のもの共名を書て出せ共不読、此所都而文字ハ阿蘭陀文字也、鳥の羽の茎をそぎ切にして墨を付て、髪のもつれたる如きの文字横長く書也、然れとも言舌さわやかにして日本の言葉を聞取真似するに能わかり易く、音声聞取易し、此方ゟ言さとす事早く聞さとりて物こと解し易き也、十四人の名を聞て悉く書とめ、破船致したる場所に残りたる品もあらハ申べしと手まねにて懇《ねんごろ》に言さとし、惣而厚き取斗也、此所に居る事三日、

同十五日ニ此所出船、彼の役人七、八人一緒ニ一艘の船ニ乗、海上一里半斗至りてサンカンロと云所へ上り、此所にてぶたを殺し料理し、いもをゆで食事調へ、又〻右の船に乗り又壱里半程至りて巴旦の本嶋へ着、船場より五丁斗歩行して陣屋と思敷屋敷へ着地名サルトリ、メンゴと云、二十間四方程の屋敷也、大廻り生垣にて屋根ハ萱葺にて、弐間ニ四間半程の納家の様成所へ入、壁ねり上厚壱尺四、五寸斗入口弐ヶ所有、何れも板戸、座ハ板張、きよくろく又者畳台ニ藤かづらにて組たるを敷あり、爰に腰を掛と申、程なく大将此所へ出来り、外役人侍なとにやと見ゆるもの五、六人出たり、手の大指を出して是此所の大将なりと云事を示す、十四人とも座して手をつけハ手を上ケと申此所の礼ハ手をくみ、又者手を握るを礼とす、大将背高サ六尺餘り、髪獅子の如く頭巾を着、羅紗の襦半ぼたん付筒袖にて股引足にハ皮沓はき、ふとき藤葛《とかづら》の杖を持、左の脇に革さやの釼を右の肩よりたすきにかけて帯たり

大将官名ハドンルウカスアメソラ、名ハアルカルデマ

ヨルと云

手まねにて尋ける故、十九人乗の所五人溺死、船ハ破船致し十四人此地へ上りし趣、何卒助け玉へと言趣迄手まねにて答けれハ、合点能、何事をも聞さとる、扨、役人体五、六人の外ニ壱人板の首かせを入付居へたり、壱人一尺六、七寸のだんびらの鈎を床石にて磨《と》ぐ、十四人のもの共如何なる事や更に不知、扨ハ此所にて切殺される事やらんと各肝を冷す折から、大キ成ぶた壱疋引来て取て伏せ、胸先を切さき血を取て後服（腹）をたち割、臓府を去て口より青竹をさし、尻へ貫らぬき、地を凹《くぼ》めて炭火をおこし、件のぶたを其儘丸焼にして切て塩をつけ、大キ成器に盛りて十四人の前へ出し、無遠慮喰へと云趣なり首かせ入たるハ後ニ聞に、牢へ入れし也、是破船の品を取たる罪人なり此地ハ米なき国也、いもぶた牛鶏など喰ふかと云趣を役人より尋ける故、日本にてハ不喰と云事を答へけれハ、是なりとも喰て命をつなぎ本国へ追ゝ送り帰り、兎角煩らわぬ様保養致せと念頃に云さとし、願ひ事あらハ無遠慮申出べしと云事迄深切に致しける故、皆ゝ此大将の慈悲深きを感し涙にむせびて拝しけり、此所に居る事五十日、村中何れへ遊びに行ても兼而大切ニ致せよとの触有けるにや、其ねんごろにもてなす事親兄弟の如し

壱人壱度の食事いも二つ三つ宛の積りに役人より渡る、十四人のもの共夫ゝに噺しに行先を極め、日ゝ朝起ると各行先へ遊びニ行、後にハ来るを待て、いもを器に盛り、或者ぶたを煮て出す、言葉能わかり、互ニ聞覚へて少しも差支なきやうに成たりと云、家ハ何れも小家にて大家ハ稀なり、家にくどなし、石を並べ鍋をかけ、いも肉の類を煮、湯茶なし、飲むも洗うも皆水なり、米穀なけれハ、醤油もなし、皆塩を以煮るなり、酒ハビナラヤンと云て、砂糖黍と芋にて造りたるもの也、其味ひ甘し、沢山ニ呑ハ少しハ酔ふたる心地になる、或日舟より持上りたる味噌を以汁を調へ、此地の人ニ喰したるに、一口吸ひて悉く吐出したり

此地暖国にて男女とも大方ハ裸《はだか》なり、上官の女ハ裙にはかまの如なるものを着、肌にハ筒袖の襦半を着、下

輩ハゆもし斗也、男女共都て背高く、やせて背骨あらはれて力よわし、或日屋敷に集りて戯ふれに角力を取たりしに、日本人に勝もの壱人もなし、船の碇を浜辺へ持歩行に、此地のもの五、六人掛りて持しを壱人にて持歩行しを見て、肝を消して驚しなり、或日屋敷へ行しに、大将出て掛物を二幅出して見せたり、是を見るに加藤清正の像也、甲冑にて立烏帽子を着、鑓を提て床机に腰かけたる図なり、二幅とも同し図也、大将是を指さし、今にも日本に如此の人有やと問、日本へ行たらハ、ヶ様の人に殺されて帰る事も成まじとおそろしげに指さして見せける、又先年南部の船此地へ漂着し、船頭の名ハ徳次郎と云、各姓名を書て哥壱首認たるを出して見せけり、依之、此度の十四人も各姓名を認、宇治甚助哥壱首認て出したり、此地に弥敷ハ高サ壱丈五、六尺もあるとうがらしあり、葉実ハ日本と同し、雪霜のふらぬ国ゆへ幾年も枯るゝ事なきや、或日芋を植ゆるを手伝ひに山畑へ行たりしに、大成ルとかけ死したるを見たり、骸三尺斗、尾二尺斗も有、金色のうろこ有て手足の爪鷹の如く、眼犬の如く、きばありて光り渡り、おそろしき形也、又、或日屋敷より呼に来りたり、十四人とも行けるに、広庭に杭を打、長壱丈五、六尺ニ二尺廻りもある蛇壱疋、縄を以くゝり付たり、胸のあたり四ヶ所疵有、未だ死にもやらず、尾の方動き居たり、大将指ざして日本にも居る歟、名ハ何と云と問ふ、日本にも居る也、うわはみと云、是を遣すまゝ喰へといふ、我国にてハ不喰と云て、かふりを振りけれハ、皆ゝ大ニ笑ひ、扨弐人して料理し、鍋に入煮て喰ふもあり、籠に入て干すもあり、此土地にてハ甚馳走にて、中〳〵下郎の口に入ものにあらざるよし也三、四尺の蛇ハ日ゝ取りて喰ふ、杭に頭をくゝり付、手に砂を付、諸手を掛てすご〳〵と皮破れ去りて、はらワたを除ケ、肉白く成を切て焼て、食す、利八も喰たりと噺す此地に寺の如き家ありて、表十間奥行四十間斗もあるべし、此家に木像あり、此地の老若男女小児迄集り拝をなす日あり、夫より各頭分の宅へ集り、女ハ弐尺四方程の手拭を角《すミ》取りて二つニ折、頭上にかふり出る也、男女小児に至迄定法の様成事申付る事と見へたり、身持あしきものハ厳敷叱り、かづらの杖にて打たゝく、夫ゟ銘々の宅へ帰り、其日ハ休ミ、ヒナラヤン酒也を呑、ぶた抔料理し、家族打寄りて祝ふ趣也、此地の人都て能働き、男女小児ニ至る迄、木を荷ひ、或ハ石灰を焼などして夫々の業に精を出す事なり、十二月廿三日夜火事ありて半鐘を打鳴らし、追々人集り竹にて打もあり、手提桶多くハひようたんにて拵へたる故、水を扱（汲）に隙入てらち明ぬ事也、此時十四人の中若きもの四、五人かけ付、焼口の小家を突倒し、手早く働てふせぎとめたり、皆〱大ニ歓び、其働きに感心したり、此礼ニ陣屋より白米弐升程呉たり

此年も暮て卯正月元日に成たり、各不思議の所にて越年し、互に目出度芋を喰て年をとる事よと笑ひて日を暮しけり、此地正月といふ義式（儀）もなし、二日心易き仁来りて近々出帆なりと知らす、船拵も大方に調たる由也、此仁の名マルヤと云マルヤと云ハ姓ニて、此地同姓多しと也、船三艘出来、正月七日出帆に極ル、各大将の所へ暇乞ニ行、大将旧冬より腫物にて不勝草臥也、枕元へ至り一同長々難有段一礼を述べ、大将も頭を上ケ皆々の顔を見て涙を流し、一生の別れ也と名残おしき躰也、為土産十四人へ巻煙草五十程ツ、呉たり此地きせるなし、煙草ハ刻ミて日本と違ふ事なし、一ぷくツ、紙の小切れに巻、十程ツ、紙袋に入て有也、則利八拵て見せしが、けふりて火も近し、けむたけれ共随分ぐわいよきものなり、又ぶた魚肉など出して門出なりと皆〱喰ひ、打寄りて歌の如き事をうたひし也、日本人もうたひ舞へとすゝむるにぞ、各顔を見合し、舞ハんも恥なりとて則船頭おんどを取、十三人立あがりて四つ拍子を躍りければ、大将始皆々大ニ歓ひ笑ひし也四つ拍子と云ハ岡山辺の盆中のおどりなり

正月七日九つ時分乗船、二百石積位の船二艘也、其日ハユバナと云所へ滞船、此所より船頭親子并ニ付添の役人乗組、其夜出帆、昼夜走り、汐悪敷時ハ碇をおろし、風ハ何にても不構、都合十三日目正月十九日、呂《ロ》宋《ソン》の国マネラと云湊へ着たり

呂宋ハイスパニヤの属国にて、巴旦サルトリメンゴより海上凡六百五十里あり、ハタンを出て南へ向て至りし様に覚ゆと利八より聞けり、此国至而暖国にして、米年に二度ツ、出来、正月下旬に瓜すいくわ茄子ふろう

の類沢山也、此マネラと云ハ、至て繁花にして町家夥敷広大之土地也、諸国の蔵屋敷有、阿蘭陀・インギリス・中華南京・朝鮮・ヲロシヤ・琉球なと都而国々の蔵屋敷有て、此度巴旦より送り来りし漂客ハ大清の蔵屋敷へ可引渡に極る、大清国ハ俗ニ云カラ也、此地ニ而ハ中

華の惣名をチイナンと唱ふ

中華《もろこし》の蔵屋敷へ連行、十四人之もの共唐の役人江引渡す、巴旦の役人江十四人のもの共厚恩ニ相成候段厚く三拝して礼を述けれハ、役人各泣て別る巴旦ハ都て実情厚く、出立の時も皆々来て泣て別れをおしむ、左の手をのべ出す也、客、も手をのべ出し、互に掌を握り合せ以交り厚き礼義とす扨、唐の蔵屋敷と云ハ、廻り百間斗、向渡り三十四、五間も可有、中央に井戸あり、蔵数々あり、門二ヶ所あり、此所へ十四人を連至り、蔵屋鋪の頭役出て椅子に腰かけ、数人立会て十四人の口を聞、何国のものニ而何商売哉と云事を書て問、十四人の内手まねにて答へ、又書付ても出す、大日本国備前刕松平伊予守用船十九人乗、去寅八月出帆、十一月七日巴旦へ漂着、五人者溺死、残る十四人是迄送られ、御役界ニ相成、船者破船致し候事迄不残申述けれハ、筆記の役人不残書記す、御用船に何を積ミ何国にて商ひしやと問、我々商船にあらず、国主の御用米を積、又問、何日に流れ候や、寅八月廿八日紀伊国汐の御崎と云所ゟ北東風強く、南西江流れ、梶を損し、海上六十八日ニて巴旦国へ着、又問、海上にて盗賊なとに出合候哉、無之旨答ふ、汝等此方江請取上者無滞本国へ送り可返旨、悉く文章にて読聞らる、十四人共偏ニ御慈悲を願ひ上ると申けれハ、承知の趣ニて各打笑ひ立ける、土蔵の中壱ヶ所明て十四人を差置、一日白米六合宛扶持渡る、十四人の内弐人ツヽ、日々代り番して其日の賄ひ方をする事なり此地都て中華よりハ外国と唱、銀ウンペイソ銅銭など外国斗の通用也

此地甚繁花にて、呉服屋斗の町有、魚類斗の町、又者野菜もの町、其外遊女町、或者焼酎・甘酒・温飩・そバ・酢しの類迄日本に替る事なし、日々料理物買調へ、正二月頃まゝかり・いな沢山あり、鯛ハなし、其外ハ大体魚類不自由なし、野菜もの尤沢山なり、通用の銭ハ日本の四文銭程の大キサにて鋼也、穴なし、阿蘭陀文字の如き

事二、三字あり、壱文南京銭七文ニ当ル、白米壱升日本の八合程有、壱升ニ付此銅銭四文なり、銀をウンペイソと云、形チ丸く押ひしぎたる如き也、日本の文銀の色と同し、人物の面躰肩より上を顕したる図鋳付て有也、是も南京銭に直し壱枚ニ付九百四、五十文ニ当ル、少々ハ目方ニ不同あり、黒砂糖一塊銅銭壱文也、大サ日本せんべい五枚重ねたる程有也、煙草も巴旦の通り紙にひねり十程ツ、紙袋ニ入、店やに釣り有也、此地巴旦より格別熱国也、正二月の頃買物に町方へ出るに、朝晩に出て日中ハ暑気にてあるきがたし、日本夏土用中ゟもあつし、北極星を見るに、立て仰くに及ばず、目の通りに見ゆ、惣而星悉く大ニ見ゆ、太白星よりはるかに大キに見ゆ、廿日頃の夜往来へ出て涼むに、互ニ顔の色見ゆ、朧月夜位のあかり有也、此地湯茶を不用、風呂もなし、呑も洗うも水斗也、常に蚊不絶、蚊帳ハけんちうケントンの類を用、男ハ頭上栗の如く髪壱寸程ツ、ニつまみ切りたる也、女ハ髪長し、何れも束ねて美事ニ結ひし也、都而女ハ美人多し、紅粉を不用して惣而色白き事すきとうる如き也、又銀ニトロアリス是ハウンペイソ半方ニ通用

扨、巴旦へ着て今マネラ迄来る間七十五日、芋と肉而已にて米を不喰、久し振にて白米を見、我国へ帰りたる心地に成、嬉しさ限りなし、久し振の事なる故、若喰過てハ不宜と皆々申合、初の程ハ加減して喰し也、漂客之内才次郎と云もの大食にて、無用捨沢山に喰ひける故、厚くいさむれとも不用、日々飽迄喰ひけるに忽ち食滞し、殊之外不勝、惣身腫気有て大小便とも不通、各驚きて医者ニかけんと乞けるにぞ、此地医者を呼事をせず、医師へ連行事也、無拠三、四人くゝり台に乗せて医師の宅へ至るに、至而大家也、表ニ大門有て本家を見るに、梁行三十間もあり、兼而唐屋敷ゟ案内ありし事故、直ニ通る、二階へ連て上ル、其広き二階に養生の病人夥々し、先生出て病人を診察し、書生と見ゆるもの数人来て悉く脈を見る、先生請取たる由に申けれハ、病人斗差置て帰りたり、此地の風義を聞に、病人を引渡し預ケし上者、看病者勿論食事介抱に至る迄書生受取て深切ニ致す也、宿元より見舞に行て

も、門番厳敷改て聊も食事を持行事をゆるさず是を利八に問ふに、療治看病至而深切也、食事迄其病症に随ひて用ひし也、漂人毎日代る〳〵見舞ニ行、才次郎の療治を聞に、両腕へからしの如きものをぬりて後、腕の中程へ針を、以血を取、薬を用ひしと也三、四日にて病気平快して医の方ゟ帰り来る、各其療治の手ぎハ能事を感心す、蔵屋敷の役人ゟ各ぶたを喰かと問、是迄者米なき所ゆへ無拠給候得共、米に越たる事無之、神仏を拝し候に恐れある事と存、宜早喰不申と断ける、是より後、日々魚肉野菜の類迄気を付、不自由なく貰ふたり、此国文字ハ阿蘭陀文字の如し、更に不読、此地阿蘭陀と中華との凡そ間の国と被存候、南京よりも年に四、五艘の商船来り、交易商内致す也、毎年二月中旬より三月中旬迄ニ者船来て、此蔵屋鋪ニて交易する也、此地侍分者武官の事なるべし車に乗り、馬二疋に引せて往来す、夫婦とも乗りたるもあり、馬二疋の内壱疋へ馬夫《まご》乗りて往来す、宅近く帰りたる時ハ馬夫飛下りる、内より足軽十人斗又者五、六人鉄炮を持、門前に立並び出迎ひし也、此町商店多し、七、八歩ハ唐人の店也、南京焼の類、呉服店、ギヤマン細工又者革沓或ハ鍋釜類何れも寄(奇)麗なる事也、三月下旬南京船三艘七十里斗沖ニ見ゆる也と蔵屋鋪へ注進したり、蔵屋敷広き庭に大キ成仮家三軒建ル、此仮家一軒ハ煮売店、一軒ハ売女店、一軒ハ博奕場也、扨、無程南京船三艘着たり、荷物悉く蔵へ持はこび入ル也、船悉く大船にて一艘ニ七、八十人程ツ、乗たるもの、皆蔵屋敷へ上り逗留す、昼夜に限らず殊之外賑々敷事也、夜者灯盧(爐)たゐまつなとにて屋敷の中白昼のことし、荷(煮)売食物色〳〵、売女も沢山に来り、博奕も昼夜出来、尤、庭者両門を〆、門番有て堅く出入を改む

十四人の漂客荷物の拵を日々手伝ひし也、海鼠《キンコ》ハ琉球国インギリス辺より来る、日本よりハはるかに大キ也、是を日中にほし乾すに、悉く服(腹)を開らき、二、三寸の木を張てほす也、此張たる木をはづす事を手伝ひし也、此張木蘇枋《すおふ》なり、毎晩はき集めてたきものニしたり、此国より海を隔てモウロと云国ありて呂宋と毎々戦ふ事あり、常に此国を窺ふ故、イスパニヤより千五百人出張、昼夜石火矢鉄炮を構へ、其備へ厳重なるよし也

女房ト云事　イネエス　娘ヲ　トモアサ
魚ヲ　ペシカド　門番ヲ　サラヘイトウ
蔵屋敷此頃の門番の名　ペエジロ

扨、此湊唐船来る時ハ交易済て後、馳走のため芝居興行す、此度南京船三艘来りし故、芝居三日出来し也

芝居の趣を利八に問ふに、凡日本とひとしき也、尤舞台に幕なし、花道もなし、はやし方・太鼓・笛・どらの類甚面白し、衣裳(装)・裳(装)束殊之外美麗にして、男女入かわり沢山ニ出る、尤何ともワからず、凡の主向(趣)者大王の姫君を和尚のぬすミたる趣にて、始終和尚を引出し責むる趣に見えたり

マネラよりマカヲ広東国ノ内也江送るべきに、此度之南京船漂客を乗す事を断る、依之インギリス船を蔵屋敷より頼みて十四人を乗らしめたり、漂客壱人前ウンペイソ廿五両宛唐蔵屋敷ゟイギリス船へ渡す、イキリス船帆八ツ巻、七、八百石位の船なり、呂宋に逗留の日数百二日、五月三日此地を出帆す

出帆の二、三日已前、役人より申聞る趣ハ、近日之内広東国へ送るべし、股引十四人江悉く壱ツ、呉、是より此股引をはくべし、尻の出るを此先の国〳〵皆笑ふべき間、是を以隠すべし、且又餞別の印とて壱人江ウンペイソ壱枚ツヽ、外ニ船中の用意にせよとて白米壱石斗、魚類をかまぎニ入呉たり、長〳〵御高恩を請、難有段厚く礼義を尽し、役人附添、五月三日晩七ツ時分乗組たり

此地よりマカヲ迄六百里の海上也、イギリス船ハ海上を乗る事妙を得たるもの也、此船頭にマカヲ迄幾日かゝるべきやと問けるに、指七本出し、空を指ざしたり、七日めの日中に可着との事なり、昼夜走りけるに、はたして七日めに当り五月九日九ツ時分マカヲに着たり、是より船役人上りマカヲの役人へ掛合、同十一日十四人之もの共上り、役宅へ連行、下役《したやく》人躰の役人を呼寄せ、十四人を引渡す、其人に随ひて至る所大キ成屋敷也、本家二十間四面も可有、北より南へ四十間も有之、納家の如きあり、上にハ天井皆土を練り付あり、此上を往来する也、西ハ大海にて諸国ゟの入船眼下に見ゆ、此納家の内壱ヶ所明て十四人を置、毎日役人一

度ツ、見廻に来る、日本人漂客之もの共性（姓）名を認出すべしとの事故、性名并ニ始末荒増書認て出す、丸薬を毎朝壱粒宛呑べしとて沢山ニ呉たり、酒・焼酎など毎日一徳利ツ、呉し也、五月十四日漂客不残役所へ可来との事故、各至る所、寺の如キ所にて、上座に大将両人外侍五、六人、下郎役七、八人も並居る、何レも笠を戴きたり、此笠ニて上下の位分ル事と見えたり、十四人独りツ、性名を問ひ、銀四枚ツ、呉たり銀ハ前ニ云ウ、ンペイソ也此銀にて当用の品何にても買調へ、不自由なき様ニ可致、此地巡見勝手次第ゆるす間、気晴して保養すべし、追々本国へ送り返すべきぞと懇に云さとされし趣逸々聞取、大に歓ひ宿元へ帰り、此地に逗留する事四十八日なり

此マカヲと云ハ、広東の内ニて至而繁花の湊也、数万の人家軒を並べ、広大之土地也、呂宋の属国と見へたり

扨、此所毎日出て所々見物するに、町方男女群集して此日本人を見物す、或る寺へ参りしに石仏の観音あり、此堂石細工、寄（奇）麗なる事日本ニ者なき細工なり、又遊女屋多し、安売女ハ多くハ船なり、此地の役人家中の下男ハ多く黒男なり黒男と云ハ、蘭船に乗るクロスの事也、ゴフと云国より多く他国へ働きに出奉公など勤む、利八云、此クロスと屋敷にて懇意ニなり、則夫婦ものにてゴフより働きに出たる趣也に、誠色黒き事うるしの如し、男女共同し、頭上の髪ちゞミて指につまミて引バ一寸斗放てハちゞむ也、此クロス云ニ我々国元へハ四ケ月掛らねばかへられず、此所ゟ各方の本国迄の里数を三ツも合せし程也と云、漂流之もの共所々ニて銀子を貰らひたりしか本国へハ程遠し

金銀を持て何にかせんと、此所ニて遊女を買、度々青楼へ登りて遊女と交り、皆遣ひはたしたり、青楼至て寄麗なり、何れも二階にて、椅子或ハ腰かけにて、しつぽく台に種々の料理を乗せ出す、遊女ハ横笛或ハ三味線を引もあり、二階に二人這入ほとの床数〳〵有、何れも緞子或ハケントンの蚊帳のことくものを掛たり、女ハ繻子或ハ縮緬を着たり、紅粉を以よそおひ、頭上にハくし・かんざしの類迄美を尽したり、此地食事の時上官の分ハヒを以飯を喰、下官小家に至りてハ大キ成盆に飯を盛り、汁にても肉にても其上にうつし、かきまぜ寄会、銘々手を以握り喰ふ也、食事の跡其ほとり一円に飯粒落ちりて甚見苦しき也、十四人の者共箸を以喰ふを甚不思義そふに見るなり、箸を持たし見るに、握る斗に

て更にはさむ事を得せぬ也、呂宋国も是に同し、三味線
　は胴太く糸四筋也

此地中華の地先にて呂宋の属国なる歟、呂宋より役人来りて詰居る趣と見えたり

六月廿九日此地出立、広東迄凡三十里あり、川船に乗、此間ニ香山と云城下有、七月朔日香山へ上り、町方見物す、町中《まちなか》ニ辻堂あり、又馬駅へ行、腰かけに各腰かけ居たりしを、日本人見物の人大キに群集したり、附添の役人寄り来る人を追ひ払ひ、警固したり、日も八ツ時分に成り、附添の役人中飯の用意調へ、各支度す、是より又川船に乗、広東迄川の左右共山もあり、藪もあり、松柳の類も沢山あり、此辺薪ハ多くすおふの類をたく也、田地も広し、七月上旬に稲植るもあり、又苅もあり、一年に二度取る趣也、七月三日広東へ着、時ゝ付添役人陸に上り、役人江掛合相済、寺の様成所へ十四人を連行、双方役人立会、十四人を引渡相済、香山黄門の役人別れ帰り附添の役人江厚礼を述けれハ、役人上下皆ゝ落涙して別れり、十四人とも腰掛に腰かけ居たりしに、此地の役手五、六人、筆紙を持来り、日本人此度何用ニ依て何方へ漂着せしや、何州のもの成やと始末書付て尋らる此地ハ人物の風躰其外文字ホ南京と同し、国所各性(姓)名に至る迄始末巨細に書付て出す、是より賄ひ方の役人壱人付添、昼夜念入たる事共也

広東者町の広き事八十里四方有日本の十三リ四方ニ当ル小高き寺地ゟ四方を見るに、人家建並びて目とゞかず、漂客之ものとも町方へ猥りに出る事を不許、通りたる所の町を見るに、商家両側とも朱ぬりの高欄或者青貝ぬり格子手すり様のものまで皆ぬりものニて、木地者稀なり、店先の戸障子の類ギヤマンを張たり、呉服物・武器或者諸道具の類、夫ゝの商売往来より透通りて見ゆ、格別に珎敷物を見たる事者なき歟と利八に問ふに、彼の地へ渡りてハ日ゝ見なれたる故、格別珎らしき共不存候へとも、今おもふに武器諸道具に者寄(奇)なるもの多し、虎の皮なぞハ全身はぎたるまゝ所ゝにて見たり、此町往来切石を敷並べ、踏所黒土更になし、此街一面に如此なりと案内のもの申之、家居何れも二階ありて、其結構たとへる物なし、商店の家ハ表入口の敷居より内ハ悉く敷瓦をしくゐた

り、都ての買もの内へ入て腰掛て調へる事なり、此地へ逗留の間度〻火事あり、火消し道具車を引て通る音響き渡りて人馬の掛ケ違ふ事夥しき事なり

賄ひ方の男昼夜壱人詰めたり、此男云、何にても料理向好ミ玉へ、不自由なき様心を附よと頭役より被申附たり、猪ぶたなど喰かと問ふ、我〻四足の類者不喰と云けれハ、日〻魚類野菜の類沢山ニ取集、馳走なり、十日ハ金毘羅の御縁日なれハ不浄のものハ別而不喰趣申けれハ、精進に仕立て出す也、七月十三日ゟ盆なりとて僧多く来りて経を読、家〻の燈爐至而奇(寄)麗也

僧ハ如何様の躰なるやと利八ニ問に、日本と少しも違ふ事なし、別而此屋敷へ来りし僧ハ高位の僧と見へ、けさ衣至て立派なり、弟子と思敷僧数人連来る、此屋敷に堂ありて木像あり、其姿いかめしき形ち也、左右に鈎長刀様のもの持たる木像二躰立たり、長崎唐寺にて此通りの木像を見たりと云、按ずるに関羽を関亭と唱へて彼の国にてあがめ祭る事なり、是らにてやあらん欤、時に其堂に大キ成掛物を掛たり、地獄の体相、鋸ぎの山或ハ釜へ入て煮もあり、うすにて搗きなとせし図にて、焔磨大王なと画たる図也、読経ハ何ともワからず、仏具日本と同し事也ギヤマンの大燈爐四ヶ所に掛たり、壱ツの燈爐に燈火百余ツヽ入たり、照渡りて白昼のことし

扨、七月も下旬に成たり、暑甚強し、役人より十四人を呼ニ来り、汝ら近〻送り出すべし、ふとんを持居るかと問、不持と答ふ、是より先ハ至て冷気強き国也とて、ふとん壱枚ツヽ呉らる、此所に逗留三十日也、八月二日此地出立、護送の役人頭役一人、侍分五人、賄役弐人是ハ漂客ヲ賄役なり川船二艘、壱艘者役船、壱艘者漂客に侍分両人乗組たり広東附添役人上下十二人なり此地ゟ作甫《さほ》の湊迄四千八百五十里と云日本の八百里余ニ当ル、日数七十日ハ可掛ト云各長き道なれハ退屈なき様可心得と懇に被申し、其広大なるに一同肝を消す斗也、道すから川の左右を見るに、目もとゞかぬ広野有、又田畑も有、綿作者勿論、粟・胡摩・芋・大根・砂糖甘蔗の事なり、其外作物替る事なし、川幅目の届かぬ程広き所も有、又せまき所もあり、山も多し、高山もあり、此山に虎多く住むと云し所も有、いつ日本へ帰る事や、此呉国にて死る事哉とおもひふさぎて、各互

にしおれしことも度〻ありけり、併、何不自由なく日〻太切に致されし、冥加の程も難有忘れがたし、或所ニ高山有て、其麓大イ成泉あり、奥行五、六間のほら穴あり、宦寄に堂あり、観音也、皆〻参詣す、扨、広東を出て是迄八日なり、爰より一同上り、百二十里の山道峠ありと、暫く行て泊ル、爰に馬駅ありて各駕籠を取、役人を始漂客とも皆〻駕籠に乗り峠を越す、扨、峠日本の箱根峠の如き往来にて道幅甚広く、往来の旅人行と来ると道を左右へ分け、往来の人夥〻し日本人見物の為群集するにハ非らずやと理八に問ふに、左にあらず、通るを見るに皆旅中の体なり、伊勢おかげ参りの年、松坂辺を通る人よりも尚多し、両側茶店悉く大家にて、肉肴にしめなと積並べたり、飯ハ壱碗小銭八文也、酒ハきびしよの如きもの或者徳利なとに入、かんを致しあり、道すがら何によらず不自由なる事なし、銭ハ日本銭同様なり、寛永通宝も見たる事あり、此地のものに往来の人多きを問に、常に如此と云、隣国より通行に是より外道なき趣也、まこ雲介体のもの少しもかはりたる事なし、役人に付たる才料雲介を打擲したる事などもあり漂客の内若もの両人駕籠かきの雲介と喧嘩したり、言葉ハ通ぜず、如何なる事を言ひ上りたるや、雲介を散〱に打擲したり、才料の役人来て早速引分ケたり、役人云様、呉国へ来てヶ様の振廻あると、此先国〱より本国へ帰すまじと云て叱る趣なれハ、何国へ行てもヶ様の不埒なるものあれハ、悉く只今の通り也と答へけれハ、大に笑ふたり、暮六ツ時分峠も下りて馬駅の如き宅江着、泊る、此夜大に馳走したり、翌日ハ又川船に乗る、尤、大船にて役人も各一緒に乗る、至て急流にて船行事矢の如し、所〻にて船を留め、役人上りて土地の役手へ掛合事有と見へたり、種〻の産物或者銀銭を出す、役人悉く是を請納しなり、是を以長の道中汝らを養ふ也と云、夜ハ人家有所へ船を繋ぐ、瀬或ハそわひ、格別に急流なる所なぞにてハ入念、宦寄より出て船を通す、早折（浙）江着、此城下大体宜し、此辺桑の木多し、蚕を飼うと見へたり、此川魚多し、猟師出て鵜をつかひ、魚を捕、又鯉なまづの類も多し、此所より十里餘り至りて川幅広き事目とゞかず、東西凡二十里四方山なし、往来の船おびたゝし、五、六百石積位の船も多有、此辺都て水車にて米をつく所多し、川を登り詰又陸を行、都合六十一日の間なり、常山と云所へ着、泊る、此地川岸山畑迄も芭蕉多し、常山役人日本の事を聞せと云て色〱問答、夜四ツ頃迄噺す、頭役と思敷人壱人、侍体のもの六人並居て、筆紙を出し、大日本ニて仁義礼智信の道委敷人幾人有哉と問、日本大国なる故幾人と云数知らずと書て出す、あきれたる顔したり、夜も更、服(腹)もへりける故、断て宿所へ帰る、宿に残り居たるもの何事にて隙入しやと問故、右之趣噺し各手を打て笑ふ、翌日雨天故、休ミ候へと中来候へ共、早朝出立、川端へ柴船二艘に乗て下り、大船へ乗移る、此船者船方各女房を連たり、此辺川船に遊女多し、此川左右ともみかんの木沢山あり、常山よりも頭役壱人増し、是より船三艘にしたり、無程ジツコン州に着、是より小船に乗りかへ、町家の裏幅四間斗の川百二十里程登る、同州之内高住《コウジウ》と云所へ着、同所へ上り山上に大寺あり、是に泊る、本堂観世音大キ成木像也、十月十八日なり、堂表戸前なく取はなし故、北風吹入て至て寒し、此夜壱人も寝たるものなし、此地の役人の仕方を恨る斗也、夜明て直に台所に至り火を取来て各足をあぶる、早朝飯出来たれとも好ミて粥をたかし、各喰て漸寒さを忘れたり、此地出立、役人を始十四人のもの共一同駕籠に乗る、此高住の町を山上ゟ見るに、二里四方も可有、端〱ハ目とゞかず、町を通りしに左右を見れハ、商家多し、虎の皮、猪の皮、薬種店、呉服物、何れも軒を並べたり、高欄店廻り朱ぬり、ギヤマンの障子其寄(奇)麗なる事述がたし、無程川端に出たり、是より又川船に乗、都て川辺の堤二重三重に有て、甚丈夫の普請也、役宅者垪ねり上、白土赤土なとにて丸き印或ハ三角の中ニ丸を入たる印あり、五ツ並べ有者役所の有印也、扨、広東を出て作甫《さほ》迄日数八十日、川岸藪芭蕉沢山、日本に替る事なし、扨、中華の惣名チイナンと唱ふ、広東の北京の南京のと云国〻皆此中にて限りなし、十月廿一日作甫《乍也》の湊へ着、広東の役人作甫の役人に掛合、昼四ツ時分作甫役人上下廿五人、外ニ通詞壱人、惣方立会ニて漂客十四人ニ向ひ、通詞を以問通詞ハ長崎の言葉ニ而云ける故、能聞取易し、汝等日本ニ而者何国の者哉、我〱備前の国の者也、又問、本国を出しハいつ頃、吴国へいつ頃着、商売者何成哉、是迄所〻にて答し通委細に答、御慈悲を以早〳〵本国へ送り帰し玉ハれと頼む、其時通じ(詞)云、其方達仕合能もの也、来ル十一月上旬より毎も日本へ四艘ツ、渡海す、今少しの間也、無心置休足可致と懇に申聞る趣、日本の言葉久し振に聞て大ニ嬉しく、帰りたる心地す、夫より宿所に泊る、通詞の宅へ度〻行て、何卒早く御送り帰し可被下と願ふ、役人の詰所へ連至る、爰に薩劢の人居たり、互ニ挨拶して落涙して嬉ぶに、誠地獄にて親に逢たる心地す、爰に居る事三十日、朝夕食事何角に心を付、聊不自由なし

此作甫と云ハ繁花の湊也、諸国の蔵屋敷有、日本へ渡海の湊なり、町広サ目とゞかず、遊女屋、茶や、風呂や、髪結床迄所〻にあり、風呂ハ五文、手拭をかれハ六文也、髪結賃五十文、尤月代そる斗也、耳の穴、鼻の穴、目の中迄そふじして肩をひねるなり、利八云、広東辺所〻にて水牛を見たり、日本大津牛の如く車に荷を付て是にひかす、牛よりハはるか大にして、角三尺斗も有て、二本前へ曲りたり、力至て強し、鳥に珎敷ハなき歟と問に、格別珎敷ハなし、孔雀なとハ日本の通、家に飼たる斗、野に居るを見ず、尤、文鳥者沢山也、所ニ依てハ雀の如くむれ居る也、一つがい銅銭二文ニて買、道中暫く持たれとも、後ニ者邪魔ニ成、子供に遣したりと云

扨、寒さ強き故、ふとんを願ひけれハ、早速ふとん烟草雑紙の類迄呉たり、于時近〻此地出立首途なりとて、大ニ馳走あり、しつぽく台に料理の品二十八品、獣肉鳥魚種〻珎味にて、中にもあひる毛を去りて丸煮出たり、一同打寄りてむしり喰ふ也、唐人代る〳〵出て飲喰せし也、卯十一月廿三日此地出立、暫行内役所有、爰へ立寄、役人ゟ餞別の品出たり、菓子なと貰ふたり、此地に氏神あり、参詣して各海上安全を祈る、爰より小船ニ乗、本船へ乗り込此地より南京へ陸路四十里、北京ヱ二十日道中有と云、日本長崎へ日本道海上二百六十里と云

十四人唐船二艘へ乗、金勝船・寿勝船と云三千石積なり薩劢の人ハ当年琉球江渡海の途中より難風に逢、此地へ漂着せし也、此度一度に出帆、此船得泰船と云

廿四日出帆、扨、唐海ハ汐にごる、其間六十里斗也、

沖にて天気悪敷、各心配し、是迄帰りて難船致してハ残念なる事なりと、長崎の金毘羅権現へ祈願しけるに、風も和らぎ、早日本へ帰たる心地す、十二月七日薩州山川へ着、九日同所出帆、同月十三日肥前国長崎へ着船、今壱艘も十六日着船

（以下三丁分白紙）

一備前岡山より漂着人為請取、肥前国長崎へ被差向人ゝ

郡目附 原田勝作　両若堂鑓箱具足

引廻し 松本惣八　右同断

内用頭 嶋村善右衛門　草履取壱人

船手方 片山弥兵衛　右同断

郡手足軽五人　船手足軽五人

村役人三ヶ村分六人　但し連人とも

五十挺立 船清風丸　御船頭 梶取 宿老 相供 表両人 外ニ加子五十人

但し、岡山川口出帆、長州下の関迄乗船、下の関より長崎へ陸道中人足、加子の内ヲ取て遣ふ、帰路も又下の関より乗船

右者天保三壬辰九月廿三日右漂流人之内福嶋村利八来て、拙宅ニ逗留致し、物語の荒増を聞て書記すなり、尚数あれとも悉くハ記さず、此客七、八日も此近在に遊ひたれハ、所ゝに物語の筆記調たるへし、此帖に洩たるハ他の記とてらし合て察し知るべし

天保三壬辰冬十月初十日　守屋坦度記之

（裏表紙見返し）「此本御読後、早ゝ御返し可被成候、又がし必御無用」

（裏表紙）「玉嶋　守屋」

四　勝之助「漂流記聞」

漂流記聞

漂流記聞

昨天保二卯ノ十二月支那ヨリ長崎ニ送ル漂流人ノ中ニ、我讃州津田浦ノ者アリ、中野屋勝之助ト云、元坂陽ノ住吉丸ノ水子ナリシガ、備前州ノ神力丸ト云船ニ雇トワレ東都ニヲモムクトテ、天保元寅八月廿七日紀伊州由良ノ湊ヲ発船シ、同日七ツ時塩ノ御崎ニ於テ悪風ノ為ニ吹放タレ、沖中ニテ風ノ静ヅマルヲ俟ツニ、雨メ風次第ニ強ク、廿八日廿九日ノ間ハ未ダ遠ク地方ヲ離レザリシガ、楫モヲレ帆柱ヲモ切落シ、上荷物ヲモ捨テシカドモ、風ハナヲ強クナリ、四、五日ノ間ハ西風ナリシカ、夫ヨリ風狂フテ南ニ漂ヒ西ニ流レ、何地ヱ向フトモ不定サリシユヱ、神仏ヲ祈ルノ外他ナシ、十月初ヨリ雨メ晴レシカトモ北風甚タ強ク、日夜唯南ヱノミ漂流シヌ、爰ニ不思ギナリシハ、久シク嶌モ見ヱザルニ、フト鳥リ来タレリ、其形鳩ニ似テ惣身白ク尾ノ長サ三尺許ナルガ、朝戌亥ノ方ヨリ来リ、終日船ノ辺ニ遊飛シ、日没スルノ前ニ至タレハ、又戌亥ノ方ヱ飛帰ル、カクスルコト五、七日ナリシガ、追日暖気ニナリシユヱ奇異ノ思ヲナシ、何レノ地ヤト思イ居タリシガ、フト心付、夜北辰ヲ見ルニ、我国ニテハ天ノ八分ノ所ニ見ユルニ、天ノ象大イニ異ナリ、色〻ト穿鑿スルニ、北斗星地ヲ放ナル、コト終ニ壱丈許、是ニテ遠ク南ニ来ルコトヲ知テ、初テ大ニ驚キヌ、霜月七日ニ一ツノ嶌ヲ見カケシユヱ、船ヲヨセシニ、折悪ク風雨強クテ船破レナントス、皆〻船ヨリ出ントスレドモ波高クテ自由ナラズ、徒斯スルウチニ船ハ漸ゝニ破レシユヱ、思ヒゝゝニ水ヲクヾリ、千辛万苦シテ上陸セシカ、其中五人ハ生死ヲシラス、夫ヨリ人家ヲ尋ヌレトモ不見、其夜ハ葭ノ中ニ臥ヌ、ヨク日亦尋ツヌレトモ人家タヱテナシ、食尽キテ饑餓ニタヱカネ草ノ根木ノ実ナドヲ求メシニ、我国ノ鏡草《カヽミクサ》ト云物多ク生ヱタル所アリ、加賀ノ国清兵衛ナル者ト二人此草ヲ食シ、少シハ飢ヲシノキシユヱ、二人此草ヲ束ネトリ背ニヲイカヱリテ皆々ニアタヱナトシテ、其夜モ亦思ヒゝゝニ葭原ノ中ニ臥シヌ、雨メ風ナヲ休ズシテ、イトモノスゴクテ、眠リモセデアリシニ、心神ツカレテ忙然タリシニ、一人ノ男コ来リ立テリ、是ヲ見レハ腰ヨリ下タハナシ、汝ハ運強クテノガレタレドモ、我ハ斯半身ヲ打破フラレテ死シタリト言シガ、夢サメタリ、清兵衛ニ斯事ヲ物語ルニ、我モ如斯キ夢ヲ見タリト云、夜明ケ、レハ、若生死ノ知ル、コトモヤト浜辺ニ出テ尋ヌルニ、追々死骸波ニテヨルヲ見レハ、半身トナリタルモ有、或手足ヲ折ラレ死シタルモアリ、ツイニ五人ノ死骸ヲ得テ、其ノ所ニテ土中ニ埋ミ、念仏感吟《(看経)》思ヒゝゝニトリ行ヒナトシテ居タリシニ、土人是ヲ知リテ小キ舟ニテ来、皆々ヲタスケノセヌ、言語不通ザルユヱ、口ヲ指ザシ服《(腹)》ヲ指ザシケレバ、漸ゝシテ牛ノ足ノ丸焼ヲ持来レド、皆々食スルコト能ハズ、亦芋ヲ塩煮ニシテ来リシカバ、皆々欣ンテ食フ、是ニテ少シク心ヲ安ンヂヌ、国人ハ元来ヨリ日本人ナルコトヲ知レリ、コレハ此以前ニ松前ノ徳次郎ナル者、去文政七申六月此所ヱ来リシトテ、寺ヤウノ所ノ柱ニ名ヲ書記シタルアリ、後ニヨク尋ヌルニ、パタント《国名》云国ノヨシ、初テ上陸セシ所ハポゴスト云嶌ナリ、此地大熱国ニシテ国人皆躶ニテ男ハ犢鼻コン、女ハ腰巻斗ニテ、髪ハ男ハ頭ノ後ノ方ヲ削リ、前額ノ上ニテ少シク置キ、眉迄ニヲ、ヱリ、女ハ髪ヲ後ヱタラシ置クナリ

此地米穀ハナシ、唯芋ノ類ヲ産ス、甚タ大キナリ

樹ハヤシ多シ、其餘草木ハ皆ナカハレリ

屋作リハ掘建ニテ葛ヲ以結ヱリ

守護ノ役人ハ和蘭陀人ナリ、性名ヲトンル《性》カス○アル

カズ《名》テマヨル○ト云

此地ニテ国語ヲ学ヒ居レリ、或日所々見物シケレハ大キナル堂アリ、内ニ入レバ堂中ニ数千万ノ髑髏アリ、是ヲタヅヌルニ、国人死スレハ箱ニ納メ畑ノ傍ニ葬リ置キ、ヨク腐リタル時取リ出シ、頭ラ斗リヲ取テ此ノ所ニ納ルト云リ

番(蕃)椒ノ木アリ、周囲三、四尺、高サ三、四間ナリ、実ハ我国ノ番椒ヨリ少シ大キナリ、味ヂハ異ナルコトナシ

又異木アリ、土人取リテ衣報(服)ト作ス、其製、枝或ハ木ニテモ好ミニ任セテ長五寸壱尺又ハ弐尺ニテモ切取リ、横ニ成シ置キ、槌ニテ数百打テババヤハラカニ成ルヲ、手ヲ用テ引ノバセハ真綿ノ少シコハキヤウニテ、何ホドニモ広クナルナリ、是ヲ其マヽニテ頭巾或衣服ニモスルナリ

トカキ有、躰ノ長ケ三尺許、尾モマタ三尺、惣身金鱗アリ、人ニ害ハナザズト云リ

蛇《ハミ》多シ、土人コレヲ好ミ食フ、道傍ニ是ヲトラヱテ売買スル者多シ、大キナルハ六、七尺ナルモ見タリ

甘蔗多ク作ル国ナリ、至テ大キナリ、長サ一丈五、六尺ニ至ル、囲リ八、九寸ノ物ナリ、栽シ年ヨリ三、四年ニシテ切テ砂糖ニ製ス、一、二年ナルハ下品ノ物ナリ

ヨク年卯ノ正月七日此国ヨリマネラト云国ヱヲクラル、昨十一月初ニ此国ヱ来リシニ、我国ノ七月ノ気候ニ同ジ暑サナリ、今正月ニ至リテ暑気漸々ニ強ク、夕ヱガタキホドナリ、依夫、午未ノ方ヱ出船ス、東北ノ風強ク、船飛ガゴトク、日夜止マラス、同廿四日ト云ニマネラ国ニ着船ス、里程凡日本道一千餘里、此地至テ繁昌ニシテ、○ヲロシヤ○又イキリス○ノ船ホ多ク入津ス、屋居ハ和蘭陀ニ倣フ、○ハタン○ヨリハ大イニ勝サレリ、福有ノ人多シ、始メハ不自由ナリシガ、後ニハ言語モ微シク通シ、コヽカシコ見物セシニ、富家ニ招カレテ入ルニ、酒肴ナド多ソナヱ饗応ニアイ、帰リニハ銀銭五枚或七枚宛餶(贈答)投ス元此国銀、多金少シ、守役ハ○和蘭陀○人也、此国ヱ来リシ時ハ○ハタン○ヨリ暑サ一倍強

ク、次第〻〻ニ暑増リ、二月三月ノ頃ロハ誠ニタヱカタク、皆〻赤裸ニテ居レリ、日中出行ナリカタク、熬(熱)ルカゴトキ暑サナリ、四月ヨリ漸々ニ暑気寛クナリ、五月ニ至リテ微シク夜涼アリ、此国日輪北ニ有テ影南ニサス所ナリ、城下ノ地名○サルトリメンゴ○ト云、国人国主ヲ尊唱シテ、センニョルト云

黒坊アリ、皆額ニ焼判ヲ入レタリ、其紋或輪違又ハ花ノ類ヲ入レタリ

棉ノ大樹アリ、周囲五、六尺ノ木多フシ、図ノゴトキ実ヲムスフ、長サ六、七寸ニシテ廻リ五、六寸ノ物ナリ、内ニ多ク白綿アリ、土人コレヲ取リテ布トナス、綺麗ナリ、我国ニ云カネキン木綿ト云物ノ類ナリ

ヤシノ木多シ、正月多ク実ヲ結スベリ

猿アリ、尾長ク惣身毛黒シ

鳥ハ雁・鴨・鶴ノ類ハ絶ヱテナシ、鷺多ク鳩モアリ、

燕メハ正月ニ多シ、二月ニ至タレバ不見

米穀多シ我国ノ太米、ノ類ナリ価ヒ至安スシ、一舛銅銭四文ニ売買ス

暑中往来ニ車ヲ雇トヒシニ、誠ニ美麗ノ物ニテ両馬是ヲ引ク、我国ノ御所車ニ似タリ

竹アリ、節ノ間タ三、四尺ナルアリ、細キ竹ナリ

甘蔗番(蕃)椒○巴旦《パタン》○ニ同ジ

此国富饒ノ地ナルユヱニヤ、モコル国ヨリ攻来ル事アリトテ、ヲロシヤ国和蘭陀国ノ人数多ク来リ守レリ、浦々大船ヲ夥シク備ヱ置、町々辻々番兵帯劔ヲ鉄炮ヲ以守モレリ

五月四日和蘭人ニ送ラレテ申酉ノ方ヱ出船ス、昼夜南追風ニテ十五日ノ海上、五月十八日奥門《マカハ》ト云嶋ニ着ス此国片風吹テ狂、風無キ所ノ由此所ハ支那ノ中ニテ広東ノ南ノ嶌ナリ、居ルコト九日許リニシテ、河舟ニテ昼夜三日ノ海上、日本道三十里許、七月朔日広東ニ着ス、コ、ニテ役人ニアツケラレ、遊行自由ナラズ、此所至テ繁華ニシテ、○モコル○和蘭ノ船入津ス、夫レ〻〻ニ屋敷アリ、町屋皆二階作リナリ、中元ノ日コトニ賑ハシク、家々玉燈籠ヲ夥シクカケ、且ツ華美ヲ極メ、中〻言語ニ尽シカタシ

雑劇アリ、衣裉(服)ハ色々ノ錦ナリ、製ハ琉球人ノ裉(服)ノ如シ、頭髪ハ明朝ヲウツスト見ヱテ、ソヲハツナリ

八月廿日広東ヲ出立シ、陸地亦河舟ホニテ役人ニケイ固セラレテ、東ノ方ヱヲクラル、陸行ハ駕ゴニ乗レリ、其製我ヶ国ト大キニ異ナリ、屋根ハ黒塗ニシテ八ツ峯作リ、上ノ真中ニ一ツノ玉ヲ置ケリ、赤或白紫ホナリ、内ニ腰カケアリ、両方共硝子ニ花紋ヲ絵キタル戸ナリ、向ヨリ出入ス、是方ハ簾ナリ、下ニ木アリ、四人ニテ是ヲカク、河路皆大河多シ、所ニヨリ甚広大ノ所アリ、目力ノ及ヌホトナリ、亦河辺ニ漁人鳥ヲツカイテ魚ヲ得ルヲモ見タリ、葭ノ大キナルアリ、周囲三尺許、水ヲ汲荷フノ具トナシ、又桶ノ類ニ用ユ、途中屋宅多ク瓦屋ナリ、カヤブキハハ(衍)マレナリ、同廿三日ト云ニ(空白)ノ中乍《サ》甫《ホ》ト云所ニ着ス、行程四千七百八十里六丁ヲ一里トス、此所ハ我国ノ九州ノ真西ニアタレリト云、崎陽ヱモ来ルコトモ在トテ、我国ノ言語ヲ学ヒタル人モアリシガ、皆崎陽ノ俗言ナリ、マレニ　皇都ノ言葉ヲ言フヲ聞ケリ、其一、二ヲアグ

ワシ《我》ハナス《話》　キヤツポン《日本》　ミヤコ《都》コトハ《言葉》サ

コレ《是》ハナス《話》ナニ《何》　ヒハチ《火鉢》　コレ《是》ハナス《話》ナニ《何》

キセル《烟管》

ナドノ類ナリ、斯ヨリ霜月十三日出船シ、卯ノ方ヱ向イシニ、風ナミ静ニシテ海上三百五十里ヲヘテ長崎ノ湊ニ着ス、是十二月十三日ナリ、此所ニ越年シ、今年辰八月我讃州ニ帰着ス、同冬十一月五日家兄之宅ニ来リテ一夜物語ノ端シ〻〻、聞シマ、記シ置キヌ、且異国ノ語百三十餘言ヲ附記ス

漆原元延（後改元禎）

(パタン国ヨリ渡海之船ノ図……略)

(マネラヨリ渡海之船ノ図……略)

地タナ　星ビトヘン　日アラヲ　月ボハン

昼アラヲトマヤロ　夜アラヲスミデプ

雲デムデム　雨テモイ　風サラヲサヲ　火ホイゴ

水アグハ又ダノムトモ　海タウ　山タコウー

畠タケ　石ハトウ　家パハイ　舟アバン
柱アナヤサン　帆アペン　楫アゴサン　碇サジ
劔カタナ　削刀ナババ　菜切刀イッツパカネ
鍼ワサイ　鋸ガラガン　櫛ソロリ　紙パアプヘル
鉢ノ類イパハイ　鉄炮バリトブ
烟管イセム　衣裉(服)ライ〱　脚衣ボクルガアシモト、云物
腰巻イマラ　銀銭ヘイソ名ウンペイソ、壱両銭ト云ガゴトシ、銅銭百廿八文
名トロアリス、価銅銭八文　名ウンレアリウー、価銅銭十六文　銅銭名コアルタ
父アマ　母イナ　小児マガナ　妻カコボツ
男ヲンブレ　女モヘロ　髪ボウコウ　目マタ
眉チヱライ　鼻モ、タニ　手タチヤイ　指ココ
耳タポ　臍ポセル　尻アト　男根ポト
玉門コウニュウ　馬カバヨウー
牛バカ　豕バゴ　野牛カデン　羊カラネイロ
犬チト　猿チヨンゴ　猫フサ　蛇ボタイ
虱トマ　鶏マノコ　鳶魚《トビウオ》アモン　椰子
番椒セネ　生姜アナガ　甘蔗ヲナシ　米パライ
琉球芋ツカイ　苣ニチヨガケ

里芋ソテ里芋ノ類ニテ大キ成ル者ナリ長サ壱尺四五寸　トウカイ葉クキ異ナリ形里芋ノ如シ
山芋ノ味ニテ少シヤワラカ成ル者ナリ長サ一尺五六寸ウベヱ
白砂糖アソカル　油アセイテイ
酒ビノ　肴ペシカド　塩セン　汁アソイ
烟草ハコ　人ト心安キコトカイバン
是ト云テ人ヲ呼コトコウサ〱　唱歌タセヱ　イ、ト答ルコトヲノ
踊トマダ　帆ヲ下ケルコトプロントー
両帆《リョウホ》アグワンタ　面楫《ヲモカヂ》アンタアラ
取楫《トリカヂ》ヲルサアー　ヨシト云コトホイ
人ヲ叱スル馬鹿者ト云コトカラホ　何ヲカ云ト叱スルコトテモニヨ
破船サンパン　モラウト云コトヒラコナ
悪マラホイ　善ボイノ　小チキイト　大ガランデ
巴旦語
小マゴラン　同大マタバ　飲ミノム　食コマヌ
寝ドロメン　美味マスデプ
物ヲヤルコトチヤケイモ　可免ト云リヨウース
能ク来リシト云カネイモツパ　有テイネ　無アラバ
文字ヲ書クコトイシキリベイ　痛ム々々云コトマイケン〱
帰マイタナ　行パアツシヤ　何ニホドト云コトクハントウ

売コンプラ　是ハ何ト問コトコサヲンブレ　否ト云コトノケロ
臭マボヨク　日本カポニス
交マナマ　皆々様ト云コト　トウロウ〳〵　百文セント
千文センシル　死ルコトナデマン　パタン人名トビンゴ
同上ルイス　同役人ノ名ブシンテイ性○イシヘノ名サア

パタン国ノ数字音
一アサ　二ロワ　三アトヲー　四アツパ　五デマ
六アニヨン　七ペッツトウ　八カホ　九セヤアン
十ポホ

マネラ国ノ数字音
一ウノ　二ドウス　三テレス　四コハツロ　五シンク
六サイス　七セイテ　八ヲチョ　九ノイベ　十ゼイス
十一ヲンセ　十二ドウセ　十三キンセ　十四カトルセ
二十バリンテ　三十サセンタ　四十シンコアレンタ

支那数字音
一イッコ　二ニイコ　三サンコ　四スウコウ
五ウンコウ　六ロクケイ　七チイ　八パア　九キウ
十チャプ

五　勝之助「異国物語」

異国物語

呉国物語

備前国岡山船呉国へ吹流され、舟頭帰国物語之事

沖船頭　五左衛門
水主　石五郎
同　乙吉
同　仁三郎
同　栄蔵

同　武左衛門
同　弥市郎
同　弥右衛門
同　好松
同　才次郎
同　弥吉
同　文吉
同　利八
同　清兵衛
同　伊勢次郎
同　惣吉
同　勝之介

外ニ御荷物御上乗御役人
宇治甚助様
片山栄作(ママ)様
以上拾九人

右之内沖船頭壱人水主四人水死仕、残り十五(ママ)人帰国、但し、拾五人之内水主拾三人之者

長崎御奉行所へ奉申上候呉国物語

一私共儀、船乗り働き渡世仕候而、備前之国岡山岩田町多(賀)加屋金十郎之所持之船千八百石積之廻船相預り、天保元年寅七月下旬松平伊予之守様江戸表へ御廻米千七百石幷ニ御上乗り御役人弐人都合、(ママ・脱アルカ)寅の八月二日備前岡山ゟ出船仕、同国尻(海脱カ)浦ニ同廿日迄船掛り、同廿日此所ヲ出船仕、播磨之湊ニ同廿二日船掛り、同廿二日ニ此所出船仕、紀州之由良之湊ニ廿八日迄船掛り、同廿八日此所ヲ出船仕候所、西風甚強ク候ニ付、紀州汐岬《シヲミサキ》へ入船可仕ホ存候所、折節登り汐ニ風北ニ替り、沖中ニ吹いだされ、廿八日之夜、同廿九日かぜ甚敷、帆もやぶれ、追々風誠ニはげしく、無拠米荷物凡半分斗り荷打仕、夫ゟ紀州大嶋之湊へ入船仕度相働キ候所、楫折《カジヲレ》候て誠ニ当惑仕、水主足腰立不申候而、残十弐人之者甚々難義仕、水主四人して相働キ、舟のともの人ハ大碇りをのせ置、帆柱《ホウハシラ》も沖へ取捨候得共、何分相叶不申、また同残りの米荷物不残荷打仕、只神仏をいのり候斗りニ而、船行次第ニ御座候得共、次第ニ船東南へ相添(流)れ、四方ニ山

も一切相見へ不申、夫ゟ二日之間風東ニかわり、船西へ吹戻し、又四日之間西風ニ北風吹まぜ、九月中沖中ヲ船添（流）し廻され、十月上旬ニ相成り北東への風吹まぜり、まつ次第ニ西へ吹添（流）れ候よふと存候、扨亦、船中ニ真水無御座候様ニ相成り、三日斗り水ニかつへ候所、折よく少々雨がふり候ニ付、天水ヲ取相用ひ候、十月同十一月上旬まて四十日斗はいづくともしれ不申、沖中ニ天水ヲ受相暮し候所、十一月六、七日とも相覚へ候時、七、八里むかうニ小嶋相見へ候ニ付、皆々大ゐニ悦び、髪ヲ切すて神仏ニ御預（願）ヲ掛候得共、何分右の小嶋へ着船も不相叶、風定り不申、十一月十日夜大浪打来り、船之舳《へ》先キニのせ置候碇も縄も切レて沖中ニしづミ、船浪ニゆり込、其時船頭水主十七人之内五左衛門・好松・惣吉・乙吉・弥市郎〆五人、其所ニて水死仕、私共十二人相掛り、尤、御上乗之御役人弐人無難ニ御出被成候而、都合十四人相残り、翌日暮半時ニ北風ニかわり、兼而相見へ候小嶋へ船吹付候ニ付、私共十四人小嶋へ上り、其夜ヲ明し、次第ニ小嶋よく相見へ候得共、惣壱面の岩ニ而人家も一切無之候、岩の間ニいろ〳〵の艸木御座候得共、日本の艸木ハ無之候、扨亦、嶋之岩の間ヲバよく〳〵見候得ば、十日の夜水死仕候ものともの死がい手足はなれ〴〵ニ相成り、嶋之根ニ吹よせ御座候ニ付、先ツまづ嶋へ引上ゲ候得共、何分いたし方無御座候、其儘嶋へ差置申候、其日九ツ時ゟ風しづまり候而、はるかむかうニ山も相見へ、次第かぜしづまり、八ツ半頃と存候時分ニ、漁船之様なる小船相見へ候ニ付、私共各々高声上ゲて呼まねき候所、小船ニ乗り、其人せの高サ七尺斗りニて色誠ニ黒キ男、丸はだかニて六人小船ニ乗り参り候、誠おそろしく存候得共、何分いたし方なく、船そばへよせ、私共ハ吹添（流）れ難義之趣申候得ば、むかう人も何か申候得共、一切相分り不申、よつて私共手ニ而仕方（形）仕候所、尤、食物無之難渋之趣仕方（形）仕候得ハ、其義相弁じ候やうすニて、何か船の中ゟ取出し、むかうの人たべて見せ候ニ付、私共手をいだし候得ば、其品ヲ沢山ニくれ候ニ付、私共もらひ候所、此品里芋のやうなるもの塩焼ニいたし候やうニばんじ申候、直亦、吹添(流)れ難義之趣手ニて仕方(形)いろ〱ニ致仕候處、此義もがつてん仕、六人之男右小船ニ乗り引かへり、翌日九ツ時分ニ少〻大きなる船ニ而拾人乗参り、其船ニ私共乗込可申候様之趣ニ付、私共の船其嶋ニ捨置、むかうの船ニ乗り申候所、三、四日(里)斗り沖中ヲ参り、山根ニ船附、むかうの人先キニ相立、船上り参り候所、人家有之、其中へ私共連行入り候、尤、此所の建方家大きく広く、家根(屋)ひくうして家中不残土間、至而あつき国ゆへ冬のさむさなし、雪霜ヲしらず、年中夏の如し、夏冬ニ(と)もニ紙の蚊ヤヲ土間ニつり、男女夏冬ニも年中丸のはたかニ御座候、しかし、女は大ゐ夕ばつちのやうなるものヲはいて居申候、男女共髪ハ赤黒クして惣髪ニてうしろへふりさげ、ばら〱にいたし居申候、男女とも耳ニわヲいれて居候、男女食ものハ私共ニもくれ候やうの里いものやふなるもの幷ニ魚の類・鳥之るい・野牛またハ海中ニて居候水牛、右之品ヲおふく食物ニいたし、水牛ハ日本の牛ゟ至而大キニ御座候、水中ニかほ斗り出して居申候、毛いろ薄ぐろうして、少シ赤く、角ふとく長く御座候、すべて此辺の海中か別して沢山ニ居申候て、日〻の食物ニいたし居候得共、私共ハ日本人と存、神国ゆへ少シも海牛ハたべさし不申、里いものよふなるもの斗りたべさし申候、此所ニ二日居申候、其内ニ見て誠ニおどろき申候者、毛もの丶るい皆〻日本ゟハ各別ニ大きニ御座候、まづ口縄の長サ壱丈弐、三尺斗り御座候、とかけの長サ四、五尺斗り御座候、此毛ものハ私之目ニ而見申候、あちこちニ多んと居申候、尤、右年中居ル、また〱此辺に出来御座候者、セシと申候大木御座候、廻り五尺通りも御座候、此大木ニ日本のとうがらしどうやうなる実か出来申候、尤、とうがらしのやうニからみ御座候、尤、日本の米麦其外五こくハ無之候

一此所ニ私共日数二日さし置、それゟ男三人女三人都

合六人ニて此所ヲ私共連だし、余ほど高キ山へ連あがり、凡道十里斗り参候得ば、人家有之候而其中へ連入レ、其夜此所ニ留置、翌日山道三里斗り参り候得ば、川御座候而船ニ乗り廿町斗り下り、むかうの岸ニ付候得ば、大家御座候而、其内へ連行、入置キ、右六人之者何か引合候やうニ致し、皆〻立戻申候、右之大家ハ此所の役人之宅と存候、右大家之内ハ土間ニて、また敷（瓦）尻ニ御座候、其敷（瓦）尻の上ニ半時斗り差置候而、至而大がらの男弐人手足ぼたん掛ニして醬（装）束ヲいたし、頭巾ヲ着し、腰に釼ヲさし罷出、此男せの高サ八尺五寸ゟ九尺も御座候大男、甚りつばなる男私共引つれ候而、七、八町斗り参り候得ば、陳（陣）屋ともぞんじ候所御座候而、又其中へつれ入候、此内も鋪（瓦）尻、其上ニ暫くが間差置候ニ付、左右ヲ見申候得者、数多鉄炮ヲならべ、尤、火縄ニ火ヲ付有之、誠ニおそろしく存ながら相持（待）候へバ、拾四、五間むかうへ曲禄（彔）ヲ持出し、鋪（瓦）尻之上ニすへ、其曲禄（彔）甚りつばなる事言葉ニのべがたし、夫ゟ左右より大がらの男、至而りつばなる裴（装）束ヲいたし参り申候、但し此男もおなじく釼ヲさし居申候、またりつば成ほこ、又者釼うちわなぞ、またまとひの様なるもの、いろ〳〵珎しき道具、数多もち出し、右曲禄（彔）之ぐるりヲ取巻相ならべ置、ふへ太鞁どら其外いろ〳〵のなりもの音いたし、夫ニ付大将と存候人こしニ乗り、おふくきんじゆつれ、尤、きんしゆう達ハいろ〳〵の珎しき道具ヲ持候而、大将のぐるりヲ取巻、中ニ者鉄炮ニ火縄ヲ掛ケ持候も有、其席のやうす誠ニ広大無へんニ御座候、右大将其曲禄（彔）ニこしかけ、しばらく私共ヲ見廻シ、夫ゟきんじゆうニ何か申附候得者、又きんじゆうゟまた下役のやうなるものヲ壱人呼出し、何か申附候得者、其下役外ニ同役壱人有、都合弐人こしニ釼ヲさし、鉄炮ヲもちて、私共の手元へ参り、何欤物かず〳〵申候得共、一切相分り不申ゆへ、私共何かも不申、たゞうつむいて御礼斗りいたし居申候、其男ども立服（腹）のやうすニ而、大将のそばへ立戻り、右之きんしゆう何か申合と相見へ候得者、無程大将曲禄(条)ヲはなれ、こしニ乗りやうニ存候、あいす数多のでつぽうニ而、手ニ而か、音いたし、誠ニびつくり仕、私共しばらく気ツキ不申候、扨、むかうへ立ならべ置候いろ〳〵の道具、おい〳〵元の方へひきとり申候、扨亦、下役之やうなるもの五人斗り、私共手元へ参り、私共ヲ引立つれ、表の長家とも存候所へ連入、食物ヲはこび、あたへくれ申候、甚以うつわものハいろ〳〵結構ニ御座候、尤、両三日已前ゟたべ居申候、矢張りさといもの塩たき之やうなるもの沢山ニ大ゐ成坪(鉢)ニ入レ持参り、あたへくれ申候、右下役之者ホハ野牛水牛のやうなるものヲたべ申候得共、私共ニハ少シもくれ不申候、尤、日本の人ハ是ヲたべると天とう様のばちがあたると申事ヲ、手ニ而仕方(形)くれ不申、いもハなか〳〵宜敷もの斗りたべ申候と仕方(形)ヲいたして、外之食物者少しもくれ不申候

一此所長家の札(柱)ニ日本の文字ニて書記し有之候事、文政七申年六月六日ニ日本奥州南部八戸徳治郎船ニ拾壱人乗り、吹流され参り候と書記し御座候

一日輪様此所ニ而者少〻北ニ見へ申候、星様ハ甚近く相見へ申候、此所男女上分ハ何れも羅沙(紗)の襲(装)束、女ハ五色の羅しや之襲(装)束ヲいたし、裾ニ御袴やうの物ヲはき、耳ニハくわんヲ入レ、尤、男女ともかしらちゞみ髪ニて色赤黒く、至而みじかく見へ申候、尤、上分の女者ちゞみ髪ニ而いろ〳〵のかんさしヲさし申候、中分ゟ下〻ハ男女とも髪ハ一切かまひ不申、猿のあたまの毛の少しながいやうニ御座候、上分ハ食物のうつわもの皆〻南京鉢ニ入、銀のさじニてたべ申候、中分より下〻ハ皆〻つかみぐひニ御座候、此所箸ハ一切無御座候、尤、此所の国名ハバダン国と申候所と跡ニて承り申候、此所之むかうハ南あべリカ国、夫ゟむかうハ南天竺国、但しバダン国ゟアベリカ国迄日本の一里ニして壱万五千里余も有之、是迄たべ申候里芋のやう成る物ニ而、ウベドウカイと申候もの、皆〻右何れも跡ニて承り申候、但し、阿蘭陀国ニてハ日本の真字通用仕候ニ付、是迄之事

マネラ国ニ阿らんだゟ出張屋鋪有之、右承り申候
一右バダン国ニ寅年十一月中旬ゟ凡五十日余りも此所ニ居申候て、年ヲ取り、卯ノ正月七日と存候時、下役人弐人船頭また水主三拾人、私共十四人、都合四拾六人、何程とも不知候大船ニのせ、此所申酉之方へさして出船仕、帆二重三重五重まて掛り、日数十五日之間船ハ矢之如く昼夜はしり申候、尤、沖中ニてハ四方ニ山里も一切相見へ不申候、正月廿二日にマネラ国と申所へ入船仕候、此海上日本の里数ニして弐千五百里余も御座候、此所の国名但しマネラ国之内ルスンシヤムト申所へ着仕、此所へ役人弐人船より上り、日数五日相掛り、役人船へ戻り、また私共ヲ連、船上り、此所ニ阿蘭陀ゟの出ばり所あり、其屋鋪へつれていき候て、出張所の役人へ引渡し候やうすニ相見へ申候
一此所の右屋敷之建方弐百四、五十間四方にして惣長家、外之通り土ニ石ヲまぜり候て、惣かべ、表入口之門五間斗りニて、内〻と外からと二重ニ相しまり候、ひらき戸尤至而厚板ニ、誠ニ大丈夫之金ものヲ打御座候、此うちニ諸方之国〻ゟ役人出勤仕居候やうすニ御座候
一此所ニハたいとう（太唐）米御座候、其外青物・大根・瓜・茄子・魚之類も御座候、尤、暖国ゆへ瓜・茄子ハ年中御座候と承り申候、尤、此所ニ而者私共手元ニ而かつてニ煮焚仕、たべ申候、尤、下役人弐人ツ、昼夜付添居候而、たいとう米・青物・魚類・味噌・塩・醬油・薪ヲ下役持参り、くれ申候、尤、綿之木出来申候、大木ニ日本之なた豆のやうなる実出来、其中ニわた并ニ種も御座候て、糸ニ相なり、木綿も此糸ニて織出し申候、此所ニ凡百日余も差置候而、私共大ゐニたいくつ仕候ニ付、門の外へ出、見物仕度下役人へ申入候得者、なんともへんとう無之候間、勝手ニ門の外へ出候得者、下役人大ゐニいかり候趣ニ付、立服（腹）仕、釼をぬき候間、私共早〻門内へ飛込申候、右ぬき候釼刃引ニ而切れ不申候、此上役人へ相知れ、其後門外へ私共出候ともいかり不申、尤、下

役人鉄炮持て附添、とこまでも参り候ニ付、おり〳〵門外へ出、町〻見物仕、町広サ十四、五町四方、道筋惣切り石、甚〻りっぱニ而、町なみ甚宜敷、近国ゟ出店数多有、店戸棚抔類ハ大ゐニりつぱニ御座候、尤、べつかう・ギヤマンニ而小細工店商内もの候、織もの・毛もの・小間もの・やきものるい・薬種・紙類別して大家ニ而御座候、毎朝四ツ時迄ニ薬種沢山ニ諸方ゟ持来り、鳥・牛・青もの并ニ魚のるい、其外諸色の市立、皆〻売買仕候、私共折〻此市場へ参り諸色ヲ見申候所、いろ〳〵の珎敷もの、さんがうじなどハ薪木ヲくゝり候様ニ沢山ニいたし有之候、薬種の類ハ宜敷ものも御座候得共、とんと存不申、私共の目ニ掛り目ニとまり候ものハ、おりもの・羅沙(紗)・さんごうしゆのやうなもの斗り目ニとまり、外ニ細工物なと者いろ〳〵と御座候、此所ニ而ハ下人ニ而も丸艸(裸)ニ而ハ無御座候、皆〻もめんニ而こしまでの物ヲこはぜ掛ケニして、つゝみ居申候、扨亦、店先キニて者致し不申候得共、奥ニ而いろ〳〵の細工もの抔致、夫〻家げやう有之候やうすニ御座候、しかし、何事もあまりニせわしく不仕、至而ゆる〳〵といたし候やうすニ御座候、おくニて槌壱ツ打候とも、いたつてしづかニもの音仕候、扨亦、高声もいたし不申候、諸事万事しづかニ御座候、此所人ハちから無御座候、七、八貫目ゟおもきものハ得持不申候、門の内ニ拾七、八貫目ゟ弐拾壱、弐貫目迄の石数かず御座候而、私共皆〻なくさみニ力持仕、右石かたニのせ候へ者、大ゐニ〳〵驚き、皆〻見物ニ大ぜひ参り、あきれ申候、皆〻大わらひ仕候

一此所卯年五月四日出船仕、マカヲ国と申所へ送り候趣ニ御座候、船場道大ゐニ見物人ニてくんしゆういたし、皆〻おくり見る人船迄道すじ大ぜいの人くんじゆういたし御座候、尤、船迄御役人送り参り、夫ゟ役人引取申候、役人付添不申、七、八百石之船ニ船頭水主合して拾五人乗り、また私共十四人、都合弐拾九人乗り、帆上掛ケ、西ノ方へ四日、尤、昼夜

ともふねはしらし、西北へ八日、尤、昼夜船はしらせ、十二日相掛り、五月十六日マカヲ国へ着船仕候處、船頭壱人船ゟ上り、三日相かゝり船頭船へ相戻り、夫ゟ私共船より上り、マカヲ国の阿蘭国屋敷ト申候所へ連レ入、此所之役人江ひき渡し候やうすニ御座候、此所ニ而阿らんた出屋敷之儀ハ三丁四方斗も御座候、尤、表のかゝり高サ弐間斗之高塀石のはしら、屋根者惣尻《（瓦）》、内外ともニ惣白壁、門の柱も石ニて、厚板のひらき戸、尤、大丈夫之金もの打、誠ニけつかうニいたし申候、昼夜門番六人ツヽ、門ニ鉄炮数多かざり附番仕居申候、此所ニ而卅八日さし置申候、尤、此内ニ役所数ゝ建而御座候、役人様之ひとかずおふく、羅沙《（紗）》之襲《（装）》束手足ともこはぜかけに致し居申候、右役所いづれも土間敷尻《（瓦）》ニ而其上ニ曲禄《（条）》またハ或ハしやうぎ抔かずおふく御座候、其また下役も御座候が、もんばん抔いたし居申候、此門番致し候者、皆ゝジヤガタラ国ゟ男女とも参り申候クロンボと申者ニて、此所ニ参り諸事下働キ仕候やうすニ御座候、ジヤガタラ国ニてハ男女とも夏冬とも丸はだかニ御座候得者、此マカヲ国へ参り相勤メ仕候ニ付、此所ゟしきせ出申候事に御座候、但し、木めんニてひとへもの腰切りのものをこはぜ掛ケニして、尤、手足ともおなしくこはぜ掛ケのものヲはかせ御座候、女ハ足さきよりこしまでのはつちのふとひやうのものヲはかせ、またこしまでのてつぽうしばんヲきせ御座候、右クロンボのからだ至而大きく、いろ甚黒く、髪ハちゞみがみニ而色赤黒く、毛いろいやらしく毛ふとく御座候、此所食物ハマネラ国とう様ニ御座候、尤、たいとう米が御座候、此所近国よりの出会所やうの屋敷もかず〱御座候、此所町ゝ屋敷町ゝニも普請至而りつぱニ有之候、尤、家之内土間ニ而敷尻《（瓦）》またハ板間も御座候、扨亦、二日《（ママ）》階御座候、至而きれいニいたし有之候、柱は青貝、天井ハびひどうろ、障子かべハ紺青、其外ろう石ぎやまん抔つかい、外ニさんごうじゆうの小細工仕有之、扨また、ぎやまんのあんどう、またハさんがうじゆうのしよく台并ニぎやまん至而大きなるとうろう有之、何れも二階ヲ座敷いたす、右之道具ヲならべ御座候所へ、私共十四人ヲつれ行、酒肴ヲ振舞留置、其座敷主人同女中并ニ附〻の人〻数おふく、余程むかうの座敷ニ曲禄(条)又ハせやうぎ抔ニ、何れ茂へ夫〻上下ヲわけ、こしヲ掛ケ居申候、折〱私共へゆびさし、何かはなしをいたし、私共ヲ見物いたし候やうすニ御座候、着類ホ誠ニりつぱニ御座候、尤、女ハ別してきれいの襄(装)束ニして、手先キ足先キつゝみかくし居申候、尤、かほハ出して居申候、直又、女の色しろく、至而顔ニつやあり、まづ日本京大坂江戸ニも見不申候やうなる美女ニ御座候、女はかしらの錺もの何とも申つくしかたし、扨亦、女は足の大ゐなるヲ下人と申、とかくあしのちいさいのヲよしと申候ゆへ、子供の時分ゟ足先キヲつゝみ、きびすニてしめくゝり置候故、足のゆび先キゟきびすまて三寸ゟ四寸迄至而ちいさく、尤、至而ちいさきのたびヲつねぐ〱ゟはかせ、扨亦、何れの上分の女ハ二階居住ニ而下〻(ニ)ハ居不申、夫故あまり人〻の目ニかゝり不申、扨亦、中分ゟ上の女は門口出またハ外へ出候節ハ、道ヲあゆみ候事無之、然自(ママ)となり迄も参り候とも、内の中ゟ輿へ乗り参り候、尤、中分ゟ下ハ皆〻常亭ニ御座候、然共何れ女は夫〻きれいニ致、髪も錺も宜鋪、尤、かほのいろ白ク美女ハあまた御座候、但し、二階ハ惣板間ニて、たゝみハ一切イ無御座候、私共壱人ツヽ、皆〻ひ毛氈ヲ鋪申候、酒ハしやうちう、肴ハ海魚・鳥之類、何れも油あげニいたし、四ツ足毛ものゝるいハ一切出し不申、扨亦、五拾畳斗り鋪申候二階座敷まん中ニ、大きなるぎやまんのとうろう壱ツ釣り、夜ニ入候得ば火ヲ入レ候得ば、とうろう壱ツニて大座敷其辺すみぐ〱までも光りかゝやき、誠ニ日中之如し、扨亦、かもいの上ゟ天井迄皆かべなぞは一切なし、四方共惣一面のかゞみニいたし、上下ハ三、四尺も御座候、横へハ壱間半又は弐間も弐間余りニも致、此鏡へ二階へ上ルもの何ものニも上り候得ば、直様うつり、是ハ用心のためにいたし候やうニ相見へ申候、これニ夜分ハ光りうつり、誠ニ光りかゝやき、是誠ニ弥敷大がゝみニて、天井はひいどろ、はしらハ青貝、かべは紺青、柱ニて見せ候所ハ皆〻いろ〳〵の唐木ニて、大ゐニ〳〵そのあたし誠ニ宜敷にほひいたし、小細工ものハさんごじゆ枝ニ而いろ〳〵の事いたし御座候、扨亦、酒の道具至而大ゐなる鉢、さし杯出し申候、誠ニけつかうなる道具と存候、しかし、箸ハ一切無之候、何れの肴ニもさじヲ付て御座候、又肴之数ハ無之、吸ものも無之、扨亦、此家の主人ゟ私共へ十四人銘〻へ銀四枚くれ申候、此銀壱枚、此所の銭九百文ツヽかへ申候やうニ承り申候、扨亦、此所ニ至而宜敷商売店御座候、諸色商内繁栄いたし、日本大坂ホ同様ニ存候、此所ニ四十日余りさし置、六月廿八日此所ゟ関《(広)》東国へ送り候趣ニ而、卅石斗りの川船ニ役人五人、船頭水主六人、私共十四人、都合廿五人乗り、川船西の方へ登し申候、川はゞ四、五町斗り御座候、此川筋左右ハ田地ニて、たいとう米ヲ作り申候、暖国故、年ニ弐度ツヽ、米出来キ申候、日本之壱舛唐銭四文ツヽニ御座候、此川すじクワントウ国迄ヲ卅里三日相掛り、七月朔日七ツ半時ニ着船仕、同二日船ゟ上り、阿蘭陀の出張屋敷へ連入り、五十日差置候、但し、此所の食物ハマカラ《(ママ)》国マカヲ国同様ニ、又豆腐・白油あげ・粟・黍・胡摩抔も御座候、大ゐニ宜敷候、尤、男女是迄之通り至而りつぱの奘《(装)》束ヲ居《(着)》申候、此所の男女髪ハ辻髪ニ御座候、辻髪の根ヲくゝり、女は辻髪ニ色〻のりつぱなる物かんざしヲさし居申候、此所朝鮮国りゆうきう国ニモウロス国インレス国、尤、阿らんだ国より右国〻江出張家《(屋)》敷御座候、右出張家《(屋)》敷ニハ鉄炮其外飛道具之るい一切イかざりもの無之候、尤、此所ニ而七月中旬に御座候而盆聖灵《(霊)》祭り日本ニ同様ニ御座候、家〻屋敷も町方も僧出入り仕候、尤、袈裟日本同様ニ存候、扨また、仏檀《(壇)》ニハくわんおん様ヲば何れも信心いたし、祭り御座候、直また、家〻至而きれいなるいろ〳〵の小細工いたし、とうろうヲともし、ぎやま細工ニて至而宜敷御座候、扨また、位牌へハ魚類沢山ニそなへ、家内着類を改メ、銘〻りつはに身をこしらへ、家〻の仏檀(壇)の前ニておどりをいたし、七月の月中皆〻おどり申候、尤、此所ゟサブ国と申處へ送り候趣ニ而、八月廿日此所ヲ出船仕候、サフ国迄ハ道のり千八百七拾里も御座候所、卅石斗りの川船ニ乗り、役人八人、船頭水主拾人、私共十四人、都合卅弐人乗り、西北へ船登し候様ニ存候而、五十八、九日も船中ニ居申候、此川筋ハ南天竺りうさ川之ながれニて、水色赤く毒水ニ而御座候、扨亦、サフ国少し手前ゟ陸地ニ上り、一日ハ私共ヲ壱人ツ、こしニ乗せ、乗り通し申候、尤、輿壱ツニ人足四人ツ、掛キ申候、此人足ト申ハ、ジヤガタラ国ゟ出勤仕参り候て、クロンボと中者ニ御座候、何れもせいの高サ六尺五寸斗り御座候而、至而いろ黒ク、髪ハちゞみ髪ニてみじかく、髪のいろ赤く、夏冬とも丸はだかニ御座候、扨亦、此往来通り弐筋ニ致御座候、立(壱)筋ハ惣切石ニ仕、雨天之節通り候道ニ而御座候、立(壱)筋ハ天気之節とおり候道ニ而切石ニハ無之候、且亦、私共乗り申候こしハ、三方びらき、柱も家根(屋)も惣黒ぬり、またぎやまんニ而小細工ヲ入レ、前ニてみすヲ掛ケ、至而きれいニ御座候

一十月廿日こしニ乗仕候所、此サフ国の役人の宅とも存候所へ連入ケ(ママ)、三十日余り差置申候、此所食物ハ関(広)東国同様ニ御座候、此所町家斗りニ而家(屋)敷やうなる所は相見へ不申、町〻余ほどニ広ク商内店おふし、其外紬(絹)木綿・小間もの・焼ものいろ〳〵、毛もの并ニ皮の着もの類多く御座候、いろ〳〵商内仕候、尤、此處ニて霜月ニ相成り候ニ付、役人ゟ私共へ銘〻ニ、もめんのわた入レ壱ツ・大ぶとん壱丈・小ふとん壱丈、右三品ツ、銘〻へ申請候、右わた入レ日本之通りニ仕立呉申候、尤、此所ハ談(暖)国ニて無之、日本同様ト存承り申候、尤、此所ゟ日本長崎へ送り候趣、十一月廿三日此所出船之事、海上長崎迄日本之壱里ニして三百里余も有之、但し弐千石余の大船ニ四艘ニ荷物ヲ積入、長崎へ出船仕候趣ニて、右四艘之内

弐艘へ私共七人ツヽわけて乗セ、尤、むかうの人壱艘ニ百人斗りツヽ乗り、右四艘ともサフ国ゟ寅卯之方へさして出船仕、海上廿日斗り相掛り、十二月十三日長崎へ着仕候事

右之者
長崎於申上候写　　御奉行所ニ御尋ニ附

長崎於　御奉行所御糺之事

一於呉国ニ而切支丹シヤホ行候儀有なしの事
一呉国ゟ品もの何ニよらず持来り候所有なしの事
一呉国ニてもらひ物御改并ニ御取上ケニ相成り候事
一私共国所出生并ニ年数并ニ親兄弟諸親類有なし之事、尤、御地頭并ニ御名前御尋之事、右きびしき御尋之上、長崎之町宿へ御下ケ御預ケ之事
一辰ノ四月中旬、私共出生国所并ニ御地頭へ長崎御奉行所ゟ御引渡しニ相成り、私共銘ゝ宅へ三年めニ帰宅致候事

呉国之委細不存証相語

一マカラ(ママ)国マカヲ国ニ而者日本の加藤の清正之像家ゝニ皆ゝ掛ものニいたし祭り御座候、マネラ国の科人者弐人ツヽ、鎖ニてくゝり錠をおろし、おひはなし置、役所の用有バ遣イ候、遠方へなんぞ持せ遣し候時ハ鉄炮持チヲ附添参り候
一関(広)東国マカヲ国此両国の科人者、くび隈ヲ入レ錠ヲおろし、隈ニ四、五尺斗りの鎖ヲ附ケ、其鎖ニ七、八貫目の石ヲ附、おいはなしニ御座候、遠方へ行時ハ、其石自分の肩ニのせて行申候、マネラ国バダン国右両国ハ新阿らん陀ト申し
一呉国ニ而ハ日本の紙類調法ニ致し
一阿蘭陀之銭ハ真鍮ニ而、銭ニあな無之
一唐の銭ハ日本同様ニ銭ニあな有之候、尤、文字ハ違イ申候、尤、唐ニハ大将無之様子ニ御座候、阿らんだ大将之もちとぞんじ候
一呉国之女ハ糀(化)粧ハ不致、ひん付も不付、髪をくしニてすいて根ヲくゝり、大櫛壱枚・小ぐし弐枚ツヽ、さし、また、花かんざしヲいろ〳〵さし申候、何れもたいまい・べつかう・ぎやまん、其外けつかうなる品ゝヲ錺り、衣服ハ羅紗の五色嶋織、又にしき継わ

け織、五色しま繻子、同ちりめん、なんともしれざる織ものハ何れも日本へハ渡り不申、おりもの誠ニけつかうなる品ニて着し申候、しかし談（暖）国ゆへ何れも単ものニ御座候、直また、女ニてもしばんハ不用、すはだニ御座候、扨亦、着るいハ丈みぢかくして、腰に袴やうのものヲはき申候、しかし、男女ともかるきものハ身分そふのものめんるいニて着るいこしらへ相用ひ、あまり見苦敷キものハ無之候、尤、下働キのものハ眼国（ママ）シヤカタラ国ゟクロンホト申もの参り、相働き申候、これハ丸はだかニ御座候、女はすそニはつちのやうなる者（物）ヲはき居申候

　バダン国之言葉

壱ツ之事ヲアカと申
弐ツ之事ヲロウと申
三ツ之事ヲフトと申
四ツ之事ヲアツバと申
五ツ之事ヲテンマアと申
六ツ之事ヲアンニヨンと申
七ツ之事ヲベヅトウと申
八ツ之事ヲツホウと申
九ツ之事ヲセイアンと申
十ヲ之事ヲホラホウと申

　マネラ国の言葉

日本の国と申事ヲアカホンニスウと申候
日本の人と申事ウツと申
大きい事ヲカランテイと申
小さい事ヲテキイと申

　阿蘭陀国の言葉

書物之事ヲインギリヘイと申
壱年之事ヲウナニウと申
水之事ヲアタワと申

　サフ国之言葉

日輪様之事ヲヲゲタと申
月輪様之事ヲヲツキカナンと申
諸の神様之事ヲカメカナンと申
火の事ハヲマツと申

父親之事ヲセウフイと申
母親之事ヲアンマアと申
兄之事ヲスイザと申
飯之事ヲメシナと申
酒之事ヲサケと申
水之事ヲヲベイと申
一呉国の人ヲ唐人といふと立服（腹）致申候
但し、アチヤサンといふてよし、是ハ御人様と申事
ニ御座候
一呉国の人日本之人ヲシヤモンと申
是ハ神国故御人様と申候事ニ御座候
一阿らんだの本国まてハ卅六丁壱里ニして、長崎ゟ壱万五千里余も有之、其先キ南アメリカ国又壱万五千里余、其先キ夜国、これは里数不知、尤、夜国と申所ハ日本の昼ハ夜なり、日本の夜ハ夜国の昼なりといふて、日輪様の光り薄くて月夜のごとし、其先キ天竺へハ尤里数不知、諸事之様子不分ラ、天竺迄行ハ其の中ニいるがごとく御座候

右船頭船乗り家業之者拾弐人之内
讃州津田浦山玽（ママ）山北山住
船乗り勝之助ゟ伝之
天保五年午三月
森嘉左衛門ゟ伝之
勢州山田住

六　清兵衛「漂流記」

漂流記　単

能州羽咋郡塵浜村
清兵衛申上候口書
当年廿七歳

天保三年八月廿六日

私儀去ル寅八月、備前岡山之船ニ被雇、江戸廻り仕候海上、難風ニ逢、呉国江漂流仕、去卯十二月、唐船ニ被送渡候ニ付、今度御呼返被下、今日御召出、難船之始末、且彼地之様子、委細申上候様被仰渡、奉畏、左ニ奉申上候

一去〻寅七月、大坂上り船之水主ニ被雇、在所立出罷上り、大坂江川入仕候處、備前国岡山多賀屋金十郎所持千八百石積神力丸与申船致川入、作事仕、其節右船ニ被雇、直ニ備前岡山迄相越、同所ニおゐて御米千七百石斗并ニ御家中御荷物雑荷等積請、上乗御役人御舟方宇治甚助殿、片山栄蔵殿、沖舟頭同国邑久郡青め(尻海)村五左衛門、水主同村玠右衛門、同人せかれ与四松、同村弥吉、同人弟弥市、同村栄吉、同村石兵衛、同村千代松、同村又吉、同村仁三郎、同村乙吉、同国小嶋(児)郡村不知才次郎、同国郡不知福嶋村理八、讃州郡不知津田北山村勝之助、芸州廣嶋杢之浦伊勢次郎、長刕郡不知田之首村宗吉并私共、船中乗組、都合拾九人、寅八月十二日岡山出帆、沖船頭五左衛門在所しるめ(尻海)浦ニ十九日迄潤懸り仕、廿日しるめ浦出帆仕候所、播州高砂浦ゟ風合悪敷相成、同国さくし(坂越)之浦ニ三日潤懸仕、廿三日同所出帆、廿六日紀州由良内江潤入仕、廿八日同所出帆、同日同国

大嶌沖江乗懸り候處、迎塩(潮)ニ相成候ニ付、大嶋江澗入仕度、色〻与仕候へとも、何分汐道不宜、無是非船頭示談之上、沖の方江船指出申候、然處、廿九日夕七ツ時頃ゟ気色替り、大北風ニ相成、彼是仕候内、次第に沖之方江船出、同夜丑之刻頃、益風強相成、所詮難事と存、上荷打捨度段船頭江示談候所、不相成段、堅申聞候得とも、みす〳〵船危相成候ニ付、上乗御役人江相願、上荷御家中御荷物とも并御米四、五百石斗打捨、帆巻下シ申度奉存候所、風強したい居申、中〻巻下し申様之義仕兼候ニ付、有合候品投付、帆ヲ打破リ、風を通し、帆を巻下申候、右様に仕候へとも、何分風吹増、波高ク櫓之上に居申者共之腰迄茂波打懸、乗組一統人心地も無之、夜も明候へとも、少しも波風静り不申ニ付、又〻御荷物御米ホ打捨、船脚軽ク仕、暫相休ミ申度、両三人共櫓より下り申候処、晦日昼四つ頃ニも候や、艫之方甚敷鳴候ニ付、打驚見請候處、楫打折、一時に六尺斗浪(淦)入ニ相成、船已に覆り可申躰ニ付、碇四挺、大綱二筋一度ニ打込候處、漸船居直り候へとも、波風少も減不申、楫なくなり候上ハ、帆柱却て邪魔ニ相成候ニ付、打寄斧を以切ニ懸り候へとも、波風甚敷中ゆへ、自由に働得不申、彼是仕内、刃物も散〻ニ相成、水主ともも夜前ゟ之騒動ニ疲果候へとも、其儘に茂難指置ニ付、上乗御役人より御腰物御貸被下、夫を以二、三ヶ処切込候内、切口鳴出、横様倒レ候所、船の垣に引懸り、垣二、三間斗押潰申候ニ付、はづ縄切払候へ者、帆柱流行申候、依而垣ホ取繕乗行申候、同夜八つ頃迄浪(淦)を汲出し申候、翌日も同様ニ波風悪敷、荷米夫〻打捨、損所取繕り漂イ居申候、九月十一日、西北風厳敷吹募申、残候荷ホ追〻打捨、其後者日〻少〻宛捨行申候、当日誠ニ悪敷風ニ而、櫓之上江も上り兼候程之事ニ而、大波船を打越し、甚危ク、早竟可助様子も無之ニ付、一統打寄、必死と覚悟仕、何も心決仕候、其二、三日前より、其躰白ク鳩之如クニて少し大ナリ、嘴長き小鳥、風波之中空ゟ舞下り、船之上ニ而三遍宛舞候而立去を見付、何もあやしく存、一統信仰仕守護神ニ而可有御座与、此日丁半の神鬮をこしらへ、丁鬮おり候へ者神物、半鬮ニ候へ者常の小鳥の図りを以、神鬮を引候處、丁之鬮おり候ニ付、何も相喜、弥守護神ニ候ハヽ、今一羽連レ参候様ニ相願候處、翌日二羽参り、いつもの如ク舞おり候ニ付、何レも艪江上り船へとまり候様申候處、則桁の上江とまり申ニ付、啼申様ニ申候處、三声宛鳴申候、其後バタン国へ漂流仕候迄毎日此鳥参り申候、九月十六日迄波風少しも止不申、風に任セ流申候、十七日ハ少しなぎニ相成候、当日ハ沖(船脱カ)頭五左衛門在所しるめ(尻海)村祭礼日にて、何も休息仕候所、日暮頃西の方ニ黒雲起り、暫時に雷鳴大風すさまじく、船中騒動仕、鉄猫(錨)四挺壱度ニ打入、是迄下シ置候二ツとも六挺ニ相成、小間に張置候小帆巻下し候へとも、船如飛、其内にハ垣とも追ゝ波ニ被打取、難渋申計も無御座候、去レとも、翌日より二、三日なぎニ相成候ニ付、取治メ流行申候、

(付紙)「此時分ハ連日暴風斜雨ニて、雨水取不申、人ゝ綿入を取出し雨水を取り候へ共、綿ニてハ水取兼候ニ付、袷或ハ手拭之類ニて水ヲ取申候由○又、碇をおろし候へ共、舟馳候事甚早ク候故、碇ハ只浮木之如く水上ニ浮、一向埒明不申候事

以下、書入之分清兵衛之話也」

廿日頃か又ゝ大しけニ相成、重テ楫外艫被打取候ニ付、指置候水汲溜桶取入働居申候、其節水打こぼし、且貯置候水も追ゝ飲申、亦者遣イ申而、漸少相残候を日ゝすゝり、食事仕居申候へとも、最早飲きらし、致方尽果候ニ付、艪ゟ樋を仕懸、雨を待候へとも、降不申、五日斗も立候而、漸雨降出し候處、防方も無き大荒ニ而、雨水取入申様のゆとり無御座候、日ゝヶ様之為躰ニ而、風随ひ流レ行申候、十月廿二日にハ又ゝ大荒、此頃覚不申波風ニ相成、船今茂引裂可申様子ニ而、逆波幾度か船を打越、艫江逃、表江走り、防申由も無御座候、人ゝ当惑仕、泣咀(叫)居申候、扨、帆柱切候砌ゟ、いそべさまと相唱候鰐二ツ、船に付居候躰ニ候へとも、何も心付不申、沖にて汐を

吹上ケ候時、いそべ様と心付候、右ハ伊勢大神宮之御使神与申候、江戸渡海仕候者ハ甚信仰仕、難船仕節ハ毎度いそへ様を相頼、無事を祈申義ニ御座候、いそべ様ヶ様ニ船御守り被下なから、波風も強ク日々大荒仕、且船の辺江近付不被申儀、何そ船中不浄之品積請居申候ニ而可有之与段々相しらへ候得者、左様之物も無御座内、長持六指有之、右者御家中御荷物ニ而、内にハ夜具着物之類入レ有之候様子、頃日中追々取出宜敷分ハ帆ニ繕り、或ハ縄に仕、又ハ碇之綱ニ摺切レ申ニ付、間々へ入抔仕用来候故、相残候分今更打捨候而ハ、跡々指支ニ相成可申、乍去、外ニ不浄之品とて者何ホも無之ニ付、長持之内重々穿鑿仕、不残打明ケ相しらへ候處、一指之内馬具少々有之候間、必此品可有之与存、取出し打捨申候、都而江戸海ニ而者馬と申事忌嫌イ申義ニ而、右馬具有之故、ヶ様ニ打続大荒仕義と、其節何レも存居申候、其後者いそへ様日々船辺江付居、高波に成候へ者、表と艫とを囲イ波を除ケ、其長ケ十四、五間にも成候や、風波無之時者一尺四、五寸之小鰐に相成、船端へ付居被申候、其内私ども魚を給度抔と咄合居候へ者、いそへ様沖より多の魚ともを追廻し来り、船の辺シイラ○こゞり鯛○チン鯛○カツヲ○其外見馴不申小魚どもを追結(詰)被申候故、捕申度候へとも、釣針とても無御座候へとも、いかにも多集候ニ付、帆を縫上申候針を人々所持仕居候を曲ケ申、其儘投込候へ者、いまた魚ニも届不申内ゟ飛付〳〵、暫時に魚多捕レ、何も打寄料理仕、生之儘食申候、其後日々小魚四つ頃ゟ七頃迄船の辺江被追寄候ニ付、少し少(衍カ)シなき候日ハ打寄、此頃之疲を休メ申候、取上候シイラの頭をいそへ様へ上候へ者、心能受被申候、此後金の御幣下り候頃迄いそへ様付居被申候得とも、其後何方江被参候や相見へ不申候、頃日風もなぎ浪も冠り申程の事も無御座ニ付、碇引上、損所繕居候處、十月廿八日頃ニ候や、夕七つ頃ゟ北風大ニ吹募候故、鉄猫(錨)六挺一度ニ打込候處、忽一挺摺切レ、翌日亦一挺切レ落、其儘ニて漂流仕候、始終北風強ク吹申候、十一月六日ニ相成、雨降出少なき申ニ付、夜飯給、櫓へ上り望候所、山一ツ見へ申候、何も相悦ヒ、彼山江寄セ申度彼是仕候内、日も暮、今宵此山江寄候て可然や否之神鬮を上候處、則上陸仕候而宜敷神鬮おり候ニ付、艀を出し、乗移可申与仕候處、又西風一時に吹下り、残候鉄猫(錨)四挺とも何にか引懸候處、風強ク、船ハ矢の如飆候故、一時に四挺とも打切、船舞ありき、山近ニ相成候へとも、寄付得不申内、嶋山の自然に澗の様に相成候處江来懸り候ニ付、澗へ入申度色〻仕候内、船風と汐に向候て、其嶋山をひと巡りめくり申、元之澗の方の所之右之方之出崎江来懸り候所、岩高ニ而澗へ入兼、風任ニ仕居候へ者、岩に当り船砕可申躰ニ付、何も打驚一心に金毘羅大権現を奉祈念候處、金色之御幣下り候様ニ相見得、何も難在拝し候所、不覚船者澗の様ニ成申處江入申、碇付縄二筋自然と左右へ引分レ、艀を以態〻繋留候様ニ相成、岩にからみ付候様子ニ而船動不申候、偏に金毘羅大権現之御利生与難有存、明朝早〻山江上り可申与存居、夜明候所、彼からみ付候碇の綱解、船ゆるき出、風にさかび汐に向して上り行候ニ付、其行ニ随候所、汐の指引甚敷所江出、大浪打起、船中九尺斗湌(淦)入ニ相成、色〻相働申内、船ハやはり風表江上り行申候、翌日山も見へ候へとも寄付得不申、次第に沖の方江船出申候處、亦嶌一ツ見へ申、其方江船向イ行候ニ付、相喜ヒ居候處、汐ひ甚敷所ニ行合申、風与塩(潮)とにて船を彼嶌へ打付、忽さけ砕ケ散〻ニ相成申候故、十九人共に海中江落申内、私ともホ十四人者游付、彼嶌江上り候へとも、沖船頭五左衛門、水主弥市・乙吉・宗吉・与四松の五人者、其節溺死仕候、

(付紙)「一五人之者溺死之時分、片山栄蔵舟木ニ取つき海上ニ浮ひ候故、相助度、二、三人海を游ぎ右之木を取り引揚候處、栄蔵ハ半死ニ相なり罷在申候、木ニ取付候ニてハ無之、木ニ大なる釘有之、股之処ヲ突き貫罷在、夫ニて引揚助命仕候、此きず大ニ難義仕候へ共、バタンにて療治仕相治

し申候

一嶋へ上り廻り候時、久〻舟中ニ難義仕候故、歩行殊之外難義ニて、小木ヲ折、杖ニ仕候處、木ハ皆蘇木ニ御座候」

是迄食事も日〻給不申、昼夜働居候故、眠申間も無之、適疲申て打臥候而も高波に被動起、数日如此の難義に而、何も身躰疲果申候、かくて人家を相尋、山中へ分入候へとも人家も無御座、途方ニくれ、且人〻空腹ニ相成候ニ付、私義始より用意仕候米弐升斗持居申候を分与へ給申候へとも、老人ホ者打倒レ、動得不申、其内二人三人宛別〻ニ相成、人家を尋申候、私義者備前才二郎・讃岐勝之助三人一集ニ嶌之内ヲ尋巡候處、此嶌人家無御座、廻ハ日本道七里斗ニ而、山中所〻牛鹿様之足跡幷鳶の外見馴不申鳥を見請申、木ハ皆小木ニ而、見馴不申物ニ御座候、ツボイと申草の根、トンボ草ホ見知候草ともを以食にかへ、此處に三日罷在、所〻人家尋歩行申候、着岸仕候ハ十一月七日ニ而、寒き時節ニ而御座候へとも、其地ハ暖気ニ而、単物一ツにて暑凌兼候程ニ御座候、船方ニ而子の一ツ星と唱候北極星此方ニ而者至而低ク見へ申候、三日目に着岸仕候辺の少し小高き所より向を見申候處、大なる嶋有之、其方ゟ牛の如きもの游キ来候ニ付、私とも三人共空腹ニ御座候故、打殺食用ニ仕度、浜の方江廻り下候所、丸子（木）を彫抜候様の長ミ九尺幅四尺斗の船ニ、杓子ノ様なる械と磯際ニ有之候、高ミゟ見請候牛と見候ハ、此船ニ而可有之様子ニ付、必人来候ニ而可有之と、又〻山の方へ十四、五丁斗も尋入候處、打懸小屋有之、呉躰之男七人居申、私ともを見付打驚、海賊にても可有之と存候や、竹槍を取出し突懸り候ニ付、私とも詫言申入候へとも、云（言）語通し不申ニ付、先竹槍取上ケ、其上ニ而私とも手を合セ候處、彼者とも同しく手を合申候、其風躰惣身色黒、長ケ高ク、髪縮ミ、裸ニ而木綿様の物にて下帯を仕、芭蕉にて組立候蓑壱ツ着仕居候、

（付紙）「初め嶋へ着仕候時、火を焼度候へ共、火と申事

相通し不申、いろ〳〵と仕方(形)仕候へ共、通不申、其内燼有之候ニ付、此を見セ候ヘハ相分り候様子ニて、浜辺ニ有之平たき石一ツ持参り、竹を細く破り、一にぎり斗の大さに致し、堅く結付、其小口ヲ左右之凹なる處へすり付候ヘハ、忽火出竹に移り申候由」

彼者とも何の用事有之参居候やと仕形を以て相尋候處、魚を指出、此品取ニ参候趣、手真似を以申聞候ニ付、漂流之始末又手似《マネ》を以申入候處、木根の様之物二ツ三ツ、つくね呉申候、且其辺ニ御座候木の実をちぎり来り呉候へとも、此間中給不申品故、其由断候處、其人皮を取り給為見候ニ付、三人とも喰申候、形松蓋の未タ開不申様之長き物ニ而、外色赤く、皮を剥候ヘ者青き色ニ而、熟柿之如く味至テ甘く、是迄見請不申物ニ而、一山其木多く、葉ハ柳之様なる物に御座候、酒も呉候得共、米ハ無御座所故、砂糖黍ニ而製し候物之由、味至て悪敷、日本之酒とハ格別之違ニ御座候、又持参仕候躰ニて、だい〳〵取来呉、たへ申候、且又残之者、山中ニ痩(疲)倒居候間、連来呉候様、是又手まねを以て申入候處、私共も参不申候てハ、其者共見知申す候ゆへ、参り申間敷と欤申躰、仕形ニて申由に候得共、何分私共も誠ニ痩(疲)居候間、、彼者共呼来り呉候様、達而相頼候處、承知之躰ニ而、山奥之方へ尋行申候、何やらん唱ニていたし走り行候處、甚早足ニ而、暫之内六人連来り申候、跡五人も連来呉候様相頼候處、又三人連来、私共とも拾弐人打寄、石兵衛、仁太郎(ママ)両人共見取不申候得共、日も暮ニ及候ニ付、先其まゝニ而其夜ハ其所ニ而夜を明し申候、同夜向相見る嶋ニ者火を焚候所、此方ニても火を焚、合図いたし候様子ニ御座候、夜半頃頻に狼鳴出し、石兵衛ホ両人を案而、一夜寝も不仕、火を増、夜を明し申候、翌朝向嶋ゟ四間に六尺斗之船三艘、人数三、四拾斗乗組、私共連ニ参候様子ニて、役人躰ニ相見へ候色小シ(少)白き男股引をはき、襦半を着、多勢を指図仕参り候ニ付、其者共を頼、石兵衛、仁三郎尋貫、十人程宛ニ別レ尋

入、則両人共連来、不残揃申候ニ付、溺死仕候者共相尋度存、参り候人ゝ江茂手伝相頼候處、承知仕呉、共に海中相尋、五人共死骸引上、其嶋ニ仮葬仕候、同日私共之内、先拾壱人連渡し、翌日残三人相渡申候、海上一里斗可有御座奉存候、

（付紙）「一嶋人衣類を殊に相悦申体ニて、溺死五人之者之
　衣類ヲ争て奪取、甚悦居申候、其後破船中之物
　小(少)ゝニても遣し候へハ、相悦色ゝはたらき申候
　由
一嶋中駱駄(駝)多ク見請申候、色五色共見請申候、斑
　色も有之候由」

其所者所之者申聞候辞之内、私共色ゝ相考仕形ホにて被察候者、国名ハタント申、長二、三十里、幅三、四里斗有之様子、此所村名サブタンと申候て、初漂着仕無人嶌ハバタンニ附居申候嶋の由ニ御座候、此サブタン与申所、家数百軒斗有之、浜辺にて、家立都てかま葺指懸小屋ニ御座候、男ハ前段猟師同様、女者髪長く垂れ裸ニて、壱幅の木綿之様之物を腰にまとい居申迄ニ御座候、此所にて馬見請候處、耳長く形大に御座候、豕・野牛・羊・牛・荳ホを喰(食)料ニ仕居申候、米者一向無御座候、私共他之品者給付不申事故、芋を申請たべ申候、其品三通り、つくね芋・里芋・琉球芋ニて御座候、食事仕候内、下ニ置候得共、直に犬猫抔参り喰行申候、所之者ハ犬猫のたべ候残をも無嫌喰居申候、翌日ニ相成候處、可送遣段申聞、老人ホ四人残置、私共十人所の人ニ被誘、浜辺一里斗参候所、急なる山江連上り、サブタン人ハ唱言致、かけ上り候へとも、私ともハ木の根岩稜に取付、漸に上り候處、少し平カなる所江出、此所ニ而中飯仕候様申聞、芋并燕魚と申魚を呉レ、昼飯相認候後、其所を出、急なる坂へ行懸申候、サブタン人唱言致、早ク下り候様にと申躰に候へとも、私共ハ存不申事故、唱得不申趣仕形ニ而申諭、静ニ下、七ツ過浜辺江出申候、向ふニハ白壁作之家十軒斗見へ申、其内にサブタン御頭役の御屋敷有之由、其地ゟ其地少シ手前の在所へ着キ、暫ク此所に相待候

様申聞、相見合申内、サブタンに残居候四人もサブタン人連て参り、十四人とも揃候ニ付、其所之在へ引渡、サフタン人者帰村仕候、サブタンゟ此所迄ハ大抵三里斗も可有と存候、家立やはり打懸小屋ニ而、家数百軒斗も御座候、国名及村名承り不申候、此所より同夜四つ頃、白壁之在所肝煎躰之所迄被送参り、止宿仕候、翌日起出、四つ頃にも相成候へとも、食物呉不申故、芋を請申候へ者、御役所ゟ御指図無之而者、為給がたき躰ニ被察、相待候内、女壱人髪ハ壱所ニ束に下ケ髪に仕、足の踵迄届候程に仕、鉄炮袖之臍切有之物を着し、其様サブタンの女与同様之躰ニ而、芋を持来呉申候、暫相立、右在所の頭役イバナと申人相見へ、羅紗の鉄鉋（炮）袖の着物、前之方臍切りに仕立、後の方裾踵迄届、胸の間牡丹〆に仕候を着し、羅紗のはつちをはき、家来様之物拾八人、各鉄鉋（炮）を持、腰にハ火薬を入ル、胴藍をさげ、羅紗鉄鉋（炮）袖の着物を着し、何レも羅紗の帽子を冠り、床几様の物に腰をかけ候、下役の者より名前相尋候ニ付、各名乗候處、鳥の羽ニ而紙ニ書留申候、見請候所、横文字ニ御座候、夫ゟ同所御役所江召連、人ことに芭蕉の円座を与へ、其上に座候様ニ申聞候ニ付、着座仕候處、豕四足牽来り、眼前ニ而刺殺、血を取、人々江勧メ申候、

（付紙）「牛之血ヲ瓢箪ニ入、ヤシウノ実ニテ被飲申候、此辺ハ別ニ器物ハ見不申候、飲食之器ハ皆ヤシウの実ヲ用申候○ヤシウの木を尋申候處、大木ニて柿之葉ニ似申候由申候、此ハ見違申様ニ存し申候、ヤシウハ椶呂ニ似と承り申候」

心悪敷存候へとも、格別馳走之躰ニ付、少々すゝり申候所、又野牛を牽来り、同様に血を取呉レ候へとも、たへ候真似仕置申候、両様料理仕、煮又ハ焼呉候ニ付、少々宛食申候、然内、牛一疋牽来り、四足をくゝり、庖丁を以眼中江指込、狂廻り候を多勢ニ而捕置、血を取、皮ヲ剥、是をも煮あふり申候、都（而脱カ）生獣を殺候事、此上もなき馳走と相見へ申候、一躰此地産業と申も無御座、食事に相用候事而已ニ昼

夜取懸り居申躰ニ御座候、此處ニ三日斗逗留仕候處、夫ゟサルトリメンゴと申所江被送申候、陸地にて者山坂多ク、私共ハ足疲居候故、難参ニ付、船にて送届候様に見へ申候、海上三里斗ニ而着岸仕候所、先達て通し置候や、見物之男女群参仕居、役人叱立、漸退候ニ付、上陸仕、白壁造石垣有之屋敷様之所へ入申、門を鎖申候、是ハ見物人ニ而も参り、怪我等も可有やと気遣申、ヶ様ニ仕事、番之者之仕方(形)ニ而察申候、家立者サブタン同様打懸小屋にて、且家数五百斗、浜辺ニ而風俗先ハサブタン之通、其人男女とも口赤ク御座候、是ハ其地に有之木ノ実、桃程の大サの物、名ハフワ与申もの、皮を去、切割、石灰を付、見馴不申木葉にて包、口に入、噛砕、汁とも吐出し申候、

(付紙)「ソワ(フ)ハ角別大木ニハ無之、葉ハ青木之葉ニ能似
申候由」

(付紙)「辰曰、ソワ(フ)ハ即キンセの事と相見申候、蘭山曰、
南方之人日々キンセ石灰并大黄を食す、今蕃人之愛玩仕候キンセ箱ハ則是也、漂流人ニ大黄食候哉と承り候處、覚不申由申聞候、ソワ(フ)を入置
候箱も覚不申候由」

ヶ様ニ仕候へ者、口中すきと仕、心地宜敷御座候ニ付、其地にてハ、人参り候へ者、初に(衍カ)ニ必フワを出し、次ニたはこを出し申候、フワを噛申故、口中赤ク相成申様ニ御座候、たはこハ何方ニ而もたはこ与唱申候、在留中、我ともには料理人両人あて附居、豕牛小獣の肉調呉候へとも、給得不申ニ付、私ともの為には殺生堅ク無用之様断申、魚有之候ハ者、食用ニ仕度趣申入候處、魚払低(底)ニ而、平生沢山にハ無之旨ニ而、たま〳〵貯置候分ホ取出し、少々宛呉申候、是ホ皆仕形を以申聞、此方よりも同様仕形ニ而答申候、同所ニおゐて私共馳走の為、祭礼様の事致為見申候、其日ハ役人ホ頭立候分者、羅紗之股引ニ羅紗の鉄鉋(炮)袖の着物、腰切の物を着し、新敷下帯を〆、女も新敷湯巻を仕、仏像の様なる物を持、大勢町中を狂歩行申候、此所ニ而越年仕、翌卯の春正月

七日、サルトリメンゴ出帆仕候、其船四百石斗積候、役人四人、船頭一人、船方三十五人、私とも十四人乗組、都合五十四人ニ御座候、同廿一日迄海上乗申候、其間山〻嶋〻見へ候へとも、名ハ承不申候、同廿二日、大川口江入申候處、両川縁厳重ニ構へ、石火矢台何程となく餝置申候、都而呉国の舟澗入仕候時、合図の為石火矢放申格之様子ニ而、則サルトリメンコの船湊入仕候刻も、双方より石火矢を放、澗入仕候、此處呂宋と申国の由、

（付紙）「呂宋之都者名ハ何と申と相尋申候處、マネラと相答申候、しかし、マネラハ則呂宋之事と承り申候へハ、是事相分り不申候○正月之頃西瓜沢山ニ御座候

呂宋之人ハ中通り以上ハ匙ニて食事仕候、下人ハ手ニてつかみ食ニ候由」

正月廿三日、役人上陸仕、引あい之上、私ともも上陸仕候、城の様なる處江連行候、此地大湊ニ而、諸国の商船澗懸り仕居申候、人家数万軒建並、賑〻敷事ニ御座候、此地暑気甚敷、単物壱ツにて堪兼申位ニ御座候、男女とも其膚白ク、眼ハ真鍮色、髪ハ男子ハ縮居申候、少し延候へ者鋏切、常に頭巾を冠り、羅紗之はつちをはき居申候、羅紗亦ハ更紗之鉄鉋（炮）袖の着物を着し候、女ハ縮候髪を五所程につまみ結上、玳瑁抔の櫛をさし、鉄鉋（炮）袖の服を着、更紗木綿抔之袴様之物をはき居申候、此地に百廿日逗留仕候内、所〻見物為致候、見物ニ出候日ハ役人連立、遠方江参り候節ハ、箱様の物に入レ、馬二疋ニ而引セ申候、馬を指引仕者壱人、其馬に乗居申候、空腹ニ成候へ者、其辺の大家江立寄、役人の指図を以、食事相調申候、家立惣躰瓦葺也、柱ハ悉石ニ而、土間ニ腰懸をすべ、二階亦ハ三階に拵、ビイドロ障子を入レ、其結構目ニ餘り申候、町幅ハ七、八間ゟ小路ハ四、五軒（間）斗、家並寄（奇）麗に御座候、町中に橋有之候所、委（悉）ク石ニ而畳あげ、丈夫ニ仕立有之候、土地宜敷、産物沢山有之、薬種類・珊瑚珠・羅紗・毛氈類、其外白タイトウ米・醤油・砂糖黍ニ而製申候焼酎も御

座候、魚類も多ク、色〻珎敷細工物仕出シ申候由、在留中、昼八人、夜十六人宛番に付、日夜交代仕、百廿日の内無怠相詰、夜中寝静まり候得者、壱人毎に寝姿見請に罷越候事、毎夜同様ニ御座候、漂流中、数日雨風に吹さらされ、雨湿を請、且水土に不伏故ニ候や、皆〻浮腫を相滞申候内、才治郎ハ浮腫ハ左程にも無之候へとも、不食ニ而難義仕候ニ付、役所ゟ医者を被下、日〻両度宛被見舞、脈を見、何角被申候へとも、一向相分不申候、才治郎の療治ハ臂の上下を手拭にてしかと〆、其間江からしの粉之如き物を塗置、次に其所ゟ血を夥敷取申候、如此仕候事七日斗ニ而、食事進、全快仕候、尤、煎薬も一日に小猪口に二杯宛被下、服用仕候、浮腫の人ニも煎薬被下、服用仕候、医師者上にハ黒き衣様之物を着し、下ハ更紗の衣様の物を着し、帽子ハ羅紗ニ而長ミ付候呉風ものを冠り居候、百廿日目に、明日ハ送り遣可申候、定法を以届候時者、先七年斗もかゝり可申候、唐土江送出候へ者、二、三年にて帰国仕得可申と申聞候ニ付、左候ハ者、唐土江送出し呉候様相願、翌日呂宋出帆仕候、其船千石余り積申船にて、赤色の皮ニ而外廻りを包、水に付候所者皆銅ニ而包有之候、帆柱ハ三段に継合、其継目毎に棚をはり候、弐棚とも上に壱人宛乗居申候、海上毎日七十里斗、七日程颿申候、船中より国〻嶋〻相見へ候へとも、名も承り不申候、七日目にマカヲと申所江着仕、其段案内御座候様子にて、役人相見え懸合之上ニ而上陸仕候、

(付紙)「蕃国ハ何方ニても日本人ヲ一日ニて留居度存し
候様子ニて、色〻といたし帰し不申事而已相謀
申候由」

町立人家之様子大抵呂宋に同様ニ御座候、此所江黒唐人多ク参り居申候、所の者ハ眼中真鍮色ニ而、髪縮居申候、私とも着仕候砌、通辞之為唐人連来候へとも、何分辞通不申ニ付、私とも漂流之次第具ニ相認、甚助殿より唐人江相渡候處、唐人ゟも久〻難義ニ可有之候、㝡早本国へ近付候間、相悦可申旨書出

申候、私とも力を得、唐人留置度段マカヲの人に申入候へとも、云《(言)》語通し不申候へ者、留置不益とか申躰ニ而、唐人ハ返シ申候、此處ニ而四十日逗留仕候、其内役人同道仕、町見物ニ度〻出申候、在留中、呂宋之通り昼夜番付、且寝息を窺、折〻ゆり起し候事も御座候、食事ハ牛・豕・魚・菜・蓮根ホ何レも豕の油にて揚呉申候、四十日目に夜中此處出帆仕候、日の内ハ船かゝり居申、夜ニ入はせ申候、三日目に唐土カントンと申處江着仕候、此間夜而已船はせ申事尋候處、他国の人に必見セかたき處の由申聞候、カントンの川口にハ唐船多ク、此處大地ニ而、彼国の大湊と相見へ申候、四日目に上陸仕、カントンの役所江連行申候、難船の様子以書付相尋候ニ付、甚助殿ゟ始末被書出レ而、相分り候様子ニ御座候、此所ニ而も一向云《(言)》語通不申候、仕方《(形)》を以始終応答仕候、

(付紙)「カントンハ蚤ハ居不申、虱ハ夥敷ト御座候、夜分ニ相なり候へハ、油虫之形ニて大サ大豆位之虫参り刺申、甚難義仕候、名ハ忘れ申候由○逗留中、一統風邪仕候處、医者参り脉を見、薬名相調、小役人ニ申付、薬店へ取ニ遣候様子ニ御座候、右之薬煎申候處、香殊之外高ク、私等難堪候ニ付、間を隔て煎申候、唐人共ハ何とも存不申候体ニ御座候、右薬煎候時分葱ヲ沢山ニ入煎申候由○役所ニて虎を為見被申候、象見不申、木ニて作り候大象ヲ為見被下候○広東ハ四方一向山ヲ見不申」

唐土ゟハ、日本渡海春秋両度有之候所、春船ハ已に出帆致候後故、秋船にて送届候様ニ可仕と申聞候、此地人物、頭之廻りを剃、真中に丸ク髪を残し、髪さきを三ツくりに組、後へさげ、服ハ鉄鉋《(炮)》袖の長ケ長き物を着し居候、女ハ紅粉を面ニ塗粧居申候者間〻御座候、眉を不剃、歯を染不申、足の甲至而少《(小)》さきを宜敷事ニ仕候、依而女子ハ生立ゟ足にはめ物仕置、自然と大ニなり不申ニ仕置申候、年たけ候而も足少《(小)》サク、歩行不自由ニ御座候故、大家之分ハ下女ニ手を被引歩行仕申候、下賤の女程足大ニ御座

候、都而唐土一統当時之風俗ニ御座候、在留七十日の間、昼夜番人附居申候、夜中寝姿見に参り寝息を伺申事、呂宋、マカヲの通りに御座候、此所ニ而初て暦を見請申候、食事ハ呂宋・マカヲ・巴旦共に三度宛給申候、広東に限り日に二度にて、朝四ツ、夕七ツ頃食仕候、米ハ秈《タイトウ》唐米に御座候、此處ニ而も豕牛ホ呉候へとも、堅ク相断候故、其後ハ鯉・白魚・見馴不申魚とも幷蓮根・蕗・ゆうご・豆腐抔呉申候、油揚ハ木の実油ニ而揚候分ニ御座候、其内盆頃かと存申候、町中一統硝子提灯・瑠璃燈夥敷ともし、甚賑ゝ敷、家ゝ酒宴仕候、惣而土地繁華ニ而、川口ハ船幾千艘ともなく澗懸り仕居申候、町幅も至而広ク、家立寄（奇）麗に御座候、在留中芝居見物に被連候事御座候、芝居座迄広東御役所より弐里斗有之候へとも、やはり町の中に御座候、其芝居ハ日本の芝居同様ニ而、浄瑠璃様のもの有之、三弦・胡弓・琴・笛・太鼓ホ鳴物多ク囃子立、けしからすおかしき事を仕候、初而我ホゝ小屋へ入候所、役者始、見物一統、私ともを打なかめ、芝居も不仕候、且見物仕居申候而も、言語分り不申候故、退屈仕、暫居申て罷出申候、八月十九日ニ相成候處、明日可送遣由申候、且追ゝ寒サに向候旨ニ而、蒲団・鉄鉋（炮）袖の綿入人ゝに被下、着用仕申候、廿日同所ゟ川舟ニ而二日下り申、夫ゟ保川江上り申候、船二艘者上役壱人、下役六人、外船頭水主、又一艘者私とも十四人幷船頭水主ホ九人乗組、両船とも屋形船、硝子障子に而、役人船にハ紫の幕を張、広東の籏を立、私とも船に者日本人乗居候趣ヲ記候籏を立、夜ハ日本之通油引不申丸提灯をとぼし、二日路程参りてハ役人上陸仕、銭四、五貫文宛取来、所ゝニ而小遣ニ仕候、川岸所ゝ村立御座候、広東を出候てより十七日目に上陸仕、羅紗ニ而囲候輿ニのせ、重キハ四人、軽きハ二人にて舁行、山路凡八里斗参り、ツネヤマと申所へ参り、止宿仕候、翌日復ゝ川口へ出候て、ツネヤマの船に乗申候、所ゝニ而役人上陸仕候、十四、五日目に上陸仕、一日陸路歩行仕、城下江着仕候、此所シツコン与申由ニ御座候、私共を寺江連行申候、寺号承不申候へとも、禅宗の寺にて、僧者日本禅宗之通ニ御座候、其夜者精進料理ニ而、豆腐芋為給申候、翌日此處ゟ川船ニ乗候処、役人船一艘相増、私とも乗居申船ヲ挟ミ行申候、凡九日程川舟ニ而下候處、コンサイ与申城下江着仕候、広東より川船に乗出し、陸路三日歩行仕候外、六十日川船にて、都合六十三日めにサフと申所江着仕候、此間着仕候コンサイと申城下も大地にて、夫ゟ一日陸地通行仕、又川江出候、凡広東より乍《サ》浦《フ》迄者一川のつゝきニ御座候へとも、川通而已参り候而者、却而遅クなり申ニ付、折ゝ少し宛陸路為通申候由申聞候、陸路通行中、宿駅ゝに休息仕節、馳走仕申候、シツコン・ツネヤマ・コンサイとも人物広東同様ニ御座候、サフ者日本渡海之湊故、通辞も有之、日本語能通し申候、在留中始終、トウケンと申通辞用達仕候、着仕候節、広東之役人サフの役人引合、私共を引渡し、サフの役人より無㒵変請取候趣、書物指遣、広東之役人ハ被帰国相済申候、さて、此地に先達而漂着被致候由ニ而、薩摩の御役人上下拾人、此處江被参居、互に日本之事とも咄合、無事を悦入申候、此地人物広東と同様ニ候へとも、適袂の有る着物を着し申者も御座候、此地之銀者丸形ニ而、大サ四文銭程ニ而、穴なく至て薄き物ニ御座候、在留中見請候處、日本の小判を取扱申候、壱両四貫文斗の由ニ御座候、銭者払抵(底)之様子ニ而、乍《サ》浦《フ》ハ八分通り日本之寛永通宝ニ御座候、土地寒ク九月頃氷張、日本之九月頃之様にハ無之候、サフニ而日本人之事をウ、ツと申候哉、薩摩の漂流人をコウウツ、私共をシンウ、ツと申候、広東ニ而も同様ウ、ツと申候、在留中次第に寒気相増申ニ付、私ともへ不残蒲団・綿入・帽子被下候而、着用仕候、霜月十四日之頃、薩摩の人ゝ渡船被致、其節私とも一集に渡度由、薩州の人ゟも相願候へとも、難相成段申聞候故、心外跡江残申候、霜月廿五日、私とものも内、宇治甚助殿、片山栄蔵殿、石兵衛、仁三郎、勝之助、伊勢次郎、理八、此七人出帆被申付、弥(ママ)右衛門、弥吉、又吉、栄吉、千代松、才治郎、私儀者、同月廿八日出帆被申付候、其前晩サフの御奉行所御前ニおゐて御酒被下、品々饗応御座候上ニ而、糖菓種々沢山ニ被下、頂戴仕候、初甚助殿ホ七人出帆之節も一集ニ私とも預馳走候へとも、改而ヶ様取扱有之、出帆仕候節も通辞ゟ申遣候様子ニ而、大蜜柑一荷被下候、乍浦の船凡四千石積之船ニ而、赤黒を以色々彩色仕候、船中商人六十人斗、私共ホ都合百三拾人斗乗組ニ御座候、都而唐近之海ハ泥水ニ而御座候、出帆後次第ニ色白き海ニ相成申候所、舟頭ホ叓早朝鮮江近付候間、今四、五日ニ而日本江着可仕旨申居候内、海色青ク相成申候間、何も喜居申候處、俄ニ風替り、舟方色々働候へとも、船次第ニ吹戻、白海を越へ、元之泥海江参り申候ニ付、私ともとも〳〵色々働候へとも、全躰船大なる迄ニ而、日本の船と者弁利ニ無之、如何可相成やとあきれ果居申候内、向より船一艘参り候ニ付、唐人より云(言)葉をかけ候處、何か相答、船行過申候、船方の者抔者毎度日本へ渡海仕、日本語能覚居申故、只今の船と申合候様子相尋候處、ホクチウ(福州)船ニ而、難風付、乍浦江着申由申聞候、迚も風合不宜候間、此船も一と先サフ江帰り不申候てハ相成申間敷抔申聞候故、相驚候へとも、詮方無御座、依而船中一統船神を念し、私ともも船無難を祈念仕候様申聞候ニ付、金毘羅大権現を念し居申候、然る内風替り、追手ニ相成候ニ付、一統相悦、帆を張はせ申候、此悦と申て、鶏・鴨・豕四、五十料理いたし、船神を祭申候、追々泥海を離レ、白海の処江参り、朝鮮の山を見付申候、翌十六日之夜、五島の山を見出し、何も勇立申候、合図と相見へ、船中頻ニドラを打出し申候、其後、鶏五十羽斗・豕十疋斗料理仕、船神へ備申、水主之内一人醤(装)束仕替、船中にて六尺斗の棒を振、船頭を拝し退申候、其跡ニ而船頭船神を拝し、備物不残海江打込捨申候、同夜船中に火を焚、提灯をともし、無事にて日本へ着仕候祝義仕申候、十七日夜、長崎浦へ着仕候處、十八日朝通辞並ニ御役人唐船へ相見へ、引合候上ニ而、私とも被相伴、上陸仕候、甚助殿ホ七人、十五日の夜着岸仕、薩州の人々ハ三十餘日私ともゟおくれ着岸仕候、私とも船ハ、サフに而五番ニ出帆仕候所、着岸ハ三番ニ相成、船頭ホ相悦居申候、上陸仕候而、長崎御役所江御召連ニ而、身体悉御改ニ而、揚り屋江被為入置、其後度々御引出し、彼地の様子御尋ニ御座候、揚り屋ニ罷在候内、毎月五度宛湯風呂・月代被仰付、日々紙代として鳥目九文被下、明ケ六ツ時より夕七ツ迄揚り屋中行歩御免御免（衍）御座候、将又、在留中四度宮参《マイリ》被仰付候、右難船の始末、巡国中風土之様子、見聞仕候有形《アリナリ》、就御尋奉申上候、国所并産物名、サフに而通辞江相噺承糺候所、右申上候通之旨通辞申聞候、里数ハ都而日本道の図りを以奉申上候段奉申上候處、吴国ニおゐて吉利支丹ホ怪敷宗門抔勧候様の義無之や与御糺ニ御座候、聊左様之儀無御座候、長崎御役所ニおゐて厳敷御糺ニ而、踏絵被仰付、則何茂彼宗門の仏像踏申候、私宗旨ハ一向宗羽喰郡一宮寺家村長栄寺旦那に御座候段申上候、吴国江漂流仕なから無恙帰国仕候義ハ、偏に御上之御恩沢ニ候間、厚存付候様に被仰渡、誠以難在冥加至極之仕合、御仁恵の程奉恐入段申上候處、吴国江漂流仕候上者、向後船稼御指留、且陸地たりとも他国江出申義、堅不相成候段被仰渡、委細奉畏候、段々御難題之御儀可奉申様も無御座候

一壱枚　木綿袷
一壱枚　同単物
一壱枚　同肌着
一壱筋　同　帯
一壱足　同脚半
一壱ツ　同風呂敷
一壱ツ　同きれ
一壱ツ　縮銭袋
一壱ツ　足　袋
一壱ツ　肩　衣
　但、此品朽損、当時無御座候
一壱筋　へりとり《ヘリトルの》帯

但、当時着用仕居申候

〆拾壱品

初より着用仕居候品之内、長崎へ持返り申候

一少〻　芭蕉糸

〆　但、当時所持仕居申候

一壱枚　木綿蒲団

一壱枚　同綿入

一少〻　紙

一二枚　蓆

一壱本　針

一壱包　たは粉

一少〻　砂糖

一壱包　菓子

但、此品〻朽損亦ハ遣イ捨食仕廻、当時無御座候

一壱ツ　帽子

一壱ツ　椰子

一壱ツ　きせる吸口

一壱ツ　猪口

一壱ツ　壺

一壱ツ　真鍮牡丹　綿入ニ落候分

一壱ツ　練物根付　くるりとも

但、此品〻持帰申候分

一壱膳　箸　片〻取失、当時片はし而已御座候

右所〻ニおゐて貰申品〻、如此ニ御座候、此外相洩

申分無御座候旨申上候処、持帰申品〻不残御渡被下

度、奉請取候、以上

羽喰郡邑知組

塵浜村

清兵衛　判

御郡

御奉行所

七　実録本「備前難船記」

備前難船記

爰に備前之国千石積之大船有りし、其船頭を五左衛門といふ、其外水主十八人乗りして江戸登り之節、難風にて天竺ともいへる所迄吹流されしか、然れとも、日本神国之徳を以て四ヶ年立して二タ度備前之国へ戻る、誠に不思義之次第、左れ□委敷知らす、文政十二丑年八月之事なり

抑、備前之国金岡と有りし所に、御上之御用船有りしか、扨又、千石積之新船□壱ヶ年に出来して、宝寿丸と名付有□、其船頭を五左衛門といふて、慥成者に有り、其外水主十八人乗りにして、是迄も大坂堺或は四国方へ度〻渡海致して、其船の心を見るに、能出来有りしかハ、船頭始めミな〳〵もよろこび安心の思ひなし居る所へ、文政十二丑年江戸廻り行仰付られ、御上米を底積にして、上荷物ハ岡山諸家中方の御荷物を積入して、八月廿日に備前金岡之浜を出帆致す、夫ゟ紀州へ入こミ、同廿八日に由良之内を出たす、其晩方大嶋へ行、扨、嶋沖へ出し□處、荒北風に成り、何方へ寄せべくよふなし、廿九日に成りしかハ、其夜ゟ次第に大悪風と成り、帆を下ける間もなくして、さん〴〵に吹やぶる、何卒として土佐の浜へ寄せんと五左衛門気をいらち、楫を取直さんとした□しか、楫つかおれくだけ、是致し方なく、誠に十方にくれしか、次第に風荒く浪高く成りければ、錠（碇）を二挺海へ打込、是を引かせ、まづ上荷物を海へ打入、船をかるめんとしたりしか、尚〻荒く成りしかハ、今ハ叶ハしとおもひ、そまよきを取出たし、柱を切落す、此勢に底積之米俵を海へ打込し事、誠に是手まりをつくかごとく、是にて船をかるめしか、其儘に昼夜吹流れしか、何方とも何国とも知れす、生有る心地なし、比ハ十月十四、五日ともおもひしか、一向風替らす、十九人之者とも十方にくれ、夫ゟ諸神諸仏へ信願致す事かきりなし、扨又、

ミな〳〵髪を切り差上て、三社の御神始め名〻国〻氏神明して、ミな〳〵死ゝ入る心地なり、扨、夫ゟして猫とも猿とも似たる物数百疋、船の両方に取り付居て、きう〳〵なく声、扨、其恐ろしさたとへる事なし、然れとも、わざもせす居たりしか、此時五左衛門大船のおもてへ出て、是より讃州金毘羅大権現様、今夕船中之大難変毛(化)の物有りして、十九人の者とも誠ニ死ゝ入思ひなり、何卒権現様の御神力を以て即刻に毛物(獣)を御払らいのけ、十九人の物(者)ともを助け給へと一心に願ひ祈りけれは、程なく此夜明方ともおもふよふになりしかハ、毛物ハ残らす失せにける、扨、有難くおもひしか、夫ゟしてハ大船の両脇三間程開らきて大ふか両方に並ひ居る、扨又、大船の頭に白さきともおもふ鳥二羽とまり入る、夫よりしてハ船ハ心よく流れ行、扨、夫よりしはらく有て誠の夜明しても、大ふかも白鳥も其儘居るなり、変事ハなし、船ハ次第に流れ行、ミな〳〵何方ともしらず休ミ居る、扨、其晩方になりしかハ、ハダン国の内とやゴボといふ嶋へ大船流れ寄りければ、是を見るに、日本の大竹のよふ成よしかやはへしける、其下ハ大岩なり、海へ出し有り、此所へ大船流れ寄りければ、船底いたミ早速に船ハ開くけんとなりしかハ、水主の中三人急き上らんとしたりしか、大船の下た口にしかれ、其儘死す、五左衛門ハ何とかしけん、船底へ落入て死す、残りし十五人ハ見合して、そろ〳〵此嶋へ上り、其夜を明かし、扨、空を見るに、星の大成事日本の月のことく有ければ、ミな〳〵ともに、是此所ハ何分天へ近く所なりと言ゝつゝ、夜を明しける、扨、翌日になりしかハ、此嶋を廻り見るに、人家も見へす、是いかゝせんといふ、此向ふ嶋にサブダンといふ嶋有りしか、其所より見付して、早速小舟に乗り六人来たる、其中にも真黒成男丈け六尺余も有るらん、誠に大きな目玉にて、鉄棒を持来る、其恐ろしさ、何やらぐた〳〵いふなれとも、一向通ぜす、ミな〳〵とかく平伏しておかミける、夫ゟ方角を差し、船流され来たる、難義の者とも何卒助け給へと手を合せておかミ、腹悪しくおしへ、平伏して居たりければ、先方にも承知の趣にて、夫〻して五人づゝ舟に乗せ連帰りけるとなり、十五人に揃ひしかハ人数を改め、いほりのよふ成所へ入置しか、其夜ハ此所に寝たる、扨、翌日になりしかハ、役人ともおもふ者十人斗、釼を帯し来りして、十五人を得と改め、夫〻着類を取上けて、何やら皮のよふ成物を着せ替へ、扨、大勢にて舟に乗りゴボの嶋へ渡り、四人の死骸を尋ね出たして、其所に埋め葬けるとなり、是済して夫より大船へ入こミ、船中に有りし物残らす取上けさせ、夫〻船に積取越しけるとなり、扨、夫よりハ十五人を連て外へ行、大家のきれい成所へ入置、馳走と有りしか、何やら赤き身の物を沢山にもり上け出たし、是を喰へといふ、ミな〳〵も恐ろしくおもひし故、断致しけるなりしかハ、扨又、木の実のよふ成物を沢山に出たして、喰へといふ、ミな〳〵是を喰ひし所、扨も其の味しよろしく事たとへる物なし、此夜も寝たり、扨、翌日になりければ、此所〻送り出たすよふにおもわれしか、扨又、釼を帯したる者とも十人斗も来りして有り、早速に出立致せしか、夫〻北の方へ山を越し見れば、人家多く見へしか、扨、此所に泊りしか、翌朝出立しける、其時釼を抜持出して人数を改め、是〻して行しか、是〻唐の間六里といふ舟渡し有り、是を渡りしか、然れとも、日本の六丁𠮷国の壱里とやいふ、扨、夫〻フシンテイといふ所へ行、此所宿りしか、家〻に番人有りして、夜中にハ釼を抜持、寝間へ来りして、寝て居る上へを切払ふ事三度なり、扨又、翌日になりしかハ、出立して夫〻舟に乗り、凡廿里斗北へ行とおもひしか、サンカンロといふ城下へ出て、此所に宿り、翌年正月六日迄逗留致し居る、扨も殊之外馳走致す、然れとも、ぶた牛抔多く、酒ハ誠にかんろ酒といふか、其味じよろしく事たとへる物なし、扨、正月の事なれば、嶋台のよふ成物をかざり置、ミな来る人〻に是を出たし、酒を呑ミ、又さかなを出たし、大酒になり、後にハおとりして、扨も面白く事ともなり、家並此ことくとやいふ、扨、翌日七日に出立して、又小舟に乗り、凡廿里斗南へ行しか、イハナダ江着く、此所へ上り宿りしか、扨また馳走と有りして、是もぶたうし或ハひつじ抔を出たし、扨又、大蛇の長さ凡壱丈六、七尺も有るらん、廻り七、八尺にして、是をつり下け置有りしか、是を三尺斗細切にして落し、料理して出たし、是を喰へといふ、扨ミな〳〵恐ろしくおもひ、手をふり断致しける、夫ゟして讃州の水主と呉国の人細〻何やら口論致す、なれとも平（互）に一向通せす、後にハ荒くなり割木にてなくる故に、ミな〳〵寄て断致し済けるか、扨又、翌日に成りしかハ、弐百石斗の船を拵へ、船道具を持行ける、扨又、鉄錠（碇）を四人して持行しを、加州の水主勇八といふ者、是を見て大きに笑らひ、其錠（碇）を取てふりかたき、船へ持行しとなり、凡三十五、六貫目も有るらん、イハナダの者とも是を見て肝をひやしあきれ、扨も日本人大力なりとほめるていと見へたり、夫ゟして船に乗り、未申の方へ向け弐千四百里斗も行、ロサンといふ所へ着く、船ゟ上りして此所泊りしか、扨、此地ハ唐人多く入こミ有りしか、殊之外賑〻敷事なり、扨又、此国迄ハ喰物薯蕷斗なり、其外四足類或ハ鳥類なり、是ゟ七、八百里南へ行しか、米有り、青物類有り、日本に替らす瓜茄子抔も有り、西瓜抔も有り、扨、稲植る所も有り、又稲かり取る所も有り、殊之外暖国なり、五月三日迄此所に逗留して、同日船に乗り、戌亥とおもふ方へ向け帆八つ巻上けして、凡三千里斗行しか、須門（澳）といふ所へ着き、十一日に舟ゟ上り、六月廿九日迄此所に逗留して、其晩方川舟に乗り、北へ行事三百里程なり、七月二日に広東へ着き、三日に舟ゟ上り、此所に五十日逗留して、扨も此地ハ日本の京都といふ地にて有り、通り町はゞ凡廿四、五間にして、ミな切石の畳付なり、居宅大家にして、柱迄本ぬり之ことく、其美〻敷、扨又、男女人通り多く賑〻敷事なり、着類ハ唐物故名を知らす、惣町中を知らす、扨、此所にてハ十五人の者とも着類をもらひ、其外品〻珎敷物をもらひ、扨又、隣家へ行ければ馳走有り、猶又、見た事もなく品〻をもらい、十五人の者とも難船此かたの安心に成りしとよろこひ居ける、是ゟ日本へ帰りし砌、もらい品〻を土産に致べしとたのしミける、五十日の間た酒さかなにて馳走有り、難を忘れしなり、扨又、八月廿日に出立して川舟に乗り、千七百里北へ登りつめ、九月七日に舟ゟ上り、夫ゟ百廿里の山を越し、安南といふ所へ行、此所宿り、扨又逗留して、廿四日にコンイといふ所へ着く、夫ゟ百七十里の湖水を渡り、夫ゟ川舟を五百九十里行、扨又十月八日に舟を上り、八十里の山を越し、常山といふ所へ着く、此所泊り、又十日に川舟に乗り下り、舟成に八百五十里行、十六日によふ〳〵シツコンの口国の城下へ出しか、扨、此所ハ銭多く有りしといふ所なり、此所の寺口に宿り、泉秀寺といふ、夫ゟ陸路三十里、此所上り坂なり、十五人とも輿に乗りしか、三方ハ簾下りにして有り、美〻敷事なり、夫ゟ十七日川舟に乗り、三百七十里北へ行、廿一日にフサンカイのミなとへ着く、扨、此所ハ日本の長崎(と同よふの)といふ所なり、呉国の渡り口とや、此所に泊りしか、役人とおもふ者出向ひ、難船十五人を得と改め、長面(帳)にて知るし置、比ハ十一月廿三日、先船として七人乗せて船を出たす、残りし八人之者、跡船として廿九日に乗り出たす、扨、夫ゟ先船ハ十二月廿三日に長崎口へ着く、跡船ハ廿五日に着く、扨、両船とも揃ひしかハ、早速御番所へ御届け申上る、早〻御役人唐船へ入こミ、難船十五人を得と改め、早速船ゟ上らせ、御番所へ御呼出し、難船の始末御吟味有りして、三日の間入牢を仰付られ、夫ゟして又〻御呼出し有り、着類を始め呉国にてもらいける物を残らず御取上けなされして、時節の着物下され、是着す、夫ゟ揚り屋を仰付られ、此所にハしばらく居るなり、扨、此間に江戸表へ御届け有りし、猶又、備前岡山御役所へ、難船の者とも帰りし次第を飛脚にて申遣し、扨、岡山へ飛脚到来致しければ、岡山御役所早速御評義有しハ、難船の者とも此度帰国致すに付、長崎へ迎ひ之役人として原田勝作・松本宗八郎、右両人江仰付られ、早速に供廻り美〻敷付添して急き長崎へ行、着之砌御届申上しかハ、難船十五人御渡し有り、慥ニ受預りして、早〻帰国致されしハ、辰七月なり、誠ニ古今珎敷事ともなり

天保三壬辰八月改メ

扨又、爰に十五人之者とも、呉国にてもらいし品〻ハ、長崎御番所にて御取上けなされしか、其中に手拭壱筋つゝ残し下されし有り、此手拭といふハ麻とも絹とも知れす、水に入ても、上へに有りしても替る事なく、是珎敷品なりと言ゝ伝へけるとなり　大尾

あとがき

ミシェル・ド・モンテーニュは、一五六二年に王シャルル九世に随行して赴いたルーアンで、ブラジルから来た現地民と会った。ヨーロッパにとって彼らは、まさに「異人」であった。

〈理性の法則から見て、彼等を野蛮であるということは出来ても、われわれに比べて野蛮であるということは出来ない。われわれの方こそ、あらゆる野蛮さにおいて彼等を越えている。〉

モンテーニュは、「野蛮」な宗教戦争の時代を生きていた。その上、彼は、日頃から身分や外見で人間を評価しない人であった。

〈百姓と王様、貴族と賤民、役人と市民、金持ちと貧乏人を比べると、たちまち非常な差異が出て来る。だが、実際には、言ってみれば、彼らのズボンが違うだけである。〉

貴族や金持ちでなく、身近かで働く人に敬意を払う人であった。

〈私はいつも、農夫たちの行状や言葉が、われわれの哲学者のそれよりも、真に哲学の教えにかなっていると思っている。〉

そうしたモンテーニュだからこそ、ブラジルの現地民に相対して、その〈心根と意欲〉、〈勇気と魂の強さ〉を感じ取り、普遍の人間としての真実を共有することができたのであったろう。

冷戦体制の崩壊を直前にした一九八〇年代の末、堀田善衞は「世界市民としてのモンテーニュ氏」

を思い、『ミシェル城館の人』（集英社）を著した。そのなかで堀田は、〈私は一切の人間を私の同胞と考え、フランス人と同様にポーランド人を抱擁し、民族的な関係をば、全世界的な一般的関係の後に置く。〉という『エセー』の文章を引き、「それは二十世紀末の今日、いや二十一世紀に入ってもっとも喫緊な、人類的課題となるものであろう。」と記していた。

一九九四年のストックホルムでのノーベル賞受賞記念講演で大江健三郎は、「ディーセント decent」という言葉を使った。『あいまいな日本の私』（岩波書店）を読んだとき、それをとても印象深く思ったことを、あわせて思い出す。大江は、「decent 品の良い」という言葉を、「人間味あふれた」「まともな」「きちんとした」とかいった単語と並置されるものとして示した。フランス・ルネサンスの文学と思想の研究者であった渡辺一夫の弟子を自認する大江は、そのユマニスムを「親切さ」や「寛容さ」につながる「上品さ」として引き受けようとしたのであった。それは、明らかにモンテーニュの精神に通じている。戦前の偏狭な「愛国的な熱狂」のなかで育ちながら、戦後「アジアにおいて日本の軍隊が犯した非人間的な行為を痛苦とともに償い、その上での和解を、心貧しくもとめること」を志願し続けてきた大江にとって、それは「人生の習慣」となすべきものであった。大江は、「世界市民」として堀田と同じ地平に立っていた。

二〇〇一年九月一一日以降、無法な戦争とテロが繰り返され、憎しみの連鎖が広がっている。そうした現実に直面しながら、他方で、今から一七五年前に起きた神力丸の漂流事件をたどりつつ、堀田や大江の言葉をつれづれに思い出していた。

神力丸漂流史料との出合いは、いつにもまして偶然なものであった。

勤務する岡山大学の附属図書館が所蔵する池田家文庫との付き合いは、わたしの日々の仕事の重要な一部分なのだが、八年ほど前、朝鮮との関係についての藩政史料をあさっていたとき、たまたま一群の史料に出会った。「漂流」という言葉が引っかかったのだ。調べてみると、天保年間にバターン諸島に漂着した事件の一件史料であった。比較的有名な事件で、漂流記も二、三は紹介されていた。しかし、池田家文庫のものには岡山藩の対応を記した「留帳」が含まれているし、「漂流人口書」も原本と言っていいものと分かった。周辺を少し洗って、「神力丸漂流史料について(1)」を書いて紹介した(『岡山大学文学部紀要』二八)。同じ池田家文庫の和書の部に、上乗であった片山栄蔵の「漂流日記」があることも分かり、これは「神力丸漂流史料について(2)」(『岡山大学文学部紀要』二九)に紹介した。この事件については、これで終わりにするつもりだった。

ところが、ここで偶然が重なった。

わたしたちの日本史研究室では、毎年春と夏に学生と一緒に古文書調査をしているのだが、ここ一〇年間ほどは倉敷市史研究会のお世話になって、倉敷市域の個人の所蔵文書を整理させていただいている。(1)の原稿を書いた直後の一九九七年九月は、浅口郡乙嶋村の守屋家文書を整理していた。その史料の中に二冊の漂流記があり、その一冊が神力丸関係の「巴旦漂流記」だったのだ。しかも、それによれば漂流民の一人である福嶋村の利八が、帰国して二カ月も経たないうちに隣国の備中玉嶋にまで来て体験談を語っていたのである。事件の反響は、予想以上の広がりを持っていると思われた。この発見に気をよくしたわたしは、こうなればとことんやってやろうと思い立ち、それから少しずつ全国に散らばっている史料を探し求める旅を始めた。

この旅は、東北の仙台から西海の長崎におよび、いつも楽しいものであった。ときには求める史料に出会えないこともあったが、毎回なにがしかの発見があった。どこでもその土地の友人のお世話になり、史料を大切に保存してきてくれた人々に、そのたびに感謝した。『岡山大学文学部紀要』での史料の紹介も、とびとびだが六回におよんだ。そのほとんどは本書にも収録したが、能登の清兵衛関係だけは金沢市立玉川図書館の「異国物語」(「神力丸漂流史料について(5)」、『岡山大学文学部紀要』三五)を、国立国会図書館所蔵の「漂流記」に差し替えた。詳しくは本文第一章六2をみていただきたいが、「漂流記」の方が情報も豊富で様式も特色があると判断したからである。わたしなりにあたれるものは見たつもりだが、これからも新しい史料は発見されるだろうし、そのことを心から願っている。

漂流記録の史料論として始めた仕事であったが、史料が集まってくると、漂流体験にも関心が向いてきた。ときどきの機会に、神力丸の漂流体験について話すようになった。職場の同僚である渡邊佳成さんのご紹介で東南アジア史学会で二回も報告させていただいたのは、特にわたしの刺激になった。春名徹さんがわざわざ東京から来られて、聞いてくださったのも励みになった。

二〇〇一年、神力丸の史料収集と並行して作業を進めていた『近世日本人は朝鮮をどうみていたか「鎖国」のなかの「異人」たち』(角川書店)が、わたしの手元を離れた。その姉妹編とするつもりで、二〇〇二年ころから原稿を書き始めた。おおかたまとまった二〇〇三年には、仕事場である岡山大学文学部の専門授業で学生に聞いてもらった。同じころ思文閣出版の林秀樹さんに原稿を読んでいただいた。林さんには、かつて『岡山県の教育史』の出版でお世話になっており、最近は『黒正巖著作集』でご一緒したばかりであった。純粋な研究書というよりは、史料集も兼ねたかたちのものなので、どこでもというわけにいかずお願いしたのだが、快く引き受けてくださった。同じ年の秋に日本学術振興会科学研究費補助金(研究成果公開促進費)学術図書に応募したところ、交付が認められ、このたび出版の運びとなった。

この七、八年の間に世界も日本もめまぐるしく変わったが、神力丸関係史料をめぐる環境も変化した。二〇〇四年秋に、岡山県総合文化センターは廃止され、新しい岡山県立図書館に組織移管した。郷土資料室にあった史料は、大部分が同館の郷土資料コーナーに移管された。しかし、本書の本文では、古い県立図書館との区別が付きにくいので、岡山県総合文化センターの名称をそのまま使った。ご了解いただきたい。なお、新しい岡山県立図書館のホームページでは、「デジタル岡山大百科」というコーナーで、同館が所蔵する漂流記のほとんどを画像で閲覧できるようになっている。また同じころ、岡山県邑久郡の邑久町・長船町・牛窓町が合併し、瀬戸内市となった。神力丸の多くの水主たちのふるさとである尻海村も、瀬戸内市邑久町尻海となった。

史料の調査・閲覧や掲載については、次のような機関にお世話になった。

岡山県瀬戸内市邑久町史編纂室、岡山県総合文化センター（現・岡山県立図書館）、岡山市立図書館、岡山大学附属図書館、金沢市立玉川図書館、鎌田共済会郷土博物館、九州大学文学部九州文化史研究所、京都府立総合資料館、倉敷市史編纂室、神戸大学附属図書館、国立国会図書館古典籍資料室、庄田山朝日寺、瀬戸内海歴史民俗資料館、東京大学史料編纂所図書室、東北大学附属図書館、長崎市立博物館、西尾市立図書館岩瀬文庫、龍谷大学大宮図書館

史料の照会でお世話になった大北知美さん、杉本史子さん、曽根原理さん、中野節子さん、前原茂雄さん、三棹章弘さん、村上岳さん、山下洋さん、山本太郎さん、山本秀夫さん、若松隆英さん、校正でお世話になった青木充子さん、思文閣出版の林秀樹さん、永盛恵さん、岡山大学附属図書館参考

調査係の皆さん、神力丸についてのわたしの話しを聞いてくださったすべての皆さん、感謝します。

なお、本書の出版にあたっては、独立行政法人日本学術振興会から平成一六年度科学研究費補助金（研究成果公開促進費）学術図書の交付を受けた。

歴史の研究は多くの人びとにとって、休息であり、喜びであり、娯しみでありうるとともに、それは結局最も教化力の大きな習慣であると私は確信する。人間はもし歴史をもたなかったなら、動物と大差のない生活を送らなければならないであろう。歴史はわれわれに過去に向って旅をして、過ぎ去った世代の人びとの生活を精神的に共有することを許すものであるが、もっと重要なことは、それによってわれわれが全人類と平和的協同的に生活することができるようになるということである。歴史はどんな教訓にもまして、われわれを寛容に、人間的に、そしておそらく賢明にさえするものである。

E・H・ノーマン「歴史の効用と楽しみ」（『クリオの顔』岩波書店）

モンテーニュが世を去って四一三年、神力丸バターン諸島漂着から一七五年にあたる西暦二〇〇五年の年のはじめに

岡山にて　倉地克直

索　引

【事　項】

あ行

か行

な行

は行

ま行

や行

ら行

わ行

【人　名】

あ行

か行

さ行

た行

な行

は行

ま行

や行

ら行

わ行

◆著者略歴◆

倉地克直（くらち　かつなお）

1949年愛知県生．1972年京都大学文学部卒業．現在岡山大学文学部教授．主な著書に『近世の民衆と支配思想』(柏書房，1996年)，『性と身体の近世史』(東京大学出版会，1998年)，『近世日本人は朝鮮をどうみていたか「鎖国」のなかの「異人」たち』(角川書店，2001年) などがある．

漂流《ひょうりゅう》記録《きろく》と漂流《ひょうりゅう》体験《たいけん》

2005(平成17)年2月25日　発行

定価：本体7,500円(税別)

著　者　倉地克直

発行者　田中周二

発行所　株式会社　思文閣出版

〒606-8203 京都市左京区田中関田町2-7

電話 075-751-1781(代表)

印　刷
製　本　株式会社図書印刷同朋舎

© K. Kurachi

ISBN4-7842-1225-6　C3021

◉既刊図書案内◉

加藤榮一著

幕藩制国家の成立と対外関係

[思文閣史学叢書]

ISBN4-7842-0954-9

幕藩権力がどのような国際的環境のもとに国家支配の枠組を形成したのかを、「公儀」幕藩権力と連合オランダ東インド会社との関係史を基軸に、国際秩序の変動や東アジアおよびヨーロッパ社会の変革の過程の中に捉えなおした意欲作。

第一部：序説　異文化の受容と選択

第二部：統一的国家支配の形成と対外関係の展開

第三部：平戸時代日蘭交渉史研究

▶A5判・468頁／定価9,240円

片桐一男編

日蘭交流史
その人・物・情報

ISBN4-7842-1125-X

[内容]通詞と奉行・カピタン（片桐一男）司馬江漢の西洋画観（磯崎康彦）井上春洋・その人と業績（佐光昭二）中津医学校と中津藩蘭学（川嶌眞人）清水卯三郎の長崎行を支えた人びと（高橋勇市）徳川吉宗と『和蘭問答』（今村英明）『伊祇利須紀略』と近藤重蔵（木崎弘美）奥村喜三郎の『経緯儀用法図説』について（佐藤賢一）古書市場に漂流する洋学者の自筆史料（八木正自）など全24篇

▶A5判・570頁／定価15,750円

フォス美弥子編訳

海国日本の夜明け
オランダ海軍ファビウス駐留日誌

ISBN4-7842-1047-4

オランダ国王が献呈した蒸気艦スンビン号（のちの観光丸）の前艦長、長崎海軍伝習の起案者、日本海軍創成の助言者であったオランダ海軍中佐G・ファビウスはオランダ商館長ドンケル・クルチウスとともに幕末の日蘭関係の立役者であった。本書には、ファビウスの連続３度、のべ８カ月にわたる本邦初紹介の駐留日誌のほか、その間の動向をつなぐ公文書を収録。　▶A5判・400頁／定価5,250円

田中正弘著

近代日本と幕末外交文書編纂の研究

ISBN4-7842-0958-1

外交文書の編纂事情、編纂した外交文書集の内容構成、諸本の性格、また徳川幕府外国方の編集構想から明治初期外務省の編集組織の確立過程、太政官における幕末外交文書編纂の開始事情とその後の推移など、広範な第一次史料を駆使してその全容をはじめて具体的に考察。

▶A5判・480頁／定価10,290円

中村博武著

宣教と受容
明治期キリスト教の基礎的研究

ISBN4-7842-1025-3

日本におけるキリスト教の宣教と受容を新資料の検証を通して解明した力作。教典成立史、新造語の成立経緯などの原理的な問題から、浦上信徒総流罪に対する長崎外国人居留地の英字新聞や宣教師の書簡の解明、さらには上海租界地の宣教、内村鑑三と英字新聞の論争などを通して西洋文明が東アジアに与えた衝撃の一端を明かす。

▶A5判・610頁／定価12,600円

三谷憲正著

オンドルと畳の国
佛教大学鷹陵文化叢書 9

ISBN4-7842-1161-6

従来「閔妃」と言われてきた肖像写真は、実は別人である可能性がきわめて高い、という刺激的な論考をはじめ、雑誌メディアや小説にあらわれている近代日本の朝鮮観について、真摯な学問的良心をもって問い直し、明治以来の逆説に満ちた日朝関係の糸をときほぐす試み。

▶46判・232頁／定価1,890円

思文閣出版　（表示価格は税５％込）